Fluggesellschaften und Linien Flugzeuge

Bernard & Graefe Verlag

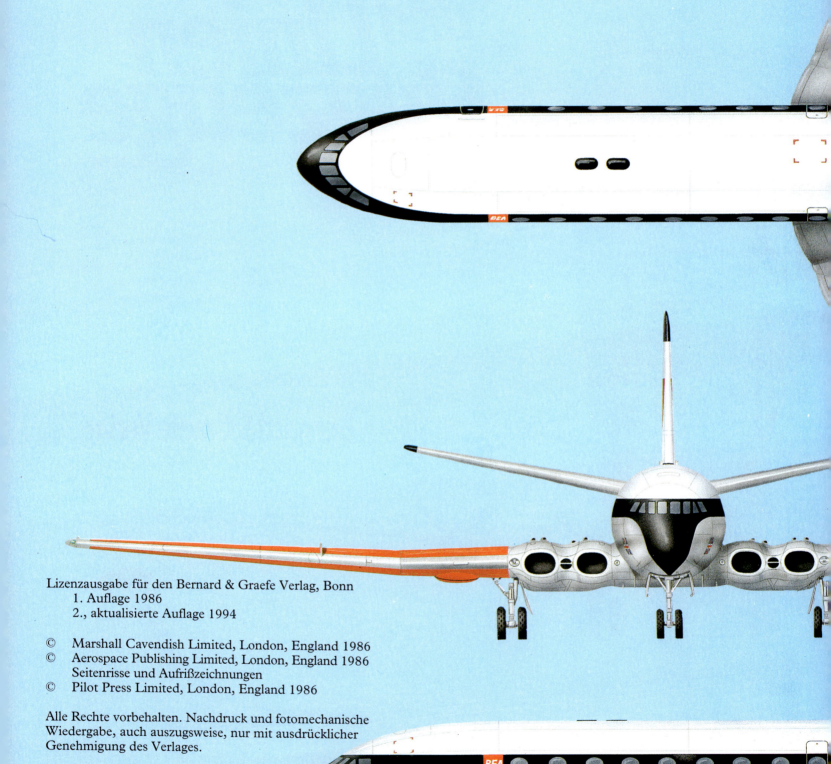

Lizenzausgabe für den Bernard & Graefe Verlag, Bonn
   1. Auflage 1986
   2., aktualisierte Auflage 1994

© Marshall Cavendish Limited, London, England 1986
© Aerospace Publishing Limited, London, England 1986
   Seitenrisse und Aufrißzeichnungen
© Pilot Press Limited, London, England 1986

Alle Rechte vorbehalten. Nachdruck und fotomechanische Wiedergabe, auch auszugsweise, nur mit ausdrücklicher Genehmigung des Verlages.

Überarbeitung der deutschen Ausgabe durch COMPANY, Hamburg

INHALT

Vorwort 8

Linienflugzeuge

Airbus Industrie A 300 bis A 340 9
Aérospatiale/British Aerospace Concorde 18
Boeing 707 25
Boeing 727 34
Boeing 737 41
Boeing 747 49
Boeing 757 57
Boeing 767 57
McDonnell Douglas DC-8 61
McDonnell Douglas DC-9 und MD-80 70
McDonnell Douglas DC-10 79
Lockheed TriStar 88

INHALT

Fluggesellschaften

Aeroflot	96
Air Canada	110
Air France	119
Alitalia	125
American Airlines	134
Austrian Airlines	142
British Airways	147
Cathay Pacific	156
Condor	164
Delta	171
Eastern Airlines	179
Hapag Lloyd	181
Japan Airlines	185
KLM	164
Lufthansa	200
LTU	213
Pan Am	217
Quantas	221
Sabena	226
SAS	234
Swissair	239
United Airlines	245
Index	254

VORWORT

Die Geschichte der Luftfahrt, begründet durch einige wagemutige Männer zu Beginn unseres Jahrhunderts, wurde bereits in den zwanziger Jahren um eine Facette bereichert: Die Passagierbeförderung. Allerdings handelte es sich damals um nicht gerade komfortable Reisen; man saß in einer Kabine ohne Druckausgleich und nahm mehr an einer Art Abenteuer denn an einer Verkehrsverbindung teil. Größeren Komfort boten damals die Luftschiffe ("Zeppeline"), die zwar langsam und schwerfällig ihre Bahnen zogen, dem Reisenden aber neben einer eigenen Kabine auch ein Restaurant und Aufenthaltsräume boten. Erst 1937, nach der Katastrophe von Lakehurst, als der Brand des Zeppelins "Hindenburg" viele Todesopfer unter den Reisenden forderte, wandte man sich ernsthafter der Passagierluftfahrt per Flugzeug zu. Dank verbesserter Maschinen waren schon bald Flüge zwischen den Kontinenten möglich, die allerdings auch noch einige Tage dauerten, denn ohne Zwischenstops (zum Tanken und Ausruhen) konnte man damals keine Langstrecken bewältigen.

Der Zweite Weltkrieg unterbrach die Entwicklung der Passagierluftfahrt; erst in den fünfziger Jahren, als die wirtschaftlich verheerenden Folgen des Krieges überwunden und die ersten Jets verfügbar waren, entwickelte sich die Luftfahrt in einem atemberaubenden Tempo. Denn nun war es möglich, zu erschwinglichen Preisen interkontinentale Strecken zu bedienen, und das in kurzer Zeit. Die Ozeandampfer, jahrzehntelang die einzige Linien-Verbindung zwischen den alten und neuen Kontinenten, hatten ausgedient: In einer modernen, schnellen Welt waren sie einfach zu langsam.

Mit dem wachsenden Wohlstand in der westlichen Welt stieg auch der Bedarf an Urlaubsreisen in entfernte Gegenden; so wurde das Flugzeug zum Massenverkehrsmittel, und man konstruierte immer größere Maschinen, um eine höhere Zahl von Passagieren pro Flug befördern zu können. Über vierhundert Passagiere kann ein Großraum-Jet schon heute aufnehmen, und derzeit denken die Planer bei namhaften Herstellern gar über einen "Super-Jumbo" nach, der 600 bis 800 Fluggästen Platz bietet.

So hat sich die Luftfahrt, die von einigen tollkühnen Pionieren begonnen wurde, zu einem Verkehrsmittel für jedermann entwickelt und ist heute ein nicht mehr wegzudenkender Bestandteil unseres täglichen Lebens.

Airbus

Das Firmenkonglomerat Airbus Industries entwickelte mit der Airbus-Familie die ersten Großraumflugzeuge mit zwei Triebwerken, erweiterte die Palette aber später um eine vierstrahlige Maschine. So wurde bewiesen, daß auch in Europa die technischen und finanziellen Möglichkeiten zur Verfügung stehen, hochmoderne Flugzeuge zu bauen, die den heutigen ökologischen und wirtschaftlichen Anforderungen entsprechen. Airbus entwickelte sich zum Hauptkonkurrenten der amerikanischen Flugzeugindustrie.

Im Laufe des Jahres 1981 erwarb Airbus Industrie 55% des Weltmarktes an Großraumflugzeugen, während Boeing gerade 36% hielt und Lockheed und Douglas sich den Rest teilten. Lockheed hat inzwischen verlauten lassen, daß sie die Produktion der TriStar einstellen will, während Douglas die Fließbänder fast nur noch für die Produktion des Luftwaffentankers KC-10 weiterlaufen läßt.

Seit dem Jungfernflug des ersten A300 hat Airbus Industrie zweifellos einen kometengleichen Aufstieg als einer der bedeutendsten Hersteller von Großraumflugzeugen erlebt und sich als gefährlichster Konkurrent von Boeing erwiesen. Diese neue Form der Firmenzusammenschluß, für die das französische Wirtschaftsrecht die Bezeichnung 'Groupement d'Intérêt Economique' bereithält, erreichte ihren gegenwärtigen Marktanteil durch die Entwicklung eines vollkommen neuen Typs von Linienflugzeug, das auf ein dichtes Netz von Kurz- und Mittelstrecken ausgelegt war und bedeutende ökonomische Vorteile, Zuverlässigkeit und Sicherheit auf sich vereinigte. Dies war nur durch Zusammenschluß der technologischen und fertigungstechnischen Kapazitäten einer Reihe europäischer Firmen möglich, die damit die nach dem 2. Weltkrieg entstandene fast monopolistische Marktbeherrschung der amerikanischen Flugzeughersteller durchbrachen.

In den sechziger Jahren hatte man auf beiden Seiten des Atlantik mit der Entwicklung von Großraum-Linienmaschinen begonnen, wobei die Amerikaner sich auf Langstreckenflugzeuge wie die Boeing 747 mit vier Triebwerken konzentrierten. In Europa wurden unterdessen kleinere Flugzeuge für den Kurzstreckenbetrieb konstruiert. 1965 schlossen sich französische und deutsche Firmen zu einer Studiengruppe Airbus zusammen. Zu diesem Zeitpunkt planten British European Airways, ihre Vickers Vanguard durch eine Maschine mit 200 Plätzen zu ersetzen, um sich auf die steigenden Kraftstoffpreise bei gleichzeitig wachsendem Passagieraufkommen einzustellen. Die anderen europäischen Luftfahrtgesellschaften hielten eine Kapazität von 250 bis 300 Plätzen allerdings für wirtschaftlicher, sowohl im Hinblick auf die 'Sitz/Kilometerkosten' als auch für die Begrenzung der Starts und Landungen auf den Hauptverkehrsflughäfen.

Gruppeninterner Wettbewerb

Verschiedene Gruppen innerhalb des Zusammenschlusses konkurrierten miteinander. So zum Beispiel die Sud-Aviation, die zusammen mit Dassault an der Entwicklung der Galion arbeitete, während Hawker-Siddeley sich mit Nord-Aviation und Breguet auf die HBN-300 konzentrierte, die später schließlich die Grundlage für den Airbus A300 bilden sollte. Als Hauptvertragspartner der drei Länder waren HSA, Sud-Aviation und die Arbeitsgemeinschaft Airbus (ab 1967 Deutsche Airbus GmbH) vorgesehen. Rolls-Royce sollte die beiden Triebwerke (RB.178-51, später RB.207) bauen. Da sich die TriStar aber damals schneller zu entwickeln und eine bessere Zukunft zu haben schien, gab man bei Rolls-Royce die Arbeit am Triebwerk RB.207 zugunsten des RB.211 für die Maschinen von Lockheed auf. (Dieses Triebwerk erwies sich später als dermaßen defizitär, daß

Vor der Auslieferung an die Kunden werden die Airbus A300 in der Testflugzentrale in Toulouse noch einmal überprüft. Mit der Bestellung von 34 Maschinen durch Eastern gelang Airbus der Einbruch in den amerikanischen Markt, 1985 konnte das Unternehmen auch Pan American als Großkunden gewinnen. Die spanische Fluggesellschaft Iberia verfügt über sechs A300B4, Garuda Indonesian Airways über neun Maschinen dieses Typs.

Airbus Industrie

Dieser Airbus A300B4 mit der Registrierung D-AIBC und dem Namen 'Lindau/Bodensee' wurde am 23. März 1979 an die Gesellschaft ausgeliefert, später jedoch an das Charterunternehmen Condor, eine Tochter der Lufthansa, überstellt. Ihren ersten Airbus, D-AIAA 'Garmisch-Patenkirchen', ein A300B2, erhielt Lufthansa am 19. Februar 1976. Die Maschinen sind mit General Electric CF6-50C Turbofan Triebwerken ausgerüstet.

Airbus Industrie A300B4-101

Technische Daten
Typ: Großraum-Flugzeug für Mittelstreckenbetrieb.
Triebwerk: Zwei General Electric CF6-50C Turbofan-Triebwerke mit einem Dauerschub von 23.134 kp.
Leistung: Reisegeschwindigkeit 853 km/h; Reichweite 4.570 km mit max. Nutzlast.
Gewicht: Leergewicht 89.000 kg; max. Nutzlast 36.800 kg; max. Startgewicht 153.000 kg.
Abmessungen: Spannweite 44,84 m; Länge 53,75 m; Höhe 16,53 m; Tragflügelfläche 260 m².

Von den beiden australischen Fluggesellschaften Ansett und Trans-Australia Airlines entschied sich TAA für den Ankauf von fünf A300B4-200, während Ansett die Boeing 767 wählte. Der A300 der TAA ist das einzige im australischen Binnennetz verwendete Großraumflugzeug und fliegt auf den Strecken Brisbane-Sydney-Melbourne-Perth.

Rolls-Royce im Jahre 1971 von der britischen Regierung übernommen werden mußte.)

Als es dann darum ging, den Finanzierungsplan für den Airbus A300 zu stützen, lehnte die britische Regierung dies mit dem Hinweis auf den geringen Auftragseingang für dieses Flugzeug ab. Dennoch entschlossen sich Frankreich und die Bundesrepublik im Mai 1969 für das Projekt Airbus. Der erste Prototyp A300B1 wurde im Oktober desselben Jahres aufgelegt, wobei HSA immerhin noch so weit mitzogen, daß sie die Tragflächen entwarfen und herstellten, obwohl die Tragflügelvorderkanten und -hinterkanten von VFW-Fokker (später Fokker BV) gebaut wurden. Die Briten nutzten dieses Arrangement später, um die Werbetrommel für sich zu rühren, konnten aber nicht mehr rückgängig machen, daß Frankreich sich solche Schlüsselpositionen wie die Produktion des vorderen Rumpfes und damit einen Großteil der Zulieferverträge ins Land geholt hatte. So begann der Airbus als deutsch-französisches Projekt mit späterer Beteiligung der niederländischen Fokker-VFW und der spanischen CASA.

Da das Resultat dieser Planung mit zweihundert Passagierplätzen kleiner war als das unter der Bezeichnung A300 für dreihundert Plätze ausgelegte Flugzeug, wurde der Titel in A300B geändert. Potentielle Kunden hatten nämlich vorgerechnet, daß ihnen einerseits die Betriebskosten pro Flugkilometer zu hoch wären und andererseits auch der kräftigere Schub des Triebwerks RB.207 nicht mehr zur Verfügung stehe. Der A300B wurde dagegen so konzipiert, daß er wahlweise mit den Triebwerken CF6 von General Electric, dem JT9D von Pratt & Whitney oder dem RB.211 ausgerüstet werden konnte. Die ersten Serienmaschinen verwendeten allerdings durchweg das Triebwerk CF6 an einer Standard-Aufhängung von McDonnell Douglas. Spätere A300 wurden mit dem JT9D bestückt, und bisher hat noch kein einziger Kunde eine Bestellung für das Triebwerk RB.211 aufgegeben.

Die weitere Zusammenarbeit

Im Dezember 1970 wurde unter Zusammenschluß der Deutschen Airbus und der Sud-Aviation als Hauptvertragspartner die Airbus Industrie formell gegründet und mit der Aufnahme weiterer europäischer Firmen eine zunehmend verzweigte Arbeitsteilung geschaffen. Sud-Aviation, die später in der Firma Aérospatiale aufgehen sollte, wurde mit der Herstellung des so wichtigen Vorderrumpfs, des unteren Mittelrumpfs und der Triebwerks-Aufhängung beauftragt. Messerschmitt-Bölkow-Blohm (MBB) erhielt den hinteren Rumpf, den oberen Mittelrumpf, die Heckflosse und die Klappenführung. VFW Fokker (inzwischen mit MBB fusioniert) baut den zylindrischen Rumpfteil vor den Tragflächen, während HSA (inzwischen British Aerospace) mit dem Haupttorsionsgehäuse betraut wurde und Fokker — wie schon erwähnt — die Tragflügelvorderkanten produzierte. CASA baut die horizontalen Leitflossen und die vordere Rumpftür. Das Fahrwerk kommt von der französischen Firma Messier. Teile

Aufriß-Erläuterung zum Airbus Industrie A310

1 Antennenkuppel
2 Wetter-Radar-Antenne
3 Antennen-Halterung
4 VOR-Landekurs-Antenne
5 vorderes Druckschott
6 Windschutzscheiben
7 Scheibenwischer
8 Instrumentenbrett
9 Steuersäule
10 Pedale der Höhenruder
11 Cockpit-Boden
12 Antenne für Instrumenten-Landesystem
13 Pitot-Rohre
14 Treppe zum Unterdeck
15 Pilotensitz
16 Zentraler Kontrollsockel
17 Seitenfensterverkleidung (öffnend)
18 Copiloten-Sitz
19 Kontrollsysteme am Cockpithimmel
20 Wartungs-Kontrollinstrumente
21 Bordingenieur-Sitz
22 4. (Klapp-)Sitz
23 Cockpit-Schott
24 Verteiler der Klimaanlage
25 Garderobenschränke für Besatzung
26 Bugrad-Schacht
27 Bugradhydraulik
28 Scheinwerfer für Bodenmanöver
29 Steuerungsantriebe
30 Bugradklappen
31 vordere Toilettenanlage
32 Waschbecken
33 Küche
34 Steuerbordeinstieg für Wartungsarbeiten
35 Notausstieg
36 Klappsitz für Steward(ess)
37 Ablage für Handgepäck und Garderobe
38 Haupteingang backbord
39 Türverriegelung
40 Türrahmen-Aufbau
41 Funk- und Elektronikregale
42 Pistenbeleuchtung
43 Rumpfrahmen und Stützstruktur
44 Bodenstruktur
45 vorderer Frachtraum
46 Frachtluke
47 Trimmverkleidung an der Kabinenwand
48 Sprechfunkantenne
49 Handgepäckablage über den Sitzen
50 Vorhang zum Unterteilen der Kabine
51 Erste Klasse mit 18 Sitzen
52 Luftkanäle
53 Kabinenfenster
54 Gepäckablage über den Sitzen
55 Küche
56 Belüftungsventilator
57 Touristenklasse, 193 Sitze
58 Belüftungssystem
59 Wassertank
60 Gepäck-Container (acht im vorderen Frachtraum)
61 Antriebswellen für Vorflügel-Verstellung
62 durchgezogener Tragflügelholm
63 zwei Klimaanlagen im unteren Rumpf
64 Notausstieg über die Backbord-Tragfläche
65 Kraftstofftank in der Tragfläche (19.250 l)
66 mittlere Bodenstruktur
67 Befestigung des Tragflügel-Hauptholmes
68 mittlerer Rahmenteil
69 Steuerbord-Notausstieg
70 Tank in der Steuerbord-Tragfläche
71 Triebwerksgondel-Aufhängung
72 Triebwerksgondel steuerbord mit Triebwerk Pratt & Whitney JT9D
73 alternatives Triebwerk CF-80A1 von General Electric
74 Gondelhalterung
75 Befestigung der Gondel
76 hintere Halterungsverkleidung
77 Druckbetankungsstutzen
78 Antriebswellen für Vorflügel
79 Wellengestänge
80 Vorflügelelemente in der Eintrittskante
81 Schott des Kraftstofftanks
82 Kraftstoffpumpen
83 äußerer Tragflächentank (3.938 Liter)
84 Kraftstoffleitungen
85 Druckbetankungsstutzen
86 Positionslicht steuerbord
87 Flügelkantenverkleidung
88 hinteres Positionslicht
89 Ableiter statischer Aufladung
90 feststehender Teil der hinteren Leitkante
91 äußerer Spoiler

Olympic Airways, die insgesamt acht des hier abgebildeten Typs A300B4-100 betreiben, wurde 1957 von Onassis gegründet, der durch Zukauf der griechischen TAE ein Monopol für Inland- und Überseeflüge aufbaute.

Varianten des Airbus A300 und A310

Wir geben hier nur eine Auflistung der Grundmodelle der verschiedenen Varianten. Die Modellnummer A300 wird durch einen Buchstaben ergänzt, der die Funktion der betreffenden Maschine andeutet: B steht für die Passagier-Version, C für die konvertible Passagier/Frachter-Version und F für die Frachter-Version. Mit den letzten beiden Ziffern der unten aufgeführten Bezeichnungen wird die Art des Triebwerks angegeben: 01-19 für General Electric, 20-39 für Pratt & Whitney und 40-59 für Rolls-Royce. Zwei weitere Ziffern informieren über Gewichts- und Gestaltungsvarianten.

A300B1: Bezeichnung für zwei Prototypen, von denen gegenwärtig nur noch einer (cSN2) fliegt.
A300B2-100: Vorlaufserie der Kurzstreckenversion mit einfachen Tragflügeleintrittskanten, wie sie von Air France bei der Einführung dieses Typs im Mai 1974 benutzt wurden.
A300B2-200: Ähnlich wie Serie A300B2-100, aber mit Krüger-Klappen an der Einrittskante der Tragflügelwurzel, wie sie für die Serie A300B4 entwickelt wurden. Räder und Bremsen stammen ebenfalls aus der Serie A300B4, wodurch dieser Typ auf heißen und hoch gelegenen Pisten z.B. in Afrika operieren kann. Zu dieser Serie gehören auch die Maschinen A300B2-201 mit den Triebwerken CF6-50C und die A300B2-220 mit den Triebwerken JT9D-59A.
A300B2-300: Ähnlich wie A300B2-200, aber mit besserer Kraftstoffausnutzung und verringertem Landegewicht, daher auch höhere Nutzlast und größerer Flexibilität bei Zwischenlandungen. Erster Betreiber war SAS.
A300B2-600: Ebenfalls ähnlich wie A300B2-200, aber mit gestrecktem Rumpf für zwei weitere Sitzreihen und Raum für zwei zusätzliche LD3-Container, etwas stärkeren Triebwerken, dem hinteren Rumpf und Heckleitwerk des A310, mehr Gemischtbauweise und einer leicht erhöhten Reichweite.

A300B4-100: Die grundlegende Mittelstreckenversion mit zusätzlichem Kraftstofftank im Tragflächenmittelteil, verstärktem Rahmen, stärkeren Rädern und Bremsen und Krüger-Klappen an den Tragflügelwurzeln. Erster Betreiber was Germanair. Zu dieser Serie gehören auch der A300B4-101 mit Triebwerken CF6-50C und A300B4-120 mit Triebwerken JT9D-59A.
A300B4-200: Ähnlich wie A300B4-100, aber mit verstärkten Tragflächen und daher höherem Startgewicht, stärkerem Rumpf und Fahrwerk, wodurch entweder die Nutzlast oder die Reichweite auf knapp 5.800 km erweitert wird.
A300B4-600: Gestreckte, aus dem A300B4-200 abgeleitete Version mit ähnlichen Abweichungen wie beim A300B2-600. Erster Betreiber waren Saudi Arabian Airlines.
A300C4: Konvertible Frachter-Version mit vergrößerter Frachtluke zum Oberdeck auf der Backbordseite, verstärktem Kabinenboden, Rauchmelde-System in der Hauptkabine und internem Trimm-System für den Einsatz als Frachter. Erster Betreiber war Hapag-Lloyd.
A300F4: Ähnlich wie A300C4, aber reine Frachter-Version ohne jede Passagier-Ausstattung und Kabinenfenster. Bis jetzt noch nicht bestellt.
A310-200: Aus dem A300 abgeleitete Version mit verkürztem Rumpf und normalerweise 237 Sitzplätzen, schmaleren, aerodynamisch verbesserten Tragflächen, kleineren Höhenrudern, neu gestaltetem hinteren Rumpf, Zwei-Mann-Cockpit und größerem Anteil von Gemischtbauweise. Untervarianten sind der A310-202 mit Triebwerken CF6-80A, A310-221 mit Triebwerken JT9D-7R4D und A310-241 mit Triebwerken RB.211-524D4.
A310-300: Version mit mehr Tankkapazität, höherem Startgewicht und längerer Reichweite. Der Kraftstoff kann zwischen den Tanks umgepumpt werden, um die Trimmleistung zu verbessern.
A320: Version mit schmalem Rumpfquerschnitt, für 150 Passagiere und max. Reichweite von 5.750 km.

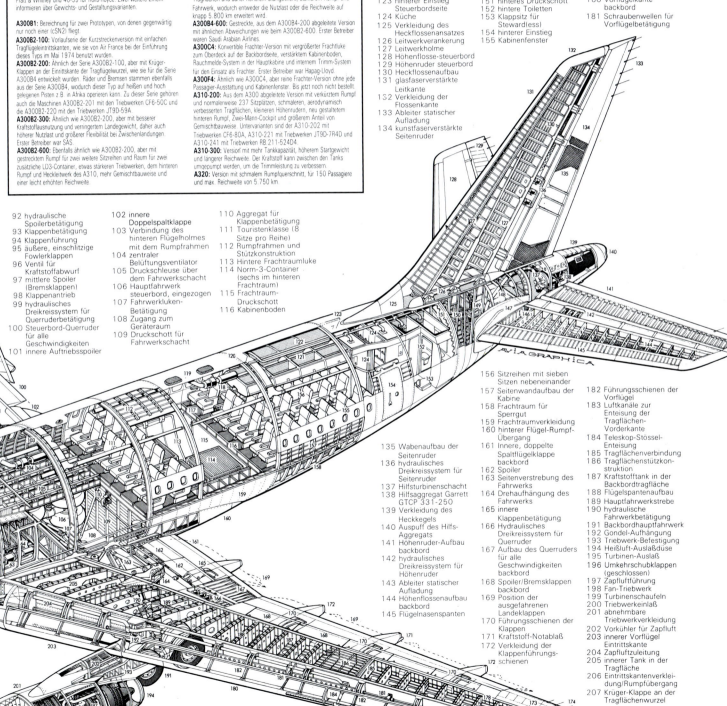

92 hydraulische Spoilerbetätigung
93 Klappenbetätigung
94 Klappenführung
95 äußere, einschlitzige Fowlerklappen
96 Ventil für Kraftstoffabwurf
97 mittlere Spoiler (Bremsklappen)
98 Klappenantrieb
99 hydraulisches Dreikreissystem für Querruderbetätigung
100 Steuerbord-Querruder für alle Geschwindigkeiten
101 innere Auftriebsspoiler
102 innere Doppelspaltklappe
103 Verbindung des hinteren Flügelholmes mit dem Rumpfrahmen
104 zentraler Belüftungsventilator
105 Druckschleuse über dem Fahrwerkschacht
106 Hauptfahrwerk steuerbord, eingezogen
107 Fahrwerkluken-Betätigung
108 Zugang zum Geräteraum
109 Druckschott für Fahrwerkschacht
110 Aggregat für Klappenbetätigung
111 Touristenklasse (8 Sitze pro Reihe)
112 Rumpfrahmen und Stützkonstruktion
113 Hintere Frachtraumluke
114 Norm-3-Container (sechs in dem hinteren Frachtraum)
115 Frachtraum-Druckschott
116 Kabinenboden
117 Sitzbefestigungs-schienen
118 hinterer Ventilator für Kabinenbelüftung
119 Antenne für automatisches Funkpeilgerät (ADF)
120 Rumpfverkleidung
121 Handgepäckablage über den Sitzen
122 Beleuchtungspaneel
123 hinterer Einstieg Steuerbordseite
124 Küche
125 Verkleidung des Heckflossenansatzes
126 Leitwerksverankerung
127 Leitwerkholme
128 Höhenflosse-steuerbord
129 Höhenruder steuerbord
130 Heckflossenaufbau
131 glasfaserverstärkte Leitkante
132 Verkleidung der Flossenkante
133 Ableiter statischer Aufladung
134 kunstfaserverstärktes Seitenruder
135 Wabenaufbau der Seitenruder
136 hydraulisches Dreikreissystem für Seitenruder
137 Hilfsturbinenschacht
138 Hilfsaggregat Garrett GTCP 331-250
139 Verkleidung des Heckkegels
140 Auspuff des Hilfs-Aggregats
141 Höhenruder-Aufbau backbord
142 hydraulisches Dreikreissystem für Höhenruder
143 Ableiter statischer Aufladung
144 Höhenflossenaufbau backbord
145 Flügelnasenspanten
146 Befestigungsscharnier der Höhenflosse
147 Verkleidungsblech der beweglichen Höhenflosse
148 Höhenflossenaufbau im Heck
149 Spindelverstellung der Höhenflosse
150 Stützstreben der Heckflosse
151 hinteres Druckschott
152 hintere Toiletten
153 Klappsitz für Steward(ess)
154 hinterer Einstieg
155 Kabinenfenster
156 Sitzreihen mit sieben Sitzen nebeneinander
157 Seitenwandaufbau der Kabine
158 Frachtraum für Sperrgut
159 Frachtraumverkleidung
160 hinterer Flügel-Rumpf-Übergang
161 Innere, doppelte Spaltflügelklappe backbord
162 Spoiler
163 Seitenverstrebung des Fahrwerks
164 Drehaufhängung des Fahrwerks
165 innere Klappenbetätigung
166 Hydraulisches Dreikreissystem für Querruder
167 Aufbau des Querruders für alle Geschwindigkeiten backbord
168 Spoiler/Bremsklappen backbord
169 Position der ausgefahrenen Landeklappen
170 Führungsschienen der Klappen
171 Kraftstoff-Notablaß
172 Verkleidung der Klappenführungs-schienen
173 fester Teil der Flügelhinterkante
174 Ableiter statischer Aufladung
175 Heckpositionslichter
176 Flügelkantenverkleidung
177 Positionslichter backbord
178 hinterer Tragflügelholm
179 vorderer Tragflügelholm
180 Vorflügelkante backbord
181 Schraubenwellen für Vorflügelbetätigung
182 Führungsschienen der Vorflügel
183 Luftkanäle zur Enteisung der Tragflächen-Vorderkante
184 Teleskop-Stössel-Enteisung
185 Tragflächenverbindung
186 Tragflächenstützkon-struktion
187 Kraftstofftank in der Backbordtragfläche
188 Flügelspantenaufbau
189 Hauptfahrwerkstrebe
190 hydraulische Fahrwerkbetätigung
191 Backbordhauptfahrwerk
192 Gondel-Aufhängung
193 Triebwerk-Befestigung
194 Heißluft-Auslaßdüse
195 Turbinen-Auslaß
196 Umkehrschubklappen (geschlossen)
197 Zapfluftführung
198 Fan-Triebwerk
199 Turbinenschaufeln
200 Triebwerkeinlaß
201 abnehmbare Triebwerkverkleidung
202 Vorkühler für Zapfluft
203 innerer Vorflügel Eintrittskante
204 Zapfluftzuleitung
205 innerer Tank in der Tragfläche
206 Eintrittskantenverklei-dung/Rumpfübergang
207 Krüger-Klappe an der Tragflächenwurzel

Air Afrique hat insgesamt drei Airbus A300B4-200 mit Triebwerken von General Electric im Einsatz. Die Gesellschaft wurde 1961 von elf vormals französischen Kolonien und nunmehr unabhängigen afrikanischen Staaten gegründet und verbindet 22 afrikanische Länder mit Europa und den USA. Sie besitzt auch drei DC-10.

Philippine Airlines betreibt fünf Maschinen des hier abgebildeten Typs Airbus A300B4-100. Die Gesellschaft wurde 1941 gegründet und gehört damit zu den älteren Fluggesellschaften des Fernen Ostens. Während des Zweiten Weltkriegs mußte sie den Betrieb einstellen, nahm ihn aber im Februar 1946 bereits wieder auf.

des Triebwerks CF6 werden in Frankreich von SNECMA und in Deutschland von MTU gefertigt und von SNECMA zusammengebaut. Größere Teile werden von den "Super Guppies" der Airbus Industrie für die Endmontage nach Toulouse geflogen.

Hinter dem Cockpit für drei Mann Besatzung, in den neueren Versionen wie dem Airbus A300-600 nur noch zwei Mann, liegt im 5,64 Meter breiten Rumpf die Kabine. Sie ist für sechs Passagiere pro Reihe in der Ersten Klasse, für sieben in der Business- und acht oder neun in der Economy-Klasse vorgesehen. Darunter befindet sich ein Frachtraum für zehn Zweierreihen von Norm-Containern OD3. Alle gegenwärtigen Modelle der A300 haben 220 bis 345 Passagierplätze je nach Ausstattung der Kabine.

Die Tragflächen haben eine gemäßigte Pfeilform mit einer sehr fortschrittlichen Profilierung, die eine hohe Reisegeschwindigkeit ermöglicht und Kompressionskräfte weitgehend ausschaltet, also Widerstandserhöhung infolge von Grenzschichtablösungen vermeidet. Sie sind mit Nasenklappen und an den Tragflügelhinterkanten mit doppelt geschlitzten Fowlerklappen bestückt. Jede Tragfläche verfügt über zwei Querruder, von denen die inneren bei jeder Geschwindigkeit eingesetzt werden können und synchron mit den Klappen ausgefahren werden, während die äußeren nur bei geringer Geschwindigkeit zum Einsatz kommen. Vier Spoiler auf jeder Seite wirken als Luftbremsen und drei als Auftriebsminderer. Die Ruder werden über ein Dreikreis-Hydrauliksystem mit manueller Rückstellung bedient. Das Fahrwerk besteht aus einem zwillingsbereiften Bugrad und zwei Hauptfahrwerken mit je vier Rädern.

Der erste von zwei Prototypen des A300B (F-WUAB, später als F-OCAZ registriert) startete am 2. Oktober 1972 zum Erstflug. Am 5. Februar 1973 folgte der zweite (F-WUAC, jetzt OO-TEF). Die erste Maschine der Vorlauf-Serie (F-WUAD, das erste Flugzeug der Kurzstrecken-Version A300B2) startete am 28. Juni 1973, die zweite (F-WUAA) folgte am 20. November desselben Jahres, nachdem dieser Typ am 13. März 1973 von den deutschen und französischen Luftfahrtbehörden zugelassen worden war. Am 30. Mai 1974 erhielt aber dann die Zulassung auch durch die amerikanische Luftfahrtbehörde FAA.

Damit endete die erste Phase der Bemühungen um die Entwicklung eines europäischen Großraum-Linienflugzeugs, das in alle Welt erfolgreich verkauft werden konnte, doch standen der Airbus Industrie noch weit schwerere Zeiten bevor. Jene Kritiker, die anfänglich behauptet hatten, dieser Flugzeugtyp werde sich technisch als Fehlentwicklung erweisen, gingen nun dazu über, unwirtschaftliche Verkaufszahlen zu prognostizieren. Tatsächlich entwickelte sich der Absatz bis Mitte der siebziger Jahre recht schleppend, und 1976 wurde nur eine einzige Maschine verkauft. Der Durchbruch kam erst mit der Entwicklung des Airbus A300B4 für den Mittelstreckenbetrieb, der schwerer war als der A300B2 und anstelle einer Reichweite von knapp 3.000 km nun eine Reichweite von 4.800 km und etwas später sogar 5.800 km bot. Die Passagierzahl blieb dabei mit 269 gleich. Eastern Air Lines leasten vier solcher Maschinen gegen Ende 1977 für sechs Monate und waren damit so zufrieden, daß sie sich zum Kauf entschlossen, weitere 25 bestellten und sich die Option auf neun zusätzliche Flugzeuge sicherten. Obwohl Airbus Industrie keine andere amerikanische Luftfahrtgesellschaft als Kunden gewinnen konnte, bedeutete dieser Erfolg einen Wendepunkt, denn nun gingen zahlreiche Aufträge aus aller Welt einschließlich des Fernen Ostens ein, wo das Verkehrsaufkommen beträchtlich zu wachsen begann. 1978 bereits hatte sich Airbus Industrie als Hersteller von Großraumflugzeugen mit 23% den zweiten Platz hinter Boeing erkämpft und sollte in den nächsten drei Jahren sogar die Marktführung übernehmen.

Verkaufsfaktoren — Wirtschaftlichkeit und Zuverlässigkeit

Der steile Anstieg der Auftragskurve wurde von einer fortgesetzten Entwicklung von Varianten des Grundmodells A300B begleitet. Der A300C4 war eine variable Frachtversion, die 1980 von Hapag-Lloyd in Dienst gestellt wurde. Im Mai 1979 flog der erste A300B mit den Triebwerken JT9D von Pratt & Whitney. Im Januar des folgenden Jahres begann Scandinavian Airlines mit dem Betrieb von Maschinen des Typs A300B2, die mit den Triebwerken JT9D-59A bestückt waren. Die gleichen Triebwerke wurden auch von Garuda Indonesian Airways und der spanischen Iberia bestellt. Garuda war auch die erste Gesellschaft, die den Airbus A300 mit dem nach vorne ausgerichteten, zweisitzigen Cockpit betrieb, wie es für den späteren A310 entwickelt und ab Januar 1982 ausgeliefert werden sollte. Am 4. März feierte der Typ A300B seine millionste unfallfreie Flugstunde, womit wiederum neue Maßstäbe gesetzt wurden. Seit seiner ersten Inbetriebnahme betrug die durchschnittliche Einsatzbereitschaft 98,5% und war damit höher als bei jedem anderen Großraumflugzeug. Airbus Industrie kann zurecht stolz darauf sein, daß die Zivilluftfahrtbehörde der USA dieses Flugzeug als wartungsgünstigsten Großraumtyp in Amerika ermittelt hat.

Der weiteren Geschichte vorausgreifend soll hier kurz die Entwicklung des Airbus A300-600 erwähnt werden, den die Firma ab Dezember 1980 als leicht gestreckte Version mit zwei zusätzlichen Sitzreihen und einer durchschnittlichen Passagierzahl von 285 in der Touristen-Klasse, sowie zwei zusätzlichen Containern im unteren Rumpf zu bauen beschloß. Er ist mit den stärkeren Triebwerken CF6-80C bzw. JT9D-7R4H bestückt, hat den spitzer auslaufenden Rumpf und die kleineren horizontalen Leitwerke des A300B, ist in beträchtlich höherem Maße in Mischbauweise gefertigt und hat eine etwas größere Reichweite. Der erste A300-600 wurde für Thai-Airways gebaut und 1985 an die Gesellschaft ausgeliefert. Die Zulassung mit Triebwerken von Pratt & Whitney erfolgte in der ersten, die mit

Links: Egyptair hat acht Airbus vom Typ A300B4-200 in ihrer Flotte. Die Gesellschaft wurde 1932 als Misr Airwork gegründet, 1960 in United Arab Airlines und 1971 in Egyptair umbenannt.

Rechts: Toa Domestic Airlines (TDA) hat neun Maschinen vom Typ A300B2-200 im Einsatz. Die Gesellschaft entstand 1971 durch den Zusammenschluß von Japan Domestic Airlines und Toa Airways. Ein dichtes Liniennetz verbindet 35 japanische Städte miteinander.

Triebwerken von General Electric in der zweiten Jahreshälfte. Bisher wurden A300-600 von Eastern Airlines, Kuwait Airways, Saudi Arabian Airlines und Thai Airways International bestellt. Der A300-600 wird auch als Convertible und Frachter angeboten.

Langfristig kann sich Airbus Industrie den angestrebten Marktanteil von ungefähr einem Drittel der Produktion von kommerziellen Linienmaschinen nur dadurch sichern, daß ein breites Spektrum von Varianten anstelle der Konzentration auf einen kleinen Ausschnitt des Marktbedarfs geboten wird. Marktuntersuchungen haben einen gewissen Bedarf an Varianten des A300B mit längerer Reichweite und/oder mehr Sitzplätzen für den Kurz- und Mittelstreckenbetrieb ergeben, wenn auch dieser Bedarf sich noch als vergleichsweise schwach und in fernerer Zukunft liegend erweist. Allen Anzeichen nach besteht aber in der näheren Zukunft eine wesentlich höhere Nachfrage nach Großraumflugzeugen mit einer Kapazität von 225 Passagieren, die mit dem kürzeren Rumpf des A300 befriedigt werden könnte. Auf dieser Grundlage wurde der A310 ab Juli 1978 entwickelt. Der Prototyp F-WZLH flog am 3. April 1982 mit den Farben der Lufthansa auf der Backbordseite und denen der Swiss Air auf der Steuerbordseite. Diese Version wurde im Frühjahr 1983 in Dienst gestellt und wird von der Variante A310-300 mit erhöhter Reichweite ergänzt. Der A310 wird auch als konvertibles Fracht/Passagierflugzeug (A310C) oder als reine Frachtmaschine (A310F) angeboten. Als erste Airline bestellte Martinair zwei A310-200C.

Der Rumpf des A310 ist knapp sieben Meter kürzer als der des A300 und kann mit 211 bis 289 Sitzen, in der üblichen Mischklassen-Version mit 237 Sitzen bestückt werden, wobei die Reichweite knapp 5.700 km beträgt. Der Kraftstoff kann mittels Pumpen zwischen den Haupttanks und einem Tank im Heckleitwerk verlagert werden, wo-

Singapore Airlines wurde 1972 als Nachfolgegesellschaft von Malaysia-Singapore Airlines (MSA) gegründet. Einige der ursprünglich zwölf A300B4-200 wechselte die Gesellschaft gegen A310 ein und erwarb außerdem dessen direktes Konkurrenzmodell, die Boeing 757.

Das erste vierstrahlige Flugzeug der Airbus-Industries: Der A340. Zwei Varianten sind möglich, einmal für 262 Fluggäste (A340-200) und für 295 Fluggäste (A340-300). Das Basis-Konzept dieser Maschine ermöglicht auch eine zweistrahlige Version, den A330.

durch der Trimmwiderstand verbessert und die Reichweite auf rund 6.500 km erweitert wird. Auch dieses Modell hat sich inzwischen am internationalen Markt durchgesetzt und wird häufig geflogen.

Weitere Airbus-Modelle

Mitte der achtziger Jahre entschloß man sich bei Airbus, die Flugzeug-Familie um ein weiteres Modell zu erweitern: Den Airbus A320. Es handelt sich um ein Flugzeug für den Kurz- und Mittelstreckenbetrieb und kann 150 Passagiere befördern. 1988 wurden die ersten Maschinen ausgeliefert und befinden sich seitdem im Einsatz. Auch hier kommt das von Airbus entwickelte "Fly-by-wire-system" zum Einsatz, die elektrische Übertragung der Befehlssteuerung; sie ersetzt die früher üblichen mechanischen Verbindungen.

Bald schon stellte sich heraus, daß der moderne Flugbetrieb bestimmte Flugzeugvarianten benötigte. Bei Airbus reagierte man und brachte den A321 heraus, eine gestreckte Version des 320, der 186 Passagiere befördern kann und eine Reichweite von 4450 Kilometern hat. Im Frühjahr 1994 gingen die ersten Maschinen in den Liniendienst. Zudem erarbeitete man in Toulouse eine Studie, nach der man auch eine gekürzte Version mit der Bezeichnung A319 anbieten will, in der 124 Fluggäste Platz finden. Das zielt sicher auf die Boeing 737, die in den nächsten Jahren wohl bei den Fluggesellschaften ersetzt werden muß.

Die eigentliche Domäne der Firmengruppe, das Großraumflugzeug, wurde aber konsequent weiter verfolgt. 1991 kam der A340 heraus, erstmals eine Maschine vier Triebwerken. In der Version 200 (Länge: 59,3 m) nimmt das Flugzeug 262 Fluggäste auf und kann eine Flugstrecke von 14500 Kilometern zurücklegen. Die Version 300 (Länge 63,6 m) bietet Platz für 295 Passagiere und hat eine Reichweite von 12500 Kilometern.

Aus dem gleichen Basis-Konzept entwickelte man bei Airbus den A330, wieder ein zweistrahliges Flugzeug, das 335 Passagiere befördern kann und eine Reichweite von 8550 Kilometern hat; erste Testflüge fanden bereits 1992 statt.

Rechts: **Ein Airbus A310-203 der Lufthansa steigt auf Reiseflughöhe.**
Unten: **Die neueste Airbus-Entwicklung, der A330, auf einem Testflug. Dieses zweistrahlige Flugzeug basiert auf dem gleichen Basis-Konzept wie der A340 mit vier Triebwerken.**

Concorde

Die größten Anforderungen, die in der Geschichte der Luftfahrt bis jetzt an die Technik gestellt wurden, endeten mit ihrem größten Erfolg: der Concorde. Aber Interessenkonflikte und steigende Kosten dämpfen immer noch die Euphorie über diesen 'Triumph der Technik'.

Geschwindigkeit ist ein wichtiger und verkaufsentscheidender Faktor bei der Lösung von Transportproblemen. Solange sich andere Faktoren, wie z.B. Betriebskosten, in vernünftigen Grenzen hielten, zweifelte man auch niemals ernsthaft daran, daß der Bau immer schnellerer Verkehrsflugzeuge nur eine Frage der Zeit und des technischen Fortschritts sein könnte. Seit dem Zweiten Weltkrieg hat sich vor allem Großbritannien sehr um die Verwirklichung dieses Konzepts bemüht. 1946 begann man dort mit der Entwicklung der de Havilland D.H.106 Comet, die beinahe die erste in der Generation der Düsenverkehrsmaschinen auf dem Weltmarkt geworden wäre. Als das Projekt Comet Mitte der fünfziger Jahre im Sande verlief, setzte sich die britische Luftfahrtbehörde mit Mitgliedern der Flugzeugindustrie zusammen, um über den Bau einer Linienverkehrsmaschine im Überschallbereich zu beraten. Daraus entstand das STAC-Komitee (Supersonic Transport Aircraft Committee), das sich im November 1956 zum ersten Mal zusammenfand.

An den Sitzungen nahmen nicht nur Fachleute der Regierung und Repräsentanten der betroffenen Wirtschaftszweige teil, sondern auch

Eine Concorde der British Airways auf der Piste mit abgesenktem Visier. Während des Fluges wird das Visier aus Strömungsgründen und zum Schutz der Windschutzscheibe hochgeschwenkt.

Bevollmächtigte zahlreicher Luftverkehrsgesellschaften. Damals konnte noch niemand in dieser Gesprächsrunde ahnen, daß die Opposition gegen ihr Projekt die Ausmaße eines nationalen Kreuzzugs annehmen würde, oder daß die USA und eine Reihe weiterer Länder aus politischen Gründen die Landung einer solchen Maschine, ja selbst das Überfliegen ihrer Territorien, um Jahre verzögern würden. Niemand dachte damals auch, daß sich die Kraftstoffpreise verzehnfachen würden. Deutlich bewußt war allen Beteiligten nur, daß die technischen Probleme eines solchen Fluggeräts alles bisher Dagewesene tief in den Schatten stellen würden. Ein Beispiel dafür ist, daß der Widerstand mit dem Quadrat der Geschwindigkeit zunimmt, also bei einer Verzehnfachung der Geschwindigkeit der Widerstand einhundertmal größer wird.

Drei Möglichkeiten

Fest stand von Anfang an, daß ein Überschallverkehrsflugzeug auch eine ganz neue Linienführung brauchte: eine Tragflächengestaltung mit wesentlich kleinerer Streckung (aspect ratio) und einen extrem langgestreckten Rumpf mit äußerst schlankem Querschnitt. Das Komitee zog drei Hauptentwürfe dafür in Betracht. Der erste sah die sog. Flächenregel (Area Rule) vor, also einen Rumpf mit 'Wespentaille' mit M-förmigen Flügeln vor, die am Rumpf nach vorn und zu den Spitzen hin nach hinten gepfeilt waren. Die Reisegeschwindigkeit sollte bei Mach 1,2 (1.285 km/h), bei einer Reichweite von 2.414 km, liegen. Der zweite Entwurf zeigte einen schlanken Delta-Flügler, der der späteren Concorde schon recht nahekam und eine Reisegeschwindigkeit von Mach 1,8 (1.930 km/h), bei einer Reichweite von 5.635 km, haben sollte. Der dritte Entwurf schlug ein Ungetüm aus Stahl und Titan mit einer Reisegeschwindigkeit von Mach 3,0 (3.220 km/h), bei einer Reichweite von 5.635 km, vor. Dieses Modell wurde aus technischen und finanziellen Gründen sofort wieder verworfen. In den USA aber verschlang die Forschungsarbeit für dieses Projekt noch vierzehn Jahre lang insgesamt zwei Milliarden Dollar. Im März 1959 schlug das Komitee den Bau eines Kurzstreckenflugzeugs mit Mach 1,2 oder einer Transatlantikmaschine mit Mach 1,8 vor. Das Luftfahrtministerium schrieb daraufhin einen Wettbewerb über Detailstudien zum Transatlantikmodell aus. Ende 1960 gelangte man dann zu dem Ergebnis, daß die schlanke Delta-Form mit spitzbogenförmiger Leitkante nicht nur die beste Form war, sondern daß ihre Aerodynamik Geschwindigkeiten bis Mach 2,2 zuließ. Dadurch verringerte sich die Flugdauer, und die Energieausbeute der Triebwerke wurde erhöht, denn mit wachsender Überschallgeschwindigkeit steigt auch der Staudruck im Triebwerkeinlaß überproportional an.

Schon 1960 hatte die Firma Bristol Aircraft, durch eine Fusion zur British Aircraft Corporation geworden, ein überschallschnelles Transatlantik-Verkehrsflugzeug unter der Bezeichnung Typ 198 konzipiert. Dieses Modell sah der heutigen Concorde schon recht ähnlich, sollte aber mit sechs Triebwerken vom Typ Bristol Siddeley Olympus bestückt werden. Im Sommer 1961 verwarf das Luftfahrtministerium das Flugzeug mit sechs Triebwerken und forderte eine Maschine mit 100 Sitzplätzen, vier Triebwerken und 113.400 kg Gesamtgewicht. Zur selben Zeit hatte die französische Firma Sud-Aviation, die ebenfalls in Fusionsverhandlungen (mit der gewaltigen SNIAS oder Aérospatiale) stand, ihre Studien zu einem Verkehrsflugzeug mit zweifacher Schallgeschwindigkeit abgeschlossen. Sie entschied sich für ein ganz ähnliches Konzept wie die Briten, wollte aber einem Kurzstreckenflugzeug für 70 bis 80 Passagiere als Nachfolger der alten Caravelle den Vorzug geben. Im Juni 1961 führte Sud-Aviation auf dem Internationalen Luftfahrtsalon in Paris ein Modell dieses Entwurfs unter der Bezeichnung Super Caravelle vor. BAC wiederum hatte nur wenige Monate vorher auf Drängen der britischen Regierung die Fühler nach möglichen ausländischen Partnern ausgestreckt und nur von Sud-Aviation eine positive Antwort erhalten. Die ersten offiziellen Treffen fanden noch während des Luftfahrtsalons in Paris statt und wurden dann schließlich einen Monat später im englischen Weybridge in Surrey fortgesetzt.

Die Ähnlichkeit zwischen dem französischen und dem britischen Entwurf war verblüffend. Der einzige Unterschied, neben Abweichungen in Größe, Gewicht und Reichweite, bestand darin, daß Sud-Aviation glaubte, auf den nach unten schwenkbaren Bug verzichten zu können. BAC hatte ihn für unverzichtbar gehalten, sollte der Pilot bei der Landung mit hoch aufragendem Bug mehr als nur Himmel sehen. Nach vie-

Die dritte Concorde von British Airways auf dem Rollfeld von Melbourne in Australien, wo Fluggesellschaft und Hersteller lange mit einer starken Opposition von Umweltschützern um die Landerechte kämpfen mußten. Vom Flughafen in Sydney blieb die Concorde ausgesperrt.

len weiteren Verhandlungen einigte man sich schließlich am 29. November 1962 auf Regierungsebene, das Projekt formell zu verabschieden und jeweils 50 Prozent der Finanzierung zu übernehmen. BAC und Aérospatiale sollten sich die Produktion des Rumpfes, Bristol Siddeley (ab 1966 bei Rolls-Royce) und SNECMA die Herstellung der Triebwerke teilen. Die Grundlage dieser Triebwerke sollte eine vergrößerte Version der Olympus unter der Bezeichnung Olympus 593 bilden. Die Briten waren für die Entwicklung des Transatlantikmodells verantwortlich, während die Franzosen den Auftrag für das Kurzstreckenmodell erhielten. Für die Konstruktion des Rumpfes und die Konzeption der Triebwerke wurde je ein Ausschuß gebildet, und sowohl die französische als auch die britische Regierung schlossen getrennte Verträge mit den beiden Hauptfirmen ab.

Geballte Technologie
Es muß nicht besonders betont werden, daß ein solches Gemeinschaftsprojekt wohl einmalig in der Geschichte ist und bleiben wird. Letztendlich ist die Verwirklichung nur der positiven Einstellung und den Fähigkeiten der beteiligten Chefingenieure zu verdanken. Schon 1958 hatte George Edwards, damals noch Leiter der Firma Vickers Armstrong, den Gang der Ereignisse fast haargenau vorausgesagt. Er wurde zum Architekten des Projekts ernannt. Archibald Russel und Dr. Bill Strang waren die Chefkonstrukteure in Bristol, Pierre Satre und Lucien Servanty die Führungskräfte bei Aérospatiale. Die enge Zusammenarbeit der französischen und englischen Teams trug ganz wesentlich dazu bei, allen Anforderungen und technischen Problemen — von der Zelle über die Triebwerke bis hin zu den zahllosen Zulieferbetrieben — dieses Mammutprojekts gerecht zu werden.

Nach und nach freundeten sich die Franzosen auch mit der Idee eines überschallschnellen Transatlantik-Verkehrsflugzeugs an. Ein gut besuchtes Treffen von Repräsentanten interessierter Fluggesellschaften im Jahre 1963 verhalf ihnen außerdem zu der Erkenntnis, daß solch ein Projekt noch gar nicht gewagt genug war. In Fachkreisen wurde z.B. behauptet, daß das englisch-französische Projekt schon bald von einem amerikanischen Projekt für 230 Passagiere und mit dreifacher Schallgeschwindigkeit überholt werden würde. Das machte es nicht einfacher, an der einmal getroffenen Entscheidung über eine Beförderungskapazität von 100 Passagieren bei zweifacher Schallgeschwindigkeit festzuhalten. Im Jahre 1963 wurde das Gewicht von 118.843 kg auf 129.730 kg und die Passagierzahl von 90 auf 100 erhöht, und man taufte das Flugzeug auf den Namen Concorde. Damit die Concorde den Marktbedürfnissen gerecht wurde, verbes-

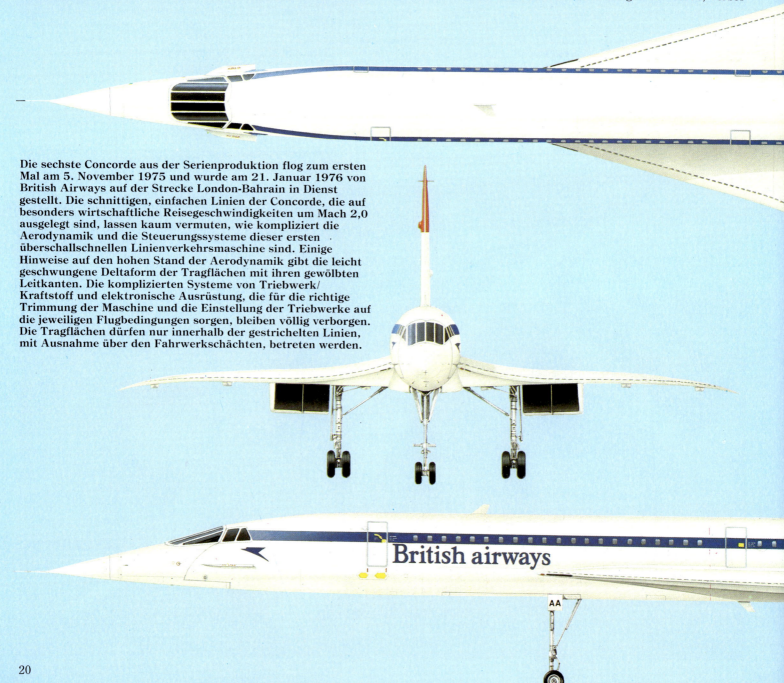

Die sechste Concorde aus der Serienproduktion flog zum ersten Mal am 5. November 1975 und wurde am 21. Januar 1976 von British Airways auf der Strecke London-Bahrain in Dienst gestellt. Die schnittigen, einfachen Linien der Concorde, die auf besonders wirtschaftliche Reisegeschwindigkeiten um Mach 2,0 ausgelegt sind, lassen kaum vermuten, wie kompliziert die Aerodynamik und die Steuerungssysteme dieser ersten überschallschnellen Linienverkehrsmaschine sind. Einige Hinweise auf den hohen Stand der Aerodynamik gibt die leicht geschwungene Deltaform der Tragflächen mit ihren gewölbten Leitkanten. Die komplizierten Systeme von Triebwerk/ Kraftstoff und elektronische Ausrüstung, die für die richtige Trimmung der Maschine und die Einstellung der Triebwerke auf die jeweiligen Flugbedingungen sorgen, bleiben völlig verborgen. Die Tragflächen dürfen nur innerhalb der gestrichelten Linien, mit Ausnahme über den Fahrwerkschächten, betreten werden.

Aérospatiale/British Aerospace Concorde

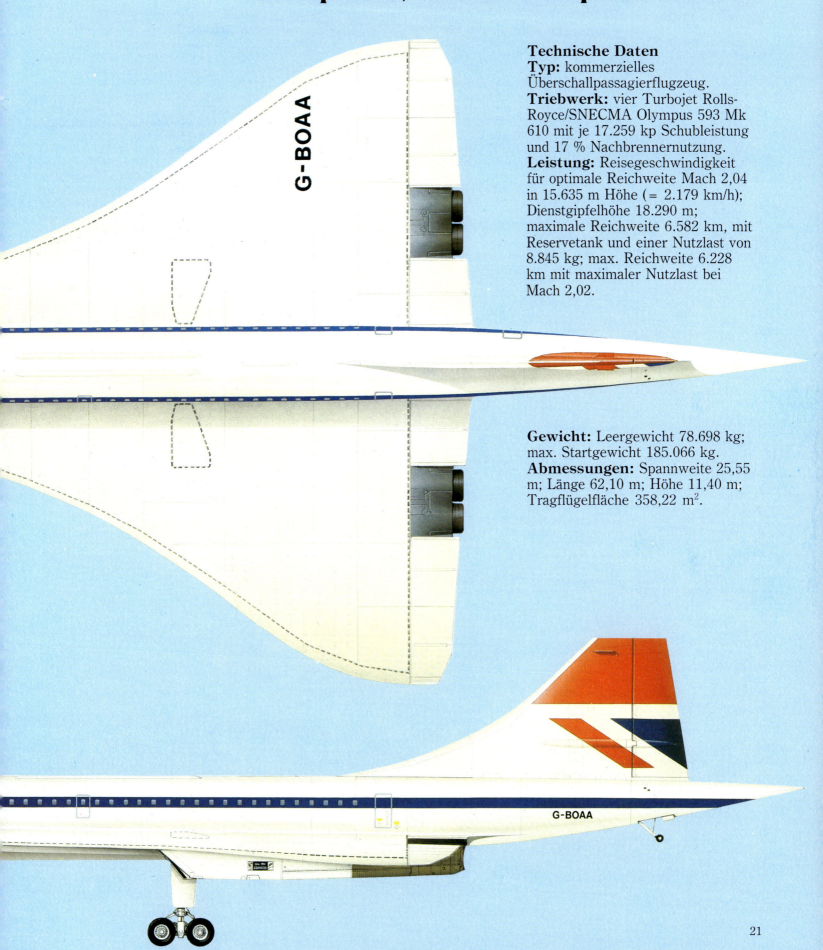

Technische Daten
Typ: kommerzielles Überschallpassagierflugzeug.
Triebwerk: vier Turbojet Rolls-Royce/SNECMA Olympus 593 Mk 610 mit je 17.259 kp Schubleistung und 17 % Nachbrennernutzung.
Leistung: Reisegeschwindigkeit für optimale Reichweite Mach 2,04 in 15.635 m Höhe (= 2.179 km/h); Dienstgipfelhöhe 18.290 m; maximale Reichweite 6.582 km, mit Reservetank und einer Nutzlast von 8.845 kg; max. Reichweite 6.228 km mit maximaler Nutzlast bei Mach 2,02.

Gewicht: Leergewicht 78.698 kg; max. Startgewicht 185.066 kg.
Abmessungen: Spannweite 25,55 m; Länge 62,10 m; Höhe 11,40 m; Tragflügelfläche 358,22 m².

serten die Triebwerkstechniker die Kapazität der Motoren und konnten dadurch die Sitzplätze auf 118 und das Gewicht auf 147.874 kg erhöhen. Anfang 1965 wurden die Entwicklungsarbeiten abgeschlossen, und die Produktion der beiden Prototypen 001 und 002 begann. Dazu wurde ein enormes, zweigleisiges Testprogramm mit einer kompletten Thermal-Zellentest-Anlage in Farnborough/England, sowie zwei Forschungsflugzeuge — die Handley Page H.P.115 und die BAC.221 — auf die Beine gestellt.

Obwohl die Verträge vorsahen, daß die Fließbandproduktion in beiden Ländern laufen und die Maschinen mit ungeraden Seriennummern in Toulouse St. Martin, die mit geraden Nummern in Filton/Bristol hergestellt werden sollten, verlief die Serienproduktion nicht wirklich zweigleisig. Vielmehr war BAC für den Bug, das Heck und den Triebwerkeinbau verantwortlich, während Aérospatiale sich auf die Tragflächen, den Mittelrumpf und die Fahrwerke konzentrierte. Frankreich waren sogar 60 Prozent der gesamten Zelle zugeteilt worden, da England den Löwenanteil am Triebwerkbau erhalten hatte. Die Versorgungssysteme hatte man sich dagegen fast brüderlich geteilt und bezog einen Teil auch aus den USA.

Das Geheimnis der Tragflächen

Die Aerodynamik ergibt sich im wesentlichen aus einem hecklosen Deltaflügel, der sich spitzbogenförmig nach hinten erweitert. Die Flügelfläche ist zu den Rändern hin konisch gewölbt, so daß die Flügelvorderkanten herabgezogen sind. Die Profildicke beträgt (im Verhältnis zur Profiltiefe) in Rumpfnähe nur drei Prozent und außerhalb der Turbinen 2,5 Prozent.

Das Verhältnis von Stärke zu Länge mit 3 % auf der Rumpfseite und 2,15 % außerhalb der Triebwerke ist dagegen aber ausgesprochen niedrig. Die Tragflächensektionen wurden in Toulouse, Bouguenais, St. Nazaire und Marignane, die Teile außerhalb der Triebwerke von Dassault in Bourges hergestellt. Die Steuerung erfolgt über sechs Elevons (Höhenquerruder, aus elevator und aileron gebildet). Zwei davon sitzen zwischen Rumpf und Triebwerken und werden von einem bei Dowty Boulton Paul entwickelten hydraulischen Tandemsteuersystem mit einem Druck von 280 kg/cm^2 bewegt. Der Nachteil dabei ist, daß diese Flächen bei Start und Landung nicht zur Vergrößerung der gewölben Tragfläche und damit für höheren Auftrieb bzw. Widerstand genutzt werden können. Das Problem der Trimmung wurde sehr elegant gelöst, ohne zusätzliche Widerstände heraufzubeschwören: Der überwiegende Teil des Kraftstoffvorrats von 119.695 Litern wird in integrierten Tanks im dünneren Tragflächenteil und im Rumpf unter dem Passagierdeck befördert. Mit Zusatztanks in der Tragflächenvorderseite sowie im Rumpfheck kann aber der Schwerpunkt so verlagert werden, daß er mit dem jeweiligen Druckmittelpunkt zusammenfällt. Während der Beschleunigung auf

Aufriß-Erläuterung zur Aérospatiale/BAe Concorde

1 absenkbarer Bug
2 Wetterradar
3 Feder
4 Bugbetätigung
5 Betätigungssegment
6 Bugverriegelung
7 Bugführungsschienen und Laufwerk
8 Schwenkbugbetätigung
9 Schwenkbugführungsschienen
10 Schwenkbugscharnier
11 Seitenruderpedale
12 Instrumententafel
13 Instrumententafel
14 vorderes Druckschott
15 einziehbares Visier
16 Windschutzscheibe aus Mehrfachverbundglas
17 Windschutzscheibenwaschanlage und Wischer
18 Copilotensitz
19 Cockpitdecke
20 Cockpitluftverteiler
21 Sitz für drittes Besatzungsmitglied
22 Steuerrelaisantrieb
23 Sitz für zusätzliche Cockpitbesatzung
24 Klappsitz für zusätzliche Cockpitbesatzung (auf Wunsch)
25 Funk- und Elektronikkonsole (Kanal 2)
26 Funk- und Elektronikkonsole (Kanal 1)
27 Tür der vorderen Passagierzugangs
28 Stauraum für Rettungsflöße
29 Klappsitz für Kabinenpersonal
30 vordere Kücheneinheiten (steuer- und backbord)
31 Toiletten (2)
32 Garderobe für Besatzung und Passagiere
33 12 Rettungsflöße für je 26 Personen
34 UKW-Antenne 1
35 Gepäckablage über den Sitzen (mit Klappen)
36 Kabinenauskleidung (hitze- und schallisoliert)
37 Passagierraum mit vier Sitzen nebeneinander in Einheitsklasse
38 Sitzschienen
39 metallverstärkter Kabinenboden
40 Bugradversenkung
41 Bugfahrwerksklappen
42 Bugfahrwerk
43 Stoßdämpfer
44 Zwillingsbugrad
45 Schwenkarme
46 Steuermechanismus
47 Teleskopstrebe
48 Horizontalverstrebung
49 Bugradbetätigung
50 Klimaanlagenschacht unter dem Kabinenboden
51 Betätigung der Bugfahrwerksklappen
52 (hintere) Hilfsklappen zur Bugradversenkung
53 Rumpfspant (einzelner Flansch)
54 gefräster Fensterteil
55 Gepäckraum unter dem Kabinenboden
56 Kraftstoffleitungen
57 Fachwerkrippen
58 Trimmtank Nr. 9 (backbord vorne)
59 Einzelverstrebung
60 Trimmtank Nr. 10 (backbord vorne)
61 mittlerer Passagierzugang (steuer- und backbord)
62 Klappsitz für Kabinenpersonal
63 Toiletten
64 Notfunkanlage
65 Zubehör für UKW-Anlage 3
66 Gepäckablage über den Sitzen
67 hinterer Kabinenteil
68 Rumpfspant
69 Tankentlüftungstunnel
70 Sammeltank Nr. 1 (vorne)
71 Fachwerkrippen
72 Kraftstoffpumpen zu den Triebwerken
73 Akkumulator
74 Kraftstofftank Nr. 5
75 Trimmtankleitung
76 Rippen der Tragflächenvorderkanten
77 abnehmbare Teile der Vorderkante mit:
78 Dehnungsverbindungen zwischen den Teilen
79 Kraftstoff Meßgerät
80 Einlaßkontrollventil
81 Kraftstoffverlagerungspumpe
82 Luftverteiler
83 Kraftstofftank Nr. 8
84 Feuchtigkeitsabdichtung über dem Tank
85 Membranwölbung des Druckbodens
86 integrierte Tragflächenverkleidung
87 Tragflächentank Nr. 8
88 vorderer Sammeltank Nr. 4
89 Trimmtank Nr. 10 (steuerbord vorne)
90 Trimmtank Nr. 9 (steuerbord vorne)
91 abnehmbare Verkleidung mit Schnellverriegelung für Inspektion
92 Enteisungsanlage der Vorderkante
93 Anti-Vereisungsstreifen an der Vorderkante
94 maschinengefrästes Holmstück
95 Kraftstofftank Nr. 7
96 Kraftstofftank Nr. 7a
97 Ableiter statischer Aufladung
98 Elevon
99 bewegliche Elevon-Verbindung
100 kombinierte Hilfsdüsen und -umkehrtöpfe
101 Zapfen der Düsenaufhängung
102 Kabinenluftverteiler
103 Inspektionszugang
104 Kaltlufteinheit
105 Kraftstoff-Wärmetauscher
106 Wärmetauscher zwischen Kraftstoff und Öl
107 Druckflaschen der Feuerlöscher
108 Hauptholm
109 Akkumulator
110 (hinterer) Sammeltank Nr. 3
111 Steuergestänge
112 maschinengeschweißte Längsverstrebung
113 Verteilergegenstufe
114 Tankschott
115 Kraftstofftank Nr. 6 (unter dem Kabinenboden)
116 Rumpfeinheit mit Druckausgleich
117 Rumpfspant
118 doppelt geflanschte Verbindung von Spant und Boden
119 Stützstreben des Bodens
120 Fahrwerkversenkung backbord
121 Hauptfahrwerkklappe
122 Tragflächen-Rumpf-Verbindung
123 Hauptflügelholm
124 Hauptfahrwerk-Einfahrgestänge
125 Querholm
126 Betätigung des Hauptfahrwerks
127 Gabelaufhängung
128 Zugstrebe
129 Hauptfahrwerksstrebe
130 Stoßdämpfer
131 Nickdämpfer
132 Hauptfahrwerk mit vier Rädern
133 Drehholm
134 Schwenkarme
135 Strömungsverteiler im Lufteinlaß
136 Wabenaufbau der Einlaßnase
137 Enteisung der Vorderkante
138 Klappenantrieb mit Getriebe
139 vordere Klappe
140 hintere Klappe
141 Einlaßklappe
142 Antrieb der Auslaßluke
143 Einlaßkanal
144 Zugang zur Tankbelüftung
145 Triebwerkverankerung
146 Triebwerkaufhängung
147 Öltank
148 Wärmetauscher erste Stufe
149 Wärmetauscher zweite Stufe
150 Abluft des Wärmetauschers
151 Jet-Turbine Rolls-Royce/SNECMA Olympus 593 Mk 610
152 äußere Tragflächenverbindung mit 340 Hochlastbolzen
153 Triebwerkhauptaufhängung
154 Aufhängung der Triebwerkseinheit
155 Kraftstofftank Nr. 5
156 Tankbelüftung
157 Pumpe zur Kraftstoffverlagerung
158 Verkleidung der äußeren Elevon-Betätigung backbord
159 Ableiter statischer Aufladung
160 Wabenaufbau der Elevon
161 bewegliche Verbindung
162 Verkleidung und Gelenk der mittleren Elevon-Betätigung backbord
163 Steuereinheit der doppelten Schubdüse

Überschallgeschwindigkeit wird der Inhalt der vorderen Tanks in den Haupttank und den Hecktank gepumpt. Bei Drosselung auf Unterschallgeschwindigkeit wird umgekehrt verfahren.

Die Zelle besteht in allen tragenden Teilen aus einer in Großbritannien unter der Bezeichnung RR.58 entwickelten Aluminiumlegierung, die in Frankreich unter dem Namen AU2GN hergestellt wird. Die Triebwerke dagegen sind fast vollkommen aus Ferro-, Titan- und Nickel-Legierungen. Sie haben extrem weite Strömungskanäle, die von vollvariablen, scharfkantigen Einlaßöffnungen mit elektrischer Enteisungsanlage gespeist werden. Mit beweglichen Klappen an der

Die Fluggesellschaft von Singapur war sehr stark an einer Zusammenarbeit mit British Airways bei Fernostflügen interessiert. Die Kosten durch Verweigerung von Überfluggenehmigungen wurden aber so sehr hinaufgetrieben, daß sich Singapur aus dem Geschäft wieder zurückzog.

vorderen und hinteren Oberseite des Triebwerkgehäuses und mit verstellbaren Luken an der Unterseite kann der Luftstrom verstärkt oder gedrosselt werden. Im Laufe der Entwicklungsarbeit wurde die Leistung der Triebwerke weiter erhöht: Man baute ein Strahlrohr kom-

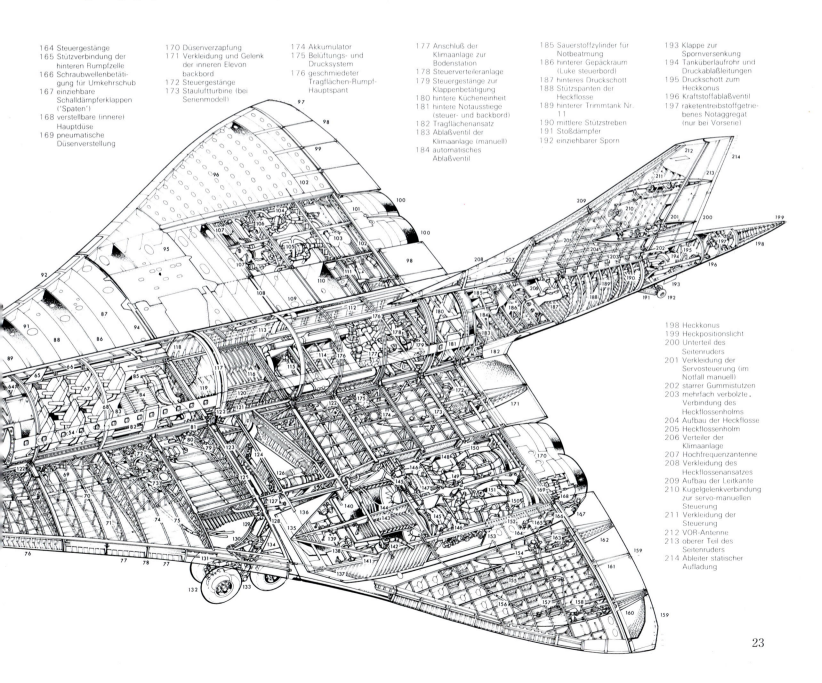

164 Steuergestänge
165 Stützverbindung der hinteren Rumpfzelle
166 Schraubwellenbetätigung für Umkehrschub
167 einziehbare Schalldämpferklappen ('Spaten')
168 verstellbare (innere) Hauptdüse
169 pneumatische Düsenverstellung
170 Düsenverzapfung
171 Verkleidung und Gelenk der inneren Elevon backbord
172 Steuergestänge
173 Staulufturbine (bei Serienmodell)
174 Akkumulator
175 Belüftungs- und Drucksystem
176 geschmiedeter Tragflächen-Rumpf-Hauptspant
177 Anschluß der Klimaanlage zur Bodenstation
178 Steuerverteileranlage
179 Steuergestänge zur Klappenbetätigung
180 hintere Kücheneinheit
181 hintere Notausstiege (steuer- und backbord)
182 Tragflächenansatz
183 Ablaßventil der Klimaanlage (manuell)
184 automatisches Ablaßventil
185 Sauerstoffzylinder für Notbeatmung
186 hinterer Gepäckraum (Luke steuerbord)
187 hinteres Druckschott
188 Stützspanten der Heckflosse
189 hinterer Trimmtank Nr. 11
190 mittlere Stützstreben
191 Stoßdämpfer
192 einziehbarer Sporn
193 Klappe zur Spornversenkung
194 Tanküberlaufrohr und Druckablaßleitungen
195 Druckschott zum Heckkonus
196 Kraftstoffablaßventil
197 raketentreibstoffgetriebenes Notaggregat (nur bei Vorserie)
198 Heckkonus
199 Heckpositionslicht
200 Unterteil des Seitenruders
201 Verkleidung der Servosteuerung (im Notfall manuell)
202 starrer Gummistutzen
203 mehrfach verbolzte Verbindung des Heckflossenholms
204 Aufbau der Heckflosse
205 Heckflossenholm
206 Verteiler der Klimaanlage
207 Hochfrequenzantenne
208 Verkleidung des Heckflossenansatzes
209 Aufbau der Leitkante
210 Kugelgelenkverbindung zur servo-manuellen Steuerung
211 Verkleidung der Steuerung
212 VOR-Antenne
213 oberer Teil des Seitenruders
214 Ableiter statischer Aufladung

biniert mit Nachbrenner, verstellbarer Düse und Schubumkehr sowie Verdunstungsbrennkammern gegen sichtbare Rauchentwicklung ein.

Die Fahrwerke mit je vier Rädern werden zum Rumpf hin eingefahren und sind mit Karbonbremsen von Dunlop bestückt. Die erstmalige serienmäßige Verwendung dieses Bremssystems deutet darauf hin, welche — bis dahin unbekannten — Probleme auftauchen können, wenn eine vollbeladene Concorde ein Startmanöver abbrechen muß. Ein Bremsfallschirm fehlt ebenso wie spezielle Bremsklappen, und die Leitkanten sind starr. Dennoch ist dieses System komplex und seiner Zeit voraus, wenn auch das Hochdruck-Hydrauliksystem schon in der Bristol Britannia verwendet wurde. Der größte Sprung nach vorn in der Technologie war zweifellos der Triebwerkeinlaß, gefolgt von wichtigen Umweltschutzmaßnahmen, dem hohen Kabinendruckgefälle und außerdem noch die Benutzung von Kraftstoff als Wärmeabsorber.

Die wichtigsten Teile wurden 1966 einem Temperatur- und Ermüdungstest unterworfen. Das Triebwerk lief im Dauerbetrieb mit dem verstellbaren Heißstrahlauslaß, und der Hauptflugsimulator war in Betrieb. Am 11. Dezember rollte in Toulouse der erste Prototyp 001 aus der Halle, konnte aber erst im August des nächsten Jahres die ersten Bodenmanöver ausführen. Der Jungfernflug mit dem Piloten André Turcat verzögerte sich dann noch einmal bis zum 2. März 1969. Der zweite Prototyp 002 wurde von Brian Trubshaw einen Monat später in Filton gestartet. Von da an gab es auf Seiten der Produktion keine größeren Probleme mehr. Dafür formierte sich eine Protestwelle, die jedes überschallschnelle Verkehrsflugzeug als Bedrohung für die Umwelt und vor allem als unerträgliche Lärmbelästigung betrachtete. Dazu kam eine Kostenexplosion, die je zur Häfte aus der viel zu niedrigen Erstkalkulation ohne Berücksichtigung der gesteigerten Leistung und vergrößerten Maße der Concorde sowie aus der vollkommen unberücksichtigt gelassenen allgemeinen Preiserhöhung resultierte.

Vertragsabschlüsse
Die beiden Prototypen gingen ab 1971 auf lange Überseereisen, und im Dezember desselben Jahres absolvierte die erste Maschine der Vorserie mit deutlich geändertem Bug, längerem Vorderrumpf und erweitertem Heck ihren Jungfernflug von Filton zum Versuchslandeplatz bei Fairford (England). Am 28. Juli 1972 bestellte British Airways fünf Concorde bei BAC, Air France vier bei Aérospatiale. Frühere Anfragen von PanAm und Verkaufsverhandlungen mit der VR China blieben in der Folge ohne Ergebnis. Der Prototyp 001 wurde im Oktober 1973 in ein Museum bei Le Bourget gebracht. Zwei Monate später flog die erste Maschine der Serienproduktion. Bis 1975 gab es kaum eine größere Stadt mehr, die noch nicht mindestens eine Concorde gesehen hatte. Ein sehr weitgespanntes Routen-Testprogramm bewies schon früh die überragende Zuverlässigkeit der Concorde. Am 21. Januar nahm British Airways mit der Maschine Nr. 206 den Linienverkehr zwischen London und Bahrain auf, während Air France am selben Tag mit der Nr. 205 erstmals die Strecke Paris-Dakar-Rio flog. Beide Gesellschaften setzten am 24. Mai 1976 erstmals ihre Concorde auf dem Linienflug nach Washington ein. Der Prototyp 002 wurde am 4. März 1976 nach Yeovilton, die 01 am 20. August 1977 nach Duxford (beide in England) in den Ruhestand geschickt. Am 1. September erhielt die Concorde die Genehmigung zum automatischen Landeanflug der Kategorie III im Passagierbetrieb.

Obwohl die Passagierauslastung ebenso zufriedenstellend war wie die Zuverlässigkeit (1981 war die Concorde entsprechend den monatlichen Verlautbarungen von British Airways mit durchschnittlich 94 % die pünktlichste Maschine der Gesellschaft), machten politische Schwierigkeiten und steigende Kraftstoffpreise alle Pläne zunichte, die Concorde auf einem weltweiten Liniennetz einzusetzen. Im Juni 1980 hatten British Airways und Braniff ihren Gemeinschaftslinienverkehr zwischen Washington und Dallas eingestellt; fünf Monate später folgte aber die Verbindung zwischen London und Singapur. Im April 1982 gab Air France die Linie nach Caracas und Rio auf, und Ende 1982 war ihre Nutzung an einem Tiefpunkt angelangt. Der gesamte planmäßige Einsatz der Concorde besteht nur noch in täglich zwei British-Airways-Flügen nach New York und wöchentlich drei Flügen nach Washington sowie wöchentlich elf Air-France-Flügen nach New York mit Anschlüssen nach Washington und Mexiko City.

Sicherlich führt der Hauptverkehr mit der Concorde immer noch über den Atlantik, und bis heute hat British Airways fast 500.000 Passagiere und Air France ca. 360.000 Passagiere insgesamt über einer Million hin oder her über den Atlantik geflogen. Die Maschine hält ihre Zuverlässigkeit bei über 93 % bei Flügen von bis zu 6.500 km. Die Gesamtflugzeit beträgt inzwischen mehr als 67.000 Stunden mit mehr als 20.000 Starts. Kleinere Änderungen, zum Beispiel an den Einlaßkanten und beim Seitenruder an der Hinterkante, haben sich beträchtlich auf die Wirtschaftlichkeit ausgewirkt. Dennoch ist der Reingewinn sehr gering. Beide Gesellschaften haben allerdings vor noch nicht zu langer Zeit erklärt, daß die Zukunft rosiger aussehen wird. Bei British Airways denkt man vor allem an die neuerliche Ausweitung des Linienbetriebs — einschließlich eines Frachtdienstes in Zusammenarbeit mit Federal Express, eines Passagierdienstes nach Miami und einer Nonstop-Route nach Lagos/Nigeria.

Auf Regierungsebene wurde viel getan, um die Kosten für Forschungsprojekte, die nur dann wirklich nötig sind, wenn an eine zweite Concorde-Generation gedacht wird, niedrig zu halten. Der britische Wirtschaftsminister Norman Lamont traf sich zu formellen Gesprächen mit dem französischen Transportminister Charles Fiterman im Mai 1982, um das gesamte Projekt einer genauen Prüfung zu unterziehen. Dabei war schon vorher festgestellt worden, daß eine Aufgabe des Projekts mehr kosten als einsparen würde. So überlegte man sich, wie die verbleibenden Kosten gerechter verteilt werden könnten. Obwohl man sowohl bei British Aerospace wie bei Aérospatiale die Entwicklung der zweiten Generation mit einem Auftriebs-Widerstand-Verhältnis (Gleitzahl) von 10 im Vergleich zu 7 bei der gegenwärtigen Concorde und die weitere Verbesserung der Triebwerke schon ins Auge gefaßt hat, bestehen dennoch nur geringe Chancen, diese Vorstellungen zu verwirklichen. Soweit die gegenwärtige Stimmung — auf lange Sicht lassen sich Überschall-Verkehrsmaschinen wohl nicht aufhalten.

Die Strecke nach Südamerika — über die Sahara und den Atlantik — sah vielversprechend für Air France aus. Doch die steigenden Kraftstoffpreise zwangen Air France letztendlich dazu, die Concorde nur noch nach New York, Washington und Mexiko City einzusetzen.

Boeing 707
Veteran der Jet-Ära

1954 riskierte Boeing mehr als das ganze Nettokapital des Unternehmens, um die erste Boeing 707 zu bauen. Das war ein gewagtes Spiel, denn es war an den Fingern abzuzählen, wieviel Flugzeuge man wohl verkaufen könnte. Niemand konnte damals ahnen, daß das gleiche Flugwerk noch bis 1985 produziert werden würde.

Die Comet der britischen Firma de Havilland war das erste Düsenverkehrsflugzeug, das es gab, aber diese Pionierstellung kam sie recht teuer zu stehen. Sie blieb unter den in der zivilen Luftfahrt eingesetzten Maschinen nach wie vor eine attraktive Ausnahme. Ihr Hauptverdienst lag darin, daß es ihr gelang, die ungeheure Anziehungskraft einer Maschine unter Beweis zu stellen, die im Vergleich zu den lauten, vibrierenden Flugzeugen mit Kolbenmotoren 'wie von Engeln getragen' dahinschwebte und dabei doppelt so schnell an ihrem Ziel ankam. Konnte diese ziemlich kleine und für unwirtschaftlich gehaltene Maschine eine Bedrohung für die amerikanische Industrie darstellen, die fast den ganzen internationalen Verkehrsflugzeugmarkt fest im Griff hatte? Der Konkurrenz mußte unbedingt mit einer amerikanischen Düsenverkehrsmaschine begegnet werden. Die Frage war nur, wie man diese finanzieren sollte. Das schien nur mit Bundeshilfe möglich zu sein. Nachdem die Angelegenheit 1949 ein ganzes Jahr lang debattiert worden war, wurde die Finanzierung eines amerikanischen Prototyps für ein Düsenflugzeug 1950 jedoch abgelehnt.

Die Firma Douglas and Lockheed studierte das Problem eingehend und veröffentlichte einige Broschüren, aber nur Boeing (eine Firma ohne zu jener Zeit große Erfolge im Zivilflugzeuggeschäft) hatte tatsächlich schon große moderne Düsenflugzeuge gebaut. Bis Herbst 1950 war es der in Seattle ansässigen Firma klar geworden, daß die US Air Force nicht nur bei ihren Boeing B-47 Bombern, sondern auch bei der riesigen neuen Boeing B-52 ein Flugbetankungssystem anwenden mußte, um die großen Ansprüche, die auf der ganzen Welt an die Reichweite ihrer Flugzeuge gestellt wurden, erfüllen zu können. Boeing baute auch KC-97 Maschinen als Tankflugzeuge. Diese hatten jedoch Kolbenmotoren, und damit die Bomber an sie angeschlos-

Diese Boeing 707-465 (hier in Mauritius) ist typisch für Hunderte dieses Typs, die noch bis weit in die 90er Jahre hinein bei Flugunternehmen der Dritten Welt im Einsatz stehen werden. Bis dahin dürften es viele auf 100.000 Flugstunden gebracht haben — ein neuer Rekord. Dabei war die ursprüngliche Zelle von einmalig leichtem Gewicht.

Dieses Flugzeug, eine der farbenfreudigsten Zivilmaschinen, wurde als eine 707-321B für Pan American gebaut und später, wie viele andere 707 Maschinen, nach Israel geflogen. Dort wurde sie überholt und für den ausschließlichen Frachttransport ausgerüstet, um dann von der israelischen Firma Atasco an Ecuatoriana, die nationale Fluggesellschaft von Ecuador, geliefert zu werden, deren Boeing Maschinen alle von Israel mit technischer Ausrüstung versehen wurden. Die Gesellschaft wird technisch und kommerziell von Israel Aircraft Industries beraten. Von Quito und Guayaquil aus wird ein Linien- und Charterfrachtverkehr in größere Städte Nord-, Süd- und Mittelamerikas und gelegentlich sogar über den Atlantik geboten. Wie die meisten heutigen 707 Maschinen, hat dieses Flugzeug keine untere Flosse, sondern eine hohe Seitenflosse. Man sieht es hier so, wie es bei der routinemäßigen Wartung aussehen würde — mit geöffneter Hauptfahrwerkklappe. Beachtenswert sind die Wirbelerzeuger auf den Flügeln und der Höhenflosse.

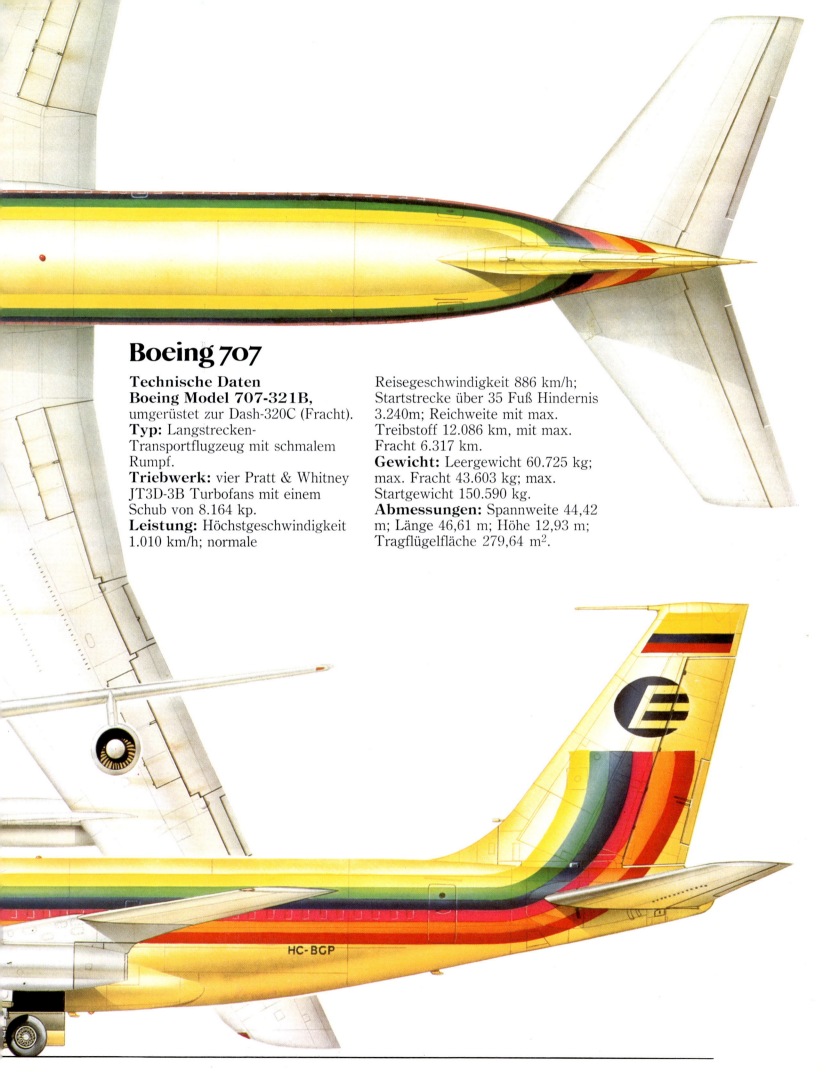

Boeing 707

Technische Daten Boeing Model 707-321B, umgerüstet zur Dash-320C (Fracht).
Typ: Langstrecken-Transportflugzeug mit schmalem Rumpf.
Triebwerk: vier Pratt & Whitney JT3D-3B Turbofans mit einem Schub von 8.164 kp.
Leistung: Höchstgeschwindigkeit 1.010 km/h; normale Reisegeschwindigkeit 886 km/h; Startstrecke über 35 Fuß Hindernis 3.240 m; Reichweite mit max. Treibstoff 12.086 km, mit max. Fracht 6.317 km.
Gewicht: Leergewicht 60.725 kg; max. Fracht 43.603 kg; max. Startgewicht 150.590 kg.
Abmessungen: Spannweite 44,42 m; Länge 46,61 m; Höhe 12,93 m; Tragflügelfläche 279,64 m².

Varianten der Boeing Model 707

367-80: firmeneigener Prototyp; wurde zum ersten Mal am 15. Juli 1954 geflogen und später für zahlreiche Forschungsprogramme eingesetzt.
707-102: vier 6.124 kp JT3C-6 Triebwerke; erste Serienversion mit breiterem und längerem Rumpf und einem auf 102.060 kg und schließlich auf 116.575 kg erhöhten max. Startgewicht.
707-120B: vier 7.711 kp JT3D-1 Triebwerke, aerodynamische Verbesserungen für eine Reisegeschwindigkeit von Mach 0,91.
707-138: Modell mit um 3,05 m kürzerem Rumpf für Qantas.
707-220: wie Modell 707-120, aber mit vier 7.167 kp JT4A-3 Triebwerken.
707-320: die erste Intercontinental-Version; ringsum vergrößert; vier JT4A Triebwerke (unterschiedliche Leistungen); max. Startgewicht 141.520 kg.
707-320B: aerodynamische Verbesserungen, vier 8.165 kp JT3D-3 Triebwerke, dazu gehört auch die **VC-137C**; wahlweises max. Startgewicht 151.321 kg.
707-320C: wie Modell 707-320B, aber für bis zu 202 Passagiere oder für Fracht ausgerüstet.
707-420: wie Modell 707-320 (nicht 707-320B), aber mit 7.945 kp oder 8.165 kp Rolls-Royce Conway 508 oder 508A Turbofans.
720: von der Modellreihe 707 abgeleitet, in Leichtbauweise und mit kürzerem, speziell für den Kurz- und Mittelstreckeneinsatz gedachten Rumpf.
720B: Turbofan-Version vom Modell 720.
VC-137A: US Air Force Version vom Modell 707-120 für den VIP-Transport.
VC-137B: Bezeichnung der VC-137A nach der Umrüstung auf JT3D Triebwerke, max. Startgewicht 117.025 kg.
VC-137C: Flugzeug für den Präsidenten (oft 'Air Force Eins'); als Modell 707-320B mit verschiedenen Sonderausrüstungen; max. Startgewicht 146.055 kg.
E-3A Sentry: AWACS-Plattform; 9.525 kp TF33-100/100A Triebwerke, max. Startgewicht 147.400 kg.

Das Flugzeug mit der Boeing-Zelle Nr. 18888 wurde im Mai 1965 als eine 707-351C an Northwest Orient geliefert und im August 1974 mit der Registrierung VR-HHE an Cathay Pacific nach Hongkong verkauft. Inzwischen wurde es durch Boeing 747 und Lockheed TriStar ersetzt.

sen werden konnten, mußten sie ihre Geschwindigkeit reduzieren und auf beinahe die Hälfte ihrer Höhe sinken. So kam Boeing zu dem Schluß, daß die einzig richtige Lösung ein Düsentankflugzeug war.

Boeing schlug im März 1951 zunächst eine KC-97 Pfeilflügelmaschine mit Düsenantrieb vor. Nach langwierigen Debatten wurde dieser Vorschlag von der US Air Force am 17. August 1951 abgelehnt. Boeing war jedoch davon überzeugt, daß sowohl die Fluggesellschaften als auch die US Air Force letzten Endes Düsentransportflugzeuge kaufen würden und daß das Tankflugzeug und die Zivilmaschine praktisch von gleicher Konstruktion sein könnten. Ohne Aufträge von den Fluggesellschaften, ohne staatliche Mittel für den Prototypbau und weil selbst die US Air Force keinerlei Interesse zeigte, war Boeing ganz auf sich alleine angewiesen. Die Firma mußte den Gürtel enger schnallen und mit eigenen Mitteln einen Prototyp produzieren. Nach gründlicher Auswertung der Fakten fand am 22. April 1952 (genau eine Woche nach dem erfolgreichen Erstflug der B-52) eine Aufsichtsratssitzung statt, auf der der große Entschluß gefaßt wurde.

Eine wesentliche Voraussetzung war das Pratt & Whitney Triebwerk JT3, die für die Verkehrsluftfahrt gedachte leichte Version des in der B-52 verwendeten sparsamen J57. Während jedoch der riesige Bomber acht Triebwerke mit einem Schub von 4.536 kp hatte, würde das Transportflugzeug nur vier benötigen, die in Einzelgondeln unter und vor den im Winkel von 35° gepfeilten Flügeln hängen würden. Der Rumpf sollte größer sein als der der C-97 und eine stromlinienförmigere Nase mit Radarspitze haben. (Schon allein die Radomkonstruktion würde völlig neue technische Probleme mit sich bringen.) Das Bruttogewicht wurde mit 86.184 kg errechnet, und während die Innenkonfiguration beim Militärflugzeug für Lasten und Treibstoff ausgelegt sein würde, sollte das kommerzielle Passagierflugzeug Platz für 130 Personen haben. Weil das Düsenflugzeug mit einer Stundengeschwindigkeit von 966 km fliegen konnte, war damit zu rechnen, daß es dreimal mehr leisten würde als entweder das Militärflugzeug KC-97 oder ein Verkehrsflugzeug wie z.B. die Douglas DC-7 oder die Lockheed Super Constellation. Als der Prototyp in Renton (Seattle) allmählich seine Gestalt annahm, zeigten jedoch sowohl die Fluggesellschaften als auch die US Air Force nur höfliches Interesse.

Die richtige Boeing Modellnummer für den Prototyp war in Wirklichkeit 367-80, aber bekannt wurde der firmeneigene Prototyp unter

Aufriß-Erläuterung zur Boeing E-3A Sentry

1 Wetterradarantenne
2 ILS-Antenne
3 vorderes Druckschott
4 Pilotensitz
5 mittlere Kontrollkonsole
6 Copilotensitz
7 Sitz des Flugingenieurs
8 zusätzlicher Beobachter
9 Navigationstisch
10 Instrumententafel des Navigators
11 Tür zum Besatzungsraum
12 Flugbetankungsstutzen
13 Kommunikationskonsolen
14 vordere Eingangstür
15 hydraulischer Bugradstellmotor
16 Bugradschacht
17 Doppelräder
18 Bugradklappe
19 Ausrüstungszelle im vorderen Laderaum
20 Avionik
21 Kommunikationssysteme
22 EDV-Funktionsgruppe
23 Konsole des Computeroperators
24 Notausstieg
25 Absprungöffnung
26 Gleichstromaggregat
27 Verteilerkasten
28 Mehrzweckkonsolen (9 Stück)
29 VHF-Antenne
30 Motorlufteinlauf
31 Klappen am Sekundäreinlauf
32 Turboverdichtereinlauf
33 Turboverdichterauslaß
34 Gondelpylone
35 Vorderkanten-Flügelklappe
36 Haupttank Nr. 3 (15.400 Liter pro Flügel)
37 Trockenzelle für das Treibstoffsystem
38 Haupttank Nr. 4 (8.791 Liter pro Flügel)
39 Reservetank (1.660 Liter pro Flügel)
40 Entlüftung/Ausgleichstank
41 HF-Antenne
42 Außenbord-Querruder, steuerbord
43 Hilfsruder
44 Außenbord-Spoiler (ausgefahren)
45 äußere Klappe, steuerbord
46 Ausleger
47 Querruder-/Spoilergestänge
48 inneres Querruder, steuerbord
49 Hilfsruder
50 innere Klappe, steuerbord
51 innerer Spoiler, steuerbord (ausgefahren)
52 Notausstieg über dem Flügel
53 diensthabender Offizier (TAC)
54 Rumpfspant
55 Verbindungsstelle zum vorderen Holm
56 Landescheinwerfer
57 vorderer Holm
58 Endrippe des Treibstoffbehälters
59 innere Flügelstringer
60 Treibstoffbehälter im Mittelabschnitt (38.582 Liter)

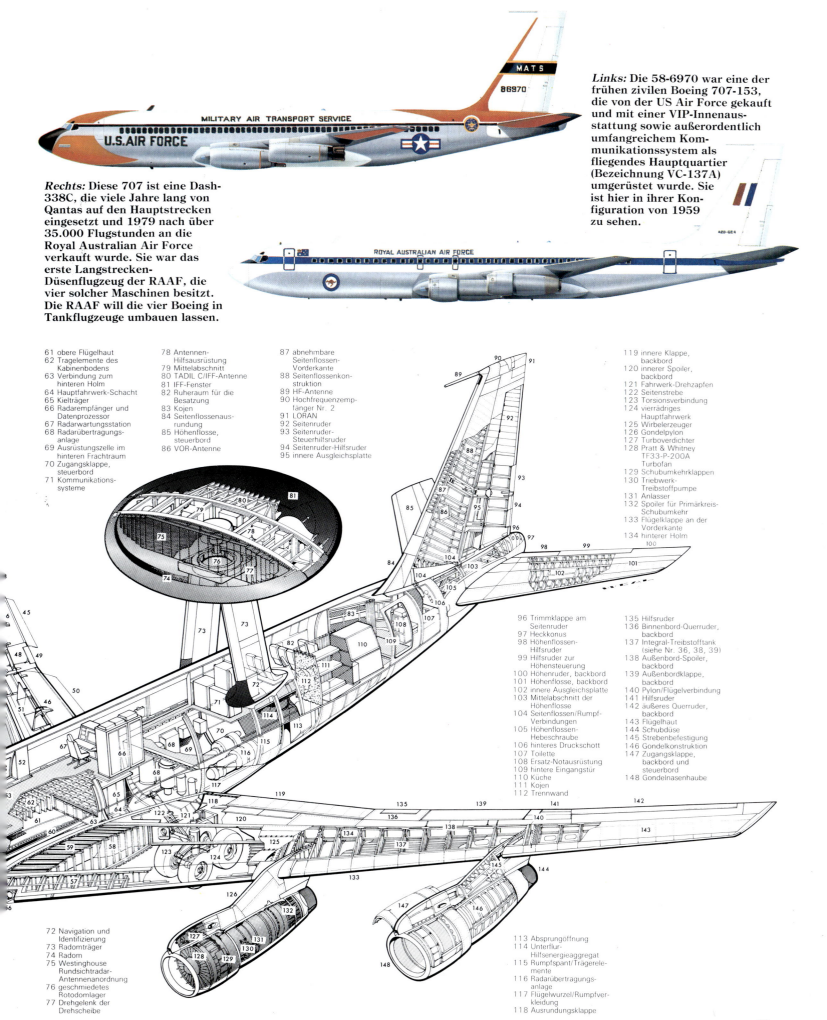

Diese Boeing 707-358C war eine der letzten dieses Typs, die gebaut wurden. Mit der Boeing Rumpfnummer 20897 und mit der Registrierung ST-AFA wurde die neue Maschine am 17. Juni 1974 an Sudan Airways geliefert. Seitdem steht sie bei diesem Unternehmen auf der Strecke nach London unter dem Namen Blue Nile (Blauer Nil) im Einsatz. Ihr Partnerflugzeug ST-AFB, ist White Nile (Weißer Nil).

der Bezeichnung Dash-80 (Dash = Bindestrich). Diese Numerierung kam zustande, indem die Untersuchungsjahre nach dem Bindestrich als Suffix an die Modellnummer 367 der ursprünglichen, mit Kolbenmotoren bestückten C-97 angehängt wurden. Die Nummern der Serie 500 bezogen sich auf Gasturbinenmotoren und die der Serie 600 auf Boeing Raketen; die Flugzeugnummern begannen erst wieder bei 700. Als das Modell 367-80 schließlich ein einsatzfähiges Flugzeug war, erhielt es die neue Bezeichnung 707. Spätere Düsentransportflugzeuge wurden von Boeing Model 717, 727, 737, 747, 757 und 767 genannt. Damit wurde aus dieser einprägsamen Folge bis heute bewußt Kapital geschlagen.

Eine fragliche Angelegenheit

Die Bezeichnung Model 717 war für das vorgesehene Tankflugzeug der US Air Force vorgesehen, aber 1954 war der Korea-Krieg zu Ende, das Geld war knapp, und mächtige Stimmen setzten sich für ein billigeres Tankflugzeug mit Turbinenpropellerantrieb oder gar eine modifizierte Convair B-36 oder B-47 ein. Als die Dash-80 in den kräftigen Firmenfarben schokoladenbraun und chromgelb am 15. Mai 1954 feierlich auf der Rollbahn erschien, stand über das Programm immer noch nichts fest. Noch fraglicher sah die ganze Sache aus, als das linke Hauptfahrwerk sechs Tage später bei Rolltests durch den Flügel brach, so daß dieser wichtige Prototyp schwer beschädigt auf der linken äußeren Motorgondel lag. Erst am 15. Juli 1954 konnten Tex Johnston und Dix Loesch das Flugzeug fliegen, dem die Vereinigten Staaten später ihre Führungsstellung im zivilen Luftverkehr verdanken sollten.

Inzwischen hatte die US Air Force Boeing mitgeteilt, daß sie ein neues Düsentankflugzeug wolle. Da die Firma nicht nur 15 Millionen Dollar für den Prototyp, sondern noch einmal halb so viel für die Konstruktion und die Werkzeugausrüstung für Serienmaschinen ausgegeben hatte, war das nun eine große Erleichterung. Im Oktober 1954 ging der erste Auftrag über 29 Tankflugzeuge ein, die den Anfang eines riesigen Programms von KC-135 und C-135 Maschinen bildeten. Das wirkte sich auch günstig auf das kommerzielle Modell 707 aus, aber 1954 hatte Boeing bei den Fluggesellschaften nicht den gleichen Erfolg wie das mächtige Douglas-Unternehmen. Als am 5. Juni 1955 die DC-8 angekündigt wurde, stand fest, daß Boeing ein harter Kampf be-

Dieses Flugzeug, eine der am stärksten beanspruchten 707 Maschinen, wurde als eine Dash-330C für die Lufthansa gebaut und als D-ABUA registriert. Sie wurde 1965 geliefert und brachte es auf über 35.000 Flugstunden, ehe sie im April 1977 an German Cargo weitergegeben wurde.

vorstand. Bei einer Produktion von 50 Flugzeugen sah sich Boeing auch nicht in der Lage, die 707 unter 5,5 Millionen Dollar zu verkaufen, und dieser Betrag lag bereits weit über dem Preis, den die Fluggesellschaften bereit waren zu zahlen.

Das war aber noch nicht alles. Um mit der DC-8 konkurrieren zu können, entschloß sich Boeing zu einer der kostspieligsten Modifikationen, die es gibt: zur Änderung des Rumpfquerschnitts. Die Achterform mit sanft geglätteten Seiten wurde zwar beibehalten, aber die obere Schlinge der Acht wurde um 10,10 cm auf 3,56 m verbreitert, so daß die Maschine hier um 5,08 cm breiter war als die Douglas und zu beiden Seiten des Ganges drei Sitze eingebaut werden konnten, die für bis zu 150 Passagiere Platz boten. Es wurde auch eine neue ermüdungsfreie Fensterkonstruktion entwickelt, und zwar wurden an jeder Sitzreihe zwei kleine Fenster vorgesehen, und zu beiden Seiten des Rumpfes verliefen der ganzen Länge entlang chemisch gefräste Platten zur Verstärkung der Originalhaut und -spante. Boeing und auch andere amerikanische Flugzeugbauer lernten sehr viel aus der britischen Untersuchung der bei der Comet aufgetauchten Ermüdungsprobleme. Die Treibstoffkapazität wurde mit verschieden ange-

N70700 startete am 15. Juli 1954 von Renton. Das war der Beginn des weltweiten Düsenflugverkehrs. Nach langjährigen Forschungsarbeiten von Boeing, die zu mehreren aufsehenerregenden Modifikationen führten, wurde dieses historische Flugzeug in seiner ursprünglichen Form wiederhergestellt, um es für die Nachwelt zu erhalten.

Es war ein historisches Ereignis, als die Boeing 707-121 von Pan American World Airways am 26. Oktober 1958 auf einem planmäßigen Flug von New York nach Paris das Zeitalter der 'Großen Düsenmaschinen' einleitete. Für über zwei Jahrzehnte hatten die Vereinigten Staaten fast die ganze Lufttransportindustrie fest in der Hand.

Flugzeug 72-7000 dürfte die bedeutendste Prestigemaschine der US Air Force sein, denn wenn der Präsident mit ihr fliegt, wird sie zur Air Force Eins. Es handelt sich dabei im wesentlichen um eine zivile 707-320C, jedoch ohne untere Flosse. Natürlich ist auch die Innenausstattung 'nach Maß gefertigt', und ganz spezielle Navigations- und Kommunikationsausrüstungen sorgen dafür, daß das Flugzeug nirgends auf der Welt auf fremde Hilfe angewiesen ist.

ordneten flexiblen Rumpftanks und Integraltanks in den Flügeln erhöht. Die ersten Modelle, die angeboten wurden, waren das Serienmodell 707-120 mit einer Länge von 44,04 m und das um 3,05 m kürzere Sondermodell 707-138. Das erste Standardtriebwerk war das JT3C-6 mit einem Schub von 6.124 kp und Wassereinspritzung. Es war mit einer großen Schalldämpfungsdüse, die aus 20 einzelnen Strahlrohren bestand, versehen (die sich bei feuchten Starts schon bald mit Ruß überzogen, so daß sie nicht nur einen eindrucksvollen Lärm erzeugten, sondern auch dicken schwarzen Rauch ausstießen).

Wie vorauszusehen war der erste Kunde unter den Fluggesellschaften Pan American. Sie kaufte 20 Flugzeuge Modell 707-121. Zur Bestürzung von Boeing verpflichtete sich Pan American aber auch am gleichen Tag (13. Oktober 1955) im Zuge eines 296 Millionen-Dollar-Geschäfts zur Abnahme von 25 DC-8. Noch im gleichen Monat entschied sich United zum Kauf von 30 DC-8 Maschinen, und Douglas kündigte eine DC-8 mit einer längeren Reichweite und dem großen Triebwerk JT4A an. Daraufhin mußte Boeing ein Langstrecken-Modell 707 herausbringen. Im Gegensatz zu Douglas (einem Unternehmen, bei dem bis dahin alle Flugzeuge gleich groß waren), entschloß sich Boeing, dieses Modell größer zu machen. Braniff fiel aus dem Rahmen, weil die Firma das Modell 707-220 kaufte, das die ursprüngliche Größe aufwies, aber mit dem Triebwerk JT4A mit einem Schub von 7.167 kp versehen war, damit das Flugzeug auf dem Weg nach Südamerika auf heißen und hoch gelegenen Flughäfen zügig starten konnte. Auf die für den Produktionsstart erforderlichen 50 Maschinen kam Boeing jedoch erst, als American am 8. November 1955 einen Auftrag über 30 Flugzeuge des Modells 707-123 erteilte. Danach gelang es Boeing zumindest, mit Douglas Schritt zu halten. Schon vier Monate später nahm die britische Fluggesellschaft BOAC mit Boeing Verhandlungen auf.

Starke Rolls-Royce Triebwerke

BOAC interessierte sich, wie Pan Am, für Boeings größeres Langstreckenmodell, das Model 707-320 Intercontinental, das neue Hochleistungsflügel mit einer um 3,53 m größeren Spannweite, einen um 2,57 m längeren Rumpf für 189 Passagiere, eine viel größere Treibstoffkapazität und ein maximales Startgewicht von 141.520 kg hatte.

Das erste vieler Militärflugzeuge vom Typ 707 war diese 707-153, die am 4. Mai 1959 als eine VC-137A an die US Air Force geliefert wurde. Sie befand sich bei der 1298th Air Transport Squadron im Einsatz und hatte eine VIP-Innenausstattung mit 22 Sitzen.

Zuerst entschied man sich für das Triebwerk JT4A mit einer höheren Leistung von 7.620 kp, aber die von einer geringen Zahl von Fluggesellschaften, darunter BOAC und Lufthansa, gewählten Conway Mantelstromturbinentriebwerke von Rolls-Royce (ein Mantelstromtriebwerk von sehr niedrigem Nebenstromverhältnis, nämlich 0,3:1) waren ideal geeignet und, bei niedrigerem Gesamtgewicht sowie weit sparsamerem Treibstoffverbrauch, viel stärker. Dank ihrer erheblich größeren Leistungsfähigkeit wurde die Intercontinental schnell zum Standardmodell 707, während die ursprüngliche Größe zu einer neuen Familie mit kürzerer Reichweite entwickelt wurde. Diese wurde zunächst mit der gleichen Modellnummer, nämlich 717, verkauft wie das Tankflugzeug, erhielt aber 1959 dann doch eine neue Modellbezeichnung, nämlich 720.

Das erste Seriemodell, Model 707, Boeing Nr. 17586, wurde am 20. Dezember 1957 in Renton geflogen, war jedoch die zweite Maschine der ersten aus 20 Flugzeugen Model 707-121 für Pan Am bestehenden Serie, mit der Registrierung N708PA. Die zweite Serienmaschine erhielt die speziell gewählte Registrierung N707PA. Die Flugentwicklung verlief im allgemeinen reibungslos, und am 23. September 1958 wurde die FAA-Zulassung erteilt. Für die internationale Luftfahrtindustrie war eine neue Epoche angebrochen. Manche Kreise sahen der Zukunft mit größtem Pessimismus entgegen. Ein berühmter Experte sprach von einer 'verrückt gewordenen Industrie'. Die Firma Bristol, die versuchte, Britannia Turboprop-Triebwerke zu verkaufen, hatte behauptet, das Modell 707 sei technisch unmöglich und würde sechs Triebwerke erfordern. Sogar Leute, die auf Düsenmaschinen ganz versessen waren, gaben zu, daß das Boeing Ungeheuer fast zu groß, schwer, voluminös und teuer war, daß es keine so langen Start- bzw. Landebahnen gab, wie dieses Flugzeug sie brauchte, daß es mit einer astronomisch anmutenden Geschwindigkeit Personenkilometer verschlucken konnte und die Fluggesellschaften (sowohl die, die das Flugzeug kauften, als auch die, die Propellern treu blieben) in den Konkurs treiben würde. Nur in verhaltenem und unsicherem Ton

Schnittstelle zwischen Elektronik und Mensch in der E-3A: Diese neun MPC (Mehrzweckkonsolen) sowie drei Zusatzmonitore stehen während des Fluges zur Auswertung der gewonnenen Daten und zur Kommunikation mit den Bodenstellen zur Verfügung. Im Einsatz gehören zu der normalen Besatzung 13 AWACS-Spezialisten.

Als sich die Produktion der 707 in den Jahren 1976/77 ihrem Ende näherte, wurden für die Kaiserliche Luftwaffe Irans noch 14 außerordentlich gut ausgerüstete 707-3J9C Maschinen gebaut, die ein spezielles Kommunikationssystem für weltweiten Betrieb mit Dreipunkt-Flugbetankung und Tanksonden an den Flügelspitzen verbanden.

wurden Stimmen laut, die eine gigantische Expansion des Lufttransportgeschäfts aufgrund der großen Düsenmaschinen voraussagten. Denjenigen, die es wagten, eine Epoche noch nie zuvor erlebter Rentabilität ohne staatliche Subventionen vorauszusagen, wurde kaum Gehör geschenkt.

Pan Am nahm am 26. Oktober 1958 den Linienverkehr zwischen New York und Paris auf. Bald wurden von New York aus auch London und andere europäische Hauptstädte angeflogen. Auf diesen Strecken war das Modell 707-121 gerade noch rentabel. Es war nicht für den Nordatlantik konstruiert worden, und die Flugbesatzungen mußten schnell lernen, wie man richtig damit startet und wie sie aus jedem Liter Treibstoff die meisten Kilometer herausholen konnten. Wenn es damals schon Lärmbeschränkungen gegeben hätte, wäre der Betrieb dieser Maschine unmöglich gewesen. Auf dem Flug in westlicher Richtung war auf Island oder auf einem weiter westlich gelegenen, aus der Kriegszeit stammenden Flugfeld immer ein Halt zum Auftanken nötig. Das waren die ersten zögernden Schritte in einer Revolution des internationalen Reiseverkehrs. Am 25. Januar 1959 nahm Pan Am mit dem Modell 707-123 den Verkehr zwischen New York und Los Angeles auf.

Durch die Konkurrenz von seiten der DC-8, der CV-880 und europäischer Flugzeugtypen angespornt, war Boeing gezwungen worden, immer bessere Düsenverkehrsflugzeuge zu bauen. Das ursprünglich eingesetzte Kapital von 15 Millionen Dollar war jetzt weit in den Schatten gestellt. Jetzt mußten schon nahezu 100 Millionen Dollar riskiert werden. Dabei stand immer noch nicht fest, ob die Firma weiterbestehen konnte. Das Modell 707 wurde zwar dutzendweise verkauft, aber würde man auch Hunderte davon verkaufen können? Pratt & Whitney begegnete der Konkurrenz des Conway mit einer erstaunlich einfachen Modifikation des JT3C. Dabei wurden die ersten drei Stufen des Verdichters durch zwei aus großen Gebläselaufschaufeln (fan = Gebläse) bestehende Stufen ersetzt. So entstand der Name Turbofan (Zweistromturbinenluftstrahl oder Mantelstromtriebwerk), der mehr aussagte als das Wort 'Bypass-Turbojet'. Das neue Triebwerk, das JT3D genannt wurde, hatte zunächst einen Schub von 8.172 kp und zeichnete sich durch viel sparsameren Treibstoffverbrauch und einen weit geringeren Lärmpegel aus, ganz abgesehen davon, daß auf Wassereinspritzung verzichtet werden konnte. Das Ergebnis war eine zweite Generation von Flugzeugen des Modells 707, an deren Bezeichnung der Buchstabe B angehängt wurde.

Bevor diese Maschinen erhältlich waren, flog die große Intercontinental Modell 707-320 als 16. Maschine in der Renton-Reihe am 11. Januar 1959. Sie wurde am 15. Juli des gleichen Jahres zugelassen und einen Monat später bei Pan Am in Dienst gestellt. Dieses speziell für den Transatlantik-Einsatz konstruierte Flugzeug verdrängte das Modell 707-121 mit einem Schlag auf diesen Strecken. Es konnte auch, selbst in westlicher Richtung, ohne Zwischenlandung eine weit größere Nutzlast tragen. Die britische Zulassung wurde aufgehalten, während der ARB (heute die CAA) das Betriebsverhalten und die Stabilität unter ungünstigen Umständen studierte und schließlich auf einer größeren Flossenfläche bestand. Zuerst wurde eine untere Flosse mit eingebautem Heck-Stoßfänger hinzugefügt. Später wurde jedoch diese durch eine viel höhere Seitenflosse ersetzt, mit der fast alle Maschinen des Modells 707 und die betreffenden Militärmodelle nachgerüstet wurden. Damit war der Weg für die Modell-Familie 707-420 mit Conway-Triebwerken gebahnt, die im Februar 1960 zugelassen wurde.

Die 720 im Sonderangebot

Das erste Modell, das das JT3D Turbofan-Triebwerk erhielt, war das Modell 707-120B. Dieses Modell war vom Modell 720, das am 23. November 1959 zum ersten Mal flog, abgeleitet worden. Es schaute wie eine 707-120 aus, hatte aber in Wirklichkeit eine vollständig geänderte, leicht gebaute Zelle, die auf Kurz- und Mittelstreckenflüge mit niedrigeren Gewichten abgestimmt war. Auch am Flügel waren aerodynamische Verbesserungen vorgenommen worden, durch die sich der Start verbesserte und eine höhere Reisegeschwindigkeit erzielt wurde. Das Modell 720, das zu einem besonders günstigen Preis verkauft wurde, machte der CV-880 von Convair — selbst mit JT3D Triebwerken — den Garaus. Es dauerte nicht lange, bis 154 Maschinen verkauft waren. Die meisten davon hatten JT3D Triebwerke (entweder schon von Anfang an oder als Nachrüstung) und wurden 720B genannt. Mit verlängerter Flügelprofiltiefe und Auftriebsklappen an der Vorderkante der Flügel wurde das Modell 707-120 zum Modell 707-120B, dessen Turbofan-Triebwerke noch nicht einmal eine halb so lange Startbahn benötigten wie das ursprüngliche Modell 707-120 und darüber hinaus auch ruhiger waren und keinen sichtbaren Rauch erzeugten. American war der erste von vielen Kunden, die dieses Modell kauften, das am 22. Juni 1960 zum ersten Mal flog. Qantas, ein Kunde, der aus dem Rahmen fiel, kaufte das Modell 707-138 mit kurzem Rumpf und ließ später Turbofan-Triebwerke einbauen, wodurch das Modell 707-138B entstand.

Die letzte der wichtigsten Varianten war das Modell 707-320C. Boeing hatte die Intercontinental bereits mit dem Turbofan-Triebwerk versehen und damit das Modell 707-320B geschaffen. Gleichzeitig wurden zahlreiche aerodynamische Verbesserungen vorgenommen. Dazu gehörten gebogene Flügelspitzen mit größerer Spannweite, wodurch der Widerstand verringert wurde, und eine für einen hohen Auftrieb ausgelegte Vorderkante mit Klappen über die gesamte Spannweite, die denen der Modelle 707-120B und 720B ähnelten. Das Modell 707-320B wurde im Juni 1962 bei Pan Am in Dienst gestellt, und ein Jahr später begann das gleiche Pionierunternehmen mit dem Einsatz des für bis zu 202 Passagiere oder 43.603 kg Fracht zugelassenen Mehrzweck-Modells 707-320C, das über Ein-

Die allgemeine Einsatzfähigkeit der Islamischen Iranischen Luftwaffe wird zwar für mangelhaft gehalten, aber die 707-3J9C ist ein sehr nützliches Langstreckenflugzeug, und von den ursprünglichen 14 Maschinen befinden sich immer noch einige im Einsatz. Seit 1980 wurde dafür gesorgt, daß sie weiterhin als Tankflugzeuge, besonders für die Grumman F-14A Maschinen, verwendet werden können.

Dieses Profil zeigt die erste Boeing E-3A Sentry Serienmaschine, USAF 73-1674. Zuvor waren zwei spezielle Versuchsflugzeuge gebaut worden, die die Bezeichnung EC-137D (Nummer 71-1407 und 71-1408) erhielten. Letztere hatten umgebaute 707-320B Zellen mit dem JT3D (TF33-7) Triebwerk. Die Sentry Serienmaschine zeichnet sich jedoch durch viele Raffinessen aus und wird von dem TF33-100A mit einem Schub von 9.525 kp angetrieben.

richtungen zum Laden und Aufstellen sehr großer oder sehr schwerer Frachtstücke verfügte. Das Modell 707-320C wurde bald zum Standardmodell, für das sich immer mehr Kunden interessierten.

In den 50er Jahren war der Kampf zwischen dem Modell 707 und der DC-8 ziemlich ausgeglichen. In den 60er Jahren begann Boeing, Douglas zu überholen, und als Northwest Orient, die damals mit DC-8 Maschinen flog, 26 Modelle 707-351C kaufte, die dann bei weitem den Hauptteil ihrer Flotte ausmachten, sah es so aus, als müsse sich die DC-8 endgültig geschlagen geben. Douglas holte mit der gestreckten DC-8 Super 60-Serie zum Gegenschlag aus, gab aber die DC-8 Reihe im Mai 1972 mit Flugzeug Nr. 556 endgültig auf. Die Boeing 707 verkaufte sich nach wie vor recht gut, wenn auch in langsam abnehmenden Zahlen. Viele der späteren Kunden waren Luftstreitkräfte. Unter diesen war die US Air Force der erste Abnehmer. Die sich in ihrem Einsatz befindlichen Flugzeuge erhielten die Bezeichnung C-137 (siehe Varianten). Kanada und Iran zählten zu den Käufern militärischer Modelle mit Flugbetankungssystemen in den Flügelspitzen. Von allen regulären Transportversionen wurden insgesamt 930 Maschinen hergestellt, die letzte im Jahr 1980.

Die E-3A Sentry oder AWACS (Luftwarn- und -überwachungssystem) ist ein Flugzeug mit der Zelle der 707. Diese Maschine wurde mit acht TF34 Triebwerken geplant, weil die Höchstflugdauer verlängert werden sollte, aber um Geld zu sparen, wurden letzten Endes doch nur vier TF33-100/100A Triebwerke, die militärischen Versionen des JT3D, vorgesehen. Die mit elektronischen Ausrüstungen vollgepackte E-3A hat die Aufgabe, mit Hilfe eines Westinghouse APY-1 Radars, dessen Hauptantenne sich mit einem 9,14 m Rotodom mit 6 Umdrehungen pro Minute dreht, den ganzen Luftraum in einem Radius von etwa 400 km zu überwachen. Die US Air Force hat seit 1977 nach und nach 34 E-3A Maschinen angeschafft, und NATO verfügt über weitere 18 Stück, an deren Kosten sich die meisten europäischen NATO-Staaten beteiligt haben. Sie sind in Luxemburg registriert und in Geilenkirchen stationiert.

Die E-3A Sentry Maschinen der NATO, die an beiden Flügelspitzen Antennen für ihr Kommunikationssystem haben, werden von Boeing Aerospace zum Dornier-Werk in Oberpfaffenhofen geflogen, um dort mit einer dritten HF-Funkanlage, einer neuen Datenanalyse- und Programmierungseinheit ausgerüstet zu werden.

33

Boeing 727

Auf dem hart umkämpften Markt für kommerzielle Flugzeuge muß man zur rechten Zeit mit dem richtigen Modell aufwarten können. Als der Bedarf für Mittelstreckenflüge immer größer wurde, hatte Boeing die richtige Idee und konstruierte das Modell 727 mit drei Triebwerken. Das Flugzeug wurde zum Verkaufsschlager. Es war ursprünglich für den inneramerikanischen Linienverkehr gedacht, wurde aber bald auch von Gesellschaften in Europa für den expandierenden Luftverkehr eingesetzt.

Schon lange vor Einführung der erfolgreichen Modellreihen 707 und 720 arbeitete die in Seattle ansässige Boeing Corporation an der Vorstudie für ein Verkehrsflugzeug mittlerer Kapazität, das eine kurze bis mittlere Reichweite haben sollte, um den Anforderungen des Inlandverkehrs in den USA gerecht zu werden. Man wollte eine für kurze Flugfelder geeignete Hochleistungsdüsenmaschine mit niedriger Anfluggeschwindigkeit schaffen, um den Markt zu erobern, für den sich die interkontinentalen Douglas DC-8, Convair 880 und Boeing 707/720 mit ihrer hohen Kapazität als etwas zu groß erwiesen, während ihm die Kurzstreckenmaschine Sud-Aviation S210 Caravelle und Douglas DC-9 nicht ganz gewachsen waren. Es bestand kein Zweifel daran, daß es diesen Markt gab. Wie immer hing jedoch die Produktionsgenehmigung von den Aufträgen interessierter Käufer ab. Außerdem mußten, abgesehen vom Bedarf in den USA, auch in anderen Ländern gute Verkaufsaussichten für Hochleistungs-Verkehrsmaschinen mittlerer Reichweite bestehen. Der Boeing-Konzern befürchtete jedoch, daß sich hier die neue britische de Havilland D.H.121 Trident mit ihrer einmaligen dreistrahligen Konfiguration als harter und entschlossener Konkurrent erweisen würde. Ende der 50er Jahre stand der Markt für kommerzielle Flugzeuge unter sehr günstigen Vorzeichen. Für die auf den verkehrsreichen Strecken in den USA und in Europa eingesetzten Flugzeuge wurde dringend zusätzliche Sitzkapazität verlangt. Die alte Douglas DC-3, Douglas DC-6 und Lockheed L-749, die Kolbenmotoren hatten, und die noch ziemlich neue Turboprop-Maschine Lockheed L-188 Electra waren zwar billig im Betrieb, aber zu langsam, während die neue Caravelle nur eine unzureichende Kapazität aufwies.

Mit der Konstruktion der Boeing Model 727, wie der neue Typ hieß, wurde im Februar 1956 begonnen. Die Parameter, die Boeings vorläufiger Konstruktionsgruppe vorgelegt wurden, stellten hohe Anforderungen. Auch andere Unternehmen, besonders de Havilland (die Firma wurde später von der Hawker Siddeley-Gruppe übernommen), hatten es auf hohe Mach-Zahlen im Reiseflug abgesehen, um die Kilometerkosten pro Sitz zu senken. Aber Boeing verlangte für das Modell 727 darüber hinaus auch noch Betriebsmerkmale, die bei einem so großen Flugzeug zunächst unerreichbar schienen. Konkret ausgedrückt, bedeutete das ein Leistung/Gewicht-Verhältnis für gute Beschleunigung und einen zügigen Start und natürlich einen außerordentlich anpassungs- und leistungsfähigen Flügel.

Die Flügelkonstruktion eröffnete bei der 727 ganz neue Horizonte, und das bislang einmalige System an Auftriebshilfen, also Klappen und Vorflügel, sollte zusammen mit den Spoilern zum Vorbild für die Boeing 747 werden. Bei Beendigung der Konstruktionsarbeit am 18. September 1959 hatte man einen Tiefdecker mit einer V-Stellung von 3°, einer relativen Profildicke von 8 bis 9 Prozent bei einem Einstellwinkel (Winkel zwischen Profilsehne und Flugzeuglängsachse) von 2° und speziellen Boeing Flügelprofilen: die Pfeilung betrug an der t/4-Linie 32° und war damit kleiner als bei der Boeing 707. Die Grundform mag zwar von ganz normaler Konstruktion gewesen sein, aber die Auftriebshilfen und Spoiler wichen von allem bisher Dagewesenen ab. An der Hinterkante des Flügels waren riesige, dreifach gespaltene Klappen mit einer Gesamtfläche von 36,04 m² und einem

Diese Boeing 727-256 (Nr. 20595) hatte ihren Erstflug am 23. Oktober 1972 und wurde am 11. Mai des folgenden Jahres an Iberia geliefert. Unter dem Namen Vascongadas wird sie von Iberia zur Zeit mit weiteren 35 Maschinen des gleichen Typs in Europa und Nordafrika eingesetzt.

Boeing 727-277 (Nr. 22641) von Ansett Airlines, Australien, in den neuen Farben, für die sich die Fluggesellschaft 1981 entschieden hat. Dieses Flugzeug, das zuerst unter der Registrierung N8378V geflogen wurde, war die 1753. Maschine von den insgesamt 1832 Flugzeugen, die gebaut wurden.

Rechts: Diese Boeing 727-81 war die 124. Maschine, die gebaut wurde. Sie wurde am 18. März 1965 an All Nippon Airways geliefert. Am 22. Juni 1972 wurde sie von Alaska Airlines gemietet und am 14. Dezember 1974 als N124AS gekauft. Nach einem Landeunfall, der sich am 5. April 1976 in Ketchikan ereignete, wurde das Flugzeug abgeschrieben.

Links: Gut zu sehen ist bei dieser Boeing 727-113C der Ariana Afghan Airlines die seitlich angebrachte Frachttür. Das Flugzeug flog zum ersten Mal am 30. Dezember 1969 und wurde am 15. Januar 1970 an die Fluggesellschaft Ariana geliefert, die daraufhin den Düsenverkehr nach London und Moskau aufnehmen konnte.

Einstellwinkel von 40°, verbunden mit vier Vorflügeln an den äußeren zwei Dritteln der Flügelvorderkante und drei Krüger-Klappen am inneren Drittel, vorgesehen. Dazu kamen sieben Spoiler an jeder Flügeloberfläche (0-40°), die gleichzeitig als Luftbremsen und/oder Spoiler zur Unterstützung des Wendemoments dienten. Dieser außerdem noch formschöne Flügel war der Schlüssel zu der außerordentlichen Erfolgsstory der Boeing 727, denn er machte das Flugzeug vielseitig einsetzbar. Mit ihrer glatten Form wurde die Maschine, was Schnelligkeit und Leistungsfähigkeit anbetraf, von keinem anderen Flugzeug übertroffen. Mit ausgefahrenen Lande- und Krügerklappen konnte der Pilot auf jedem kleineren Flugfeld landen.

Problemlose Erprobung

Die neue Boeing 727 zeichnete sich nicht nur durch ausgezeichnetes Betriebsverhalten, sondern auch durch wirtschaftlichen Treibstoffverbrauch aus, dank ihrer Pratt & Whitney JT8D-1 Turbofan-Triebwerke mit je 6.350 kp Schub, für die man sich im August 1960 entschieden hatte. Der obere Rumpfabschnitt glich dem der Modelle 707 und 720. So konnten ca. drei Millionen Dollar für Werkzeuge eingespart werden. Außerdem wurde die Cockpitanordnung standardisiert, während die Passagiersitze in der Kabine wie bei Interkontinentalflugzeugen in Sechserreihen (2×3) angeordnet werden konnten. Auf unabhängigen Betrieb wurde ebenfalls großer Wert gelegt. Im Stopp-Start-Transitverkehr war das Modell 727 nicht auf Bodenhilfe angewiesen, da es zur Deckung seines Strom- und Druckluftbedarfs für den Start und die Kabinenklimatisierung über ein Garrett-AiResearch GTC85 verfügte, an Eingang 1, links, eine Fluggasttreppe und hinten unter dem Leitwerk eine weitere Treppe eingebaut hatte. Aufgrund einer entsprechend verstärkten Tragflächenkonstruktion und eines entsprechend starken Fahrwerks hatte die Boeing 727 ein sehr hohes maximales Landegewicht, das es ihr ermöglichte, an ihrem Ausgangspunkt zu tanken, mehrere Transitstops vorzunehmen und schnell wieder zu wenden, ohne sich zu verspäten, was im kommerziellen Verkehr äußerst wichtig ist. Alle diese Eigenschaften wurden bereits im Laufe der sehr gründlichen Entwicklung berücksichtigt, was zu insgesamt 150 Studien führte, einschließlich 68 verschiedener Prüfungen im Windkanal von rund 1.500 Stunden Dauer.

Die Genehmigung zum Bau wurde im August 1960 erteilt. Dabei verließ sich Boeing auf Absichtserklärungen von Eastern Air Lines und United Air Lines zum Kauf des Modells, denn die endgültigen Aufträge dieser beiden Fluggesellschaften gingen erst am 5. Dezember 1960 ein. United bestellte fünf Maschinen mit einer Option für weitere 20, und Eastern erteilte einen Auftrag über 40 Flugzeuge. Im Februar 1963 warteten vier Maschinen des Modells 727 im Boeing-Werk Renton darauf, der Öffentlichkeit vorgestellt zu werden.

Am 9. Februar 1963 um 11.33 Uhr fand von Renton aus der Erstflug statt. Der erfahrenste Testpilot von Boeing, Lew Wallick, hob die N7001U nach einer Startstrecke von 914 m vom Boden ab. Dick Loesch war der Copilot und M. K. Shulenberger der Flugingenieur. Die N7001U wog beim Start 58.968 kg, führte 20.200 Liter Treibstoff und 7.258 kg Prüfausrüstungen mit sich und flog 2 Stunden 1 Minute, ehe sie von Wallick auf der 610 m hoch gelegenen kurzen Betonbahn von Paine Field zum Stehen gebracht wurde. Vor der versammelten

36 Boeing 727-256 bilden das Rückgrat des Kurz- und Mittelstreckenverkehrs von Iberia. Jedes Flugzeug hat mit bis zu 189 Passagieren eine Reichweite von 3.965 km.

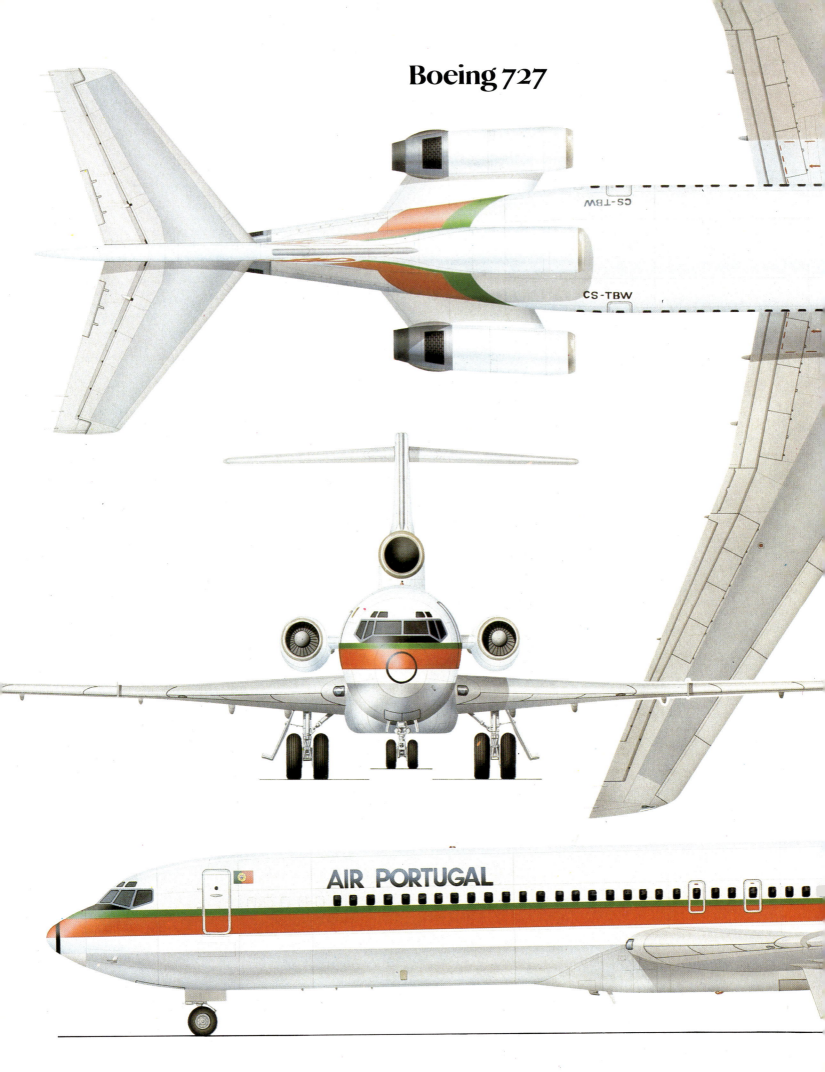

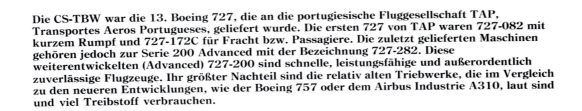

Die CS-TBW war die 13. Boeing 727, die an die portugiesische Fluggesellschaft TAP, Transportes Aeros Portugueses, geliefert wurde. Die ersten 727 von TAP waren 727-082 mit kurzem Rumpf und 727-172C für Fracht bzw. Passagiere. Die zuletzt gelieferten Maschinen gehören jedoch zur Serie 200 Advanced mit der Bezeichnung 727-282. Diese weiterentwickelten (Advanced) 727-200 sind schnelle, leistungsfähige und außerordentlich zuverlässige Flugzeuge. Ihr größter Nachteil sind die relativ alten Triebwerke, die im Vergleich zu den neueren Entwicklungen, wie der Boeing 757 oder dem Airbus Industrie A310, laut sind und viel Treibstoff verbrauchen.

Technische Daten
Boeing 727-200

Typ: Mittelstrecken-Passagier- oder Passagier/Frachtflugzeug.
Triebwerk: drei Pratt & Whitney JT8D-9A (6.577 kp Schub), JT8D-15 (7.031 kp) oder JT8D-17 (7.893 kp) Turbofan-Triebwerke.
Leistung: max. Reisegeschwindigkeit 964 km/h; Reichweite bei Langstrecken-Reisegeschwindigkeit von 880 km/h mit max. Treibstoff 5.300 km.
Gewicht: Leergewicht 46.675 kg; max. Startgewicht 95.027 kg.
Abmessungen: Spannweite 32,90 m; Länge 46,70 m; Höhe 10,40 m; Tragflügelfläche 157,9 m².
Besatzung/Passagiere: dreiköpfige Flugbesatzung, unterschiedliches Kabinenpersonal für bis zu 189 Passagiere; typische Kabinenaufteilung, 14 Sitze in der Ersten und 131 in der Touristenklasse.

Varianten der Boeing 727

Model 727-100: erstes Serienmodell, da es keine Prototypen gab; Rumpflänge 40,59 m; Standard-Verkehrsmaschine für bis zu 131 Passagiere; drei Pratt & Whitney JT8D-1 oder D-7 Turbofan-Triebwerke, spätere Modelle mit JT8D-9 Triebwerken, max. Startgewicht 72.576 kg, spätere Varianten für 76.668 kg zugelassen.

Model 727-100C: umrüstbares Passagier/Frachtflugzeug mit Frachttür, verstärktem Boden und Bodenträgern, sonst gleich Model 727-100, nach Wunsch entweder 94 Passagiere in gemischten Klassen oder 52 Passagiere mit Gepäck plus 10.297 kg Fracht auf vier Paletten oder 17.237 kg Fracht auf acht Paletten.

Model 727-100QC: Einbau von Kugellagerboden für palettierte Küche und Sitze und/oder palettierte Fracht; Umrüstung von Fracht- in Passagierflugzeug innerhalb von 30 Minuten; Umrüstung in Frachtflugzeug mit auf 77.112 kg erhöhtem Rampengewicht, max. Startgewicht 76.658 kg und max. Landegewicht 64.411 kg.

Model 727-100 Business Jet: auf Wunsch Luxusausstattung oder Ausstattung für Geschäftsreisende; zusätzliche Treibstofftanks im unteren Frachtabteil zur Ermöglichung einer Reichweite von 6.680 km mit 40.504 Liter Treibstoff und einer Nutzlast von 1.814 kg; Möglichkeit zum Einbau von zwei Carousel IV oder Litton LTN501 Trägheitsnavigationssystemen und Wetterradar mit länger Reichweite.

Model 727-200: gestreckte Version mit Rumpflänge von 46,69 m, normal für 163 Passagiere, max. 189 Passagiere, strukturelle Verstärkung, mittleres Triebwerk mit geändertem Lufteinlauf, normal mit drei JT9D-9 Turbofan-Triebwerken von je 6.577 kp Nennschub bei 29°C, nach Wahl auch mit JT8D-11 oder JT8D-15 Triebwerken.

Advanced Model 727-200: auf 86.638 kg erhöhtes Rampengewicht, Schalldämpfung, bessere Avionik, Möglichkeit zum Einbau von Trägheitsnavigationssystem, Flugmanagementsystem, zwei FD-108 oder Collins FD-110 oder Sperry Z-15 Flight Director und eines Sperry SP-150 Model 5 Autopiloten.

Advanced Model 727-200F: reines Frachtflugzeug mit JT8D-17A Turbofan-Triebwerken, fensterloser Rumpf; Möglichkeit zur Aufnahme von bis zu 11 Paletten über eine Backbord-Luke im vorderen Rumpfteil.

Mike Badrocke/83

Zur Ergänzung der Lockheed C-130 Hercules in der Langstrecken-Transportrolle verwendet die Royal New Zealand Air Force drei Boeing 727-100C, die vorher United Air Lines gehörten. Eine dieser Maschinen wird jetzt zum Ausschlachten für Ersatzteile verwendet.

Die französische Gesellschaft Air Charter International hat zwei Boeing 727-2X3 im Einsatz, die mit drei Pratt & Whitney JTD-15 Turbofan-Triebwerken ausgerüstet sind. Die Fluggesellschaft mietet bei Bedarf weitere Maschinen von Air France, Air Inter und EAS.

Presse sagte Wallick: "Sie verhielt sich genau so wie erwartet, in vielerlei Hinsicht sogar besser."

Die zweite Maschine des Modells 727 (N72700) flog am 12. März, und bis Ende des Monats hatte man in Paine, Seattle, auf dem Air Force Stützpunkt Edwards, in Denver und in Albuquerque mit der gründlichen Flugerprobung von vier Maschinen begonnen. Bis Mitte Mai hatte man die N7001U bereits 430 Stunden lang bis zu Mach 0,9 Flatter- und Dämpfungstests unterzogen. Mit der N72700 hatte man 320 Stunden lang System- und Bremsprüfungen durchgeführt. Die Boeing 727 Nr. 3 hatte es auf 180 Stunden gebracht, in deren Verlauf u.a. das Hochziehen bei hohen g-Kräften, Seitengleitflug und sogar Faßrollen erprobt wurden. Die Maschine Nr. 4 schließlich verbrachte 313 Stunden mit der Prüfung der Ausstattung und Klimaanlage. Das Auftragsbuch füllte sich allmählich: 25 Maschinen für American Air Lines, 40 für United, zehn für TWA, zwölf für die Lufthansa und vier für die australischen Gesellschaften TAA und Ansett-ANA. Wie zufrieden die Kunden waren, zeigt sich am Beispiel Lufthansa, die gleich im nächsten Jahr, also 1965, zehn weitere Boeing 727-30QC (Quick Change) orderte. Später tauschte sie alle ihre 727 gegen die moderneren 727-200 aus. 1985 hatte sie noch 34 Boeing 727-230 Adv. im Einsatz, und die Maschinen erhielten von der Lufthansa den Beinamen 'Europa-Jet'. Sie dürften bis Ende der achtziger Jahre im Einsatz bleiben, falls sich Lufthansa nicht vorher für ein neues Nachfolgemodell entscheidet.

Werbe-Weltreise

Die FAA-Zulassung für das Serienmuster Boeing Model 727-100 wurde am 20. Dezember 1963 unterzeichnet. Leistungsanalysen ergaben, daß die Parameter von Modell 727-100 um zehn Prozent über den ursprünglich von Boeing abgegebenen Garantien lagen. Die Maschine war schneller, obwohl die JT8D-1 Triebwerke einen besseren spezifischen Treibstoffverbrauch ermöglichten; sie war im Anflug langsamer und kam mit kürzeren Start- und Landebahnen aus. Mit maximalem Startgewicht konnte sie leicht von 1.525 m langen Bahnen abheben. Während der 1.100 Erprobungsstunden waren seit dem 9. Februar 1963 Sturzflüge bei Mach 0,95, Starts mit 72.567 kg, Starts mit zwei Triebwerken und Triebwerksabschaltung unter Vollast in weniger als 274 m Höhe durchgeführt worden. Gerade als das Modell diese Testphase durchlief, wurde ihre Erzkonkurrentin fertiggestellt. Am 19. Dezember 1963 erhielt die erste BEA-Crew ihre Musterberechtigung, und die erste Trident 1 (G-ARPF) sollte ab April im Liniendienst eingesetzt werden.

Schon jetzt kämpften Boeing mit dem Modell 727 und Hawker Siddeley mit der Trident 1C und 1E erbittert um die lukrativen Exportmärkte. Im November 1963 beendete die Boeing 727 N7003U ihre am 17. September des gleichen Jahres begonnene Weltreise. Sie war von Montreal aus über die Azoren, Rom, Beirut, Karatschi (wo eine Begegnung mit der Trident 1 G-ARPE stattfand), Kalkutta, Bangkok und Manila nach Tokio geflogen. Von dort führte ihr Weg über Manila nach Australien, und danach machte sie einen Abstecher nach Johannesburg und Nairobi, ehe sie über Europa in die Vereinigten Staaten zurückflog. In den USA bestellte Eastern Air Lines am 22. Oktober 1963 ihre erste Maschine des Modells 727-100, mit der sie im Januar den Linienverkehr zwischen Miami und New York (LaGuardia) aufnehmen wollte. Am 1. Februar 1964 war es dann soweit, daß die Gesellschaft mit dem Modell 727-100 zum ersten Mal von Miami über Washington (National) nach Philadelphia flog. Fünf Tage später begann United Air Lines mit dem Linienverkehr. Sie führte einen täglichen Pendelverkehr zwischen Denver und San Francisco ein und nahm auch den Verkehr auf der stark frequentierten Strecke zwischen New York — Los Angeles — San Francisco und Seattle auf. In-

Aufriß-Erläuterung zur Boeing Advanced 727-200

1 Radom
2 Parabolantenne
3 Befestigung der Radarantenne
4 Druckschott
5 Cockpitfenster
6 Abdeckung des Instrumentenbretts
7 Rückseite des Instrumentenbretts
8 Ruderpedale
9 Radarsender und -empfänger
10 Pitotrohr
11 Kontrolleitungen im Cockpitboden
12 Steuersäule
13 Sitz des Piloten
14 Cockpitfenster in Augenhöhe
15 Sitz des Kopiloten
16 Kontrollpult des Flugingenieurs
17 Sitz des Flugingenieurs
18 Cockpittür
19 Sitz des Beobachters
20 Bugradschacht
21 Bugradklappen
22 Doppelräder
23 einziehbare Fluggasttreppe (als Sonderzubehör)
24 Geländer
25 Behälter der aufblasbaren Notrutsche
26 Vordereingang
27 vordere Toilette
28 Küche
29 Küchentür, steuerbord
30 Trennwand
31 Spind
32 Kabinenfenster
33 Funk- und Elektronikzelle
34 Kabine für Passagiere der Ersten Klasse, 18 Sitze in gemischter Anordnung
35 Konstruktion des Kabinendachs
36 Sitzschienen
37 Tragelemente des Kabinenbodens
38 Frachttür
39 Antikollisionslicht
40 Zuluftleitung für die Klimaanlage
41 vorderer Frachtraum
42 Frachtraumboden
43 Gepäckpaletten
44 Touristenklasse, 119 Sitze in gemischter Anordnung
45 Funkantenne
46 Rumpfspant- und Stringerkonstruktion
47 Kabinenfenster
48 Lufteinlauf für die Klimaanlage
49 Klimaanlage
50 obere Luftleitung
51 Hauptrumpfspante
52 Notausstiege, backbord und steuerbord
53 Treibstofftank Nr. 2 im Flügelmittelstück
54 Mittelstück-Stringerkonstruktion
55 Konstruktion des Kabinenbodens
56 Treibstofftank Nr. 3 im Steuerbordflügel
57 innere Krüger-Klap

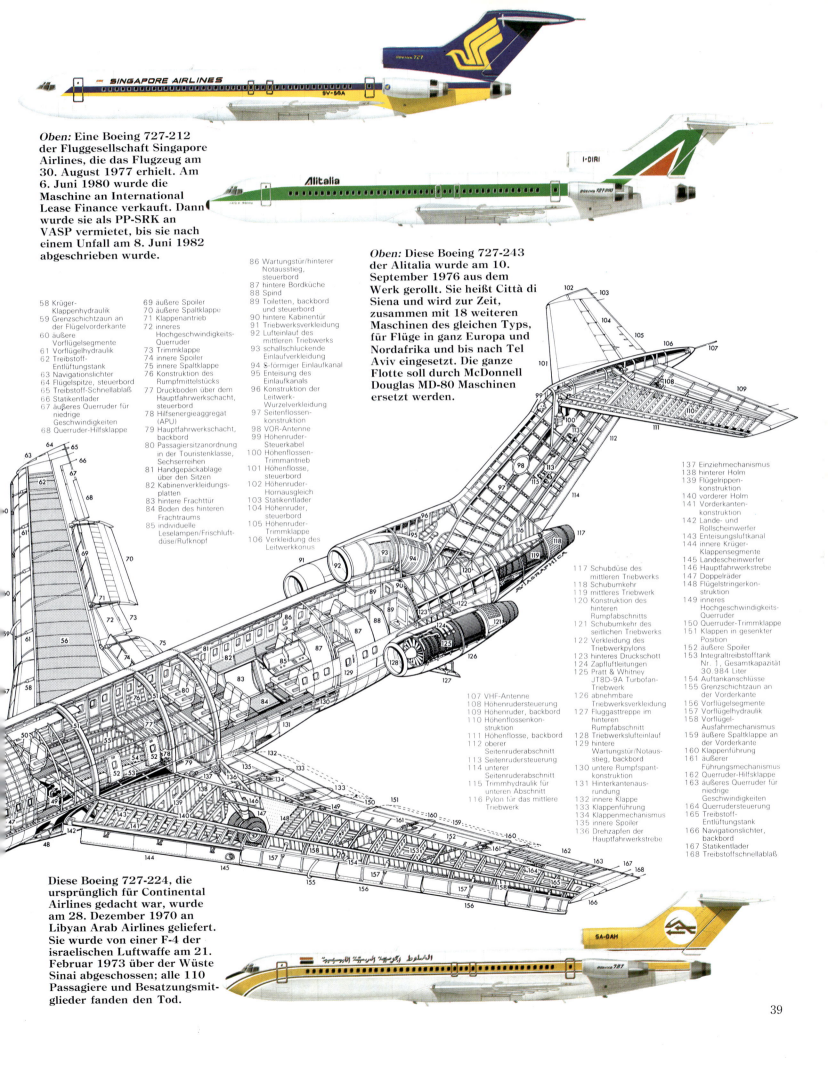

Oben: Eine Boeing 727-212 der Fluggesellschaft Singapore Airlines, die das Flugzeug am 30. August 1977 erhielt. Am 6. Juni 1980 wurde die Maschine an International Lease Finance verkauft. Dann wurde sie als PP-SRK an VASP vermietet, bis sie nach einem Unfall am 8. Juni 1982 abgeschrieben wurde.

Oben: Diese Boeing 727-243 der Alitalia wurde am 10. September 1976 aus dem Werk gerollt. Sie heißt Città di Siena und wird zur Zeit, zusammen mit 18 weiteren Maschinen des gleichen Typs, für Flüge in ganz Europa und Nordafrika und bis nach Tel Aviv eingesetzt. Die ganze Flotte soll durch McDonnell Douglas MD-80 Maschinen ersetzt werden.

58 Krüger-Klappenhydraulik
59 Grenzschichtzaun an der Flügelvorderkante
60 äußere Vorflügelsegmente
61 Vorflügelhydraulik
62 Treibstoff-Entlüftungstank
63 Navigationslichter
64 Flügelspitze, steuerbord
65 Treibstoff-Schnellablaß
66 Statikentlader
67 äußeres Querruder für niedrige Geschwindigkeiten
68 Querruder-Hilfsklappe
69 äußere Spoiler
70 äußere Spaltklappe
71 Klappenantrieb
72 inneres Hochgeschwindigkeits-Querruder
73 Trimmklappe
74 innere Spoiler
75 innere Spaltklappe
76 Konstruktion des Rumpfmittelstücks
77 Druckboden über dem Hauptfahrwerkschacht, steuerbord
78 Hilfsenergieaggregat (APU)
79 Hauptfahrwerkschacht, backbord
80 Passagiersitzanordnung in der Touristenklasse, Sechserreihen
81 Handgepäckablage über den Sitzen
82 Kabinenverkleidungsplatten
83 hintere Frachttür
84 Boden des hinteren Frachtraums
85 individuelle Leselampen/Frischluftdüse/Rufknopf
86 Wartungstür/hinterer Notausstieg, steuerbord
87 hintere Bordküche
88 Spind
89 Toiletten, backbord und steuerbord
90 hintere Kabinentür
91 Triebwerksverkleidung
92 Lufteinlauf des mittleren Triebwerks
93 schallschluckende Einlaufverkleidung
94 S-förmiger Einlaufkanal
95 Enteisung des Einlaufkanals
96 Konstruktion der Leitwerk-Wurzelverkleidung
97 Seitenflossenkonstruktion
98 VOR-Antenne
99 Höhenruder-Steuerkabel
100 Höhenflossen-Trimmantrieb
101 Höhenflosse, steuerbord
102 Höhenruder-Hornausgleich
103 Statikentlader
104 Höhenruder, steuerbord
105 Höhenruder-Trimmklappe
106 Verkleidung des Leitwerkkonus
107 VHF-Antenne
108 Höhenrudersteuerung
109 Höhenruder, backbord
110 Höhenflossenkonstruktion
111 Höhenflosse, backbord
112 oberer Seitenruderabschnitt
113 Seitenrudersteuerung
114 unterer Seitenruderabschnitt
115 Trimmhydraulik für unteren Abschnitt
116 Pylon für das mittlere Triebwerk
117 Schubdüse des mittleren Triebwerks
118 Schubumkehr
119 mittleres Triebwerk
120 Konstruktion des hinteren Rumpfabschnitts
121 Schubumkehr des seitlichen Triebwerks
122 Verkleidung des Triebwerkpylons
123 hinteres Druckschott
124 Zapfluftleitungen
125 Pratt & Whitney JT8D-9A Turbofan-Triebwerk
126 abnehmbare Triebwerksverkleidung
127 Fluggasttreppe im hinteren Rumpfabschnitt
128 Triebwerkslufteinlauf
129 hintere Wartungstür/Notausstieg, backbord
130 untere Rumpfspantkonstruktion
131 Hinterkantenausrundung
132 untere Klappe
133 Klappenführung
134 Klappenmechanismus
135 innere Spoiler
136 Drehzapfen der Hauptfahrwerkstrebe
137 Einziehmechanismus
138 hinterer Holm
139 Flügelrippenkonstruktion
140 vorderer Holm
141 Vorderkantenkonstruktion
142 Lande- und Rollscheinwerfer
143 Enteisungsluftkanal
144 innere Krüger-Klappensegmente
145 Landescheinwerfer
146 Hauptfahrwerkstrebe
147 Doppelräder
148 Flügelstringerkonstruktion
149 inneres Hochgeschwindigkeits-Querruder
150 Querruder-Trimmklappe
151 Klappen in gesenkter Position
152 äußere Spoiler
153 Integraltreibstofftank Nr. 1, Gesamtkapazität 30.984 Liter
154 Auftankanschlüsse
155 Grenzschichtzaun an der Vorderkante
156 Vorflügelsegmente
157 Vorflügelhydraulik
158 Vorflügel-Ausfahrmechanismus
159 äußere Spaltklappe an der Vorderkante
160 Klappenführung
161 äußerer Führungsmechanismus
162 Querruder-Hilfsklappe
163 äußeres Querruder für niedrige Geschwindigkeiten
164 Querrudersteuerung
165 Treibstoff-Entlüftungstank
166 Navigationslichter, backbord
167 Statikentlader
168 Treibstoffschnellablaß

Diese Boeing 727-224, die ursprünglich für Continental Airlines gedacht war, wurde am 28. Dezember 1970 an Libyan Arab Airlines geliefert. Sie wurde von einer F-4 der israelischen Luftwaffe am 21. Februar 1973 über der Wüste Sinai abgeschossen; alle 110 Passagiere und Besatzungsmitglieder fanden den Tod.

Eine Boeing 727-236 der Fluggesellschaft Royal Air Maroc, die diese 1.236. Maschine am 9. Dezember 1970 erhielt. Sie setzt vom Flughafen Anfa in Casablanca aus noch sieben weitere Boeing 727-2B6 für den Verkehr nach Nordafrika und Europa ein.

zwischen waren die Verkäufer sehr rege gewesen.

Das Roll-out der ersten Boeing 727-100 der Lufthansa (D-ABIB) fand im Januar 1964 statt. Als erste der zwölf bestellten Maschinen war sie zur Schulung der Besatzung und für den Beginn des Europa-Jet-Verkehrs im April vorgesehen. Am 10. Mai flog die Lufthansa zum ersten Mal mit dieser Maschine von Frankfurt nach London — Heathrow und im Juli 1964 hatte sie sechs Maschinen im europäischen und nahöstlichen Streckennetz eingesetzt.

Die Entscheidung von Japan Air Lines und All Nippon, nicht die Trident, sondern die Boeing 727-100 zu kaufen, war für Hawker Siddeley ein schwerer Schlag. Beide Fluggesellschaften waren zwar von der Trident 1C und 1E sehr beeindruckt, wollten aber die gestreckte Trident 1F, die erst im Frühjahr 1966 zugelassen werden sollte. JAL und All Nippon brauchten jedoch bis spätestens April 1966 einen neuen Typ für den Inlandsverkehr. So war es nur natürlich, daß ihre Wahl auf die Boeing 727-100 fiel, eine Maschine, die — wie die Firma versprochen hatte — ab Oktober 1965 geliefert werden sollte. All Nippon schloß sich der Entscheidung der größeren und international tätigen JAL an, ein Entschluß, der ihr dadurch erleichtert wurde, daß die Trident bei heißem Wetter von Osakas 1.890 m langer Piste aus nicht besonders gut startete. Bei Temperaturen von fast 40°C im Juli und August hätte die Trident aufgrund ihres schlechten Betriebsverhaltens eine kostendeckende Auslastung unmöglich gemacht. Am 15. Mai 1964 unterzeichnete JAL einen Kauf- und Mietvertrag über sechs Maschinen des Modells 727-100. Zusammen mit dem Ersatzteilverkauf war dieses Geschäft 37,5 Millionen Dollar wert. Der Grundpreis für das Flugzeug betrug 4,5 Millionen Dollar, und Boeing versprach die Auslieferung der ersten Maschine für August 1965.

Als wollte er das erstklassige Betriebsverhalten der Boeing 727-100 noch unterstreichen, flog Jack Waddell, der bei Boeing tätig war, am 23. Mai 1964 mit einer solchen Maschine nach La Paz in Bolivien, dem mit 4.072 m höchstgelegenen internationalen Flugplatz der Erde. Sie war das erste kommerzielle Düsenverkehrsflugzeug, das in La Paz landete und mit einem Gewicht von 58.514 kg bei 7°C nach einer Startstrecke von 2.256 m wieder abhob. Um die Zuschauer vollends zu überzeugen, demonstrierte Waddell sogar noch einen Triebwerksausfall beim Start. Inzwischen waren die Standardmaschinen der Boeing 727-100 mit einem Startgewicht von 72.576 kg oder maximal 76.658 kg für bis zu 131 Passagiere zugelassen worden. Die Standardmaschine hatte Pratt & Whitney JT8D-7 Triebwerke mit 6.530 kp Schub, und auf Wunsch konnte sie auch mit JT8D-9 Triebwerken mit 6.577 kp Schub ausgerüstet werden.

Zahlreiche Optionen

Trotz des Verkaufserfolgs der Boeing 727 war mit Lieferungen und Optionen in Höhe von etwa 200 Maschinen immer noch nicht die Rentabilitätsschwelle erreicht. Am 22. Juli 1964 kündigte Boeing ihre umrüstbare Fracht/Passagierversion, die Boeing 727-100C, an. In den Broschüren stand, daß sie von einer 1.525 m langen Piste aus mit einer Nutzlast von 13.608 kg eine Strecke von 3.058 km oder mit acht Paletten (16.670 kg) mehr als 2.410 km zurücklegen könne.

Die in St Paul, Minneapolis, ansässige Northwest Orient bestellte als erster Kunde drei solche Maschinen. Abgesehen von verstärktem Boden und festeren Bodenträgern sowie einer Frachttür wie bei der Boeing 707-320C, entsprach das Modell 727-100C genau dem Modell 727-100. Mit der 727-100C konnten die Fluggesellschaften bei Tag Passagiere und bei Nacht Fracht befördern, so daß das Flugzeug besser genutzt werden konnte. Küchen und Sitze ließen sich schnell ausbauen, Handgepäckablagen konnten verstaut werden, und das Flugzeug konnte innerhalb von zwei Stunden in eine Passagier/Frachtoder eine ausgesprochene Frachtkonfiguration verwandelt werden.

Im April 1967 war das Modell 727 bereits das am meisten eingesetzte kommerzielle Düsenverkehrsflugzeug. Im gleichen Monat erhielt Sabena die 400. von Boeing gebaute 727, während sich zu diesem Zeitpunkt die Aufträge auf insgesamt 586 Maschinen beliefen. Vom Langstreckenmodell 707 waren bis dahin 564 Maschinen bestellt worden. Der 600. Auftrag für eine Boeing 727 kam im Juni 1967 von Pan Am. Insgesamt hatten jetzt 32 Gesellschaften dieses Flugzeug im Einsatz oder zumindest eine Option darauf. Am 27. Juli 1967 startete Wallick mit der ersten Maschine des Modells 727-200 (N7270C) von Renton aus. 2 Stunden 10 Minuten später landete er in Paine Field, wo von der FAA die Musterprüfung vorgenommen wurde. Am 30. November 1967 wurde nach 457 Flugerprobungsstunden die Zulassung erteilt. Das am 5. August 1965 angekündigte Modell 727-200 war eine gestreckte Version mit 163 Sitzen (maximal 189 Sitzen). Der Rumpf war sowohl vor als auch hinter dem Hauptfahrwerkschacht um 3,05 m länger und an gewissen Stellen verstärkt. Die 727-200 hatte drei JT8D-9 Triebwerke, konnte auf Wunsch aber auch mit Pratt & Whitney JT8D-11 mit 6.804 kp Schub oder JT8D-15 Triebwerken mit 7.031 kp Schub ausgerüstet werden. Inzwischen hatte Boeing auch die 727-100QC mit palettierten Passagiersitzen und Küchen sowie einem verbesserten Frachtladesystem herausgebracht. Das Rampengewicht war auf 77.112 kg erhöht worden. Das Modell 727-100 Business Jet (Düsengeschäftsflugzeug) war auch mit luxuriöser Innenausstattung und einem hochentwickelten Kommunikationssystem erhältlich. Die erste Maschine dieser Art wurde von International Telephone and Telegraph am 13. November 1970 bestellt. Am 12. Mai 1971 wurde die Advanced Boeing 727-200 angekündigt, die ein Rampengewicht von 86.638 kg aufwies. Mit der Lieferung dieser Maschine wurde im Juni des folgenden Jahres begonnen. Mit erhöhter Treibstoffkapazität und JT8D-15 Triebwerken bot das Flugzeug eine um 1.287 km größere maximale Reichweite als die früheren Modelle.

Eine reine Frachtversion, die Boeing 727-200F, wurde ab 1981 angeboten und von der amerikanischen Frachtgesellschaft Federal Express bestellt; auch Flying Tigers fliegt dieses Modell.

Bis Juli 1983 waren insgesamt 1.831 Maschinen des Modells 727 verkauft worden, wovon 1.817 geliefert waren, darunter über 1.200 Maschinen der Serie 200.

Die Boeing 727 ist bislang das erfolgreichste und gleichzeitig einzige kommerzielle Düsenverkehrsflugzeug, von dem mehr als 1.500 Maschinen gebaut wurden. Dieser Verkaufserfolg übertraf selbst die kühnsten Träume der Boeing Konstrukteure und Manager. Die Produktion lief nach Fertigstellung von 1.832 Maschinen im Jahre 1984 endgültig aus.

Die Lufthansa gehörte zu den ersten Kunden für die 727, die sie später gegen die moderneren 727-200 austauschte. Im Bild eine 727-230Adv., von der die Lufthansa 1986 noch 34 im Einsatz hat.

Boeing 737

Die kleinste Düsenmaschine des amerikanischen Herstellers hat sich sehr schnell am Markt durchgesetzt und dient bei vielen Gesellschaften in Amerika und Europa im Inlandsverkehr. Auch auf dem afrikanischen Kontinent ist Boeings Kleinste im Einsatz. Interessanterweise übernahmen die Konstrukteure einige Teile nahezu unverändert von der größeren Schwester 727, und die kleine 737 entwickelte sich ebenso zum Verkaufsschlager, obwohl es bei der Einführung dieses Modells eher nach einem Flop aussah.

Boeing begann 1964, Pläne für ein neues zweistrahliges Verkehrsflugzeug für 100 Passagiere zu untersuchen. Die neue Model 727 erwies sich bereits als sehr erfolgreich, aber die Konkurrenten Douglas und BAC hatten beide ungefähr um dieselbe Zeit kleinere Düsenmaschinen herausgebracht, die sich gut verkaufen ließen. Douglas sprach bereits von einer neuen Version der DC-9, die fast so groß werden sollte wie die 727 und mit Sicherheit Boeing einige Kunden nehmen würde. Von den vier größten amerikanischen Fluggesellschaften hatte Delta bereits DC-9 gekauft und American hatte BAC One-Eleven bestellt, so daß nur noch Eastern and United als Kunden gewonnen werden konnten. Auch die staatlichen europäischen Fluggesellschaften interessierten sich für die Maschine. Die wichtigste unter ihnen war die Lufthansa mit ihrem starken Inlandsverkehr und ihren innereuropäischen Strecken. Die Lufthansa war übrigens auch der erste europäische Kunde der Boeing 727 gewesen.

Im Hochsommer des Jahres 1964 unterschied sich die Konstruktion für die 737 vollkommen von der BAC 111 oder der DC-9. Bei der 737 befanden sich die Triebwerke unter den Flügeln, anstatt über dem hinteren Rumpfabschnitt, und die Maschine hatte eine breitere Kabine, in der nicht nur fünf, sondern sechs Passagiere pro Reihe Platz fanden. Nach Ansicht von Boeing zeichnete sich diese Konstruktion durch mehrere Vorteile aus. Durch Verlegung des Triebwerksgewichts unter die Flügel verminderte sich die auf dem Flugwerk ruhende Biegebeanspruchung, so daß man einen leichteren Flügel bauen konnte. Der kürzere Rumpf war ohne das Gewicht der Triebwerke auch leichter. Insgesamt wurde bei der Anordnung für die 737 mehr als eine halbe Tonne Leergewicht gespart, was sechs Passagieren mit Gepäck entsprach. Trotzdem konnten jedoch immer noch viele Teile fast unverändert von der 727 übernommen werden.

Es gab jedoch auch mehrere Neuerungen. Die Triebwerke wurden nicht an Pylonen getragen, sondern lagen eng am Flügel an. Boeing hatte entdeckt, daß diese Anordnung, sofern die Gondel lang und schlank genug war, bei hohen Unterschallgeschwindigkeiten keinen zu großen Widerstand erzeugen würde. Die gleiche Anordnung war nämlich auch bei Boeings erstem Düsenflugzeug, der B-47, angewandt worden. Durch Verzicht auf den Pylon wurde Gewicht gespart. Außerdem konnte dadurch das Fahrwerk verkürzt und somit leichter gemacht werden. Das bedeutete wiederum, daß die Model 737, wie die DC-9, einen praktischen, tieffliegenden Kabinenboden erhalten konnte. Ungewöhnlich an dem Hauptfahrwerk war, daß es über dem Schacht keine Klappe gab. Das eigentliche Fahrwerk war nämlich so konstruiert, daß es von sich aus den Schacht verschloß.

Die Model 737 fand bei den Fluggesellschaften guten Anklang. Das gleiche konnte jedoch auch von der neuen DC-9-30 gesagt werden, die

Die N70722 in den schönen 'Funbird'-Farben von Aloha Airlines ist eine von vier Boeing 737-284 Advanced, die regelmäßig zwischen den sechs Hauptinseln von Hawaii eingesetzt werden.

Für den Einsatz durch die US Air Force, die die Boeing 737 als Navigationstrainer verwendet, erhielt die Maschine die Bezeichnung T-43A. Die ersten 19 Flugzeuge wurden 1973 geliefert. Die übrigen 13 T-43A sind auf dem Air Force Stützpunkt Mather stationiert und befinden sich bei der 323rd Flying Training Wing im Einsatz.

Aufriß-Erläuterung zur Boeing 737-200

1 Bugkonus mit Scharnier
2 Radar
3 ILS-Antenne
4 vorderes Druckschott
5 Abdeckung der Instrumententafel
6 Cockpitscheiben
7 verschiebbare Seitenfenster
8 Fenster in Augenhöhe
9 Sitz des Copiloten
10 obere Bedienungstafel
11 mittlere Konsole
12 Sitz des Kapitäns
13 Stauraum für Karten und Handbücher
14 Schalttafel
15 Bugfahrwerksablenkergehäuse
16 Doppelrad
17 Bugfahrwerksklappen
18 Schmutzablenker (Zusatzeinrichtung für Starts auf unbefestigten Pisten)
19 Steuerhydraulik
20 Verschluß
21 Zugstrebe
22 feste Seitenfenster
23 Sitz des zweiten Beobachters (Zusatzausrüstung)
24 Sitz des ersten Beobachters (staubar)
25 Schalttafel an der Wand
26 Deckenleuchte
27 Cockpittür
28 vordere Galley
29 Service-Tür (steuerbord), 76 × 165 cm
30 Wandschrank für Mäntel
31 vordere Toilette
32 vordere Eingangstür (backbord), 86 × 183 cm
33 Stauraum für Treppe (wird durch Eingang herabgelassen)
34 Zelle für elektrische/ elektronische Ausrüstung
35 vorderer Unterflur-Frachtraum
36 Kabinenfenster

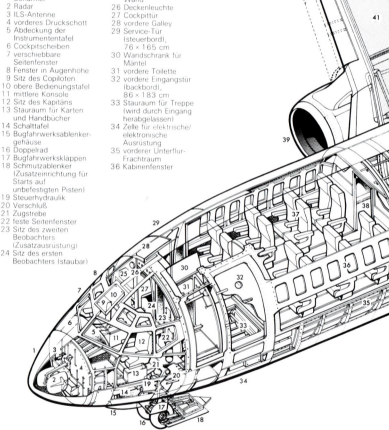

schon ein Jahr früher fertig werden sollte. In der zweiten Hälfte des Jahres 1964 wurden die ersten Abnehmer, auf die es so sehr ankam, hart umkämpft. Die Firma Boeing wollte entweder United oder Eastern für sich gewinnen, ehe sie sich fest zu dem Programm entschloß, aber im Februar 1965 bestellte Eastern die DC-9-30. Die Lufthansa drohte Boeing mit dem Kauf von DC-9, wenn sich Boeing nicht sofort zum Bau entschließen würde. So kam es, daß Boeing das Programm aufgrund eines Auftrags der Lufthansa über 21 Maschinen in Angriff nahm. Zwei Monate später bestellte United 40 Model 737. Diese Flugzeuge waren schwerer, da sie für zwölf weitere Passagiere einen um 193 cm längeren Rumpf erhielten. Es handelte sich dabei um die Model 737-200, während die Lufthansa-Maschinen Model 737-100 genannt wurden.

Enttäuschender Anfang

Am Anfang war die Model 737 jedoch nicht so erfolgreich, wie Boeing gehofft hatte. Die Pilotengewerkschaft in den USA schrieb für die Maschine eine Flugbesatzung von drei Personen vor, so daß der Betrieb der Model 737 für die großen amerikanischen Fluggesellschaften sehr teuer wurde. Diese Vorschrift wurde später aufgehoben, für die Model 737 jedoch zu spät. Der einzige andere Kunde unter den großen amerikanischen Gesellschaften war Western. Douglas war auch in Europa erfolgreich und schlug Boeing im Kampf um die Aufträge von KLM, SAS, Swissair und Alitalia. Der Verkauf war aber nicht das einzige Problem. Die erste Model 737 flog im April 1967, nur neun Monate vor dem ersten Liefertermin. Schon bald stellte sich heraus, daß die Konstruktion einen viel höheren Widerstand aufwies,

Der Prototyp der Boeing 737, der der Firma als Vorführmaschine diente, bei einem der ersten Probeflüge in den Hausfarben von Boeing: Gelb und Braun. Das Flugzeug wurde später an die NASA verkauft.

als von den Konstrukteuren vorausgesagt worden war, und daß die Schubumkehr nicht funktionierte. Um den Widerstand zu reduzieren, konstruierte Boeing (nach langen Testflügen) eine neue Gondel/Flügel-Verkleidung, und hinten am Rumpf wurde eine Reihe klingenartiger Wirbelerzeuger angebracht. Man stellte fest, daß die Klappen der Schubumkehr Schwierigkeiten verursachten, weil sie sich zu nahe an den Flügeln befanden. Um Abhilfe zu schaffen, wurden die Strahlrohre um 102 cm verlängert.

Diese Maßnahmen wurden schon vor Lieferung der ersten Maschinen vorgenommen, aber die Probleme hatten dem Ruf dieses neuen Düsenflugzeugs geschadet. Die Boeing 737-100 wurde vom Markt nicht angenommen, und abgesehen von den für die Lufthansa bestimmten Maschinen wurden nur ganz wenige gebaut. Das größere und wirtschaftlichere Modell 737-200 wurde zur Standardversion. Zu

United Air Lines bestellte 1985 gleich 110 Boeing 737-300 zu ihren 46 737-200 hinzu. Zu den großen Betreibern der 737 zählt aber auch die vergleichsweise kleine Southwest Air Lines. Die auf dem Dallas-Love Field ansässige Gesellschaft verfügt über 46 Boeing 737-2H4, die ab 1974 erworben wurden. Seit 1984 sieht man die knalligen Farben der Gesellschaft auch an den ersten der insgesamt 32 bestellten 737-300.

Varianten der Boeing 737

Model 737-100: ursprüngliche Version mit 103 Sitzen, von der Lufthansa im Februar 1965 bestellt; max. Startgewicht 47.174 kg; Erstflug 9. April 1967, Einsatz bei der Lufthansa im Februar 1968; 1968/69 30 Maschinen.

Model 737-200: gestreckte 115sitzige Version, von United im April 1965 bestellt; max. Startgewicht 51.484 kg; Erstflug Juni 1967, Einsatz bei United im April 1968; zwischen 1968 und Mitte 1971 wurden mindestens 250 Maschinen Modell 737-200 und Modell 737-200C ausgeliefert.

Model 737-200C: umwandelbare Passagier/Frachtversion mit Frachtluke im vorderen Rumpfabschnitt und verstärktem Boden mit Vorrichtungen zur Frachtaufnahme; zur Schnellumwandlung auch als Model 737-200QC erhältlich.

Advanced Model 737-200: verbesserte Version, die ab 1971 zur Standardausführung wurde; max. Startgewicht je nach Wunsch zwischen 53.071 und 58.333 kg; JT8D-15 Triebwerke seit Mitte 1972 erhältlich; auch mit JT8D-17 Triebwerken von 7.258 kp Schub oder seit Ende 1982 mit JT8D-15A bzw. JT8D-17A Triebwerken lieferbar; seit 1980 mit geänderter Avionik erhältlich; bis Herbst 1983 wurden über 1.100 Maschinen der 737-100 und -200 bestellt.

Advanced Model 737-200C: umwandelbare Passagier/Frachtversion der Advanced Model 737.

Model 737-300: gestreckte Version mit vielen Modifikationen und neuen CFM56 Triebwerken, in hochdichter Konfiguration mit bis zu 148 Sitzen; im April 1981 herausgebracht, erste Lieferungen an USAir Ende 1984.

Model 737-400: noch weiter gestreckte Version mit 154 Sitzen in Standardauslegung für gemischte Klassen, wird zur Zeit untersucht.

T-43A: Navigationstrainer der US Air Force, Weiterentwicklung der Advanced Model 737; Erstflug im Juni 1973, letzte Lieferung der insgesamt 19 Maschinen im Juli 1974; mit allen Navigationssystemen ausgerüstet, wie z.B. für die B-52, C-5A, E-3A, E-4A und C-135; Platz für 16 Schüler und drei Ausbilder.

Model 737 Surveiller: Seepatrouillenversion, mit Motorola Seitensichtradar im hinteren Rumpfabschnitt, Mitte 1983 wurden Radar-Probeflüge durchgeführt, ehe die voll einsatzfähigen Flugzeuge noch im gleichen Jahr an die indonesische Regierung geliefert wurden.

Boeing 737

Technische Daten der Boeing Advanced Model 737-200

Typ: 115/130sitzige Kurz/Mittelstrecken-Verkehrsmaschine.

Triebwerk: zwei Pratt & Whitney JT8D-9A Turbofan von je 6.577 kp Schub; auf Wunsch auch mit zwei JT8D-15/15A Turbofan-Triebwerken von je 7.030 kp Schub oder zwei JT8D-17/17A Turbofan-Triebwerken von je 7.258 kp Schub erhältlich.

Leistung: (bei Standardgewicht mit JT8D-17 Triebwerken) max. Reisegeschwindigkeit 909 km/h in 7.620 m Höhe; Langstrecken-Reisegeschwindigkeit 774 km/h in 10.670 m Höhe; Reichweite mit max. Nutzlast 2.868 km; Startstrecke 1.975 m; Landestrecke 1.350 m.

Gewicht: Leergewicht 27.765 kg; max. Startgewicht 53.071 kg; auf Wunsch auch mit max. Startgewicht von 58.333 kg erhältlich; max. Landegewicht 46.721 kg.

Abmessungen: Spannweite 28,30 m; Gesamtlänge 30,53 m; Höhe 11,28 m; Tragflügelfläche 91,04 m².

Links: Die drei Boeing Surveiller der indonesischen Luftwaffe (TNI-AU) sind an den hinteren Rumpfverkleidungen zu erkennen, die 5 m lange Antennen enthalten.

Rechts: Diese Boeing 737-298C Advanced von Air Zaïre wurde mit einer Ausrüstung zur Landung auf Kiespisten geliefert. Bei dieser speziellen Modifikation befinden sich unterhalb der Triebwerkseinläufe Wirbelzerstörer.

den von Anfang an angebotenen Optionen gehörte eine umwandelbare Passagier/Frachtversion mit seitlicher Frachtklappe vor dem Flügel. Diese Variante konnte für gemischte Passagier/Frachtflüge mit einer beweglichen Trennwand ausgerüstet werden. Außerdem gab es noch die in den sechziger Jahren sehr beliebte QC-Version (quick change — schnelle Umwandlung) mit Passagiersitzen auf Paletten.

Die Boeing 737 wurde parallel zur 727 produziert. Bis Mitte 1969 hatte Boeing über 240 Flugzeuge dieses Typs verkauft, aber McDonnell Douglas hatte Abnehmer für doppelt so viele DC-9 gefunden. Paradoxerweise änderte sich die Lage durch eine Krise bei Boeing. Im Jahr 1969, gerade zu dem Zeitpunkt, als die ersten Maschinen des neuen Großraumflugzeugs Boeing 747 geliefert werden sollten, gingen die Aufträge der Firma stark zurück. Boeing reagierte mit einer Kürzung der 747 Produktion, um sich mehr auf die Düsenmaschinen mit schmalem Rumpf konzentrieren zu können, von denen sich die Firma einen größeren Verkauf erhoffte. Was die 737 anbetraf, so beschloß Boeing, die Märkte außerhalb Europas und Nordamerikas, wo sich noch nicht viele Fluggesellschaften für eine zweistrahlige Verkehrsmaschine entschieden hatten, intensiver zu bearbeiten. Um die Bedürfnisse dieser Gesellschaften zu befriedigen, wurde eine neue Version, die 'Advanced' Model 737 (Advanced = Fortgeschritten) konstruiert. Diese Maschine sollte vielseitiger werden als die ursprüngliche Version. Sie sollte ihre volle Nutzlast über größere Strecken transportieren und dabei kleinere Flugplätze verwenden können. Das Flugzeug war schwerer, konnte mit leistungsfähigeren Triebwerken geliefert werden und hatte mehr Tankkapazität. Die Klappen wurden so umgebaut, daß die Landegeschwindigkeit reduziert wurde, und um die Landestrecke zu verkürzen, wurde ein neues Antiblockiersystem eingebaut. Auf Wunsch konnte Boeing auch eine Ausrüstung für die Landung auf unbefestigten Pisten liefern. Diese bestand aus einer großen Bugkufe und Luftdüsen, bei denen ein Eindringen von Steinen in die Triebwerke verhindert werden sollte.

Bis 1978 blieben die Verkaufszahlen sehr beständig, aber sie waren nicht spektakulär. Doch dann steigerten sie sich plötzlich ganz gewaltig. Aus mehreren Gründen konnten auf einmal 145 Maschinen verkauft werden. Boeing erhielt zwei einmalige Großaufträge, einen von British Airways, den anderen von der Lufthansa (die ihre alten 737-100 durch 737-200 ersetzte). Die Umsätze stiegen in der ganzen Flugzeugindustrie, und die amerikanische Regierung hatte die Vorschriften aufgehoben, die kleine, aber leistungsfähige regionale Fluggesellschaften auf vielen Strecken am Wettbewerb hinderten. Die regionalen Gesellschaften kauften die 737, um ihre Expansion zu beschleunigen, und drei dieser Firmen (Piedmont, Southwest und Frontier) waren jetzt die größten Abnehmer der 737 nach United und Lufthansa. Im Jahr 1981 überholten die Verkaufszahlen der 737 diejenigen der 727. Sie waren auf 108 Aufträge gestiegen. Im Laufe des Jahres 1982 wurde der 1.000. Auftrag erteilt.

Die Grundausführung der Boeing 737 wurde ständig weiterentwickelt. Die leistungsfähigeren JT8D-15 und JT8D-17 Triebwerke kamen um die Mitte der siebziger Jahre heraus, und das maximale Startgewicht wurde allmählich immer mehr erhöht. Heute kann die Model 737 ohne Schwierigkeiten während des ganzen Jahres über 130 Passagiere von Skandinavien auf die Kanarischen Inseln fliegen. Seit Ende 1982 gibt es eine verbesserte Version des anfänglichen Triebwerks, das JT8D-15A, das einen um fünf Prozent besseren Treibstoffverbrauch bietet.

Anfang 1981 wurde für einen Auftrag der indonesischen Regierung über drei Maschinen eine neue Spezialversion der 737 herausgebracht. Das Flugzeug erhielt den Namen Surveiller und soll zur Überwachung der auf 320 km ausgedehnten Hoheitsgewässer eingesetzt werden. Die Maschine hat im hinteren Rumpfabschnitt Motorola SLAMMR-Antennen (side-looking airborne multi-mission radar = Seitensicht-Mehrzweckradar), und die beiden 4,9 m langen Antennen befinden sich auf jeder Seite der Seitenflosse. Die Radarausrüstung

Ein typisches Beispiel für eine erfolgreiche Fluggesellschaft im zwischenstaatlichen Verkehr in den Vereinigten Staaten ist Air Florida, die schon seit Anfang der siebziger Jahre viele Boeing 737-200 im Einsatz hat. Dieser Typ wurde ursprünglich deshalb ausgewählt, weil er auf kurzen Strecken für besonders treibstoffsparend galt.

und die von zwei Mann besetzte Kontrollstation liegen im hinteren Teil der Kabine. Beim Reiseflug in normaler Höhe und mit normaler Geschwindigkeit kann die Surveiller von einem sehr großen Gebiet ein Radarbild mit hoher Auflösung liefern. Boeing behauptet, daß damit zur Erfassung eines bestimmten Gebiets weniger als halb so viel Flugstunden benötigt werden wie von einem speziellen Patrouillenflugzeug, z.B. der Dassault-Breguet Falcon 20G.

Die DC-9-30 wird heute zwar nicht mehr produziert, aber der Rivale der 737 lebt immer noch in Form der hochentwickelten DC-9 Super 80 (MD-80) weiter, die 1978 herauskam und 1981 in Dienst gestellt wurde. Damals hatte Boeing mit der Model 767 und der 757 alle Hände voll zu tun, aber Anfang 1979 bildete die Gesellschaft eine kleine Konstruktionsgruppe zur Untersuchung der Möglichkeiten zur Entwicklung eines neuen Verkehrsflugzeugs, das kleiner sein sollte als die Model 757, für das aber die Model 727 oder die Model 737 Pate stehen sollte. Innerhalb eines knappen Jahres stand Boeing eine Konstruktionsstudie für eine gestreckte und mit neuen Triebwerken aus-

Die Boeing 737-300 kann rund 20 Passagiere mehr aufnehmen als die Model 737-200. Sie hat eine etwas bessere Reichweite und wird im Einsatz eine ganz ähnliche Leistungsfähigkeit aufweisen, dafür jedoch pro Sitz 25 Prozent weniger Treibstoff verbrauchen.

gestattete Model 737-300 zur Verfügung, und das Programm wurde mit einem Auftrag von USAir im März 1981 lanciert. Das neue Model unternahm im März 1984 seinen Erstflug, und die ersten Maschinen wurden an USAir geliefert.

Neue Triebwerke

Die Entwicklung der Boeing 737-300 war nicht ganz einfach, da die Grundziele — Schalldämmung und ein rationellerer Treibstoffverbrauch — ein hohes Nebenstromverhältnis erforderten. Für solche Triebwerke gab es aber unter den Flügeln nicht genügend Platz. General Electric und SNECMA erklärten sich jedoch bereit, eine neue Version ihres CFM56 Triebwerks mit kleinerem Gebläse zu entwickeln und alles Zubehör seitlich am Gebläsegehäuse, anstatt darunter, anzubringen. Die Konstrukteure von Boeing hingen die neuen CFM56-3 ein gutes Stück vor den Flügeln auf. Sie verlängerten die Bugradstrebe, um mehr Bodenfreiheit zu erhalten und streckten den hinteren Rumpfabschnitt ein bißchen mehr als den Bug, um ein Gegengewicht zu den Triebwerken zu schaffen. Die neuen Triebwerke sind sehr leistungsfähig, aber schwerer als die JT8D. Durch den längeren Rumpf und die größere Nutzlast erhöht sich auch das Landegewicht, aber Boeings Kunden bestanden darauf, daß die Model 737-300 in der Lage sein muß, überall dort zu landen, wo auch die Model 737-200 landen kann. Die neue Version zeichnet sich durch verlängerte Flügelspitzen und einen veränderten Vorflügel aus, durch den die Anfluggeschwindigkeit um 9,7 km/h verringert wird. Zur Unterstützung der Bremsung wurde ein zusätzlicher Spoiler vorgesehen. Im Verlauf der Entwicklung wurde sorgfältig auf das Gewicht geachtet, und durch Einsatz von mehr Verbundstoffen und hochentwickelten Aluminiumlegierungen (wie sie bei den neuesten Boeing Maschinen verwendet werden), konnte das ursprüngliche Leergewicht um etwa 660 kg reduziert werden.

Die Boeing 737-300 wird viel geräuscharmer sein als die 737-200. Sie hat zwar ein konventionelles 'Uhrwerk-Cockpit', (hauptsächlich der Einheitlichkeit halber), aber ist mit vollständig neuer Avionik, einem Trägheitsnavigationssystem und einem neuen digitalen Autopiloten ausgerüstet. Die Model 737-300 unterscheidet sich sehr von der McDonnell Douglas Super 80, die größer und schwerer ist und mehr Passagiere aufnehmen kann, aber ein Flugzeug ist, das lange Pisten benötigt.

Die 737 ist noch nicht am Ende ihres Entwicklungspotentials angelangt. Boeing befaßt sich aktiv mit einer Studie für die Model 737-400, die um weitere 3,05 m gestreckt werden soll, um in gemischter Anordnung 154 Passagiere aufnehmen zu können. Diese Maschine könnte entweder das gleiche Triebwerk verwenden wie die Model 737-300 oder ein neues. Der Flügel würde eine größere Spannweite und neue Landeklappen erhalten, und es würde auch ein neues, moderneres Cockpit eingeführt werden. Die Model 737-400 wird als billigere und weniger riskante Alternative zu der sehr fortschrittlichen Boeing 7-7 erwogen, mit dem Boeing den Markt für ein neuen 150sitziges Flugzeug erobern will.

Mitte der achtziger Jahre ist die 737 angesichts des schleppenden Umsatzes bei den größeren Modellen einer der besten Trümpfe, über die Boeing verfügt. Die Model 737-300 dürfte bis weit in die neunziger Jahre hinein konkurrenzfähig bleiben, und es deutet alles darauf hin, daß dieses zweistrahlige Düsenflugzeug ein Vierteljahrhundert lang gebaut werden wird. Die Geschichte, die mit so viel Hindernissen begann, scheint doch noch ein Happy End zu haben.

Jumbo Jet Boeing 747

Während McDonnell Douglas sich darauf beschränkte, die DC-8 einfach zu 'verlängern', entschied sich Boeing dafür, ganz von vorn am Reißbrett anzufangen und ein Linienverkehrsflugzeug zu entwickeln, das alle bisherigen Maschinen an Größe übertreffen sollte. Unter dem Spitznamen 'Jumbo' hat es tatsächlich den modernen Luftverkehr revolutioniert. Es bewältigt mit seinem gewaltigen Platzangebot und den leistungsstarken Fanturbinen ein relativ höheres Verkehrsaufkommen bei geringerem Kostenaufwand und Lärm.

Seit ihrer Gründung hat die Boeing Company (zunächst Boeing Airplane Company) immer wieder außerordentlich gewagte Entscheidungen bei der Entwicklung neuer Transporter oder Bomber getroffen, die sich jedesmal als Schrittmacher der Technik erwiesen. Und das, obwohl die Planung nicht durch Vorausbestellungen abgesichert war und damit oft weit mehr als das gesamte Firmenvermögen aufs Spiel gesetzt wurde. Das größte Risiko nahm Boeing allerdings mit der 747 auf sich, auch wenn bereits ein Auftrag von PanAm vorlag. Es war wahrscheinlich das größte Risiko, das je von einem Industrieunternehmen eingegangen wurde. Doch es hat sich gelohnt, und Boeing hat wieder einmal Maßstäbe in der Luftfahrtgeschichte gesetzt.

Dieser Typ ist bis heute das stärkste, schwerste und leistungsfähigste Zivilflugzeug — einschließlich der alten Luftschiffe und riesigen Flugboote früherer Zeiten. Es hat den zivilen Flugverkehr durch Verdoppelung der Passagierzahlen bzw. des Frachtgewichts und Vervierfachung der Nutzlast sowie durch eine vollkommen neue Antriebsart mit Jet-Geschwindigkeit bei wesentlich verringertem Kraftstoffverbrauch und nur einem Zehntel der Geräuschentwicklung ganz entscheidend verändert.

Links: Eine Boeing 747-300 mit gestrecktem Oberdeck wird in der neuen Bemalung der australischen Gesellschaft Qantas an den Kunden überführt. Damit verfügt Qantas über drei verschiedene Versionen der Boeing 747. *Unten:* Die frontbeladene Frachtversion der 747 kann 115.000 Tonnen Fracht transportieren — weit mehr als jedes andere Flugzeug.

Die neue Generation von Linien-Jets

Anfang 1960 begann die für den zivilen Luftverkehr verantwortliche Tochterfirma Boeing Commercial Airplane Co. mit der Entwicklung einer neuen Generation von Linien-Jets für stark beflogene Langstrecken. Bei der Konkurrenzfirma McDonnell Douglas tat man sich schwer damit, durch Verlängerung der DC-8 die gestreckten Versionen der 60er Serie zu gewinnen. Boeing beschloß, darauf nicht mit einer verlängerten 707 zu reagieren, sondern von vorn anzufangen und ein vollkommen neues, wesentlich größeres Flugzeug mit weiterem Rumpf zu bauen, das eine neue Ära, die der sogenannten Großraumflugzeuge einleiten sollte. Dies war aber nur möglich, weil die Firmen General Electric und Pratt & Whitney für die Ausschreibung CX-HLS der US-Luftwaffe gerade vollkommen neue und große Fanturbinen-Triebwerke entwickelten, die einen riesigen Militärtransporter antreiben sollten.

Für ein Flugzeug dieser Größenordnung konnte man sich an ein ganz neues Konzept der Rumpfgestaltung wagen. Die Boeing-Ingenieure erwogen gründlichst ein doppelrümpfiges System mit

Als fliegender Regierungssitz des amerikanischen Präsidenten in Krisenzeiten wurde das wahrscheinlich teuerste Flugzeug der Geschichte entwickelt — die E-4 AABNCP. Die Zeichnung zeigt die erste, mit Triebwerken vom Typ JT9D bestückte E-4B.

zwei entweder neben- oder übereinanderliegenden Druckkabinen sowie einem gewaltigen Einzelrumpf mit zwei übereinanderliegenden Decks. Letztlich entschied man sich aber für den Einzelrumpf mit nur einem weiträumigen Passagierdeck, das sehr weit bis zum Bug vorstieß. Darunter blieb genügend Raum für elektrische und elektronische Anlagen, Klimageräte und Hydraulik, nicht zuletzt aber auch für einen ganz unerwartet großen Frachtraum. Kombüsen und andere Service-Einrichtungen konnten ebenfalls auf diesem unteren Deck untergebracht werden. Die Pilotenkanzel lag über dem Passagierdeck, bildete eine Blase über dem Bug und erstreckte sich bis zu einem Passagier-Oberdeck mit durchschnittlich 32 Plätzen. Im Hauptdeck konnten bis zu 500 recht eng in der Formation 3 + 4 + 3 nebeneinandersitzende Passagiere befördert werden, doch hielt man ein Passagieraufkommen von 350 für wahrscheinlicher und sah eine hochluxuriöse erste Klasse mit Zwillingssitzen entlang den beiden Bugseiten vor, die bis zur Radaranlage in der Bugspitze reichten.

Das Modell 747 wurde für hohe Reisegeschwindigkeiten ausgelegt und erhielt daher Tragflächen mit einem ungewöhnlichen Pfeilwinkel von 37,5 Grad, gemessen an der 25 Prozent Linie. Das Profil selbst war auf hohe Auftriebskraft ausgelegt und erhielt drei Krügerklappen-Systeme, die an der Tragflächenunterseite zwischen Rumpf und inneren Triebwerken installiert wurden, fünf krümmungsvariable Klappensysteme zwischen den Triebwerken und fünf weitere Systeme zwischen den äußeren Triebwerken und den Flügelspitzen. Die krümmungsvariablen Klappen ähnelten traditionellen Klappen, konnten aber hydraulisch über ein Drehgestänge nach vorn und unten ausgefahren werden und durch die so entstehende Wölbung die denkbar beste Auftriebswirkung bei extremem Kurvenflug ermöglichen. An der Tragflächenhinterkante wurden große, dreifach geschlitzte Klappen installiert, die einzeln in Stahlschienen geführt wurden. Die Tragflächenoberseiten erhielten je sechs Spoiler aus wabenförmiger Aluminiumstruktur, von denen vier auf der Tragflächenaußenseite die Schlingerkontrolle der traditionellen Querruder für niedrige Geschwindigkeiten unterstützten, während die beiden inneren Hauptspoiler den Restauftrieb bei der Landung ausschalteten und damit die Bremswirkung verstärkten. Hinter den inneren Triebwerken, wo keine Klappen eingesetzt werden konnten, wurden stattdessen an der hinteren Flügelkante Hochgeschwindigkeits-Querruder installiert.

So groß wie nie zuvor

Die Triebwerksaufhängung mutete mit ihren wie bei der Boeing 707 weit auseinander liegenden Verankerungen zwar konventionell an, hatte aber ganz andere Größen und Gewichte zu bewältigen als noch fünfzehn Jahre zuvor und war bis dahin nur für den Militärtransporter C-5A entwickelt worden. Boeing entschied sich für den Verlierer der C-5A-Triebwerk-Ausschreibung, nämlich das Modell JT9D von Pratt & Whitney, ein Zweistromtriebwerk mit hohem Mantelstromverhältnis und mit 18.600 kp Schub, dessen Aufhängung aber enorme technische Probleme mit sich brachte. Dazu gehörten der Aufbau der Schubumkehrung, die Heißstrahl-Spoiler und die Verringerung des Luftwiderstandes. Weitere Schwierigkeiten bei der Konzeption des Fahrgestells wurden dadurch gelöst, daß die Maschine auf insgesamt vier Fahrwerken mit je vier Rädern rollte, von denen zwei in Rumpfrichtung in die Tragflächen und die anderen beiden nach vorne in den Rumpf einziehbar sind und so in einem gemeinsamen Fahrwerkschacht an der Rumpfunterseite untergebracht werden. Alle Steuerungsanlagen arbeiten hydraulisch; Seiten- und Höhenruder sind in gleichgroße Hälften unterteilt; auf Hilfsruder konnte vollkommen verzichtet werden. Das Hilfsaggregat für den Betrieb der Klimaanlage am Boden und für die Stromversorgung wurde bei diesem Jumbo Jet ins äußerste Heckende verlegt.

Um die 747 überhaupt bauen zu können, mußte Boeing erst einmal eine neue Fabrikhalle in Everett errichten, die heute das (in Kubikmetern gemessen) gewaltigste Gebäude der Welt ist. Zusammen mit anderen, weiterlaufenden Programmen erwiesen sich die Verpflichtungen der Firma als überwältigend hoch. Die Zahl der Beschäftigten erreichte 1968 mit 105.000 ihren Höchststand gegenüber 60.000 auf dem Höhepunkt des 2. Weltkrieges. Gut und gerne 60 Milliarden Dollar standen auf dem Spiel. Aber glücklicherweise gingen ständig neue Aufträge ein, und als die erste Maschine der Serienproduktion unter der Bezeichnung Ship RA001 am 30. September 1968 aus der Halle rollte, hatten 26 Fluggesellschaften zusammen 158 Stück bestellt.

Anfangsschwierigkeiten mit dem Triebwerk

Bei einem so neuen und komplizierten Flugzeug konnten die Anfangsschwierigkeiten gar nicht ausbleiben. In diesem Fall entstanden sie vor allem und über längere Zeit bei den Triebwerken, die sich bei Seitenwind schlecht starten ließen und nicht gleichmäßig liefen. Die Verformung der Triebwerkgehäuse war so stark, daß die Turbinenfächer stärker scheuerten, als bei den zwei Jahre langen Testläufen auf dem Prüfstand und der Flugerprobung mit B-52 vorauszusehen war. Pratt & Whitney mußte eine spezielle Y-Aufhängung bauen und entwickelte schließlich eine neue Version des Modells JT9D, bei dem diese Schwierigkeit nicht mehr auftrat. Der Jungfernflug verzögerte sich allerdings bis zum 9. Februar 1969. Boeing behielt diese Maschine für Entwicklungszwecke und lieferte am 12. Dezember 1969 die erste 747 an PanAm aus, die sie am 22. Januar 1970 auf der Route London-New York in Betrieb nahm und damit einen unvorhergesehenen Prozeß an technischer Enwicklung, Trainingsanstrengungen und Investitionen in Produktionsanlagen vorläufig zum Abschluß brachte.

Unter dem Spitznamen 'Jumbo' machte die 747 schnell Schlagzeilen, lastete aber auch schwer auf den Taschen der Fluggesellschaften und Flughäfen. Eine Zeitlang konnte man ihre Entwicklung für verfrüht halten, da das Passagieraufkommen nicht den Erwartungen entsprach und die Maschine oft mit ungenügender Auslastung flog. Den-

Links: **Bis Ende 1985 waren mehr als 670 Boeing 747 aller Varianten bestellt worden. In den Werkshallen von Everett befinden sich hier Maschinen für Air France und Alitalia in der Endfertigung, außerdem eine der kurzen SP-Versionen für die australische Gesellschaft Qantas.**

Dies ist die erste 747 (N7470) beim Jungfernflug am 9. Februar 1969 mit ausgefahrenem Fahrwerk. Die 28 Embleme verschiedener Luftfahrtgesellschaften beweisen, daß schon damals die Auftragslage recht gut war. Boeing hat diese Maschine später mit einem Betankungsgalgen ausgestattet. Sie trägt heute die Bezeichnung N135SB.

Als eine der ersten begann die in den USA beheimatete Fluggesellschaft Braniff, ihre Maschinen völlig zu bemalen, im Gegensatz zu anderen jedoch jede einzelne in einer besonderen Farbe. Diese 747-127 hieß *Big Orange* und war auf der Strecke Dallas–London eingesetzt. Braniff besaß fünf Maschinen vom Typ 747-200 und drei 747 SP. Eine SP mit dem Kennzeichen N603BN war später in der gleichen Farbe bemalt.

Boeing 747-127

**Technische Daten
Boeing 747-100**

Typ: Linienflugzeug für den Langstreckenbetrieb.
Triebwerke: Vier Fanturbinen von Pratt & Whitney JT9D-3A mit 20.412 kp Schub; spätere Modelle erhielten JT9D, CF6-50, -45 oder -80 bzw. RB.211 mit je 25.400 kp Schub.
Leistung: Höchstgeschwindigkeit bei Höchstbelastung 969 km/h; max. Reisegeschwindigkeit 939 km/h; höchste Nutzlast bei einer Reichweite von 6.460 km 74.030 kg; spätere Versionen bei Reichweiten von über 10.000 km 70.000 kg oder 115.500 kg Fracht.
Gewichte: Leergewicht 167.300 kg; max. Startgewicht 322.100 kg; spätere Versionen 377.840 kg.
Abmessungen: Spannweite 59,60 m; Länge 70,50 m. Höhe 19,30 m; Tragflügelfläche 510,95 m^2.

1974 beschäftigte sich die damals expandierende iranische Luftwaffe mit der C-5A, kaufte dann aber gebrauchte 747 und baute sie für ihre Zwecke in Transportmaschinen, Lufttanker und fliegende Kommandozentralen um. Drei 747-124F wurden von Continental, neun 747-131F und vier neue 747-2J9F wurden von TWA gekauft.

noch arbeitete man bei Boeing mit voller Kapazität weiter, um die wachsende Zahl von Aufträgen und den steigenden Bedarf an Varianten zu befriedigen. Schon zu Beginn der Planung hatte man ein dichtes Netz von Zulieferfirmen geknüpft: Northrop liefert die Hauptrumpfteile, Fairchild Republic baut die Klappen, Querruder, Rippen und Spoiler. Bei den riesigen Ausmaßen der einzelnen Teile ist höchste Präzision erforderlich, wenn der Zusammenbau in Everett problemlos vonstatten gehen soll. So erfolgt die Endmontage auf Luftkissen, so daß die größeren Teile auf glattem Betonboden leicht manövriert werden können.

Die erste Version erhielt die Bezeichnung 747-100, und 167 Stück dieses Modells wurden verkauft. Im Verlauf der weiteren Produktion entwickelte Pratt & Whitney verbesserte Varianten des Triebwerks JT9D mit stufenweise von 18.600 kp auf schließlich 24.040 kp erhöhter Schubkraft. Daneben wurden aber auch Triebwerke anderer Firmen ins Programm genommen. General Electric bot das leichtere, aber leistungsgleiche Modell CF6-50 an, das von mehreren Liniengesellschaften bestellt wurde; und allmählich wagte sich auch Rolls-Royce an die Aufgabe und erreichte, daß in der jüngeren Vergangenheit eine ganze Reihe von Modellen mit dem unerreicht sparsamen Triebwerk RB.211-524 ausgerüstet wurde, das besonders bei Langstreckenflügen vorteilhaft ist. Dieses Triebwerk ist deutlich kürzer und kompakter als die amerikanischen Typen und bietet trotz seines hohen Gewichts angeblich geringeren Luftwiderstand.

Am 11. Oktober 1970 absolvierte das Modell 747-200 — mit größerer Kraftstoff-Kapazität — seinen Jungfernflug. Das Gesamtgewicht dieses Typs wurde stufenweise von 351.535 kg auf 371.945 kg und schließlich auf 377.840 kg erhöht. Für mehrere Testflüge wurde das Gewicht sogar auf 385.560 kg hinaufgeschraubt und lag damit um ca. 45 Tonnen höher als beim zweitschwersten Flugzeug der Welt. Die Passagier-Grundversion ist die 747-200B; bei der Version 747-200F handelt es sich um eine Frachtmaschine ohne Fenster und mit schwenkbarem Bug für die Paletten- und Container-Beladung (bis zu 29 ISO-Standard-Container, dazu Niedrig-Container für bis zu 113 Tonnen Fracht), die aufgrund ihrer vollelektronischen Steuerung von zwei Kräften in weniger als 30 Minuten bewältigt werden kann. Das Modell 747-200C (Convertible) kann entweder als Passagier- oder als Frachtmaschine verwendet werden.

1975 wurde die speziell für besonders lange Strecken entwickelte Boeing 747SP vorgestellt. Sie hat einen kürzeren Rumpf und weniger Sitze (max. 316), kann aber bei geringerem Gewicht bei normaler Tankkapazität auch 321 Passagiere befördern. Reichweite: fast 11.000 km.

Aufriß-Erläuterung zur Boeing 747-200

1 Radarkuppel
2 Radar-Empfangsschirm
3 Druckschott
4 Aufhängung des Radar-Scanners
5 Erste Klasse mit 32 Plätzen
6 Windschutzscheibe
7 Instrumententafel
8 Seitenruder-Pedale
9 Steuersäule
10 Aufbau des Kanzelbodens
11 Bar der ersten Klasse
12 Kabinenfenster
13 Bugradschacht
14 Bugradluke
15 Steuerungsmechanismus
16 Zwillingsbugrad
17 Funk- und Elektronikeinrichtungen
18 Pilotensitz
19 Copilotensitz
20 Instrumententafel des Bordingenieurs
21 Flugbegleitersitz
22 Zugang zum oberen Deck, steuer- und backbord
23 Wendeltreppe zwischen den Decks
24 Verteiler der Cockpit-Klimaanlage
25 Kombuse der ersten Klasse
26 Toiletten der ersten Klasse
27 vordere Kabinentür Nr. 1
28 Sitze der ersten Klasse
29 Druckschott zwischen den Decks
30 Antikollisionsbeleuchtung
31 Aufbau des Kabinendachs
32 Toilette auf dem Oberdeck
33 Sitze auf dem Oberdeck (bis zu 32)
34 Kabinenfenster
35 Verteiler der Klimaanlage
36 Aufbau des vorderen Rumpfes
37 Palettencontainer für Gepäck
38 Frachtabteil im unteren Vorderrumpf
39 Funkantenne
40 Kombuse des Oberdecks
41 Aufzug für Speisewagen
42 vordere Kombuse des Unterdecks
43 Passagiertür Nr. 2, steuer- und backbord
44 Lufteinlaß zur Klimaanlage
45 Verkleidung des Tragflächenansatzes
46 Klimaanlage
47 Druckschott des Tragflächenholms
48 Frischwassertanks
49 vordere Economy-Klasse mt 141 Sitzen
50 Kraftstofftank in Tragflächenmitte (64.345 Liter)
51 Verstrebung des Mittelrumpfes
52 Aufbau des Kabinenbodens
53 Rumpfrahmen und Verstrebung
54 Hauptrumpfrahmen
55 Luftverteiler
56 Querverteiler der Kimaanlage
57 Schieber für Luftverteiler
58 Rumpfholm
59 Antenne für Satelliten-Navigation
60 innerer Tragflächentank steuerbord (36.555 Liter)
61 Kraftstoffpumpen
62 Triebwerk-Zapfluftventil
63 Betätigung der Krügerklappen
64 innere Krügerklappen
65 inneres Triebwerk steuerbord
66 Aufhängung von Nr. 65
67 Krügerklappen-Einheit an der Eintrittskante
68 Betätigungsmechanismus der Krügerklappe
69 Antrieb der Krügerklappe
70 Tankanschluß
71 äußerer Tragflächentank steuerbord (16.730 Liter)
72 äußeres Triebwerk steuerbord
73 Aufhängung von Nr. 72
74 äußere Krügerklappen
75 Betätigungsmechanismus der Krügerklappen
76 Kraftstofftank für größere Reichweite in jeder Tragfläche (je 3.028 Liter)
77 Drucktank
78 Flügelspitze steuerbord
79 Navigationslicht
80 UKW-Antenne
81 Kraftstoff-Ablaßventil
82 Ableiter statischer Aufladung
83 äußere Querruder für niedrige Geschwindigkeit
84 äußere Spoiler
85 äußere geschlitzte Klappen
86 Klappenverstellung
87 innere Querruder für hohe Geschwindigkeit
88 Holm der Tragflächenhinterkante
89 innere Spoiler
90 innere geschlitzte Klappen

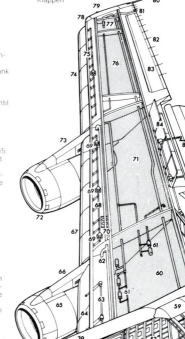

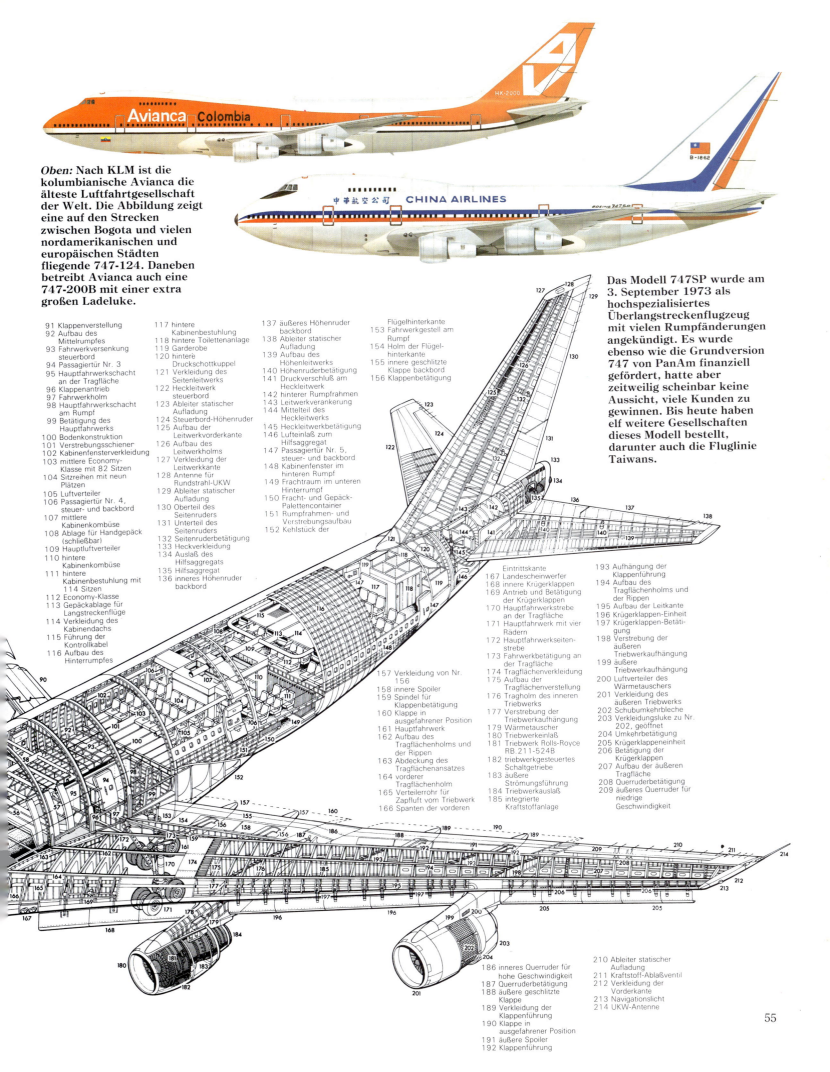

Oben: Nach KLM ist die kolumbianische Avianca die älteste Luftfahrtgesellschaft der Welt. Die Abbildung zeigt eine auf den Strecken zwischen Bogota und vielen nordamerikanischen und europäischen Städten fliegende 747-124. Daneben betreibt Avianca auch eine 747-200B mit einer extra großen Ladeluke.

Das Modell 747SP wurde am 3. September 1973 als hochspezialisiertes Überlangstreckenflugzeug mit vielen Rumpfänderungen angekündigt. Es wurde ebenso wie die Grundversion 747 von PanAm finanziell gefördert, hatte aber zeitweilig scheinbar keine Aussicht, viele Kunden zu gewinnen. Bis heute haben elf weitere Gesellschaften dieses Modell bestellt, darunter auch die Fluglinie Taiwans.

91 Klappenverstellung
92 Aufbau des Mittelrumpfes
93 Fahrwerkversenkung steuerbord
94 Passagiertür Nr. 3
95 Hauptfahrwerkschacht an der Tragfläche
96 Klappenantrieb
97 Fahrwerkholm
98 Hauptfahrwerkschacht am Rumpf
99 Betätigung des Hauptfahrwerks
100 Bodenkonstruktion
101 Verstrebungsschiener
102 Kabinenfensterverkleidung
103 mittlere Economy-Klasse mit 82 Sitzen
104 Sitzreihen mit neun Plätzen
105 Luftverteiler
106 Passagiertür Nr. 4, steuer- und backbord
107 mittlere Kabinenkombüse
108 Ablage für Handgepäck (schließbar)
109 Hauptluftverteiler
110 hintere Kabinenkombüse
111 hintere Kabinenbestuhlung mit 114 Sitzen
112 Economy-Klasse
113 Gepäckablage für Langstreckenflüge
114 Verkleidung des Kabinendachs
115 Führung der Kontrollkabel
116 Aufbau des Hinterrumpfes
117 hintere Kabinenbestuhlung
118 hintere Toilettenanlage
119 Garderobe
120 hintere Druckschottkuppel
121 Verkleidung des Seitenleitwerks
122 Heckleitwerk steuerbord
123 Ableiter statischer Aufladung
124 Steuerbord-Höhenruder
125 Aufbau der Leitwerkvorderkante
126 Aufbau des Leitwerkholms
127 Verkleidung der Leitwerkkante
128 Antenne für Rundstrahl-UKW
129 Ableiter statischer Aufladung
130 Oberteil des Seitenruders
131 Unterteil des Seitenruders
132 Seitenruderbetätigung
133 Heckverkleidung
134 Auslaß des Hilfsaggregats
135 Hilfsaggregat
136 inneres Höhenruder backbord
137 äußeres Höhenruder backbord
138 Ableiter statischer Aufladung
139 Aufbau des Höhenleitwerks
140 Höhenruderbetätigung
141 Druckverschluß am Heckleitwerk
142 hinterer Rumpfrahmen
143 Leitwerkverankerung
144 Mittelteil des Heckleitwerks
145 Heckleitwerkbetätigung
146 Lufteinlaß zum Hilfsaggregat
147 Passagiertür Nr. 5, steuer- und backbord
148 Kabinenfenster im hinteren Rumpf
149 Frachtraum im unteren Hinterrumpf
150 Fracht- und Gepäck-Palettencontainer
151 Rumpfrahmen- und Verstrebungsaufbau
152 Kehlstück der Flügelhinterkante
153 Fahrwerkgestell am Rumpf
154 Holm der Flügelhinterkante
155 innere geschlitzte Klappe backbord
156 Klappenbetätigung
157 Verkleidung von Nr. 156
158 innere Spoiler
159 Spindel für Klappenbetätigung
160 Klappe in ausgefahrener Position
161 Hauptfahrwerk
162 Aufbau des Tragflächenholms und der Rippen
163 Abdeckung des Tragflächenansatzes
164 vorderer Tragflächenholm
165 Verteilerrohr für Zapfluft vom Triebwerk
166 Spanten der vorderen Eintrittskante
167 Landescheinwerfer
168 innere Krügerklappen
169 Antrieb und Betätigung der Krügerklappen
170 Hauptfahrwerkstrebe an der Tragfläche
171 Hauptfahrwerk mit vier Rädern
172 Hauptfahrwerkseitenstrebe
173 Fahrwerkbetätigung an der Tragfläche
174 Tragflächenverkleidung
175 Aufbau der Tragflächenverstellung
176 Tragholm des inneren Triebwerks
177 Verstrebung der Triebwerkaufhängung
179 Wärmetauscher
180 Triebwerkeinlaß
181 Triebwerk Rolls-Royce RB.211-524B
182 triebwerkgesteuertes Schaltgetriebe
183 äußere Strömungsführung
184 Triebwerkauslaß
185 integrierte Kraftstoffanlage
186 inneres Querruder für hohe Geschwindigkeit
187 Querruderbetätigung
188 äußere geschlitzte Klappe
189 Verkleidung der Klappenführung
190 Klappe in ausgefahrener Position
191 äußere Spoiler
192 Klappenführung
193 Aufhängung der Klappenführung
194 Aufbau des Tragflächenholms und der Rippen
195 Aufbau der Leitkante
196 Krügerklappen-Einheit
197 Krügerklappen-Betätigung
198 Verstrebung der äußeren Triebwerkaufhängung
199 äußere Triebwerkaufhängung
200 Luftverteiler des Wärmetauschers
201 Verkleidung des äußeren Triebwerks
202 Schubumkehrbleche
203 Verkleidungsluke zu Nr. 202, geöffnet
204 Umkehrbetätigung
205 Krügerklappeneinheit
206 Betätigung der Krügerklappen
207 Aufbau der äußeren Tragfläche
208 Querruderbetätigung
209 äußeres Querruder für niedrige Geschwindigkeit
210 Ableiter statischer Aufladung
211 Kraftstoff-Ablaßventil
212 Verkleidung der Vorderkante
213 Navigationslicht
214 UKW-Antenne

1977 kaufte die NASA von einer amerikanischen Luftfahrtgesellschaft eine 747-123 und baute sie zum Trägerflugzeug für das Space-Shuttle-Programm um. Die Testflüge wurden erst als Verbund- und dann als freier Flug durchgeführt. Das Bruttogewicht betrug zunächst 334.755 kg, erhöhte sich aber durch zusätzliche Finnen an den Höhenrudern und die Halte- und Startaufbauten auf dem Rumpf.

Weitere Varianten

1978 stellte Boeing als Weiterentwicklung und Ersatz der 747-100 das Modell 747-100B mit stärkerer Zelle und Triebwerken mit höherer Leistung und geringerem Verbrauch vor. Das Modell 747SR (short range = Kurzstrecke) ist eine Variante der 747-100B mit noch stärkerer Zelle für häufigere Starts und Landungen, die wegen geringerer Tankkapazität leichter und damit leistungsfähiger ist und bis zu 516 Passagiere befördern kann.

Im September 1973 entschloß Boeing sich noch einmal zu einem gewagten Schritt und entwickelte die 747SP (special performance = besondere Leistung). Obwohl 90% der Einzelteile unverändert blieben, wurde in die übrigen 10% sehr viel Entwicklungsarbeit investiert, die das neue Modell äußerlich gegenüber seinen Vorgängern gewaltig veränderte. Es war für extreme Langstreckenflüge konzipiert und hat einen um 14,35 m kürzeren Rumpf, der eine um 1,52 m höhere Heckflosse mit doppelt aufgehängten Seitenrudern und ein um 3,05 m breiteres Heckleitwerk erforderte. Die krümmungsvariablen Klappen sind nur einfach geschlitzt und haben nicht mehr die vorstehenden Verkleidungen. Trotz niedrigeren Bruttogewichts hat dieser Typ eine erstaunlich lange Reichweite, die von South African Airways bei einem Nonstop-Flug mit 50 Passagieren und schwerer Ersatzteilladung über 16.560 km demonstriert wurde. Bei der Landung hätte der Sprit noch für weitere zweieinhalb Stunden gereicht. Flugkapitän Walter H. Millikin von PanAm flog mit einer 747SP in einem Tag, 22 Stunden und 50 Sekunden rund um die Welt und erzielte eine Durchschnittsreisegeschwindigkeit von 809 km/h. Außerdem umrundete er die Erde auf einer ungewöhnlichen, beide Pole berührenden Route auf einem Flug von San Francisco über London, Kapstadt und Auckland zurück nach San Francisco.

1981 wurde das bisher letzte Modell als 747-300 SUD (stretched upper deck = verlängertes Oberdeck) angekündigt. Es stellt das genaue Gegenteil der SP dar und hat eine größere Passagierkapazität. Immerhin hatte Boeing schon ganz zu Anfang eine Zwei-Deck-Version ins Auge gefaßt, und jetzt schien der Markt endlich reif für einen vorsichtigen Schritt in diese Richtung. Im Sommer 1980 hatte Swissair die Version (als 747-300) mit bis zur Pilotenkanzel vorgezogenem und damit um weitere 7 m verlängertem Oberdeck bestellt. Damit konnte die Sitzzahl von 32 auf 69 in der Standard-Economy-Anordnung 3 + 3 erhöht werden. Im hinteren Rumpf wurden eine neue gerade Treppe – anstelle der Wendeltreppe im vorderen Rumpf – und ein weiterer Notausstieg sowie zusätzliche Fenster eingebaut. Das verlängerte Oberdeck kann inzwischen bei allen Modellen außer bei der 747SP geliefert werden. Neuestes Modell ist die Boeing 747-400, die in ihren Abmessungen der -300 gleicht, sich äußerlich durch Wingtips unterscheidet und eine modernes Zwei-Mann-Cockpit besitzt.

Militärische Betreiber

Mehrere Boeing 747 wurden an militärische Abnehmer geliefert. Eine Flotte von elf Maschinen ging z.B. vor dem Sturz des Schahs in den Iran. Sie wurden als Lufttanker, zur elektronischen Luftraumüberwachung und zu anderen strategischen Aufgaben eingesetzt. Saudi-Arabien erhielt eine Spezialversion der 747SP mit einer Sonderanfertigung von Rolls-Royce-Triebwerken sowie besonders leistungsfähiger Navigations- und Kommunikationselektronik der Firma E-Systems in Texas. Diese Firma schuf übrigens mit einer anderen Boeing-Tochter, der Boeing Aerospace Company, die E-4 für die US-Luftwaffe, die als eines der aufwendigsten Flugzeuge der Welt bezeichnet werden kann.

Diese Variante E-4 ist im wesentlichen eine Boeing 747-200B mit außergewöhnlich hochentwickelter Navigations- und Kommunikationelektronik und soll den USA in Krisenzeiten als strategisches Luftkommando dienen. Sie ersetzt verschiedene Modelle der EC-135. 1974/75 wurden zunächst zwei Maschinen mit Triebwerken vom Typ JT9D geliefert, die später durch F103-100, der militärischen Version des Triebwerks CF6-50, ersetzt wurden.

Die Ausrüstung war überwiegend von der EC-135 übernommen worden. Im April 1975 verließ die erste eigentliche E-4B den Prüfstand, und eine voll ausgerüstete E-4B wurde 1978 geliefert. Alle vier Maschinen fliegen inzwischen unter dieser Bezeichnung und der entsprechenden Ausstattung mit SHF-Antennen in einer großen Kuppel an der Rumpfoberseite, einer 1.200 Kilowatt leistenden Bordelektrik, fortgeschrittenen Umfeld-Kontrollsystemen, Atom- und Thermalisolierung, Niederfrequenzsystemen (LF/VLF) mit Schleppantennen von mehreren Kilometern Länge, Luftbetankungsmöglichkeiten und einer Flugdauer (ohne Luftbetankung) von 73 Stunden. Das Innere ist in eine Fülle von Funktionszellen unterteilt: Auf dem Hauptdeck befinden sich die Hauptkommando-Leitstelle, Konferenz- und Unterweisungsräume, ein Arbeitsraum für mehr als 60 Besatzungsmitglieder, Kommunikationskontrollräume und Erholungseinheiten. Der Standort dieser Maschinen ist bei der US-Luftwaffe in Offutt, Nebraska.

Swissair machte durch Bestellung einer Sonderfertigung die Entwicklung der im Juni 1980 angekündigten 747-300 mit verlängertem Oberdeck als Alternative zur Streckung des gesamten Rumpfes möglich. Einige Gesellschaften verwenden das Oberdeck hinter der Kanzel als Speisesaal, die meisten bestücken sie mit 32 Sitzen. Das gestreckte Oberdeck kann bis zu 69 Passagiere aufnehmen.

Varianten der Boeing 747

Boeing 747-100: Grundmodell mit Triebwerken JT9D-1 oder -3; max. Startgewicht 334.751 kg.

Boeing 747-100B: Weiterentwicklung des Modells 747-100 mit stärkerem Rahmen und erhöhtem Gewicht (341.555 kg), stärkerem Triebwerksschub (JT9D-7A bzw. anderen Versionen dieses Typs oder CF6-45 bzw. -50 oder Rolls-Royce RB.211-524 mit 21.297 kp Schubkraft).

Boeing 747-200B: Langstreckenversion mit 377.840 kg Höchstgewicht und größerer Kraftstoffkapazität. Triebwerke: JT9D-7AW, -7FW, -7J, -7Q oder General Electric CF6-50E oder RB.211-524B oder C mit bis zu 24.091 kp Schubkraft.

Boeing 747-200B Combi: Passagier/Frachtversion mit Ladeluke seitlich hinter der Tragfläche und einer Kapazität von 12 Palettencontainern.

Boeing 747-200C Convertible: Passagier/Frachtversion mit bis zu 377.845 kg Höchstgewicht. Triebwerkausstattung wie bei 747-200B.

Boeing 747-200F: Reine Frachtversion mit nach oben klappendem Bug. Gewöhnlich ohne Fenster. Kann bis zu 90.720 kg Paletten- oder Container-Fracht über eine Strecke von 7.600 km befördern.

Boeing 747SR: Hochleistungs- und Kurzstreckenversion mit Änderungen an der Zelle. Bruttogewicht 273.520 kg bzw. 333.396 kg.

Boeing 747SP: Langstreckenversion mit kürzerem Rumpf und höherem Seitenleitwerk.

Boeing 747-300: Version mit verlängertem Oberdeck für insgesamt 69 Passagiere.

Boeing 747-400: Langstreckenversion der -300 mit Zwei-Mann-Cockpit und PW4000 oder CF6-80C2 Triebwerken, max. Startgewicht 385.553 kp.

Boeing 757/767

Durch das Auftauchen der Airbus-Flugzeuge geriet Boeing in Zugzwang, die inzwischen nicht mehr neue 727 zu ersetzen, wenn man am Markt konkurrenzfähig bleiben wollte. Drei Nachfolgemodelle wurden entwickelt, die man mit den Nummern 757, 767 und 777 bezeichnete.

Im Laufe der Jahre wurden mehrere Versionen der erfolgreichen Boeing 727 mit erhöhter Kapazität untersucht, aber keines der Projekte erhielt ausreichende Aufträge, um eine Produktion zu gewährleisten. Im Frühjahr 1978 gab die Firma jedoch bekannt, daß sie eine neue Bauserie mit fortschrittlicher Technik entwickeln wolle. Die drei vorgelegten Entwürfe trugen die Bezeichnungen 757, 767 und 777. Das erste unterschied sich von den beiden anderen durch den von der 727 übernommenen Rumpfquerschnitt, während die 767 und 777 einen Rumpfquerschnitt erhalten sollen, der sozusagen zwischen der Boeing 727 und 747 liegt.

Die 757 ist ein Kurz/Mittelstreckenpassagierflugzeug für 178 Passagiere gemischter Klassen oder 196 in der Touristenklasse oder maximal 228 Passagiere bei größerer Sitzdichte. Die 757 flog erstmals im Februar 1982, im Linienverkehr wurde die erste Maschine von Eastern Airlines im Dezember 1982 eingesetzt. Sie erwies sich im Treibstoffverbrauch und in der technischen Zuverlässigkeit dem Airbus A310 ebenbürtig. Bis 1985 wurden die Maschinen nur mit Rolls-Royce RB.211-535 ausgerüstet, seither stehen aber auch die sparsameren neuen Turbofan-Triebwerke RB.211-535E4 und Pratt & Whitney PW2037 zur Auswahl.

Ende 1981 war das Entwicklungsprogramm der 767 dem der 757 um etwa fünf Monate voraus, vor allem, weil die Konstruktion etwa acht Monate vorher angeregt worden war. Die ersten Bestellungen für die 757 (Modell 757-200 mit Rolly-Royce-Triebwerken) wurden am 31. August 1978 bekanntgegeben: 19 bzw. 21 Maschinen für British Airways und Eastern Airlines. Nach Vertragsabschluß im Frühjahr 1979 lief die Produktion am 23. März 1979 an. Die 757 profitierte von den

Ursprünglich als Nachfolgemodell der Boeing 727 entworfen, verfügt die Boeing 757 über den gleichen Rumpfquerschnitt. Die britische Chartergesellschaft Monarch Airlines setzt vier Boeing 757-2T7 zu Urlaubszielen im Mittelmeerraum ein.

Boeing 757-225 der Eastern Air Lines

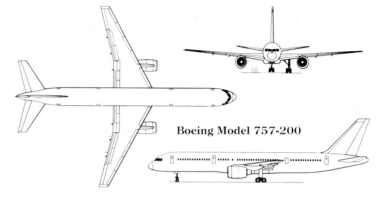

Boeing Model 757-200

Technische Daten: Boeing Model 757-200
Typ: Kurz/Mittelstrecken-Passagiertransportflugzeug.
Triebwerk: zwei Rolls-Royce RB.211-535C Turbofan mit je 16.964 kp Schub.
Leistung: wirtschaftlichste Reisegeschwindigkeit 850 km/h; Reisehöhe 11.890 m; maximale Reichweite 5.890 km.
Gewicht: Leergewicht 58.260 kg; max. Startgewicht 100.240 kg.
Abmessungen: Spannweite 38,05 m; Länge 47,32 m; Höhe 13,56 m; Tragflügelfläche 181,25 m².

für die breitere 767 geleisteten Entwicklungsarbeiten, denn beide Maschinen haben viele Teile gemeinsam. Etwa 53 Prozent der 757 werden jedoch von auswärtigen Firmen hergestellt, darunter Avco Aerostructures (Flügelmittelstück und Rumpfkiel), Fairchild Industries (Kabine über den Tragflächen und Vorflügel), Rockwell International (vordere und hintere Rumpfsektionen) und Vought Corporation (Heckkonus, Höhen- und Seitenleitwerk).

Der neue, moderne Flügel hat eine geringere Pfeilung als die Tragfläche der 727, der Rumpf ist um 5,97 m länger. Das Fahrwerk hat vierrädrige Hauptfahrwerkteile und doppelte Räder am Bugfahrwerk. Die Besatzung besteht aus zwei oder drei Mann, je nach Cockpitauslegung. Da die Cockpits der 757 und 767 weitgehend identisch sind, benötigen die Piloten nur eine Typenberechtigung, um beide Typen fliegen zu können.

Boeing 767

Parallel zur Boeing 757 wurde die Boeing 767 vorgestellt, deren völlig neuer Rumpf 1,24 m breiter ist und die bei zwei Mittelgängen sieben bzw. acht Sitze pro Reihe bietet. Die Sitzplatzplanungen berücksichtigen 211 Passagiere in gemischter Version, 18 davon in der First Class mit sechs Sitzen pro Reihe und die restlichen 193 Sitze in der Tourist Class mit sieben Sitzen pro Reihe. Alternativ dazu gibt es 230 Tourist-Class-Sitze, durchweg mit sieben Sitzen pro Reihe und eine dicht gedrängte Version für ein Maximum von 289 Passagieren mit acht Sitzen pro Reihe. Weitere Auswahlmöglichkeiten stehen zur Verfügung. Der Bauentscheid für das Programm der Boeing 767 erfolgte am 14. Juli 1978 im Anschluß an den Eingang eines Auftrags über 30 dieser Flugzeuge von United Airlines. Ende 1985 lagen 193 Bestellungen vor. Zur Beschleunigung der technischen Zeichenvorgänge wurde für viele Teile der Hauptstruktur computergestütztes Design (CAD) eingesetzt, dessen hohe Präzision besonders dann von Nutzen ist, wenn ein großer Teil der Konstruktion von anderen Unternehmen hergestellt wird. Zu diesen gehören Aeritalia, Canadair, Grumman and Vought sowie ein japanisches Konsortium unter der Bezeichnung Civil Transport Development Corporation, das sich aus Fuji, Kawasaki und Mitsubishi zusammensetzt. Gemeinsam fertigen diese 28 Unternehmen Baugruppen und Bauteile, die wertmäßig etwa 45 Prozent der Gesamtkosten ausmachen.

Die Tragflächenkonstruktion unterscheidet sich etwas von der der 757 durch eine stärkere Pfeilung, eine größere Spannweite und eine größere Flügeltiefe, wodurch sich die Tragflächen um ca. 53 Prozent vergrößern. Flugzeugheck und Fahrwerk sind in ihrer Konstruktion ähnlich und die Modelle 757 und 767 sind mit den gleichen Turbofan ausgestattet, die unter den Tragflügeln an Gondeln aufgehängt sind. Bei der 767 liefern die alternativ angebotenen Triebwerke Pratt & Whitney JT9D-7R4D und General Electric CF6-80A, die beide in der 21.772 kp-Klasse liegen, einen größeren Schub als die der 757. Beide Triebwerke halten sich bei den Bestellungen die Waage.

Ursprünglich plante Boeing, zwei Versionen herauszubringen: Eine 767-100 mit einem kürzeren Rumpf und Platz für ca. 180 Passagiere, sowie das Grundmodell 767-200, das oben beschrieben ist. Inzwischen wurde entschieden, 767-100 mit dem kürzeren Rumpf nicht zu bauen und statt dessen das Modell 767-200 in mehreren Fluggewichtsklassen anzubieten.

Neben der 767-200 als Standardmodell bietet Boeing auch eine um 6,40 m gestreckte Version, die 767-300 an, die rund 40 Passagiere mehr transportieren kann. Ihr maximales Startgewicht entspricht dem der Langstreckenversion 767-200ER, die von Ethiopian Airlines bestellt wurde, ihr Leergewicht liegt wegen des verlängerten Rumpfs um 5.450 kg höher.

Die Cockpit-Auslegung ist für zwei oder drei Piloten, bislang haben sich aber alle Gesellschaften bis auf Ansett für das Zwei-Mann-Cockpit entschieden. Die Ausrüstung ist wie bei der 757, so daß die Maschine von den gleichen Piloten geflogen werden darf.

Der neue Rumpf bietet außerdem auch eine erhebliche Luftfrachtkapazität, und der Frachtraum kann bis zu 22 LD-2-Container oder eine entsprechende Menge von LD-3/-4/8 Containern aufnehmen. Am 4. August 1981 rollte das erste Modell 767 in Everett, Washington, ins Freie und absolvierte dort am 26. September seinen Jungfernflug von 2 Stunden und 4 Minuten - einige Tage vor dem Zieltermin, der bei Programmbeginn 1978 gesetzt wurde. Im Januar 1985 begann Boeing mit der Entwicklung der 767-300ER, die ein max. Startgewicht von 172.365 kg und eine Reichweite von 9.680 km besitzt. Sie kann mit General Electric CF6-80C2 oder Pratt & Whitney PW 4000 Turbofan-Triebwerken ausgerüstet werden. Den längsten Nonstop-Flug eines kommerziellen zweimotorigen Flugzeugs unternahm eine 767-200ER der Ethiopian Airlines am 1. Juni 1984, als sie 12.070 km zurücklegte. Inzwischen wird der Typ auch von einigen Fluggesellschaften im Linienverkehr über den Nordatlantik eingesetzt.

Das Modell 777 hatte den "Roll-out" im Frühjahr 1994 und nahm die ersten Testflüge noch im Sommer des selben Jahres auf. Bei Boeing liegen 147 Bestellungen vor, die erste Maschine soll im Mai 1995 an United Airlines ausgeliefert werden.

Boeing 767-222 der United Airlines

Technische Daten: Boeing Model 767-200 (Basisversion)
Typ: kommerzielles Mittelstrecken-Transportflugzeug.
Triebwerk: zwei Pratt & Whitney JT9D-7R4D Turbofan mit je 21.772 kp Schub oder GE CF6-80C2.
Leistung: wirtschaftlichste Reisegeschwindigkeit 850 km/h; Höchstgeschwindigkeit 900 km/h; Landegeschwindigkeit 248 km/h; Dienstgipfelhöhe 11.885 m; max. Reichweite bei 211 Passagieren 5.600 km.
Gewicht: Leergewicht 81.230 kg; maximales Startgewicht 142.000 kg.
Abmessungen: Spannweite 47,60 m; Länge 48,50 m; Höhe 15,90 m; Tragflügelfläche 283,35 m².

Die Boeing 767 hat im Gegensatz zur 757 einen breiten Rumpf mit zwei Mittelgängen. Ihr stärkster Konkurrent ist der europäische Airbus A310. Die 767 wird als -300 auch mit einem um 6,40 m verlängerten Rumpf angeboten; das Cockpit entspricht dem der 757.

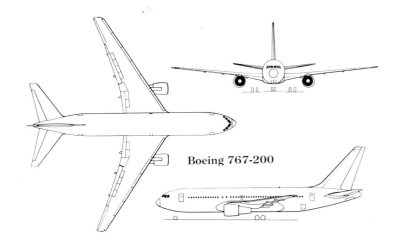

Boeing 767-200

Douglas DC-8

Mitte der fünfziger Jahre entwickelte McDonnell Douglas ein vierstrahliges Flugzeug, das der Boeing 707 Konkurrenz machen sollte. Gedacht war an eine Maschine, die ohne Tankstop den Nordatlantik überqueren würde. Zunächst gelang es nicht, gegen die 707 anzukommen, aber Anfang der siebziger Jahre, nach der Vorstellung mehrerer gestreckter Versionen, wurde die DC-8 eine Alternative zu den gerade aufkommenden Jumbo-Jets. Dieses Flugzeug gilt als Vorläufer der eigentlichen Großraumflugzeuge und war dreißig Jahre nach seiner Konstruktion noch häufig im Einsatz.

Die Bezeichnung DC-8 wurde zum erstenmal im Jahre 1952 für eine Düsentransportmaschine verwendet. Es handelte sich dabei um eine von Douglas gebaute Attrappe einer vierstrahligen Verkehrsmaschine für transkontinentale Strecken in den USA. Die amerikanische Volkswirtschaft kämpfte aber damals noch mit den Folgen des Krieges. Es standen ihr nur beschränkte Mittel zur Verfügung, und die Firma Douglas gab deshalb im folgenden Jahr die Pläne für ein solches Flugzeug auf.

Anfang 1955 machte sich allmählich ein größeres Interesse an Strahlflugzeugen bemerkbar. Von der Firma de Havilland und den britischen Behörden wurde bekanntgegeben, daß man der Ursache für den Absturz mehrerer Comet in den Jahren 1953/54 auf den Grund gekommen sei und daß die neue Langstreckenmaschine Comet 4 bis zum Jahre 1958 auf der Nordatlantikstrecke eingesetzt werden könne. Im März bestellte die US Air Force die ersten Tanker/Transportflugzeuge für den Militärgebrauch, die auf dem Boeing 367-80 Prototypen beruhten. Das war eine Garantie für die gründliche Erprobung der Düsenflugzeug-Technologie vor dem Einsatz ziviler Jets in den USA. Die Pan American, die von der britischen Konkurrenz im transatlantischen Düsenverkehr am meisten betroffen wurde, war die erste amerikanische Fluggesellschaft, die Strahlflugzeuge anschaffte. Boeing bot umgehend eine Konstruktion an, die auf der 367-80 basierte und die noch 1957 ausgeliefert werden sollte.

Douglas hatte noch keinen Prototypen und konnte daher nicht mit einem so frühen Liefertermin aufwarten. Die Firma prüfte jedoch genau den Markt und kam dabei zu dem Schluß, daß die 86.183 kg schwere Boeing nicht die ideale Kapazität für ein Verkehrsflugzeug besaß. Für Militärmaschinen befanden sich leistungsfähigere Triebwerke in der Entwicklung, die Ende des Jahrzehnts für den zivilen Einsatz zur Verfügung stehen würden. Mit solchen Triebwerken würde ein Jet den Nordatlantik überqueren können, ohne — wie es bei der Comet 4 und den ersten Boeing 707 der Fall war — zum Auftanken in Gander, Neufundland, zwischenlanden zu müssen. Die größeren Flugzeuge würden mit einer etwas breiteren Kabine mit sechs Sitzen pro Reihe ausgestattet werden. Das waren die Überlegungen, die hinter der neuen DC-8 Konstruktion steckten, die Douglas im Juni 1955 der Pan Am vorlegte.

Die DC-8 war der von Boeing vorgeschlagenen Maschine eindeutig überlegen, so daß Boeing keine andere Wahl blieb, als eine vergrößerte, leistungsfähigere 707 anzubieten, die aber erst 1958 zur Verfügung stehen würde. Im Oktober fällte Pan Am nach monatelangen harten Verhandlungen ein salomonisches Urteil und bestellte 20 Model 707 sowie 25 DC-8. Die Model 707 mußten auf dem Flug über den

Links: Zu Frachtflugzeugen umgerüstete DC-8-73AF der Air Canada, im September 1985 in Toronto aufgenommen.
Unten: Eine DC-8-53 der Philippine Airlines auf ihrem Überführungsflug 1968 nach Manila.

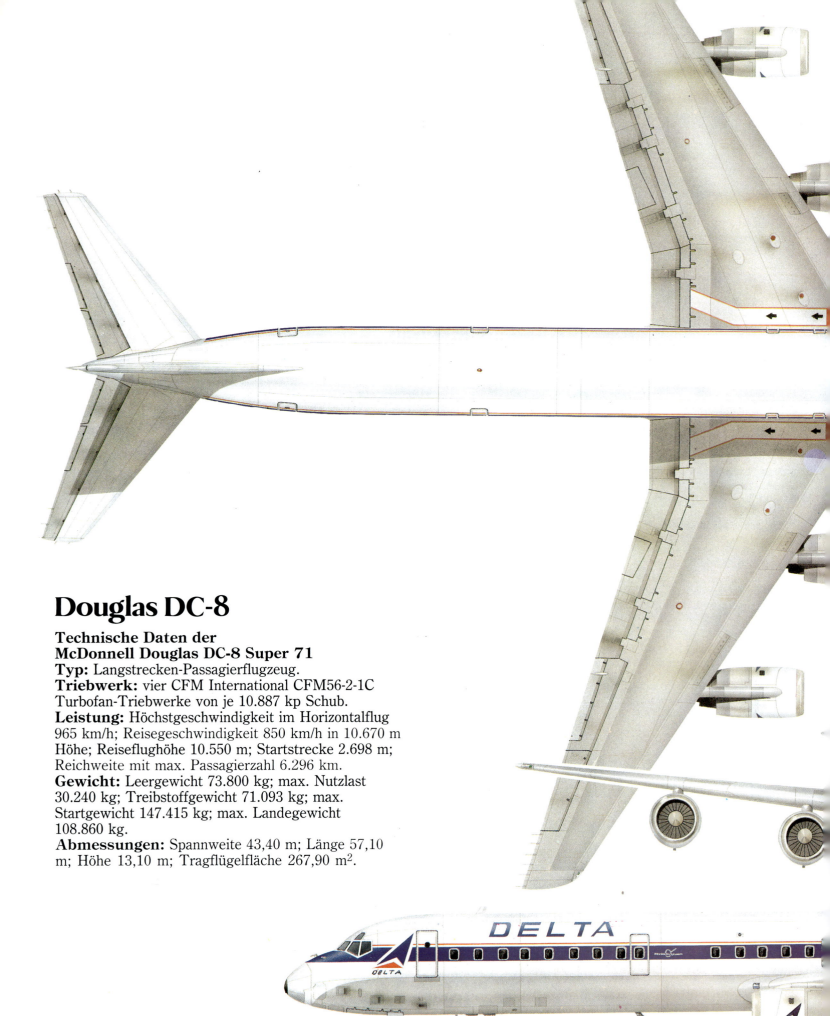

Douglas DC-8

Technische Daten der McDonnell Douglas DC-8 Super 71
Typ: Langstrecken-Passagierflugzeug.
Triebwerk: vier CFM International CFM56-2-1C Turbofan-Triebwerke von je 10.887 kp Schub.
Leistung: Höchstgeschwindigkeit im Horizontalflug 965 km/h; Reisegeschwindigkeit 850 km/h in 10.670 m Höhe; Reiseflughöhe 10.550 m; Startstrecke 2.698 m; Reichweite mit max. Passagierzahl 6.296 km.
Gewicht: Leergewicht 73.800 kg; max. Nutzlast 30.240 kg; Treibstoffgewicht 71.093 kg; max. Startgewicht 147.415 kg; max. Landegewicht 108.860 kg.
Abmessungen: Spannweite 43,40 m; Länge 57,10 m; Höhe 13,10 m; Tragflügelfläche 267,90 m².

Varianten der Douglas DC-8

DC-8-10: transkontinentale Version, einziges Modell mit JT3C Triebwerken von 6.123 kp Schub; nur 28 Maschinen, wovon einige später auf DC-8-50 Standard umgerüstet wurden.
DC-8-20: transkontinentale Hochleistungsmaschine mit JT4A-3 Triebwerken von 7.167 kp Schub; Indienststellung im Januar 1960; 34 Maschinen.
DC-8-30: erste interkontinentale Variante mit höherem Startgewicht und hochgerüsteten Triebwerken, entweder JT4A-9 von 7.620 kp Schub oder JT4A-11 von 7.938 kp Schub; Indienststellung im April 1960; 57 Maschinen, wovon einige später auf DC-8-50 Standard umgerüstet wurden.
DC-8-40: ähnlich wie DC-8-30, aber mit Rolls-Royce Conway Turbofan-Triebwerken von 7.938 kp Schub mit niedrigem Nebenstromverhältnis; Indienststellung im April 1960; 32 Maschinen.
DC-8-50: Basis-Langstreckenmodell mit JT3D-1 Turbofan-Triebwerken von 7.711 kp Schub, später mit JT3D-3 Triebwerken von 8.165 kp Schub; Indienststellung Mitte 1961.
DC-8-55: verbesserte DC-8-50 mit JT3D-3B Triebwerken und anderen Änderungen; 89 Maschinen der Serie 50 und 55.
DC-8-54: auch als **DC-8F Jet Trader** bekannt.
Model 54: erste umrüstbare bzw. reine Frachtversion der DC-8-50; Lieferung der ersten Maschine im Januar 1963.
DC-8-55F: auch als **DC-8F Jet Trader** bekannt.
Model 55: verbesserte Frachtmaschine, entsprechend der DC-8-55; Zulassung Mitte 1964; 53 neue Maschinen; einige DC-8-30/40/50 wurden gegen Ende der siebziger Jahre in Tulsa auf einen ähnlichen Standard umgerüstet.
DC-8 Super 61: gestreckte Version der DC-8-55 mit über 250 Sitzen; Rumpfverlängerung vor den Tragflächen um 6,10 m und hinter den Tragflächen um 5,08 m; Indienststellung im Februar 1967; es wurden auch **Super 61F** Frachtmaschinen und umrüstbare **Super 61CF** geliefert; 88 Maschinen.
DC-8 Super 62: Variante mit sehr langer Reichweite und 1,20 m Streckung vor und hinter den Tragflächen, um 1,83 m größere Spannweite, modifizierte Triebwerkspylone und -hauben und größere Treibstoffkapazität; Indienststellung im Mai 1967; es wurden auch **Super 62F** und **Super 62CF** geliefert; 67 Maschinen.
DC-8 Super 63: Rumpf wie bei der Super 61; Flügel- und Triebwerksmodifikationen wie bei der Super 62, höhere Gewichte und JT3D-7 Triebwerke von 8.618 kp Schub (außer bei den ersten Maschinen, die JT3D-3B Triebwerke haben); Indienststellung im Juli 1967; es wurden auch **Super 63F** und **Super 63CF** Versionen mit weiteren Gewichtserhöhungen geliefert; 105 Maschinen.
DC-8 Super 71: Super 61 mit neuen CFM International CFM56-2B Turbofan-Triebwerken von 10.887 kp Schub und hohem Nebenstromverhältnis; Erstflug im August 1981, Indienststellung im April 1982; auch **Super 71F** und **Super 71CF** Versionen; Umrüstungen werden fortgesetzt.
DC-8 Super 72: Super 62 mit neuen CFM56 Triebwerken; Zulassung im September 1982; Umrüstungen werden fortgesetzt.
DC-8 Super 73: Super 63 mit neuen CFM56 Triebwerken; Zulassung im Juni 1982; auch **Super 73F** und **Super 73CF** Versionen, Umrüstungen werden fortgesetzt.

Als in den USA neue Vorschriften der FAA über den Flugzeuglärm herauskamen, mußten sich die Betreiber von DC-8 mit JT3D Triebwerken damit abfinden, daß diese Maschinen, die zum Teil nur knapp über zehn Jahre alt waren und noch lange nicht 100.000 Flugstunden hinter sich hatten, schon bald veraltet sein würden. Cammacorp Inc. bot deshalb ein Programm zur Ausrüstung dieser Flugzeuge mit neuen Triebwerken an. Für die DC-8 Serie 60 verwendete die Firma zu diesem Zweck das CFM56-2-1C Turbofan-Triebwerk von CFM International. Die Leistungsdaten, die mit den neuen Triebwerken erreicht werden, sind sehr eindrucksvoll: eine Lärmreduzierung um 60 bis 70 Prozent; 25 Prozent weniger Treibstoffverbrauch und eine Schadstoffemission, die innerhalb der von den Umweltschutzgesetzen vorgeschriebenen Grenzen liegt; eine Erhöhung der maximalen Reichweite auf 10.140 km und 17 Prozent mehr Leistung. Diese Zahlen haben mehrere Betreiber dazu veranlaßt, ihre Maschinen modifizieren zu lassen, darunter auch Delta Air Lines, deren erste DC-8 Serie 71 hier abgebildet ist. Delta hat 13 Maschinen mit neuen Triebwerken ausgerüstet. Ab der zweiten Maschine wurde diese Arbeit im Zuge eines größeren Wartungsprogrammes, bei dem auch die Tragflächen neu beplankt wurden, im Delta Technical Operations Centre durchgeführt. Das Endergebnis ist ein Flugzeug, das noch viele Jahre im Einsatz sein wird.

Alitalia war der DC-8 in Europa über 20 Jahre lang treu. Diese DC-8-42 war die erste Maschine, die Alitalia in ihre Flotte aufnahm. Sie wurde am 28. April 1960 ausgeliefert und befand sich 17 Jahre lang bei der Fluggesellschaft im Einsatz.

Das erste Flugzeug dieser erfolgreichen Verkehrsmaschinenserie, der DC-8 Prototyp, in den Farben der Firma Douglas. Die Tragflächen sind nicht so stark gepfeilt wie bei der Boeing 707. Weil die Triebwerke nicht leistungsfähig genug waren, wurden nur 28 DC-8-10 verkauft.

Atlantik einmal zwischenlanden. Sie wurden aber gebraucht, um Ende 1958 gegen die britische Konkurrenz angehen zu können. Die DC-8 war ein Interkontinental-Flugzeug mit dem neuen Pratt & Whitney JT4A Triebwerk, der zivilen Version des J75, das im folgenden Jahr einsatzbereit sein würde. Schon zwölf Tage später erteilte United Airlines als erstes Inlandsflugunternehmen in den USA einen Auftrag über 22 leichtere DC-8 Jets mit geringerer Schubleistung. Als einen der Hauptgründe für ihre Entscheidung nannte United die etwas breitere Kabine der DC-8. Daraufhin erhöhte Boeing sofort den Rumpfdurchmesser aller Model 707.

Mit fortschreitender Entwicklung der DC-8 hielt sich Douglas strikt an das Konzept eines einzigen Basisflugwerks, an dem nur ganz geringfügige Änderungen vorgenommen werden müßten, um den unterschiedlichsten Einsatzzwecken gerecht zu werden. Während Boeing letzten Endes praktisch drei unterschiedliche Flugzeuge herstellte, nämlich die ursprüngliche Model 707-120, die interkontinentale Model 707-320 und das Mittelstreckenflugzeug Model 720, behielten alle vor 1967 von Douglas gebauten Jets äußerlich genau die gleiche Form, die gleichen Steuerflächen, die gleichen elektronischen und hydraulischen Systeme und das gleiche Druckbelüftungssystem bei. Die Unterschiede beschränkten sich auf das Triebwerk, das Treibstoffsystem und strukturelle Teile. Die Langstreckenversionen waren robuster, und für diejenigen Teile des Flugwerkes, die schwerer belastet wurden (wie zum Beispiel die obere und untere Flügelbeplankung, der hintere Rumpfabschnitt, das Leit- und das Fahrwerk) wurden stärkere Werkstoffe verwendet.

Die DC-8 war für die damalige Zeit ein fortschrittliches Flugzeug, eine der ersten großen Maschinen mit hoher Unterschallgeschwindigkeit, die kommerziellen Betriebssicherheitsanforderungen entsprechend gebaut wurde. Das Hauptmerkmal ihrer Konstruktion war der Flügel. Wie der Flügel der Model 367-80 war er gepfeilt und mit vier Unterflügelgondeln für die Triebwerke bestückt. Er verjüngte sich erheblich nach außen und wurde zu den Flügelspitzen hin dünner, so daß für ein unkompliziertes breitspuriges Fahrwerk genügend Platz vorhanden war. Douglas verfügte jedoch nicht über so weitreichende Erfahrungen mit dieser Auslegung wie Boeing und entschloß sich daher für eine weniger stark gepfeilte Flügelkonstruktion.

Die Hochauftriebshilfen an der Vorderkante erstreckten sich nicht — wie bei der Boeing 707 — über die volle Spannweite. Dafür waren an den Tragflächen zwischen Rumpf und Triebwerk zwei Paar Schlitzklappen vorgesehen, die sich über einen Teil der Spannweite erstreckten. Weil die Form der Vorderkante das Flugverhalten in allen Geschwindigkeitsbereichen beeinflußt, entschloß man sich, lieber Zugeständnisse an die Leistungsfähigkeit im Reiseflug zu machen, als die Vorderkanten durch eine mechanische Vorrichtung für die Landung und den Start zu modifizieren. Das Querrudersystem war bei der DC-8 ebenfalls ganz anders. Anstatt eines separaten inneren Querruders für hohe Geschwindigkeiten hatte der Flügel der Douglas ein zweiteiliges äußeres Querruder. Das innere Segment wurde direkt von den Hydrauliksystemen des Flugzeugs angetrieben und war mit dem äußeren Segment für niedrige Geschwindigkeit durch ein Torsionsgestänge verbunden. Bei hoher Geschwindigkeit erwiesen sich die Luftkräfte als zu stark für das Torsionsgestänge, so daß das äußere Querruder sich nicht bewegen konnte, wodurch das Torsionsmoment nicht zu groß wurde. Am Flügel fiel auf, daß er keinerlei Grenzschichtzäune, Wirbelerzeuger oder sonstige Vorrichtungen zur Grenzschichtbeeinflussung hatte. Bis zum Erscheinen des Airbus A310 im Jahr 1982 blieb die DC-8 die einzige Düsen-Verkehrsmaschine mit einem solchen vom aerodynamischen Standpunkt aus 'sauberen' Flügel.

Konkurrenz zur 707

Die DC-8 war etwas preisgünstiger, aber auch etwas langsamer als die Boeing 707. Der Unterschied in der Geschwindigkeit war jedoch selbst bei langen Flügen kaum spürbar. Die DC-8 sollte übrigens bis

Scandinavian Airlines System und ihre auf Pauschalreisen spezialisierte Tochtergesellschaft Scanair haben die DC-8 schon lange im regulären Einsatz. Die OY-KTN 'Viking', eine Maschine der Serie 32, wurde im Juli 1960 an SAS ausgeliefert.

Links: Die DC-8, die in der Entwicklung der Boeing 707 nachhinkte, kam durch einen Auftrag der Pan Am über 25 Maschinen auf den Markt. In den sechziger Jahren wurde sie neben den 707 auf Pan Ams Strecken nach Europa eingesetzt. Die hier abgebildete Maschine der Serie 33 war die letzte DC-8, die an Pan Am ausgeliefert wurde.

in die siebziger Jahre hinein auf dem Gebrauchtmarkt billiger als die Boeing 707 bleiben. Beide Typen machten im Einsatz eine sehr ähnliche Entwicklung durch. Nach einer ganzen Reihe von Unfällen in der Anfangszeit, die hauptsächlich damit zusammenhingen, daß diese Jets weit komplizierter und leistungsfähiger waren als alle bisherigen Flugzeuge, erwiesen sich beide Typen letzten Endes als sehr sicher und zuverlässig. Von der Branche wurde die Boeing für die leistungsfähigere Maschine gehalten, man war sich jedoch darüber einig, daß die Zelle der Douglas mit zunehmenden Betriebsjahren weit geringere Wartungsansprüche stellen würde.

Die Firma Douglas war durch ihren späten Start im Jetgeschäft benachteiligt. Die erste DC-8, die flog, war der Prototyp der von United bestellten transkontinentalen Variante, der DC-8-10, die im Mai 1958 ihren Erstflug hatte und im September 1959 in Dienst gestellt wurde. Die Maschine war mit Pratt & Whitney JT3C-6 Triebwerken von 6.123 kp Schub ausgerüstet, die auch schon bei der kleineren Boeing 707-120 benutzt wurden. Diese Schubleistung war nicht ganz ausreichend, und so wurden nur 28 Maschinen verkauft, die später größtenteils auf leistungsfähigere Triebwerke umgerüstet wurden. Inzwischen hatte Boeing nicht nur die Model 707-120 in Dienst gestellt, sondern auch die interkontinentale Model 707-320 entwickelt und ausgeliefert, die mehr Passagiere befördern konnte als die DC-8. Diese Entscheidung brachte Boeing von nun an erheblich mehr Aufträge ein als Douglas.

Die zweite Version des Douglas-Typs war die DC-8-20, eine für den inneramerikanischen Verkehr vorgesehene Maschine mit dem leistungsfähigeren JT4A-3 Triebwerk von 7.167 kp Schub, die Anfang 1960 zugelassen wurde. Die Zulassung für zwei Versionen der interkontinentalen DC-8 folgte schon kurze Zeit später, so daß diese Flugzeuge im April 1960 in Dienst gestellt werden konnten. Die ursprüngliche DC-8-30 verwendete ein aufgewertetes JT4A Triebwerk mit Wassereinspritzung, und die DC-8-40 wurde von einem Rolls-Royce Conway Turbofan-Triebwerk von niedrigem Nebenstromverhältnis angetrieben, das ohne das komplizierte Wassereinspritzsystem eine bessere Leistung bot. Air Canada, Alitalia und Canadian Pacific Airways bestellten DC-8-40.

Als diese Versionen in Dienst gestellt wurden, befand sich das Nachfolgemodell bereits in der Entwicklung. Pratt & Whitney hatte Anfang 1958 mit der Entwicklung eines eigenen Turbofan-Triebwerks von höherem Nebenstromverhältnis begonnen, nachdem Boeing damit gedroht hatte, für die Model 720 das General Electric CJ805 Triebwerk zu verwenden. Das daraus resultierende JT3D beruhte mit seinem größeren Gebläse und einem höheren Nebenstromverhältnis auf einer besseren Basiskonstruktion als das Conway und war leistungsfähiger als jedes andere kommerzielle Triebwerk der damaligen Zeit. Es diente als Triebwerk für die DC-8-50, die im Dezember 1960 ihren Erstflug hatte und sechs Monate später zugelassen wurde. Die größere Schubleistung des JT3D ermöglichte es der DC-8-50, nonstop von der amerikanischen Westküste nach Europa zu fliegen. Dieser Typ ersetzte schon bald sämtliche früheren Modelle, die sich noch in Produktion befanden. Aerodynamische Verbesserungen, wie zum Beispiel eine Flügelvorderkante mit geringem Luftwiderstand und verbesserte JT3D-3B Triebwerke, führten zu der besseren DC-8-55, die schon bald serienmäßig produziert wurde.

Eine mit der neuen Vorderkante ausgerüstete DC-8-40 stellte im August 1961 einen beachtlichen Rekord auf. Sie stieg mit Ballast entsprechend dem Gewicht ihrer vollen Nutzlast auf eine Höhe von 15.877 m und ging dann in einen Bahnneigungsflug mit flachem, negativen Winkel über. In 12.300 m Höhe verzeichnete die DC-8 — immer noch im Sinkflug — eine Geschwindigkeit von Mach 1,012 und

Ein weiteres Beispiel für die andauernde Beliebtheit der DC-8 ist die Tatsache, daß die Frachtgesellschaft German Cargo 1984 ihre Boeing 707 Frachter-Flotte durch DC-8-73F mit den unweltfreundlichen CFM 56 Triebwerken ersetzte.

wurde so zum ersten Transportflugzeug, das die Schallgeschwindigkeit überschritten hatte.

Im Januar 1963 lieferte Douglas die erste einer ganzen Reihe von reinen Fracht- und Kombiversionen der DC-8. Das DC-8F Jet Trader Basismodell, das auch die Bezeichnung DC-8-54 trug, war eine umrüstbare Fracht/Passagierversion der Serie 50 mit einer Ladeluke, einem in den Boden eingebauten Rollen-, Führungs- und Festzurrsystem und erhöhtem Landegewicht. An ihre Stelle trat später die DC-8-55F, die sich durch die gleichen Verbesserungen auszeichnete wie die DC-8-55 Passagiermaschine. Ende der siebziger Jahre rüstete das Unternehmen McDonnell Douglas in Tulsa zahlreiche ältere DC-8 zu Frachtflugzeugen um.

Nachdem es dieser firmeneigenen DC-8 im August 1961 gelungen war, die Schallgeschwindigkeit zu überschreiten, wurde dieses Ereignis auf der Seitenflosse vermerkt. Das Flugzeug befand sich später bei KLM und PAL im Einsatz.

United Airlines läßt 30 Flugzeuge umrüsten und ist damit der größte Kunde für die Ausrüstung der DC-8 mit neuen Triebwerken. Die N8093U ist ihre erste Super 71, die im Frühjahr 1982 wieder in Dienst gestellt wurde.

Stauungen im Luftverkehr

Die Boeing 707 und die DC-8 führten zu einer enormen Belebung des Luftverkehrs, so daß Stauungen auf den Luftstraßen und überfüllte Flugplätze Mitte der sechziger Jahre zu einem immer ernsteren Problem wurden. Als die ersten Jets auf den Markt kamen, erschienen diese Flugzeuge als sehr groß und teuer; jetzt erwogen die Fluggesellschaften jedoch sogar noch größere Maschinen. Douglas glaubte, die DC-8 für die transkontinentalen Strecken der USA zu einem Flugzeug von hoher Kapazität 'strecken' zu können. Die Firma war sich allerdings klar darüber, daß die DC-8, trotz der bei der DC-8-55 vorgenommenen Verbesserungen, immer noch nicht so leistungsfähig war wie ihre Konkurrentin, die Boeing 707-320B. Im April 1965 kündigte Douglas daher drei neue DC-8 Versionen an. Die Super 61 war ein transkontinentales Flugzeug von großer Kapazität, das identische Tragflächen und die gleichen Triebwerke hatte wie die DC-8-50. Sie gehörte auch zur gleichen Gewichtsklasse, abgesehen von ihrem maximalen Landegewicht, das dem der DC-8F entsprach. Der Rumpf der Maschine wurde um 11,48 m gestreckt, so daß die Passagierkapazität um 45 Prozent erhöht werden konnte. Da die Betriebskosten nur geringfügig stiegen, erwies sich dieser Typ als viel wirtschaftlicher als alle kleineren Flugzeuge. Mehrere große inneramerikanische Gesellschaften erteilten Aufträge für diese Version.

Die zweite neue Version war die Super 62. Sie war nur etwas länger als die Standardmaschine und wurde gerade so weit gestreckt, daß sie die gleiche maximale Sitzkapazität erhielt wie die Boeing 707-320. Dagegen wurde die Triebwerksaufhängung vollständig umgerüstet. Bei der ursprünglichen DC-8 und der Boeing 707 gingen die Triebwerkspylone über die Vorderkante und zogen sich über die Oberfläche des Flügels hin. Schon bald erkannte man jedoch, daß sich dadurch der Widerstand im Reiseflug unverhältnismäßig stark erhöhte. Die Super 62 hatte verkürzte Pylone, die die Vorderkantenlinie nicht unterbrachen. Außerdem wurden die Triebwerke in Gondeln untergebracht, die sie — im Gegensatz zu den ersten JT3D — ganz umschlossen. Diese Modifikation führte zu einem besseren Gemisch der Luftströme des Primär- und Sekundärkreises, höherer Triebwerksleistung im Reiseflug und geringerem Widerstand. Schließlich war die Super 62 auch schwerer als die DC-8-50 und konnte mehr Treibstoff aufnehmen. Das Ergebnis war ein Flugzeug, dessen Reichweite von keiner anderen Verkehrsmaschine der damaligen Zeit übertroffen wurde. Die Super 62 löste für zahlreiche Fluggesellschaften, deren Streckennetze auf längere Entfernungen als den Transatlantikflug ausgerichtet waren, viele Probleme.

Die dritte Maschine der neuen Serie setzte sich aus dem Rumpf der DC-8-61 und dem Flügel der Super 62 sowie hochgerüsteten Triebwerken zusammen. Die Super 63 war ebenfalls für schwere Lasten ausgelegt und bot volle interkontinentale Reichweite bei hervorragender Wirtschaftlichkeit. Alle drei Versionen waren außerdem als umrüstbare Passagier/Frachtmaschinen oder als fensterlose reine Frachtflugzeuge erhältlich, wobei sich die Super 63CF durch eine weitere Gewichtserhöhung auszeichnete.

Die Entwicklung der Super 60 wurde auch während der finanziellen Krise fortgesetzt, die Douglas dazu zwang, einer Übernahme des Unternehmens durch McDonnell Aircraft zuzustimmen. Die erste Super 61 flog im März 1966, und alle drei Passagierversionen waren Mitte 1967 einsatzbereit; die Super 63CF folgte im Juni 1968. Das neue Modell erwies sich als erfolgreicher als seine Vorgänger. Zwischen 1967 und 1972 lieferte Douglas fast genauso viele DC-8 — alle vom Typ Super 60 — wie in den vorausgegangenen acht Jahren.

Mit dem Aufkommen der neuen Großraum-Jets stellte sich der Fir-

Aufriß-Erläuterung zur McDonnell Douglas DC-8 Super 71

1 Radom
2 Wetterradarantenne
3 Luftzufuhr für die Klimaanlage
4 Pitotrohre
5 Klimageräte, back- und steuerbord
6 vorderes Druckschott
7 Seitenruderpedale
8 Instrumententafel
9 Luftkanäle zum Wegblasen von Regentropfen
10 Cockpitfenster
11 obere Instrumententafel
12 Sitz des Copiloten
13 Cockpitfenster in Augenhöhe
14 Sitz des Kapitäns
15 Cockpitboden
16 Abluftleitungen der Wärmetauscher für das Belüftungssystem
17 Bugradklappe, geschlossen
18 Lande-/Rollscheinwerfer
19 Bugradlenkung
20 Doppelräder, nach vorne einziehbar
21 Bugradklappe
22 Zapfenbefestigung des Bugfahrwerks
23 Position des Navigators
24 zusätzlicher Besatzungssitz
25 Position des Bordingenieurs
26 Instrumententafeln des Bordingenieurs
27 Cockpitschott
28 Avionikausrüstung
29 vordere Kabinentür, geöffnet
30 Klappsitz für Kabinenpersonal
31 Toiletten (zwei)

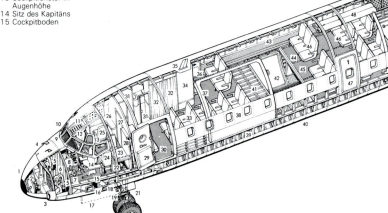

Mit den Modellen der Serie 50 brachte Douglas die DC-8F Jet Trader in der AF Konfiguration (nur Fracht) oder in der CF Version (umrüstbare Passagier/Frachtmaschine) heraus. Diese DC-8-55CF ist in den Farben der Frachtgesellschaft Seaboard World Airlines, die 1980 von Flying Tigers aufgekauft wurde, zu sehen.

32 Garderoben (zwei)
33 vordere Kabinensitze
34 Bordküche
35 VHF-Antenne
36 Wartungsklappe/Notausstieg, steuerbord
37 Umriß der Frachtluke (Super 71CF), 2,16 m × 3,56 m
38 Kabinenfenster
39 unterer Teil der Rumpfspantstruktur
40 Unterflur-Frachtraum, 36,53 m³
41 Tragelemente des Kabinenbodens
42 Frachtluke, steuerbord (1,37 m × 1,60 m)
43 Kabinenwandverkleidung
44 Sitzbefestigung
45 Boden der Hauptkabine
46 251 Passagiersitze, 6 pro Reihe, in Einheitsklasse

47 vorderer Notausstieg, back- und steuerbord
48 Kabinen-Belüftungskanäle
49 Frachtluke 0,91 m × 1,12 m
50 schalldämpfende Verkleidung der Kabinenwand
51 Hilfsenergieaggregat (APU) als Sonderausrüstung, back- und steuerbord
52 Rumpfbeplankung
53 Rumpfspant- und Stringerkonstruktion
54 Flügelinspektionslicht
55 APU-Auspuff
56 Seiten-Rollscheinwerfer
57 vorderes Frachtraum-Druckschott
58 Umluftkanal
59 Rumpfhauptspanten und Flügelbefestigung
60 Flügelwurzelverbindung
61 Notausstiege über dem Flügel, back- und steuerbord
62 Struktur des Flügelmittelstücks
63 Druckwand über dem durchgehenden Flügelmittelstück
64 Struktur des Rumpfmittelstücks
65 Treibstoffrohre
66 Mechanismus zur Verstellung der Vorderkantenschlitze

67 Integraltanks im Flügel, steuerbord; Treibstoffkapazität insgesamt 88.548 Liter
68 Druckbetankungsstutzen
69 Triebwerksgondeln, steuerbord
70 Gondelpylone
71 Mechanismus zur Verstellung der äußeren Vorderkantenschlitze
72 Tankunterteilungsrippe
73 äußerer Integraltank im Flügel
74 Treibstoffentlüftungsrohr
75 Flügelspitzen-Entlüftungstank
76 Navigationslichter, steuerbord
77 Flügelspitzenverkleidung
78 Statikentlader
79 starrer Teil der Flügelhinterkante
80 äußeres Querruder
81 Hilfsruder
82 Querruderhydraulik
83 Klappenantrieb
84 Spoiler, geöffnet
85 Doppelspaltklappen (Fowler-Typ), in Abwärtsstellung
86 Klappen-Luftauslaß
87 inneres Doppelspaltklappensegment
88 Druckwand über dem Radschacht
89 Radschachtwand
90 Hauptfahrwerkschacht
91 hinteres Frachtraum-Druckschott
92 Handgepäckablage
93 Kabinendeckenbeleuchtung

94 Kabinen-Luftverteilungskanal
95 hintere Frachtluke, 1,37 m × 1,42 m
96 Luftkanäle zu den Kabinenseitenwänden
97 Leselampen
98 Antikollisionslicht
99 hintere Frachtluke für Massengut, 0,91 m × 1,12 m
100 hinterer Kabinenluftkanal
101 hintere Passagiersitze
102 hinteres Kabinenschott
103 Bordküche, steuerbord
104 Wassertank für die Toilette
105 Seitenflossen-Wurzelausrundung
106 Luftkanal der Vorderkantenenteisung
107 Seitenflossenstruktur
108 trimmbares Höhenleitwerk
109 Höhenruder, steuerbord
110 VOR-Antenne
111 HF-Antenne
112 VHF-Antenne an der Seitenflossenspitze
113 Statikentlader
114 Antennenisolierstreifen aus Glasfaser
115 Seitenruderrippen
116 Hilfsruder
117 Heckkonus
118 Höhenruderscharnier
119 Hilfsruder
120 Höhenruderrippen, backbord
121 Rippenstruktur des Höhenleitwerks, backbord

122 gerippte doppelte Haut an der Vorderkante
123 Luftkanal der Vorderkantenenteisung
124 Leitwerksabdichtung
125 hydraulischer Seitenruderantrieb
126 Schraubenantrieb zur Leitwerkstrimmung
127 Stellmotor
128 Heckstoßdämpfer
129 schräges Schott mit Seitenflossenbefestigung
130 hinteres Druckschott
131 hintere Toiletten (drei)
132 Garderobe
133 Bordküche, backbord

134 Klappsitz für Kabinenpersonal
135 hintere Kabinentür, geöffnet
136 hintere Kabinenfenster
137 untere Rumpfbeplankung
138 unterer Teil der Rumpfspantstruktur
139 hinterer Notausstieg, back- und steuerbord
140 hinterer Frachtraum, 35,97 m³
141 Flügelwurzelausrundung an der Hinterkante
142 inneres Doppelspaltklappensegment
143 innere Spoiler
144 Hauptfahrwerk-Einziehhydraulik
145 Einziehfederstrebe

146 Hauptfahrwerk-Drehzapfenbefestigung
147 Klappenverkleidungsrippen
148 äußeres Doppelspaltklappensegment
149 Klappen-Luftauslaß
150 Klappenrippenstruktur
151 Hilfsruder
152 innere Querruderrippen
153 äußeres Querruder, backbord
154 starrer Teil der Flügelhinterkante
155 Statikentlader
156 Flügelspitzenverkleidung
157 Navigationslichter, backbord
158 Heißluft-Vorderkantenenteisung
159 Flügelrippenstruktur
160 hinterer Holm
161 untere Flügel/Stringerbeplankung
162 unterer Zugang zum Treibstofftank
163 Integraltank im Flügel, backbord
164 Vorderkantenrippen
165 äußere Pylonbefestigungsrippen

166 Pylonbefestigung
167 zweiholmige Torsionskastenstruktur des Gondelpylons
168 Triebwerkszapfluftvorkühler
169 entlüfteter Schubdüsen-Heckkonus
170 Primärluft-Schubdüse
171 Sekundärluft-Schubdüse
172 CFM International CFM56-2-1C Turbofan-Triebwerk
173 Haupttriebwerksaufhängung

174 Gebläsegehäuse
175 Triebwerksöltank
176 Getriebe für Hilfsaggregate
177 schalldämmende Auskleidung des Einlaufkanals
178 Heißluftenteisung der Einlauflippe
179 Gondelstrake
180 Triebwerkszapfluftkanal
181 äußerer verstellbarer Vorderkantenschlitz, backbord
182 Vorderkanten-Enteisungsluftkanal
183 dreiholmiger Torsionskasten
184 Flügelstringer
185 Flügelbeplankung
186 Triebwerks-Feuerlöschflaschen
187 Schubumlenkerhaube, geöffnet
188 Schubumlenkung
189 abnehmbare Triebwerkshaube
190 innerer Gondelpylon
191 innerer verstellbarer Vorderkantenschlitz
192 Befestigung des Gondelpylons
193 Doppelrippen zur Pylonbefestigung
194 vierholmiges Hauptfahrwerk, nach innen einziehbar
195 Hauptfahrwerksstrebe
196 innere Integraltanks im Flügel
197 mittlerer Flügelholm
198 innere Flügelrippen
199 Treibstoff-Einfüllstutzen über dem Flügel
200 vorderer Holm
201 Treibstoffrohre

Rechts: Die französische Luftwaffe ist einer der wenigen militärischen Benutzer der DC-8. Sie besitzt eine DC-8-62CF und drei DC-8-55F (siehe Bild), die zwischen Frankreich und den französischen Stützpunkten im Pazifik für Versorgungsflüge eingesetzt werden. Die DC-8-55P sind umrüstbare Frachtflugzeuge. Sie werden von Paris-Roissy aus geflogen.

Links: Diese auffällige DC-8-62 der Braniff Airways wurde von dem Künstler Alexander Calder bemalt. Die Öffentlichkeit bekam die Maschine zum ersten Mal auf der 1973er Luftfahrtschau zu sehen.

Rechts: Eine DC-8-40 der Canadan Pacific Airways im winterlichen Kanda.

ma jedoch bald ein neues Problem, das im Jahre 1970 einen Verkaufsrückgang bei der Super 60 mit sich brachte. Außerdem war McDonnell Douglas bereits dabei, mit der DC-10 ein eigenes Großraumflugzeug zu entwickeln. Das stellte die Firma vor eine schwierige Entscheidung: nämlich entweder, wie Lockheed, neue Produktionsstätten für Großraumflugzeuge zu bauen oder die sich nur schleppend verkaufende DC-8 ganz aufzugeben und die bereits vorhandenen Anlagen für den Bau des neuen Flugzeuges zu verwenden. Die Steuervergünstigungen, die das Unternehmen durch die Abschreibung der restlichen Entwicklungskosten bei Einstellung der Produktion in Anspruch nehmen konnte, waren ein weiterer Faktor, der gegen die DC-8 sprach. Es wurde letzten Endes beschlossen, die Produktion der DC-8 fortzusetzen, sofern genügend Aufträge für eine neue Serie eingeholt werden könnten. Allerdings waren nicht genügend Fluggesellschaften bereit, die Maschine zu kaufen, und so wurde die letzte DC-8 im Mai 1972 ausgeliefert.

Bereits ein Jahr später ließ das Geschäft auf dem Markt für Verkehrsmaschinen aufgrund des Nahostkonfliktes und des sich daraus ergebenden Anstiegs der Ölpreise wieder nach. Die Pläne, die von der ausschließlichen Verwendung von Großraumflugzeugen ausgingen, erwiesen sich jetzt als allzu ehrgeizig. Unter den Maschinen mit schmalerem Rumpf waren die Super 60 bei weitem die besten Flugzeuge mit großer Kapazität, besonders auf dem Frachtmarkt. Fluggesellschaften, die mit diesen Maschinen operierten, trennten sich im allgemeinen nicht von ihnen. Während der ganzen siebziger Jahre wurden für die Super 60 auf dem Gebrauchtmarkt höhere Preise bezahlt, als McDonnell Douglas neu für sie erhalten hatte. Die höchsten Preise wurden für die Super 63CF verlangt. Wenn sie überhaupt den Besitzer wechselten, wurden mehr als zwölf Millionen Dollar dafür auf den Tisch geblättert. Im Gegensatz dazu wurde der Markt mit Großraumflugzeugen, die nur wenige Flugstunden absolviert hatten, geradezu überschwemmt. Gelegentlich lag deren Preis sogar kaum über dem einer gebrauchten Super 60.

Die Einstellung der Produktion bedeutet im allgemeinen das Ende der Weiterentwicklung eines Flugzeuges. Die Super 60 war in dieser Beziehung jedoch eine Ausnahme, zum Teil wegen der Vorschriften in bezug auf Flugzeuglärm, die Anfang der siebziger Jahre in Kraft traten. Darin wurde eindeutig verlangt, daß alle zukünftig gebauten kommerziellen Flugzeuge im Verhältnis zu ihrem Gewicht genauso ruhig sein mußten wie die Großraum-Jets. Man brauchte daher neue leise Triebwerke, die kleiner ausfallen mußten als die mit einem großen Gebläse versehenen Triebwerke der ersten Generation. Das erste Triebwerk in dieser Kategorie war das CFM56, das von der amerikanischen General Electric und der französischen SNECMA entwickelt wurde. Die Arbeiten begannen im Jahr 1971, aber selbst sieben Jahre später wartete das Triebwerk immer noch auf seinen ersten Abnehmer. Die Super 60 dagegen waren auf dem Markt immer noch sehr gefragt und die meisten dieser Maschinen noch verhältnismäßig wenig genutzt. Sofern sie aber nicht mit ruhigeren Triebwerken versehen wurden, sollten sie bis zum Jahr 1985 aus dem Verkehr gezogen werden. Das CFM56 von genau der richtigen Größe bot sich an, da es nicht nur den Lärm reduzieren, sondern auch leistungsfähiger sein und weniger Treibstoff verbrauchen würde. Das als Alternative angebotene Pratt & Whitney JT8D-200 wäre zwar billiger gewesen, bot aber lange keine so gute Leistungsverbesserung. Ende 1978 gründeten GE und SNECMA, die sich inzwischen zu CFM International zusammengeschlossen hatten, eine neue Gesellschaft unter dem Namen Cammacorp, die den Auftrag erhielt, ein Programm für die Ausrüstung der Super 60 Serie mit neuen Triebwerken zu organisieren und auf den Markt zu bringen. Im April 1979 erhielt Cammacorp den ersten Umrüstungsauftrag von United Airlines.

Die mit neuen Triebwerken ausgerüstete Maschine erhielt die Bezeichnung Super 70. McDonnell Douglas führte als Subunternehmer von Cammacorp die Detailkonstruktion und die Flugerprobung durch, und die neuen Gondeln wurden von Grumman konstruiert und gebaut. Einige Flugzeuge rüstete McDonnell Douglas in Tulsa um, aber einige Fluggesellschaften führten die Arbeit selbst durch und verwendeten dazu Rüstsätze von Cammacorp. Alle neuen Flugzeuge hatten Super 62 Pylone und ein neuentwickeltes Druckbelüftungssystem. Zu den von Cammacorp angebotenen Optionen gehörten ein Garrett Hilfsenergieaggregat, Unterflur-Zusatztanks und ab 1985 ein modernes Cockpit mit Bildschirmanzeigen. Die erste Super 71 flog im August 1981. Eine Super 73 hatte noch vor Ende des gleichen Jahres ihren Erstflug, und die erste Super 72 Umrüstung folgte kurze Zeit später. Alle drei Versionen wurden zwischen Anfang 1982 und Anfang 1983 in Dienst gestellt.

Die Maschinen bieten mit den neuen Triebwerken bessere Leistungen. Somit hat die Super 71 die gleiche Reichweite wie die interkontinentale DC-8-63, die Super 73 kann so weit fliegen wie das Langstreckenflugzeug DC-8-62, und die Super 72 übertrifft mit ihrer Reichweite alle anderen kommerziellen Flugzeuge, sogar die viel größere Boeing 747SP. Die meisten Maschinen mit gestrecktem Rumpf haben bereits neue Triebwerke erhalten oder werden zur Zeit umgerüstet. Bei den kleineren Super 62 hat sich diese Arbeit etwas verzögert, weil hier pro Passagiersitz höhere Umrüstungskosten entstehen und die Rentabilität der modifizierten Flugzeuge nicht mehr so günstig ist, aber mehrere Super 72 wurden bereits für große Unternehmen und verschiedene Regierungen umgerüstet. Mit den als Sonderzubehör erhältlichen Zusatztanks und einer leichten Nutzlast hat der Typ eine Reichweite von 16.100 km.

Die Super 72 kann die meisten Flughäfen der Welt im Nonstop-Flug miteinander verbinden, so daß unterwegs keine zusätzlichen Sicherheitsvorkehrungen während der Zwischenlandungen getroffen werden müssen. Für ein Flugzeug, das bei seinem Erstflug nur als zweitklassig eingestuft wurde, ist das Comeback nach fast drei Jahrzehnten schon erstaunlich.

DC-9 und MD-80

Auch nach zwanzig Jahren ist die DC-9 immer noch ein modernes und technisch hochentwickeltes Passagierflugzeug. Heute heißt sie MD-80, ist fast doppelt so schwer und befördert fast zweimal so viele Fluggäste wie die erste DC-9-10.

Die Entwicklungsfähigkeit der DC-9 war ererbt. Die Firma Douglas, die die Maschine Anfang der sechziger Jahre konzipiert hatte, war damals noch ein unabhängiges Unternehmen auf dem Gebiet der Luft- und Raumfahrt und der Rüstungsproduktion. Sie hatte zu dieser Zeit bereits eine ganze Reihe von Passagier- und Militärmaschinen für mittlere und interkontinentale Strecken in Anlehnung an ein einziges Grundmodell, die DC-4, konstruiert und diese Maschinen bereits seit 15 Jahren mit großem Erfolg hergestellt. Nachdem sich Douglas zum Bau von Düsenmaschinen entschlossen hatte, wurde die DC-4/6/7 Serie ab 1959 durch die DC-8 abgelöst.

Die ersten Düsenmaschinen, die im Langstreckenverkehr eingesetzt wurden, unterschieden sich gewaltig von den älteren Flugzeugen, die vor allem in den USA für kürzere Flüge verwendet wurden. Es bestand jedoch keine Übereinstimmung darüber, wie diese zu ersetzen seien. Zum Teil wurde argumentiert, daß schnelle Turboprop-Flugzeuge auf kurzen Strecken nicht viel langsamer, auf jeden Fall aber wirtschaftlicher wären als Düsenmaschinen. Andererseits wurde die Meinung vertreten, daß die Fluggäste Düsenmaschinen allmählich als gegeben hinnehmen und Propellermaschinen als absolut veraltet betrachten würden. Auch die Ausmaße, die ein solches neues Flugzeug haben müßte, waren umstritten. So sah der Markt für neue Kurzstreckenflugzeuge sehr verwirrend aus und wurde hart umkämpft. Lockheed und Vickers versuchten, ihn für ihre hochentwickelten Turboprop-Flugzeuge zu gewinnen. In Frankreich wurde mit der Caravelle von Sud-Aviation bereits eine Kurzstrecken-Düsenmaschine hergestellt.

Weder Boeing noch Douglas hatten ein festes Programm anzubieten, aber jede der beiden Firmen hielt Düsenflugzeuge für die richtige Lösung. Beide überprüften zunächst die Möglichkeit von verkleiner-

Eine McDonnell Douglas MD-82 der Alitalia. Es ist erstaunlich, wie viele Veränderungen die DC-9 in den zwanzig Jahren ihres Bestehens über sich ergehen lassen mußte, um wettbewerbsfähig für den internationalen Markt zu bleiben.

Rechts: Das Rückgrat der Kurz- bis Mittelstreckenflotte mehrerer europäischer Fluggesellschaften ist die DC-9-30. Die hier abgebildete Maschine ist eine DC-9-32 in den Farben der staatlichen spanischen Fluggesellschaft Iberia.

Links: Die Series 20 besaß den kurzen Rumpf der Series 10 und die lange Spannweite der Series 30. Die Maschinen der DC-9-20 mit JT8D-9 oder JT8D-11 Turbofan-Triebwerken wurden nur von SAS gekauft, die einen Auftrag über zehn Flugzeuge erteilte.

ten Versionen ihrer Langstrecken-Düsenmaschinen, und Mitte 1959 konnten Douglas United Airlines und anderen großen Fluggesellschaften die erste DC-9 mit vier Pratt & Whitney JT10 Strahlturbinentriebwerken anbieten. Ende 1960 wurde aber von United und Eastern (den beiden größten Fluggesellschaften im inneramerikanischen Verkehr) die fortschrittliche neue Boeing 727 bestellt.

Douglas sah sofort, daß noch Bedarf an einem kleineren Flugzeug bestand. Von ihren beiden Konkurrenten in den USA war Boeing zu sehr mit der Model 727 beschäftigt, und Lockheed versuchte immer noch, das Electra-Programm zu retten. Konkurrenz war nur aus dem Ausland zu erwarten, möglicherweise in Form einer verbesserten Version der Caravelle. United hatte im Jahre 1959 20 Caravelle bestellt, und die Hersteller in den USA befürchteten, daß die niedrigeren europäischen Löhne einen Konkurrenzvorteil für das französische Flugzeug bedeuten könnten.

Nach der Markteinführung der Boeing 727 führten Douglas, Sud-Aviation und General Electric ernsthafte Gespräche über die gemeinsame Entwicklung einer verbesserten, 'amerikanisierten' Caravelle, die von General Electric CJ805-23 Aft-Fan-Zweistromturbinentriebwerken angetrieben werden sollte. Die Caravelle war damals schon acht Jahre alt und — was die Systeme anbetraf — eine Turbinenverkehrsmaschine der ersten Generation. Mit den General Electric Triebwerken hätte sie größenmäßig etwa der 727 entsprochen. Im Mai 1961 kündigte die British Aircraft Corporation den Start ihres BAC One-Eleven Programms an. Diese Maschine war ein etwas kleineres, aber von Grund auf neu entworfenes Flugzeug. Bei Douglas hatte man jetzt plötzlich Zweifel bezüglich der Caravelle.

Im Jahre 1962 stellten die Vertreter der Firma Douglas den Fluggesellschaften eine ganz neue Konstruktion, die D-2086, vor. Wie die Caravelle, die One-Eleven und die Boeing 727 hatte auch diese Maschine Hecktriebwerke, aerodynamisch saubere Tragflächen und ein kurzes Fahrgestell, das besonders wichtig war, weil sie für den Betrieb ohne komplexe Bodeneinrichtungen vorgesehen war. Ähnlich der 727 würde das neue Flugzeug von Douglas mit kürzeren Start- und Landebahnen als die großen Düsenmaschinen auskommen. Der Ausbau der Flugplätze hatte in den USA nicht mit der Expansion der Fluggesellschaften Schritt gehalten, und die neuen Düsenmaschinen mußten die gleichen Rollbahnen benutzen wie die langsameren, von Kolbenmotoren angetriebenen Flugzeuge.

Die Tragflächen des neuen Flugzeugs ähnelten eher der Caravelle als der stark gepfeilten und mit vielen Klappen versehenen Flügelkonstruktion der 727. Douglas entschied sich für einen relativ großen, mäßig gepfeilten Flügel mit Doppelspaltklappen, aber benutzte keine Auftriebshilfen. Für den Antrieb waren zwei Pratt & Whitney JT8D vorgesehen, die sehr leistungsstarken Turbofan-Triebwerke, die sich bereits für die neue Boeing 727 in der Entwicklung befanden. Diese hatten eine etwas größere Leistung als erforderlich, boten aber damit eine gute Entwicklungsmöglichkeit, und ein weiterer Vorteil war, daß auch alle 727 der Fluggesellschaften mit diesem Triebwerk ausgerüstet sein würden.

Fünfzehn dieser Maschinen, die ersten DC-9, wurden im April 1963 von Delta Air Lines bestellt. Nur einen Monat später sollte die One-Eleven, für die BAC von American und Mohawk Airlines große Aufträge erhalten hatte, bereits ihren Erstflug haben. Es kam nun alles auf den Zeitfaktor an, wenn die DC-9 ihre Konkurrentin einholen wollte. Das Flugerprobungsprogramm war sehr intensiv. Der Erstflug fand im Februar 1965 statt, und im Juni flogen bereits fünf weitere Maschinen. Die erste Serienversion der DC-9-10 erhielt im November, nur etwas über zweieinhalb Jahre nach Aufnahme des Programms und neun Monate nach dem Erstflug, ihre Zulassung — ein unerreichter Geschwindigkeitsrekord bei der Entwicklung eines von Grund auf neuen Verkehrsflugzeugs.

Diese DC-9-14 in den Farben des ersten Kunden, Delta Air Lines, läßt gut den ursprünglichen kurzen Rumpf erkennen, der maximal 90 Passagieren Platz bot. Das Flugzeug ähnelt im allgemeinen der DC-9-10, hat jedoch ein höheres Gewicht.

Die in den Farben der auf dem Air Force Stützpunkt Andrews in Maryland stationierten Special Air Missions Wing lackierte Maschine ist eine von drei VC-9C, die 1975 erworben wurden. Alle haben eine spezielle VIP Kabine.

McDonnell Douglas MD-80

Technische Daten der McDonnell Douglas MD-82
Typ: 172sitzige Kurz-/Mittelstrecken-Verkehrsmaschine.
Triebwerk: zwei Pratt & Whitney JT8D-217A Turbofan-Triebwerke von je 9.072 kp Schub.
Leistung: max. Reisegeschwindigkeit Mach 0,8 (850 km/h) im Höhenflug; Reichweite mit 155 Passagieren 3.445 km; Startstrecke 2.175 m; Landestrecke 1.405 m.
Gewicht: Leergewicht 36.465 kg; max. Startgewicht 66.680 kg.
Abmessungen: Spannweite 32,80 m; Gesamtlänge 45,60 m; Höhe 8,40 m; Tragflügelfläche 112,30 m².

Durch die Aufhebung aller Einschränkungen im kommerziellen Linienverkehr in den USA (Deregulation Act, 1978) entbrannte der Konkurrenzkampf unter den Fluggesellschaften, besonders auf der stark frequentierten Strecke zwischen San Francisco und Los Angeles. Eine Folge davon waren große Aufträge über MD-81 und MD-82 von PSA und Air Cal. Auf Strecken bis zu 3.000 km befördert dieser Typ 155 Passagiere bei vertretbaren Betriebskosten.

Als Delta den neuen Typ in Betrieb nahm, hatte Douglas mit der Entwicklung einer erheblich modifizierten Version bereits große Fortschritte gemacht. Diese war hauptsächlich für den Einsatz an der amerikanischen Ostküste und in Europa vorgesehen, wo es im allgemeinen Rollbahnen von 3.000 m Länge gab und wo die 727 mit ihrer beinahe transkontinentalen Reichweite nicht benötigt wurde. Die neue Version sollte um 4,57 m gestreckt werden, so daß die Passagierkapazität von 80 auf 105 Sitze erhöht werden konnte. Die Flügel erhielten eine etwas größere Spannweite, über deren ganze Länge sich Vorflügel erstreckten. Aufgrund des jetzt höheren Startgewichts konnte die volle Leistungskraft der JT8D Triebwerke genutzt werden. Der erste Auftrag über diese neue Version, die DC-9-30, ging im Februar 1965 von Eastern Airlines ein. Auch das Basismodell, das jetzt die Bezeichnung DC-9-10 Serie 15 oder DC-9-15 erhielt, wurde auf Wunsch mit den aufgewerteten Triebwerken geliefert.

Die DC-9-30 war erheblich größer und auch wirtschaftlicher als jede Version der One-Eleven, aber sie mußte sich gegen die harte Konkurrenz von seiten der neuen Boeing 737 durchsetzen, die nur etwa zwei Monate später vorgestellt wurde. Douglas hatte aber einen entscheidenden Vorteil: die DC-9-30 würde, Anfang 1967, vor dem Erstflug der 737, in Dienst gestellt werden. Jede Fluggesellschaft wollte angesichts des harten Konkurrenzkampfes als erste Düsenmaschinen zum Einsatz bringen. Um den Vorsprung, den Douglas genoß, voll auszunutzen, beschloß die Firma, die Produktion so schnell wie möglich voranzutreiben, so daß möglichst viele Kunden ihre DC-9 erhalten würden, ehe Boeing mit der Lieferung der 737 beginnen konnte.

Douglas war auch bereit, auf jegliche Kundenwünsche einzugehen. Für Scandinavian Airlines System entwickelte die Firma sogar zwei spezielle Versionen, die DC-9-40, die gegenüber der DC-9-30 um zwei Sitzreihen gestreckt wurde, um die gleiche Sitzkapazität wie die Boeing 737-200 zu erhalten, und die DC-9-20, eine 'frisierte' Version mit dem ursprünglichen kurzen Rumpf, dem Flügel der DC-9-30, der einen hohen Auftrieb gewährleistete, und den gleichen Triebwerken mit hoher Schubleistung wie bei der DC-9-40. Die Firma Douglas bot ihren Kunden auch eine breite Palette an Sonderausführungen an wie unterschiedliche Treibstoffkapazitäten, Triebwerksmodelle und Startgewichte sowie verschiedenartige Kabinenauslegungen.

Die Verkaufsstrategie war außerordentlich erfolgreich. Noch nie hatte sich eine Verkehrsmaschine so gut verkauft wie die DC-9. Douglas lagen Ende 1966 Aufträge über mehr als 400 Flugzeuge vor. Trotzdem ging die Firma dem Bankrott entgegen. Sie gab noch immer Geld für die Weiterentwicklung der unterschiedlichen DC-9 Versionen aus, und es sollten auch neue Versionen der DC-8 zugelassen werden. Mit jeder DC-9, die ausgeliefert wurde, verlor Douglas mehr Geld. Die Firma hatte viele Flugzeuge zu niedrigen 'Einführungspreisen' verkauft, aber die Produktionskosten waren höher als ursprünglich angenommen. Weil das Produktionstempo so schnell erhöht worden war, wurden viele DC-9 gebaut, als sich die Montageverfahren noch in der Entwicklung befanden und sich viele Arbeiter noch nicht damit vertraut gemacht hatten. Das bedeutete, daß die Montage jedes Flugzeugs in diesem Stadium des Programms mehr Mann-Stunden erforderte (und mehr Geld kostete), als wenn sich die Serienproduktion eingespielt hätte. Die Lage wurde noch dadurch erschwert, daß alle Facharbeiter der südkalifornischen Luft- und Raumfahrtindustrie durch die Produktion für den Vietnamkrieg bereits voll in Anspruch genommen waren und daß sich schon wenige Monate nach den ersten DC-9 Lieferungen rund 20 verschiedene Konfigurationen in Serie befanden. Durch die Kriegsproduktion verspätete sich auch die Zulieferung von Flugzeugteilen. Die Krise spitzte sich zu, als das Lieferprogramm nicht mehr eingehalten werden konnte und einige Fluggesellschaften zur Deckung der geschätzten Verluste auf riesige Schadenersatzsummen klagten. Als Douglas der Konkurs drohte, wurde die Firma Ende April 1967 von der in St. Louis, Missouri, ansässigen McDonnell Company aufgekauft.

Neuer Auftrieb

Die neue Geschäftsleitung holte schnell auf, so daß das Lieferprogramm bald wieder eingehalten werden konnte. Anfang der siebziger Jahre ließ sich diese zweistrahlige Verkehrsmaschine wieder schneller verkaufen als jedes andere Flugzeug der Welt. Ihre so hart erkämpfte Position auf dem Weltmarkt war damit wiederhergestellt. Mehrere große europäische Fluggesellschaften entschieden sich für die DC-9, die auf diesem Markt nun sowohl die Boeing 727 als auch die Boeing 737 übertrumpfte. Eine besonders große DC-9 Flotte hatten Swissair, KLM, SAS und Alitalia. Auch die ihnen angeschlossenen Chartergesellschaften rüsteten sich mit Douglas Flugzeugen aus. In den USA befinden sich sowohl bei Delta als auch bei Eastern zahlreiche Maschinen dieses Typs im Einsatz. In den Vereinigten Staaten war die DC-9 aber auch bei den auf kürzeren Strecken operierenden regionalen Fluggesellschaften, wie Allegheny, North Central und Ozark, sehr beliebt.

Bei fast allen DC-9, die in dieser Zeit verkauft wurden, handelte es sich um DC-9-30. Toa Domestic Airways (TDA) in Japan war, abgesehen von SAS, der einzige Kunde der DC-9-40. Da die Flugplätze auf der ganzen Welt inzwischen besser ausgebaut wurden, waren auf kurze Rollbahnen zugeschnittene Flugzeuge wie die DC-9-10 jetzt nicht mehr so gefragt. Die DC-9-20 blieb eine Sonderanfertigung für SAS. Eine Frachtversion, die DC-9-30F, wurde 1968 an Alitalia geliefert. Die DC-9-30CF (eine umrüstbare Passagier-/Frachtversion) und DC-9-30RC (schnell umrüstbare Passagier-/Frachtversion), die beide in größerer Zahl geliefert wurden, erhielten eine zusätzliche Frachtluke für die Kabine. Im Laufe der siebziger Jahre wurde die DC-9-30 auch mit leistungsfähigeren Varianten des JT8D Triebwerks, höherem Startgewicht und Reservetanks im unteren Teil des Rumpfes angeboten. Letztere Ausführung war bei europäischen Chartergesell-

Aufriß-Erläuterung zur McDonnell Douglas MD-80

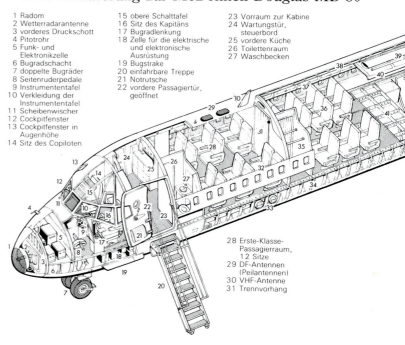

1 Radom
2 Wetterradarantenne
3 vorderes Druckschott
4 Pitotrohr
5 Funk- und Elektronikzelle
6 Bugradschacht
7 doppelte Bugräder
8 Seitenruderpedale
9 Instrumententafel
10 Verkleidung der Instrumententafel
11 Scheibenwischer
12 Cockpitfenster
13 Cockpitfenster in Augenhöhe
14 Sitz des Copiloten
15 obere Schalttafel
16 Sitz des Kapitäns
17 Bugradlenkung
18 Zelle für die elektrische und elektronische Ausrüstung
19 Bugstrake
20 einfahrbare Treppe
21 Notrutsche
22 vordere Passagiertür, geöffnet
23 Vorraum zur Kabine
24 Wartungstür, steuerbord
25 vordere Küche
26 Toilettenraum
27 Waschbecken
28 Erste-Klasse-Passagierraum, 12 Sitze
29 DF-Antennen (Peilantennen)
30 VHF-Antenne
31 Trennvorhang

Als der Verkauf an Verkehrsmaschinen drastisch zurückging, fand McDonnell Douglas einen neuen Absatzmarkt — die Flugzeugvermietung. Eine der ersten Fluggesellschaften, die von diesem Angebot Gebrauch machte, war TWA, die 15 MD-82 gemietet hat.

Links: Eine DC-9, die nach den Spezifikationen des Kunden, SAS, gebaut wurde, war die DC-9-40. Es handelt sich dabei im wesentlichen um eine DC-9-30 mit einem um 1,87 m verlängerten Rumpf.

Rechts: Die einzige DC-9 in der Flotte von Ghana Airways ist eine DC-9-51 mit einer Kapazität von 122 bis 139 Passagieren. Der ursprüngliche Abnehmer war die Swissair. Für dieses Modell wurden auch neue schallschluckende Werkstoffe verwendet.

Varianten der McDonnell Douglas DC-9

DC-9-10: erste 80sitzige Version mit JT8D-5 Triebwerken, begrenzt auf 5.557 kp Schub; Erstflug im Februar 1965 und Indienststellung im Dezember 1965; wurde auch als Frachtflugzeug (**DC-9-10F**) und als Fracht-/Passagierversion (**DC-9-10CF**) produziert.

DC-9-15: schwerere Version der DC-9-10 mit leistungsfähigeren JT8D-1 Triebwerken von 6.350 kp Schub; insgesamt wurden 137 DC-9-10/15 ausgeliefert; Produktion eingestellt.

DC-9-20: für SAS entwickelte Version mit DC-9-30 Flügel, DC-9-40 Triebwerken und DC-9-10 Rumpf, erste Lieferungen im Dezember 1968; zehn Maschinen; Produktion eingestellt.

DC-9-30: gestreckte 105sitzige Version, erste Lieferungen im Januar 1967, zunächst mit JT8D-7 Turbofan-Triebwerken von 6.350 kp Schub; spätere DC-9-30 wurden mit größerem Startgewicht, Unterflur-Zusatztanks und JT8D-15 Triebwerken von 7.031 kp Schub angeboten; auch die DC-9-30F Frachtflugzeug, DC-9-30CF Passagier-/Frachtversion und DC-9-30RC schnell umrüstbare Passagier-/Frachtversion produziert; 1967-82 wurden 620 Maschinen jedes Typs geliefert; Produktion eingestellt.

C-9A Nightingale: Sanitätsflugzeug auf der Basis der DC-9-30CF für die US Air Force; 1968-73 wurden 21 Maschinen ausgeliefert; Produktion eingestellt.

C-9B Skytrain II: Militärtransporter; 15 Maschinen wurden an die US Navy und zwei an die Regierung von Kuwait geliefert; Produktion eingestellt.

VC-9C: drei VIP-Transportflugzeuge für die US Air Force, Lieferung 1975.

DC-9-40: 115sitzige gestreckte Version mit JT8D-9 Triebwerken, für SAS entwickelt und im Februar 1968 geliefert; 71 Maschinen; Produktion eingestellt.

DC-9-50: gestreckte 139sitzige Version der DC-9-30 mit JT8D-15 oder JT8D-17 Triebwerken; 99 Maschinen wurden 1975-82 ausgeliefert; Produktion eingestellt.

MD-80: ursprüngliche Bezeichnung DC-9 Super 80, stark modifizierte, weiter gestreckte Entwicklung der DC-9 mit vergrößerten Tragflächen, neuen Triebwerken und vielen Änderungen; Erstflug im Oktober 1979, Zulassung im August 1980, bis Ende Oktober 1984 wurden 179 Flugzeuge ausgeliefert, 332 bestellt und 130 Optionen lagen vor. Folgende drei Versionen sind erhältlich:

MD-81: erste Version mit JT8D-209 Triebwerken von 8.392 kp Schub und einem Bruttogewicht von 63.504 kg; Indienststellung im Oktober 1980.

MD-82: JT8D-217A Triebwerke mit 9.072 kp Schub, max. Startgewicht 66.680 kg.

MD-83: Entwicklung mit längerer Reichweite und JT8D-219 Triebwerken von 9.526 kp Schub, einem Bruttogewicht von 72.576 kg und 4.164 Liter zusätzlichem Treibstoff wurde Mitte 1985 in Dienst gestellt.

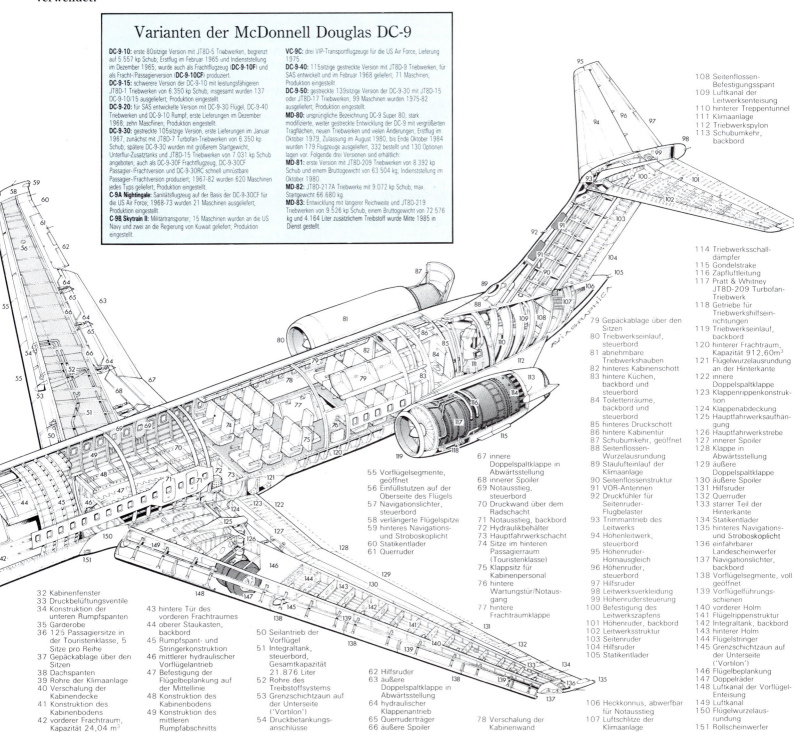

32 Kabinenfenster
33 Druckbelüftungsventile
34 Konstruktion der unteren Rumpfspanten
35 Garderobe
36 125 Passagiersitze in der Touristenklasse, 5 Sitze pro Reihe
37 Gepäckablage über den Sitzen
38 Dachspanten
39 Rohre der Klimaanlage
40 Verschalung der Kabinendecke
41 Konstruktion des Kabinenbodens
42 vorderer Frachtraum, Kapazität 24,04 m³
43 hintere Tür des vorderen Frachtraumes
44 oberer Staukasten, backbord
45 Rumpfspant- und Stringerkonstruktion
46 mittlerer hydraulischer Vorflügelantrieb
47 Befestigung der Flügelbeplankung auf der Mittellinie
48 Konstruktion des Kabinenbodens
49 Konstruktion des mittleren Rumpfabschnitts
50 Seilantrieb der Vorflügel
51 Integraltank, steuerbord, Gesamtkapazität 21.876 Liter
52 Rohre des Treibstoffsystems
53 Grenzschichtzaun auf der Unterseite ('Vortilon')
54 Druckbetankungs-anschlüsse
55 Vorflügelsegmente, geöffnet
56 Einfüllstutzen auf der Oberseite des Flügels
57 Navigationslichter, steuerbord
58 verlängerte Flügelspitze
59 hinteres Navigations- und Stroboskoplicht
60 Statikentlader
61 Querruder
62 Hilfsruder
63 äußere Doppelspaltklappe in Abwärtsstellung
64 hydraulischer Klappenantrieb
65 Querruderträger
66 äußere Spoiler
67 innere Doppelspaltklappe in Abwärtsstellung
68 innerer Spoiler
69 Notausstieg, steuerbord
70 Druckwand über dem Radschacht
71 Notausstieg, backbord
72 Hydraulikbehälter
73 Hauptfahrwerkschacht
74 Sitze im hinteren Passagierraum (Touristenklasse)
75 Klappsitz für Kabinenpersonal
76 hintere Wartungstür/Notausgang
77 hintere Frachtraumklappe
78 Verschalung der Kabinenwand
79 Gepäckablage über den Sitzen
80 Triebwerkseinlauf, steuerbord
81 abnehmbare Triebwerkshauben
82 hinteres Kabinenschott
83 hintere Küchen, backbord und steuerbord
84 Toilettenräume, backbord und steuerbord
85 hinteres Druckschott
86 hintere Kabinentür
87 Schubumkehr, geöffnet
88 Seitenflossen-Wurzelausrundung
89 Staulufteinlauf der Klimaanlage
90 Seitenflossenstruktur
91 VOR-Antennen
92 Druckfühler für Seitenruder-Flugbelaster
93 Trimmantrieb des Leitwerks
94 Höhenleitwerk, steuerbord
95 Höhenruder-Hornausgleich
96 Höhenruder, steuerbord
97 Hilfsruder
98 Leitwerksverkleidung
99 Höhenrudersteuerung
100 Befestigung des Leitwerkszapfens
101 Höhenruder, backbord
102 Leitwerksstruktur
103 Seitenruder
104 Hilfsruder
105 Statikentlader
106 Heckkonnus, abwerfbar für Notausstieg
107 Luftschlitze der Klimaanlage
108 Seitenflossen-Befestigungsspant
109 Luftkanal der Leitwerksenteisung
110 hinterer Treppentunnel
111 Klimaanlage
112 Triebwerkspylon
113 Schubumkehr, backbord
114 Triebwerksschall-dämpfer
115 Gondelstrake
116 Zapfluftleitung
117 Pratt & Whitney JT8D-209 Turbofan-Triebwerk
118 Getriebe für Triebwerkshilfsein-richtungen
119 Triebwerkseinlauf, backbord
120 hinterer Frachtraum, Kapazität 912,60 m³
121 Flügelwurzelausrundung an der Hinterkante
122 innere Doppelspaltklappe
123 Klappenrippenkonstruk-tion
124 Klappenabdeckung
125 Hauptfahrwerksaufhän-gung
126 Hauptfahrwerkstrebe
127 innerer Spoiler
128 Klappe in Abwärtsstellung
129 äußere Doppelspaltklappe
130 äußere Spoiler
131 Hilfsruder
132 Querruder
133 starrer Teil der Hinterkante
134 Statikentlader
135 hinteres Navigations- und Stroboskoplicht
136 einfahrbarer Landescheinwerfer
137 Navigationslichter, backbord
138 Vorflügelsegmente, voll geöffnet
139 Vorflügelführungs-schienen
140 vorderer Holm
141 Flügelrippenstruktur
142 Integraltank, backbord
143 hinterer Holm
144 Flügelstringer
145 Grenzschichtzaun auf der Unterseite ('Vortilon')
146 Flügelbeplankung
147 Doppelräder
148 Luftkanal der Vorflügel-Enteisung
149 Luftkanal
150 Flügelwurzel-ausrundung
151 Rollscheinwerfer

Links: Als Militärtransporter für die US Navy trägt die DC-9 die Bezeichnung C-9B. Sie hat im vorderen Rumpfteil backbord eine Ladeluke mit den Maßen 3,45 m × 2,06 m und kann acht Standard-Paletten des Militärs in der Hauptkabine befördern.

Rechts: Ein ausländischer Kunde für die C-9B Skytrain II war die Luftwaffe von Kuwait, die im Jahr 1976 zwei Maschinen kaufte. Die Flugzeuge, die inzwischen die neue Bezeichnung C-9K erhielten, werden als Passagier- und als Frachtflugzeug eingesetzt.

schaften, deren Maschinen nonstop von Nordeuropa auf die Kanarischen Inseln fliegen sollten, besonders beliebt.

Ein weiterer Abnehmer der DC-9-30 war die US Air Force, die im August 1967 ein speziell ausgerüstetes Sanitätsflugzeug bestellte. Dieses Flugzeug, das die Bezeichnung C-9A Nightingale trägt, kann 30 bis 40 Verwundete auf Tragen aufnehmen. Zwischen 1968 und 1971 wurden 21 solche Maschinen geliefert. Es gab noch zwei weitere Varianten der DC-9-30 für den militärischen Einsatz. Eine davon war die C-9B Skytrain II, die von der US Navy bestellt wurde, um wichtige Frachtgüter zu Marinestützpunkten in Übersee zu befördern. Bei der US Navy befinden sich 15 dieser Maschinen im Einsatz und zwei wurden nach Kuwait geliefert. Drei DC-9C werden schließlich noch von der auf dem Air Force Stützpunkt Andrews bei Washington DC stationierten USAF Special Air Missions Wing für den VIP-Transport verwendet.

Die Konkurrenz auf dem Markt für zweistrahlige Flugzeuge verstärkte sich Anfang der siebziger Jahre, als Boeing die neue Serie Advanced 737 herausbrachte. Der Rumpf der DC-9 ließ sich aber leichter strecken als der der Boeing 737. McDonnell Douglas nutzte diesen Vorteil Mitte 1973 durch die Einführung der DC-9-50 mit 135 Sitzen aus. Der Rumpf der neuen Version war um 4,34 m länger als jener der DC-9-30. Triebwerke mit höherem Schub, wie sie auch für die DC-9-30 angeboten wurden, gehörten bei der DC-9-50 zur Standardausrüstung, aber die Flügel blieben äußerlich unverändert, und das maximale Startgewicht wurde nur geringfügig erhöht. Die DC-9-50 sollte die DC-9-30 nicht ersetzen, sondern ergänzen. Sie war sparsamer im Betrieb, in bezug auf ihre Reichweite und Startleistungen jedoch nicht so flexibel wie die DC-9-30.

Die Swissair, die aufgrund ihrer zentralen Lage in Europa viele kurze Strecken bedient und keine Probleme mit heißen und hoch gelegenen Flugplätzen hat, war der erste Abnehmer der DC-9-50 und setzte diese Maschine im August 1975 zum ersten Mal ein. Das Flugeug erwies sich in seiner Leistung als vorbildlich, war jedoch lauter als die DC-9-30, an die sich die in der Nähe der Flugplätze wohnende Bevölkerung inzwischen gewöhnt hatte. Die Reaktion der Anwohner veranlaßte Swissair dazu, ihre ursprünglich vorgesehenen DC-9-50-Käufe einzuschränken. Als treuer Kunde von Douglas drängte sie statt dessen auf eine neue, ruhigere DC-9 mit höherer Kapazität.

Anfang der siebziger Jahre, als das Umweltbewußtsein der Öffentlichkeit besonders ausgeprägt war, hatte die amerikanische Regierung mehrere Programme zur Reduzierung des Fluglärms in die Wege geleitet. Eines dieser Programme sah die Entwicklung eines modifizierten JT8D Triebwerks mit einem Fan größeren Durchmessers und anderen Änderungen vor, mit dem zukünftige Versionen der Boeing 727 und 737 und der McDonnell Douglas DC-9 erheblich leiser werden sollten. Gleichzeitig wurde eine höhere, aber rationellere Triebwerksleistung angestrebt.

McDonnell Douglas führte inzwischen in Japan eine intensive Verkaufskampagne durch. In diesem Land setzten zahlreiche Fluggesellschaften, von denen die TDA die größte war, Turboprop-Maschinen von 1.200 m langen Startbahnen aus ein. Eine Verlängerung dieser Startbahnen kam nicht in Frage, da die Opposition in der Bevölkerung zu groß war. Anfang 1975 bot McDonnell Douglas den japanischen Fluggesellschaften eine DC-9-QSF (quiet, short-field: leise Kurzstartversion) an. Es handelte sich dabei um eine Version, die größenmäßig der DC-9-40 entsprach, deren Triebwerke jedoch ein neues Gebläse erhielten und deren Flügel stark modifiziert wurden. Die wichtigste Änderung war ein neuer, breiterer Mittelflügel, an dem die bisherigen äußeren Flügelsektionen befestigt wurden. Durch Verlängerung der Spannweite in der Mitte anstatt an den Spitzen konnte der Mittelflügel strukturell verstärkt werden und gleichzeitig mehr Treibstoff aufnehmen.

Der japanische Markt blieb der DC-9 zwar auch in Zukunft verschlossen, aber der neue Flügel und die neuen Triebwerke bildeten die Grundlage für eine neue DC-9 Variante als Ersatz der DC-9-50. Mit neuem Flügel, viel mehr Gewicht und modifizierten Triebwerken würde die Maschine wirtschaftlicher sein als die DC-9-50, die gleiche Flexibilität im Betrieb aufweisen wie die DC-9-30 und weniger Lärm verursachen als ihre beiden Vorgängerinnen. Der Typ, der zum ersten Mal 1976 diskutiert wurde, war ursprünglich als die DC-9-RSS (refan, superstretch: neues Gebläse, supergestreckt) und dann als die DC-9-55 bekannt. Es stellte sich bald heraus, daß dies die größte Umrüstung in der Geschichte der DC-9 sein würde. Die Umbaupläne sahen folgendermaßen aus: der Rumpf der Maschine wird noch einmal gegenüber der DC-9-50 um 4,34 m verlängert. Der größere Flügel erfordert neue Klappen und Änderungen an der Steuerung. Die mittlere Flügelsektion muß ein schwereres Fahrgestell aufnehmen, und das zentrale Flugwerk (Flügel, mittlerer Rumpfabschnitt und Leitwerk)

Eine C-9B Skytrain II überfliegt vor der kalifornischen Küste die USS Enterprise. Diese Maschine wird von der Naval Air Reserve Squadron 55 (VR-55), auf der NAS Alameda in Kalifornien stationiert, eingesetzt.

zur Aufnahme höherer Gewichte verstärkt werden. Das höhere Gewicht und die größere Tragflügelfläche bedeuten ein größeres Leitwerk, das wiederum Modifikationen an der Seitenflosse erfordert. Um die Maschine für die achtziger Jahre auszurüsten, müssen die Systeme und die Elektronik gründlich überholt werden. Alles in allem würde die Entwicklung der neuen Version, von der Baugenehmigung bis zur Zulassung, etwas mehr Zeit in Anspruch nehmen, als die Neuentwicklung der DC-9-10 erfordert hatte.

Die Super 80
Als Swissair im Oktober 1977 einen Auftrag erteilte, wurde das Flugzeug mit der neuen Bezeichnung DC-9 Super 80 in Angriff genommen. Die Entwicklung verlief jedoch nicht ganz reibungslos. Durch einen Streik und Produktionsprobleme verzögerte sich die Fertigstellung der ersten Maschine, die im Oktober 1979 ihren Erstflug hatte. Beide Prototypen wurden während der Flugerprobung bei der Landung beschädigt. Die Super 80 wurde etwa fünf Monate später als geplant zugelassen und ausgeliefert. Ende 1980 wurde die Maschine schließlich bei Swissair in Dienst gestellt.

Seither wurden drei Versionen des Grundmodells der DC-9 Super 80 gebaut, wobei die Schubleistung, das Gewicht und die Reichweite bei gleichzeitiger Reduzierung des Treibstoffverbrauchs ständig weiter erhöht wurden. Auf das Grundmodell, die Super 81, folgte die etwas schwerere Super 82 mit JT8D-217 Triebwerken, die Anfang 1981 in Angriff genommen wurde. Die Super 82 ersetzte weitgehend das frühere Modell, weil sich das neuere JT8D-217 Triebwerk als sparsamer erwies als das ursprüngliche JT8D-209.

Die neueste Entwicklung in dieser Serie, die 72.576 kg schwere Super 83, mit der Anfang 1983 begonnen wurde, wird Mitte 1985 bei Alaska Airlines in Dienst gestellt. Diese Maschine wird mit den neuen JT8D-219 Triebwerken mit größerer Schubleistung bei niedrigerem Treibstoffverbrauch, einem verstärkten Flugwerk und Zusatztanks im unteren Teil des Rumpfes ausgerüstet. Durch die Erhöhung der Reichweite kann sie eine volle Passagierlast zwischen Cincinnati und Los Angeles oder von London nach Beirut befördern. Die Produktion aller früheren Versionen der DC-9 wurde inzwischen eingestellt. Die letzten DC-9-30 wurden im Jahr 1982 geliefert.

Die Bezeichnung des Typs wurde in den letzten Jahren zweimal geändert. Um den Ruf der Firma besorgt, der unter den in der Presse weitverbreiteten Unfällen der DC-10 litt, gab McDonnell Douglas die Bezeichnung DC-9 Ende 1982 auf. Sie nannte diesen Typ jetzt einfach nur Super 80. Nachdem 1983 die letzte kommerzielle DC-10 gebaut worden war, ließ die Firma die Bezeichnung DC vollständig fallen. Die Super 80 wurde jetzt zur MD-80.

Die MD-80 hat sich, gleich unter welchem Namen, im Einsatz als sehr erfolgreich erwiesen. Kein anderes Flugzeug weist zur Zeit einen so niedrigen Geräuschpegel, verbunden mit so hervorragender Wirtschaftlichkeit, (besonders in der dichten, 170sitzigen Konfiguration) auf. Die MD-80 beherrscht heute den innerstaatlichen Verkehr in Kalifornien. Die PSA, die viele ihrer 727 innerhalb eines Jahres durch MD-80 ersetzte, ist wahrscheinlich die einzige Fluggesellschaft, die in den letzten Jahren ihre direkten Betriebskosten für ihre ganze Flotte effektiv senken konnte.

Im Laufe des Jahres 1982 konnte McDonnell Douglas angesichts der Rezession auf dem Markt für Verkehrsflugzeuge eine Reihe von Verträgen aushandeln, unter denen MD-80 an größere Fluggesellschaften, wie zum Beispiel TWA, American und Alitalia, vermietet werden. Durch die Lieferung dieser Flugzeuge wird die Produktion

Gegenüber der Serie 40 wurde der Rumpf der DC-9-50 noch einmal um 1,87 m verlängert. Hier ist eine DC-9-51 der venezolanischen Fluggesellschaft Aeropostal beim Start von Long Beach, Kalifornien, aus zu sehen.

von MD-80 zur Zeit auf einem wirtschaftlichen Niveau gehalten. MD-80 wurden auch schon an die chinesische Fluggesellschaft CAAC geliefert, und aufgrund eines Anfang 1984 geschlossenen Vertrags soll in China ein Montagewerk für die MD-80 errichtet werden. Bis Ende 1985 waren von allen Zivilversionen 1.390 Maschinen bestellt worden, davon rund 570 von der MD-80 Baureihe; über 1.100 befanden sich zu diesem Zeitpunkt bei Liniengesellschaften im Einsatz.

Es wurde auch ein moderner 110sitziger Ersatz für die DC-9-30, die sog. Super 80 SF oder Super 40, erwogen. Im Anschluß an diese Untersuchungen wurde die geplante Entwicklung einer MD-90 als Konkurrenz zur Boeing 737-300 angekündigt. Dieses Projekt wurde jedoch von der Gesellschaft im November 1983 aufgegeben. Andere moderne Version der MD-80 befinden sich in der Entwicklung, so die Kurzversion der MD-80, die nur 39,75 m lange MD-87 für maximal 130 Passagiere, die in direkter Konkurrenz zur BAe 146 und Fokker 100 ab 1987 angeboten wird. Eine gestreckte Version für maximal 170 Passagiere ist die MD-89, die mit voller Nutzlast eine Reichweite von 3.956 km erreichen und mit einem modernen Cockpit ausgerüstet werden soll; ihre Zulassung ist für Ende 1989 geplant. Damit dürfte die MD-80 bis in die 90er Jahre gebaut werden.

McDonnell Douglas DC-10

Die DC-10 war als globales kommerzielles Standardverkehrsflugzeug als Ersatz des Modells 707, der DC-8, von Propeller- und sogar Kurzstrecken-Düsenflugzeugen sowie des Modells 727 und der One-Eleven gedacht, und bis in die 90er Jahre war der Bau von 1.000 Maschinen geplant gewesen. Es kam jedoch anders, und neue Bestellungen werden für das Nachfolgemodell MD-11 erhofft.

Die McDonnell Douglas DC-10, die letzte und größte Maschine in der DC-Serie (DC = Douglas Commercial), hat große Erfolge, aber auch bittere Tragik erlebt. Ein so wechselhaftes Geschick war noch keinem anderen Flugzeugprogramm beschieden gewesen. Zur Geschichte der DC-10 gehört nämlich auch die Folge von Unfällen, die überall Schlagzeilen machten und zum Teil mit Recht auf das Flugzeug selbst zurückzuführen waren, so daß die DC-10 sehr in Verruf geriet und von allen Seiten stark kritisiert wurde—es wurden sogar mehrere dikke Bücher darüber geschrieben. Dabei steckte in der DC-10 viel mehr Planungs- und Konstruktionsarbeit als in irgendeiner ihrer Vorgängerinnen, und nicht nur bei Dutzenden von Kunden, sondern auch bei Tausenden von Piloten in allen Teilen der Welt gilt sie als eines der besten der sich zur Zeit im Einsatz befindlichen kommerziellen Verkehrsflugzeuge.

Wie DC-9 war auch die Bezeichnung DC-10 schon einmal verwendet worden, in diesem Fall für ein STOL-Verkehrsflugzeug in der Klasse der Breguet 941. Die DC-10, die dann tatsächlich gebaut wurde, ging auf verschiedene Studien zurück, die in großer Eile durchgeführt wurden, nachdem Douglas die Ausschreibung der US Air Force für schwere Lufttransportmaschinen (CX-HLS) an die Lockheed C-5A verloren hatte. Gegenstand dieser Studien waren riesige Frachtflugzeuge mit sechs Triebwerken und eine Version für 650 Passagiere sowie eine große Maschine, die wie eine Boeing 747SP aussah, aber zwei RB.207 Triebwerke hatte. Die Studien nahmen ganz plötzlich Wettbewerbscharakter an, nachdem American Airlines im Juni 1966 ein neues Verkehrsflugzeug verlangte, das bei den Passagieren den gleichen Anklang finden sollte wie das Modell 747, ohne mehr Treibstoff zu verbrauchen, dabei jedoch für den Einsatz auf den Hauptstrecken innerhalb Amerikas geeignet war.

Links: **Eine DC-10-30 der amerikanischen Fluggesellschaft Northwest Orient überfliegt die berühmte Skyline von New York. Die Gesellschaft gehört zu jenen Airlines in den USA, die in den letzten Jahren einen großen wirtschaftlichen Aufschwung erlebt haben.** *Unten:* **Sechs DC-10-30 bilden das Rückgrat der französischen Gesellschaft UTA, die sich auf Langstreckenflüge zu Zielen in Afrika, Asien und im Pazifik spezialisiert hat.**

McDonnell Douglas DC-10

**Technische Daten der
McDonnell Douglas DC-10-30
Typ:** kommerzielles Langstreckenverkehrsflugzeug.
Triebwerk: drei General Electric CF6-50C Turbofan-Triebwerke mit 23.134 kp Schub.

Leistung: Höchstgeschwindigkeit in 7.620 m Höhe 982 km/h; normale Reisegeschwindigkeit 908 km/h; max. Steiggeschwindigkeit (vollbeladen) 14,7 m/sek; Dienstgipfelhöhe mit 249.475 kg 10.180 m; Reichweite mit max. Nutzlast 9.950 km.
Gewicht: Leergewicht (mit Ausrüstungen) 121.198 kg; max. Nutzlast 48.330 kg; maximales Startgewicht 259.450 kg.
Abmessungen: Spannweite 50,42 m; Länge 55,20 m; Höhe 17,70 m.

Die fünfte von zehn DC-10-30 der KLM (fünf davon wurden an andere Flugzeughalter vermietet, so daß sich noch fünf bei KLM im Einsatz befinden). Alle sind nach berühmten Komponisten benannt. Sie werden mit gemischten Passagierklassen neben einer gleichen Anzahl von Boeing 747-200B Maschinen auf langen Hauptstrecken zwischen Amsterdam und allen Teilen der Welt eingesetzt. Auf dieser Abbildung sieht man gut die großen Außenscharniere für die Klappen, die Wirbelkeulen über den Flügel-Triebwerksverkleidungen zur Verbesserung der Strömung über den Flügeln, die Lufteinläufe zur Klimaanlage unter der Nase (mit Zugangsklappen über dem Bugradschacht) und das Hauptfahrwerk auf der Mittellinie, das auf die hinteren Radschwingen (in der Vorderansicht grau dargestellt) ausgerichtet ist.

Die allererste DC-10, die DC-10-10 mit der Registrierung N10DC, trug stolz die Namenszüge der ersten 15 Kunden, als sie am 29. August 1970 auf dem Flughafen Long Beach International zu ihrem ersten Flug abhob. Über den Flügel-Triebwerksgondeln müssen erst noch Wirbelkeulen angebracht werden. Später wurde diese DC-10 von American Airlines mit der Registrierung N101AA geflogen.

American legte besonders großen Wert darauf, für den Flug von 250 Passagieren nach Chicago den kleinen Flughafen von La Guardia (New York) benutzen zu können, was die Länge des Rumpfes und die Startstrecke einschränkte. Von besseren Flughäfen aus wurde eine längere Reichweite verlangt, und Douglas ging davon aus, daß transkontinentale Flüge, wie zum Beispiel die Strecke New York–Los Angeles, irgendwann bestimmt vorausgesetzt werden würden. Zunächst wurden hauptsächlich Maschinen mit zwei Triebwerken getestet, weil von der CX-HLS-Ausschreibung zahlreiche Vorschläge für Triebwerke der 18.144 bis 21.319 kp Schubklasse vorhanden waren. Schließlich führten vage Kommentare der amerikanischen Airlines und das spezielle Problem eines Triebwerkausfalls auf heißen bzw. hoch gelegenen Flughäfen, wie z.B. Denver, zu einer Konstruktion für drei Triebwerke mit einem Schub von ca. 14.000 kp. In allen Etappen der Konstruktion wurden zwei der drei Triebwerke in Gondeln unter den Tragflächen untergebracht, während das dritte Triebwerk hinten zwischen Rumpf und Seitenruder plaziert wurde. Die Lösung wurde durch computergesteuertes Fräsen der vier ursprünglich ca. 2.000 kg schweren Aluminiumschmiedeteile vervollständigt, die vom hinteren Rumpfteil aus den Hecktriebwerkskanal umschließen und schließlich die Holme der Seitenflosse bilden. Nach dem Fräsen wiegt jedes Schmiedeteil ca. 200 kg. Problematisch ist bei dieser Anordnung am Heck das Austauschen des Triebwerkes.

Die letzte DC-10 Zivilmaschine war die Dash-15, die am 12. Juni 1981 zugelassen wurde. Mit General Electric CF6-50C2F Triebwerken mit einem konstanten Schub von 21.092 kp bei bis zu 43,3 °C und einem leichten Dash-10 Flugwerk ist diese Maschine für extrem heiße und hochgelegene Flughäfen, wie z.B. Mexico City, gedacht.

Aufriß-Erläuterung zur McDonnell-Douglas KC-10A Extender

1 Radom
2 Wetterradarantenne
3 Radarbefestigung
4 vorderes Druckschott
5 Radomscharnierplatte
6 Scheibenwischer
7 Fensterscheiben
8 Instrumentenbrettabdeckung
9 Steuersäule
10 Seitenruderpedale
11 Funk- und Elektronikgeräte (unter dem Boden)
12 Cockpitboden
13 Sitz des Piloten
14 obere Instrumententafel
15 Instrumententafel des Bordingenieurs
16 Sitz des Beobachters
17 Cockpittür
18 Auftankflutlichter
19 Universal-Luftbetankungsstutzen (UARSSI)
20 Toilette
21 Gepäckspind für die Besatzung
22 Küche
23 Staudruck-Ansaugleitung für die Klimaanlage
24 Eingangstür
25 Zugangsklappen zur Klimaanlage
26 Bugfahrwerkstrebe
27 Doppel-Bugrad
28 Klappen an der Bugradstrebe
29 Klimaanlage
30 Passagiersitze, sechs für die Besatzung und 14 für die Mannschaft
31 Trimmplatten am vorderen Kabinendach
32 obere Formationsleuchte
33 IFF-Antenne
34 Leitungen für die Klimaanlage
35 Kojen für die Besatzung (vier)
36 Vorhang
37 Frachtwinde
38 Frachtsicherheitsnetz
39 Steuerkasten für das motorisierte Ladesystem
40 Niederspannungs-Formationsleuchtstreifen
41 Stauraum für Sauerstoffflaschen (unter dem Fußboden)
42 Motorrollen-Ladeboden
43 Wassertank (unter dem Fußboden)
44 hydraulischer Türverschluß
45 Frachtraumtür, 2,59 m × 3,56 m
46 TACAN-Antenne
47 VHF-Antenne
48 Triebwerksgondel, steuerbord
49 SATCOM UHF-Antenne, Einbaumöglichkeit
50 USAF 463L Frachtpalette, 25 Paletten in der dargestellten Konfiguration
51 Hauptkabinentür
52 vordere Treibstoffzellengruppe (unter dem Fußboden) Gesamtinhalt der Unterflurzellen 68.420 Liter
53 Rumpfspant- und Stringerkonstruktion
54 Lichter, backbord und steuerbord
55 Flügelwurzelausrundung
56 Landescheinwerfer
57 Zentrum für die Stromverteilung
58 Leiter zum Geräteraum
59 Antrieb für den mittleren Vorflügel
60 durchgehender mittlerer Flügelabschnitt
61 Kabinenfenster, backbord und steuerbord
62 Treibstofftank, 108.231 kg
63 Bodenträgerkonstruktion
64 Flügelholm/Rumpfhauptspant
65 Integraltreibstofftank
66 mittlere Türen (außer Betrieb)
67 Antikollisionsleuchte
68 Flügelintegraltank, steuerbord
69 innerer Vorflügel an der Vorderkante
70 Schubumkehr, geöffnet
71 Gondelpylon, steuerbord
72 Antriebsmechanismus für die äußeren Vorflügel
73 Druckbetankungsanschlüsse
74 Rohrleitungen für das Treibstoffsystem
75 Vorflügel-Führungsschienen
76 Vorflügelsegmente an der äußeren Vorderkante
77 Navigationsleuchte, steuerbord
78 Flügelspitzen-Formationsleuchten
79 Flügelspitzen-Blinklicht
80 Statikentlader
81 Querruder-Ausgleichsgewichte
82 hydraulischer Querruderantrieb
83 äußeres Querruder für niedrige Fluggeschwindigkeit
84 Treibstoffschnellablaßrohr
85 äußere Spoilersegmente (vier), geöffnet
86 hydraulischer Spoilerantrieb
87 hydraulischer Klappenantrieb
88 Klappenscharnierverkleidungen
89 doppelt gespaltene äußere Klappe in Abwärtsstellung
90 Querruder für hohe Fluggeschwindigkeit
91 innerer Spoiler
92 doppelt gespaltene innere Klappe in Abwärtsstellung
93 Rumpfbeplankung
94 UHF-Antenne
95 Konstruktion des mittleren Rumpfteils
96 Druckboden über dem Radschacht
97 mittlerer Fahrwerkschacht
98 Frachtladeboden
99 Rollenförderer
100 Trimmplatten in der Kabinenwand
101 Leiter zur Betankungsstation im unteren Deck
102 Betankungsschlauchhaspel mit Treibanker
103 Treibankergehäuse
104 Notausstieg
105 Leitung der Klimaanlage im hinteren Teil der Kabine
106 HF-Antenne
107 Konstruktion des mittleren Triebwerkpylons
108 Lufteinlauf des mittleren Triebwerks
109 Konstruktion der Einlaufleitung
110 Ringe um Lufteinlauf
111 Seitenflossenbefestigung
112 Höhenflosse, steuerbord
113 Höhenruder, steuerbord
114 Seitenflossenkonstruktion
115 Funkfeuer-Antennen für den J- und I-Bereich
116 VOR-Antenne für Landekurssender 1
117 Verkleidung der Seitenflossenspitze
118 VOR-Antenne für Landekurssender 2
119 Seitenruder-Massenausgleich
120 aus 2 Segmenten bestehendes Seitenruder
121 hydraulischer Seitenruderantrieb
122 Niederspannungs-Formationslichtstreifen der Seitenflosse
123 mittleres Triebwerk
124 abnehmbare Triebwerksverkleidungen
125 Vorkühler für das Zapfluftsystem
126 Triebwerkpylon
127 Schubdüse
128 Gebläseluftauslaß
129 abnehmbare Heckkonusverkleidung
130 Leiter zum mittleren Triebwerk
131 innerer Höhenruderabschnitt, aufklappbar, zum Ausbau des Triebwerks
132 hydraulischer Höhenruderantrieb
133 aus 2 Segmenten bestehendes Höhenruder
134 Flugbetankungsrohr, ausgefahren
135 Seitenflossenkonstruktion, backbord
136 Rippen der Vorderkante
137 Betankungsrohr, gesenkt
138 Rohrhöhenruder
139 doppeltes Seitenruder
140 Teleskop-Betankungsleitung
141 Einziehmechanismus

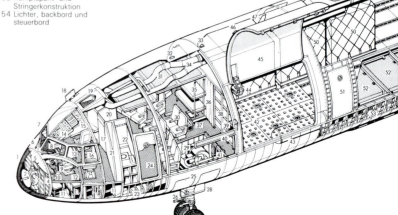

Die N116AA, die im Juli 1972 geliefert wurde, war die 17. DC-10. Sie war eine der ersten für American Airlines bestimmten Dash-10 Serienmaschinen, denen von Douglas die Nummern 46501 bis 46525 gegeben wurden. Die Maschinen, die General Electric CF6-6 Triebwerke und ein Höchstgewicht von 206.384 kg haben, sind für inneramerikanische Hauptstrecken von bis zu 5.800 km ausgerüstet.

142 Gehäuse des Beschleunigungsmessers
143 Rohrauszugskabel und Verschluß
144 Hilfsenergieaggregat (APU)
145 Höhenflossen-Drehzapfenbefestigung
146 durchgehendes Mittelstück der Höhenflosse
147 hinteres Druckschott
148 Schraubenwinde zur Höhenflossen-Trimmsteuerung
149 Kardangelenke des Betankungsrohrs
150 Treibstoffzufuhrrohr
151 entaktivierte Tür
152 Schalttafel des Flugbetankungsoffiziers
153 Direktsichtfenster
154 Sitz für Offizier in Ausbildung
155 Sitz des Flugbetankungsoffiziers
156 Sitz des Ausbilders/Beobachters
157 Direktsichtfenster-Hutzendeckel, geöffnet
158 Rückblickperiskop
159 Periskopspiegel
160 Seitenblickspiegel
161 Flügelanstrahler
162 Spiegelverkleidung
163 Ausrundung an der Flügelwurzel-Hinterkante
164 Niederspannungs-Formationsleuchtstreifen
165 hintere Treibstoffzellen (unter dem Fußboden)
166 Hauptfahrwerkschacht
167 Hydrauliksystem für die mittlere Fahrwerkstrebe
168 mittleres Doppelrad
169 Hauptfahrwerkstrebe
170 Befestigung des Drehzapfens der Beinstrebe
171 innerer Spoiler
172 innere doppelt gespaltene Klappe, backbord
173 Querruder für hohe Geschwindigkeit
174 äußere doppelt gespaltene Klappe
175 Klappe in gesenkter Position
176 äußere Spoiler, backbord
177 hinterer Holm
178 Schnellablaßrohr
179 Querruderkonstruktion, backbord
180 Flügelspitzen-Blinklicht
181 Flügelspitzen-Formationsleuchten, backbord
182 Navigationsleuchte, backbord
183 Zugangsklappen der unteren Tragflächenverkleidung
184 Gehäuse des hydraulischen Querruderantriebs
185 Flügelrippenkonstruktion
186 Integraltreibstofftank im Flügel, backbord
187 vorderer Holm
188 Vorflügelsegmente an der Vorderkante, backbord
189 Druckbetankungsanschlüsse
190 Teleskop-Enteisungsluftleitung an der Vorderkante
191 vierrädrige Hauptfahrwerksschwinge
192 Triebwerksinstallation, backbord
193 Schubumkehr, geschlossen
194 General Electric CF6-50C2 Turbofan-Triebwerk
195 Ersatzgetriebe auf dem Gebläsegehäuse
196 Triebwerkslufteinlauf
197 Gondel
198 Konstruktion des Gondelpylons
199 Pylonbefestigung
200 Flügelbeplankung
201 Flügelstringer
202 innere Flügelrippen
203 Rippenkonstruktion des Vorflügels an der inneren Vorderkante
204 Leitung für komprimierte Luft
205 Vorflügel in Abwärtsstellung

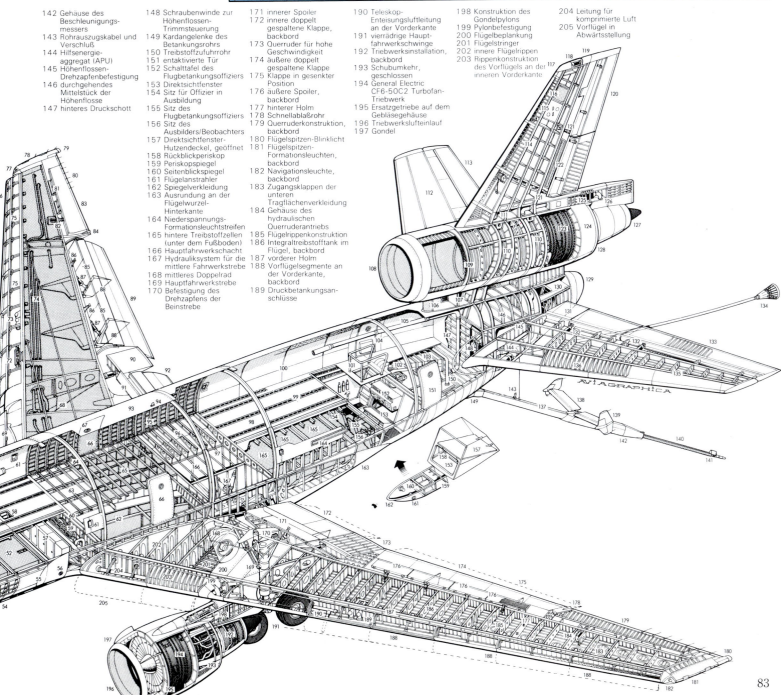

Die G-AZZC, Eastern Belle, war eine von sechs Dash-10 Maschinen, die spottbillig von Laker Airways erworben wurden, als die Gesellschaft noch florierte. Diese Flugzeuge, die 345 Sitze hatten, sollten hauptsächlich auf den verbilligten Skytrain-Routen eingesetzt werden.

Passagiere und Fracht

Für die Rumpfkonstruktion wurden verschiedene Durchmesser sowie Achter-Konfigurationen mit zwei überlagerten oder nebeneinanderliegenden DC-8 Rümpfen vorgeschlagen. Ein Doppeldeckerrumpf mit einem Durchmesser von 6,71 m sah sehr attraktiv aus, aber schließlich entschied man sich für einen Durchmesser von 6,02 m mit wahlweisem Einbau großer Frachträume oder Küchen (normalerweise aber keinen Passagierraum) auf Unterdeckebene. An die Stelle einer DC-10A mit einer Länge von 51,82 m und einer DC-10B mit einer Länge von 58,22 m trat schließlich eine Maschine mit einer Standardrumpflänge von 51,97 m und einer weitaus größeren Bodenfläche, die bei gemischten Passagierklassen nicht nur—wie die DC-10A—230, sondern bis zu 270 Passagiere aufnehmen konnte und bei einer ausschließlichen Economy-Kabinenkonfiguration sogar für 380 Passagiere Platz bot.

Ein kritischer Faktor waren die Tragflächen, die in einem großen (vielleicht zu großen) Winkel von 35° gepfeilt sein sollten und, um bei maximaler Nutzlast den Forderungen von La Guardia und Denver gerecht zu werden, eine Fläche von 329,8 m² bildeten. Man wählte eine Reisegeschwindigkeit von Mach 0,86 und eine Langstrecken-Reisegeschwindigkeit von Mach 0,82, und um optimale Leistungsfähigkeit zu gewährleisten, waren die Flügelprofilform und -dicke sowie der Anstellwinkel von der Wurzel bis zur Spitze entprechend unterschiedlich. An der Vorderkante wurden verstellbare Vorflügel für drei Positionen hinzugefügt, die am Triebwerkspylon unterbrochen sind. Für die Hinterkante wurden doppelt gespaltene Klappen mit großer Profiltiefe gewählt. Für den Antrieb der inneren Querruder und Spoiler sowie für den Antrieb von vier Höhenruderabschnitten auf einer Trimmhöhenflosse (Stabilisator) waren Triplex-Hydrauliksysteme vorgesehen. Die inneren Querruder und Spoiler werden bei niedrigen Geschwindigkeiten durch äußere Querruder unterstützt.

Die Weiterentwicklung

Um für das Tragwerk eine Lebenszeit von 60.000 Stunden bei 42.000 Landungen gewährleisten zu können, waren außerordentlich umfangreiche Tests erforderlich. Die Passagierfenster wurden gegenüber anderen Großraumflugzeugen, die es damals gab, um 25 bis 35 Prozent vergrößert. Einmalig für eine Großraumverkehrsmaschine waren auch die Direktsichtfenster im Cockpit, die bei einer Fluggeschwindigkeit von bis zu 460 km/h geöffnet werden konnten. Ein weiterer sehr wichtiger Faktor war die Tatsache, daß das Douglas-Team in Long Beach schon vom Beginn der Detailkonstruktion im Januar 1968 an die Weiterentwicklung einplante. Längere und kürzere Rümpfe erreichten nie die Fertigungsstraße, aber ein Langstreckenmodell wurde viel erfolgreicher als die ursprüngliche für Inlandsflüge vorgesehene DC-10 und wurde letzten Endes in weit größerer Stückzahl verkauft.

Die frühe Planung war von finanziellen Schwierigkeiten verfolgt, die jedoch durch die Fusion mit McDonnell im April 1967 gelöst wurden. McDonnell brachte Bob Hage aus St Louis als DC-10 Programmleiter mit. Ende 1967 entschied sich der Vorstand der American für die DC-10, anstatt für ihre Rivalin, die L-1011, aber Douglas wollte die Triebwerke nicht von Rolls-Royce beziehen, wie American vorgeschlagen hatte, sondern bemühte sich um die Genehmigung zur Verwendung der General Electric Triebwerke CF6, die von dem in der C-5A verwendeten TF39 der gleichen Firma abstammten, aber ein neues Einstufengebläse mit einem niedrigeren Nebenstromverhältnis hatten. Die Fluggesellschaft akzeptierte schließlich dieses amerikanische Triebwerk, und am 19. Februar 1968 wurde ein Vertrag über 25 Triebwerke mit Option für weitere 25 Stück unterzeichnet.

Das war ein bedeutender Auftrag, der aber für ein festes Produktionsengagement nicht ausreichte. Angesichts der Konkurrenz von

Seit 1982 haben nur die Aufträge der amerikanischen Frachtgesellschaft Federal Express und der US Air Force die völlige Produktionseinstellung der DC-10 verhindert. Federal Express bestellte 1985 noch drei DC-10-30F und hat damit dann 13 Maschinen dieses Typs im Einsatz, außerdem 52 Boeing 727 Frachtmaschinen.

Varianten der McDonnell Douglas DC-10

DC-10-10: erste Serienversion mit CF6-6 Triebwerken mit einem Schub von 18.144 kp (später wurden einige mit 18.598 kp CF6-6D1 Triebwerken ausgerüstet).

DC-10-15: Version für kurze Startbahnen gegen Ende des Programms für Mexicana (5) und Aeromexico (2); DC-10-10 Flugwerk mit CF6-50C2F Triebwerken mit einem Schub von 21.092 kp zum Einsatz von heißen/hochgelegenen Flughäfen aus.

DC-10-30: Standard/Langstreckenmodell mit verschiedenen CF6 Triebwerken, vom CF6-50A mit einem Schub von 22.226 kp bis zum CF6-50C2 mit einem Schub von 23.814 kp; um 3,05 m verlängerte Spannweite, viel größere Treibstoffkapazität, zusätzliches Fahrwerk auf der Mittellinie.

DC-10-30ER: für 263.805 kg mit zusätzlichem Treibstofftank und CF6-50C2B Triebwerken mit einem Schub von 24.494 kp zugelassenes Modell mit verlängerter Reichweite; bei Swissair und Finnair im Einsatz.

DC-10-40: erstes Langstreckenmodell, ähnlich der späteren DC-10-30, aber mit Pratt & Whitney Triebwerken; bei Northwest Orient und Japan Air Lines im Einsatz.

DC-10-10CF und -30CF: konvertierbare Passagier-/Frachtversionen der DC-10-10 und DC-10-30 mit erhöhtem maximalem Landegewicht und höherer Landegeschwindigkeit), Deck für schwere Frachtladungen mit Förderbändern und Ladesystem, großer Frachttür in der linken Seite und Raum für Container oder Paletten über dem Boden und Container oder Paletten halber Größe unter dem Boden.

KC-10A Extender: Tanker-/Transportversion der DC-10-30CF für die US Air Force, erheblich größere Treibstoffkapazität, Flugbetankungsrohr und Schlauchhaspel für mit Betankungsstutzen versehene Flugzeuge. Erster Flug am 12. Juli 1980; wie 1982 angekündigt wurde, ist zum Ersatz der McDonnell Douglas C-17 mit Aufträgen über 60 Maschinen zu rechnen.

seiten der beinahe identischen L-1011 wurden immer neue Verkaufsstrategien verfolgt. Trotzdem wurde kein weiterer Kunde gewonnen. Am 29. März 1968 kündigte Lockheed den Verkauf von 144 TriStar Maschinen an eine ganze Reihe größerer Fluggesellschaften an, und auf dieses Riesengeschäft folgte kurze Zeit später ein Auftrag für weitere 28 Maschinen. Es schaute so aus, als hätte Lockheed den ganzen Markt für sich gewonnen. Der Vorstand von McDonnell Douglas beriet über die Stornierung des von American erteilten Auftrags und dachte daran, die DC-10 auf Eis zu legen. Die Rettung kam am 25. April 1968, als United einen Vertrag über 30 Flugzeuge mit einer Option für weitere 30 Maschinen unterzeichnete, und später folgte auch noch ein Auftrag von Northwest. Jetzt hatte die DC-10 unter einem neuen Manager, John C. Brizendine, freie Bahn.

Größere Triebwerke

Die DC-10 stand offensichtlich in direktem Wettbewerb zur Lockheed TriStar, die ihr sowohl in bezug auf die Aufträge als auch auf Anzahl der Kunden überlegen war. Die DC-10 hatte nur einen einzigen Vorteil, der sich als Trumpfkarte herausstellte. Die TriStar war für RB.211-22 Triebwerke ausgelegt, die damals nicht in einer stärkeren Version produziert werden konnten. Im Gegensatz dazu plante General Electric eine leistungsstärkere Version des CF6, nämlich das CF6-50 Triebwerk mit einem Schub von 21.455 kp, das 1974 zur Verfügung stehen sollte. Northwest entschied sich jedoch für das ebenfalls sehr leistungsfähige Pratt & Whitney JT9D-15 Triebwerk mit 45.500 kp. Das ermöglichte es Douglas schließlich, die geplante Langstreckenversion anzubieten, die schon von Anfang an vorgesehen gewesen war.

Zuerst mußte jedoch die ursprüngliche DC-10-10 zugelassen werden. Für ein intensives Flugprogramm wurden fünf Flugzeuge verwendet, die je bis zu 11.340 kg Instrumente an Bord hatten und direkt mit Registriergeräten und Computern auf dem Boden verbunden waren. Die erste DC-10, die als N10DC registriert und in den Firmenfarben bemalt war, wurde am 29. August 1970 von Long Beach von einer Testmannschaft unter Führung von Cliff Stout geflogen. Danach erfolgten die Flüge von Edwards und Yuma aus. Die FAA-Zulassung ging am 29. Juli 1971 ein. Mit 18.144 kp CF6-6 Triebwerken und einem Gewicht, mit voller Ladung, von 185.976 kg konnte die DC-10-10

Die einzigen DC-10, die sich 1984 in Long Beach auf dem Fließband befanden, waren die KC-10A Extender der US Air Force. Diese außerordentlich leistungsfähigen Maschinen, die von der Dash-30CF abgeleitet sind, haben an der Unterseite des Rumpfes entlang zusätzliche Treibstoffzellen, ein Hochgeschwindigkeits-Auftankrohr und eine Schlauchhaspel. Sie sind darüber hinaus auch speziell für den US Air Force Frachttransport ausgerüstet.

in gemischten Klassen 255/270 Passagiere von Los Angeles nach Boston fliegen. American nahm die Maschinen am 5. August 1971 in Betrieb. Neun Tage später flog United eine DC-10 im Linienverkehr von San Francisco nach Washington.

Am 28. Februar 1972 flog das erste Langstreckenmodell, eine DC-10-20, mit JT9D Triebwerken. Später, mit 2.240 kp JT9D-20 Triebwerken, erhielt diese Maschine die neue Bezeichnung DC-10-40. Es wurde nur eine kleine Anzahl dieser Maschinen verkauft. Der einzige neue Kunde war Japan Air Lines, deren Maschinen die JT9D-59A Triebwerke mit 24.041 kp Schub erhielten.

Aggressive Verkaufsstrategien, aber dann . . . .

Fast alle Langstreckenmodelle waren DC-10-30 Maschinen. Die erste davon flog am 21. Juni 1972 mit 22.226 kp CF6-50A Triebwerken. Wie die Modelle mit Pratt & Whitney Triebwerken, hatte auch dieses Flugzeug eine größere Spannweite, eine weit größere Treibstoffkapazität und ein zusätzliches zweirädriges Fahrwerk auf der Mittellinie zur Gewichtsverteilung auf der Rollbahn-Oberfläche. Zuerst wurde die DC-10-30 mit 251.748 kg zugelassen, aber dieses Gewicht wurde später auf 259.450 kg, mit einer Option für 263.994 kg—mehr als das 1967 geplante Startgewicht—erhöht. Diese Gewichtssteigerung, mit der Lockheed nicht Schritt halten konnte, öffnete der DC-10 bei Fluggesellschaften auf der ganzen Welt alle Türen. Eine ganze Weile sah es so aus, als würde sich mit der Langstrecken-DC-10 die von Brizendine aufgestellte Prophezeiung erfüllen, daß sich die DC-10 im nächsten Jahrzehnt zum Rückgrat der Verkehrsflugzeugflotten entwickeln werde. Gestützt auf die Behauptung, daß dieses Flugzeug alle Strecken von etwa 480 bis über 8.000 km fliegen und daher fast alle bisherigen Maschinen ersetzen könne, sofern auf der betreffenden Strecke für ein Flugzeug mit 250/370 Sitzen genügend Verkehr

Eine DC-10-30 der Air SIAM. Die Aufnahme entstand, bevor die Maschine tatsächlich in Dienst gestellt wurde, wie man an der Nummer N54643 erkennen kann.

herrschte, verkaufte Douglas diese Maschine sehr aggressiv. Ein besonderer Ansporn war die Wahl der DC-10-30 durch die europäische KSSU-Gruppe (KLM, SAS, Sabena und UTA) im Juni 1969, und schließlich wurden von 48 Fluggesellschaften insgesamt 377 Maschinen gekauft. Dazu auch einige konvertierbare Frachtflugzeuge DC-10-10F und DC-10-30CF mit großen Frachttüren, die mit einer Frachtladung von 53.500 kg für ein Gesamtgewicht von 267.624 kg zugelassen wurden, und die DC-10-15 für Flughäfen in heißen bzw. hochgelegenen Gegenden. Dabei handelt es sich jedoch im wesentlichen um eine DC-10-10 mit CF6-50 Triebwerken.

Während der ersten Monate, in denen sich das Flugzeug im Einsatz befand, kam es zu einigen ernsten Problemen mit Triebwerken, die ausfielen. Einmal geschah es sogar, daß ein Hecktriebwerk im Flug auseinanderbrach. Schlimmer war es jedoch, als bei einer American DC-10-10 am 12. Juni 1972 über Michigan an der hinteren Unterdeck-Frachttür die Schlösser versagten, so daß die Tür aufbarst (wobei übrigens ein Sarg ausgestoßen wurde) und der Hauptboden unter der Passagierdruckkabine und die Steuerung der Seiten- und Höhenruder beschädigt wurden. Diese Maschine konnte zwar noch sicher landen, aber als eine türkische THY DC-10-10 am 3. März 1974 über dem Forêt d'Ermenonville kurz nach dem Abflug von Paris nach London einen ganz ähnlichen Unfall hatte, kamen alle Passagiere dabei ums Leben. Darüber wurde ausgiebig berichtet, und viele Journalisten behaupteten, daß die DC-10 nie wieder fliegen würde. Die Schlösser mußten geändert werden, und die DC-10 flog nicht nur wieder, sondern ließ sich auch wieder verkaufen.

Für verschiedene andere Abstürze war nachweisbar nicht das Flugzeug verantwortlich, aber am 25. Mai 1979 ereignete sich am Hauptsitz des ersten Kunden ein zweites schreckliches Unglück, als beim planmäßigen Abflug einer American DC-10-10 das Triebwerk Nr. 1 von der linken Tragfläche abfiel. Der Vorflügel an dieser Tragfläche ging zurück, das Flugzeug rollte nach links und landete auf dem Rücken—alle Passagiere fanden den Tod. Jetzt wurde die FAA-Zulassung entzogen, und nach langen Untersuchungen kam man zu dem Schluß, daß die Hauptursache für den Unfall in mangelhafter Wartung durch American lag. Dort war es zur Gewohnheit geworden, die Triebwerksgondel samt Pylon mit einem Gabelstapler zu heben, so daß die kritischen, hochbeanspruchten Gondel-Befestigungen beschädigt wurden.

McDonnell Douglas gelang es nie, die verschiedenen längeren, kürzeren oder auf sonstige Weise modifizierten DC-10 Maschinen auf den Markt zu bringen, aber im Dezember 1977 ging von der US Air Force ein Auftrag über ein ab Lager lieferbares ATCA (advanced tanker cargo aircraft = hochentwickeltes Tankfrachtflugzeug) in Form einer modifizierten DC-10-30CF ein. Diese Maschine erhielt die Bezeichnung KC-10A Extender. Sie wurde für amerikanische Flugzeuge, Personal und Nachschub gebraucht, die über die ganze Welt verstreut sind, und in dieser Funktion verrichtete dieses Flugzeug bei weit größerer Leistungsfähigkeit die Arbeit von mehreren KC-135 Maschinen und Frachtflugzeugen. An der Unterseite des Rumpfes befinden sich sieben Treibstoffzellen, und unter dem Heck ist ein computergesteuertes Auftankrohr mit langer Reichweite befestigt. Die KC-10A kann aus einer Entfernung von 3.540 km von ihrem Stützpunkt aus ein Kampf- oder anderes Flugzeug mit 90.718 kg Treibstoff versorgen oder über eine Entfernung von 11.100 km 45.400 kg Fracht befördern.

Wegen des sehr nachlassenden Verkaufserfolgs begann McDonnell Douglas bereits 1983 mit den Arbeiten an einem Nachfolgermodell, das die Bezeichnung MD-100 erhielt. Auf dem Pariser Luftfahrtsalon 1985 wurde dann schließlich unter der Bezeichnung MD-11X ein auf der DC-10-30 basierendes Modell vorgestellt, das einen 6,78 m längeren Rumpf, ein modernes Zwei-Mann-Cockpit und erhebliche aerodynamische Verbesserungen besitzt. Mit drei CF6-80C2 oder PW4000 Turbofan-Triebwerken ausgerüstet, soll die MD-11 ab 1990 zur Verfügung stehen. Die Langstreckenversion der MD-11 soll eine Reichweite von 11.250 km haben. Bis Anfang 1986 waren insgesamt 369 DC-10 an zivile Gesellschaften ausgeliefert worden.

Oben: **Die DC-10-30 der Lufthansa gehören inzwischen zu den Veteranen der Flotte.** ***Rechts:*** **Eine DC-10-30 der British Caledonian überquert auf dem Weg nach Afrika die Alpen.**

Lockheed TriStar

Als sich Mitte der sechziger Jahre abzeichnete, daß in Zukunft immer mehr Großraumflugzeuge nötig sein würden, kam es zu einem harten Konkurrenzkampf zwischen den amerikanischen Herstellern Lockheed und McDonnell Douglas; Boeing hatte mit der 747 schon einen Treffer gelandet. Die TriStar von Lockheed schien anfänglich das Rennen zu machen, doch nur wenig später konnte McDonnell Douglas mit der DC-10 schon bald den Konkurrenten einholen. Allerdings hat sich gezeigt, daß die meisten Fluggesellschaften über lange Jahre der TriStar ebenso die Treue halten wie der DC-10.

Um die Mitte der 60er Jahre bat American Airlines die Flugzeugindustrie in den USA in weiser Voraussicht um ein Angebot über ein kommerzielles Kurz- bis Mittelstrecken-Großraumflugzeug für 250 Passagiere, das auf den stark beanspruchten Strecken Chicago — Los Angeles und LaGuardia (New York) — Chicago eingesetzt werden sollte. Dabei waren die durch den Flughafen LaGuardia gesetzten Grenzen, die Schwierigkeiten, denen ein Flugzeug beim Anflug entlang der Flushing Bay und im Schatten von Manhattan ausgesetzt ist, sowie der Flugverkehr auf dem ganz in der Nähe gelegenen Kennedy International-Flughafen besonders zu berücksichtigen. Die Rumpflänge durfte höchstens 36,39 m betragen, und die erforderliche Kraft sollte von den ruhigen und treibstoffsparenden Turbofans der neuen Generation kommen. American schlug den interessierten Herstellern folgende Triebwerke vor: Pratt & Whitney JT9D, General Electric CTF39 und Rolls-Royce RB.178-51, ohne selbst eine Entscheidung zu treffen. Anspruchslose Wartung, eine schnelle Wendezeit und automatische Landefähigkeit wurden ebenfalls vorausgesetzt. American Airlines verlangte sehr viel, aber den Herstellern winkte ein sehr lukratives Geschäft. Sowohl Douglas als auch Lockheed stürzten sich in die Arbeit, um dem Ruf von American Folge zu leisten. Unter Führung von William M. Hannan machte sich das Konstruktionsteam von Lockheed-California im Januar 1966 an die Arbeit, zuerst an der Model 193, die jedoch später durch die Model 385 Lockheed L-1011 TriStar ersetzt wurde. Etwa neun Monate später, am 11. September, kündigte Lockheeds Präsident Daniel J. Haughton an, daß seine Firma jetzt in der Lage sei, Aufträge entgegenzunehmen. Das Wettrennen hatte begonnen.

Trotz der hitzigen Atmosphäre, die damals im Geschäftsleben herrschte, und ohne sich durch die hohen Energiekosten, die wie ein

Die erste Pan Am Lockheed L-1011-500 war die N64911 (heute N501 PA) Clipper Eagle, die von drei RB.211-524B Triebwerken mit je 22.680 kp Schub angetrieben wird.

Alptraum auf der Flugzeugindustrie lasteten, abschrecken zu lassen, nahmen sowohl McDonnell Douglas (die beiden Unternehmen schlossen sich im April 1967 zusammen) als auch Lockheed an diesem Wettrennen teil. Beide Firmen litten unter einer sehr angespannten Finanzlage. Erstere hatte kurz zuvor einen Auftrag der US Air Force über schwere Transportflugzeuge an Lockheed verloren, und letztere sollte durch die Entwicklungskosten für dieses Projekt, das zur C-5A Galaxy führte, enorm geschwächt werden. Die Flugwerkskonfigurationen der beiden Unternehmen waren sich erstaunlich ähnlich. Beide entschieden sich für ein Großraumflugzeug mit um 35° gepfeilten Flügeln, zwei Turbofans in Triebwerksgondeln unter jedem Flügel und einem dritten im oder auf dem hinteren Rumpfteil. Die von McDonnell Douglas vorgesehene Maschine war die DC-10, entweder mit General Electric CF6 oder auf Wunsch mit Pratt & Whitney JT9D Triebwerken ausgerüstet. Die beiden ersten Interessenten, die Lockheed für sich gewinnen konnte (American Airlines und Delta Air Lines) entschieden sich für Rolls-Royce RB.211 Triebwerke. Die britische Firma Rolls-Royce zeigte sich über diese Aufträge, die ihr im März 1968 erteilt wurden, sehr erfreut.

500.000 Dollar herunter — und sofort gingen auch Aufträge ein. 60 Maschinen wurden am 25. April 1968 von dem riesigen Unternehmen United Air Lines bestellt. Dieser Auftrag und der von American Airlines sicherten die künftige Produktion der DC-10.

Diese Verkaufspolitik machte sich für McDonnell Douglas gut bezahlt. Die KSSU-Gruppe (KLM, Swissair, SAS und UTA) bestellte im Juni 1969 die interkontinentale Langstreckenversion der DC-10 Serie 30, ein Flugzeug, das bei den europäischen und fernöstlichen Fluggesellschaften besonderen Anklang fand, während die L-1011-1 (das Basismodell der TriStar) immer noch ein Kurz- bis Mittelstreckenflugzeug war.

Die erste TriStar L-1011-1, Seriennummer N1011, leuchtete in strahlendem Weiß und Rot, als sie am 15. September 1970 in Palmdale aufs Flugfeld rollte. Die Maschine hob am 16. November desselben Jahres zu ihrem ersten Flug ab. Ihre drei RB.211-22F Triebwerke waren jetzt für einen Höchstschub von nur 16.556 kp ausgelegt.

Links: Die jordanische Fluggesellschaft Alia betreibt neben Boeing 707, 727 und 747 auf interkontinentalen Routen von Marka-Amman und dem ca. 40 km südlich der Hauptstadt Amman eröffneten modernen Flughafen Queen Alia aus auch fünf Lockheed L-1011-500. JY-AGE ist die neueste Maschine, um die die Flotte erweitert wurde. Sie zeichnet sich durch ein dreifaches Trägheitsnavigationssystem und ein Flight Management System aus.

Links: Saudi Arabian Airlines verfügt über eine mächtige interkontinentale Flugzeugflotte, die sich aus TriStar-Maschinen und Boeing 747 zusammensetzt. HZ-AHA ist eine der ursprünglich 17, jetzt aber nur noch acht L-1011-200 der Gesellschaft.

Es war jedoch zweifelhaft, ob Lockheed eine Ahnung von den technischen Problemen hatte, die auf Rolls-Royce bei der Entwicklung des RB.211 zukommen würden, noch von der sich schnell zuspitzenden Finanzlage der britischen Firma, die durch die hohen Forschungs- und Entwicklungskosten für dieses Triebwerk entstanden.

Scharfe Konkurrenz

In dieser verzweifelten Lage gelang es dem DC-10 Konstruktionsteam von McDonnell Douglas, ein überaus anpassungsfähiges Produkt hervorzubringen. Der Firma standen leistungsfähigere Modelle des CF6 und des JT9D zur Verfügung, so daß sie die DC-10 an ein viel breiteres Käuferspektrum verkaufen konnte, während Lockheeds RB.211 für Langstreckenflüge ungeeignet war.

Sowohl für die DC-10 als auch für die TriStar hatte gerade erst die Konstruktionsphase begonnen, als der Preiskrieg begann. Am 19. Februar 1968 bestellte American Airlines im Rahmen eines 382 Millionen-Dollar-Geschäfts 25 DC-10 Serie 10 zum Preis von 15,3 Mio. Dollar pro Maschine. Haughton senkte darauf den Preis für die L-1011 TriStar von einem zum anderen Tag um eine ganze Million US-Dollar. Ein gewagtes Stück, aber es hatte seine Wirkung. Im März 1968 gab Lockheed den Verkauf von 118 TriStar an Eastern Airlines, TWA und Delta Air Lines bekannt. Außerdem waren weitere 50 Maschinen von einem Finanzkonsortium bestellt worden, an dem British United Airways (BUA) und die Air Holdings Ltd. beteiligt waren. Die Holding-Firma wurde von der damaligen britischen Regierung und Lockheed gebildet, um den Verkauf des RB.211 und der TriStar zum gegenseitigen Vorteil voranzutreiben. Für McDonnell Douglas schien der Kampf zu Ende zu sein. Die 25 verkauften DC-10, denen 168 TriStar gegenüberstanden, waren nur ein kleiner Trost für McDonnell Douglas. Aber die Firma schlug zurück. Sie bot sehr großzügige Kreditbedingungen an und setzte den Preis jeder DC-10 um mindestens

Die Rolls-Royce-Katastrophe

Eine unkluge Marktpolitik und die Entwicklungskosten des RB.211 Triebwerks waren nur einige der Faktoren, die im Februar 1971 zu dem freiwilligen Vergleich von Rolls-Royce Ltd. führten. Die Firma war bankrott. Das Unternehmen war jedoch von so großer Bedeutung, daß die Regierung unmöglich seinen Untergang dulden konnte. Am 23. Februar 1971 setzte die Gesellschaft unter Lord Cole, durch staatliche Mittel unterstützt, als Rolls-Royce (1971) Ltd. zu einem neuen Anfang an. Zwischen der Heath und der Nixon Regierung kam es zu eiligen Beratungen. Eine unmittelbare Folge des Zusammenbruchs waren die Einstellung der TriStar-Produktion und die Entlassung von ca. 9000 Lockheed-Mitarbeitern. Mit der Lieferung des RB.211 war man schon jetzt sechs Monate im Verzug.

Die britische Regierung unterzeichnete am 11. Mai 1971 einen Emissionsvertrag für das RB.211 Triebwerk, nachdem sie zuvor den Vergleichsverwalter für die angefallenen Kosten entschädigt hatte. An der Sache war jedoch ein 240 Millionen-Dollar-Haken. Das Geld für das RB.211 wäre unter der Bedingung zur Verfügung gestellt worden, daß Washington die Zukunft der TriStar garantierte. Sowohl Lockheed als auch Nixon versuchten, die Banken dazu zu überreden, 250 Mio. Dollar als Darlehen bereit zu stellen. Diese erklärten sich unter der Bedingung dazu bereit, daß sich der Kongreß für den Fortbestand von Lockheed einsetzen würde, denn die Firma befand sich damals wegen der C-5A in großen Schwierigkeiten. Mit knapper Mehrheit beschloß das Repräsentantenhaus am 30. Juli 1971, die US Darlehen zu garantieren, und drei Tage später schloß sich auch der Senat an. Der Fortbestand der TriStar war gesichert.

In Produktion

Die erste L-1011-1 wurde zur Umschulung der Besatzung am 6. April 1972 mit RB.211-22B Triebwerken von je 19.050 kp Schub an

Lockheed TriStar

Technische Daten der Lockheed L-1011-500
Typ: kommerzielles Langstrecken-Verkehrsflugzeug.
Triebwerk: drei Rolls-Royce RB.211-524B oder B4 Turbofan-Triebwerke mit je 22.680 kp Schub.
Leistung: max. Reisegeschwindigkeit in 9.145 m Höhe 973 km/h; Anfangssteiggeschwindigkeit 15,13 m/sek; Dienstgipfelhöhe 13.135 m; Reichweite mit max. Passagierzahl und Fracht 8.400 km.
Gewicht: Leergewicht 111.311 kg; Rüstgewicht 153.315 kg; max. Startgewicht 228.610 kg.
Abmessungen: Spannweite 50.09 m; Länge 50,04 m; Höhe 16,86 m; Tragflügelfläche mit nicht modifizierten Flügelspitzen 320 m².

G-BFCB ist eine Lockheed L-1011-500 TriStar von British Airways in den Farben von 1980. Im folgenden Jahr wurde der 'airways' Namenszug weggelassen, und das Flugzeug erhielt den Namen 'Harry Wheatcroft Rose'. Zu den Ausrüstungen und Modifikationen dieser Maschine gehörten ACS (Active Control System) und RSB, ein dreifaches Carousel IV INS (Trägheitsnavigationssystem) und ein Flugmanagementsystem (FMS). Die L-1011-500 von British Airways waren auf den Transatlantikrouten nach den USA eingesetzt. Sie waren die ersten Maschinen, die 1981 den Nonstop-Verkehr nach New Orleans, Calgary und Edmonton aufnahmen. Aus finanziellen Gründen verkaufte das Unternehmen alle seine sechs L-1011-500 Anfang 1983 für einen Pauschalpreis von £600 Millionen an die Royal Air Force. Zwei dieser Maschinen befinden sich als Truppentransporter im Einsatz, vier wurden unter der Bezeichnung K(C) Mk 1 zu Tankflugzeugen umgerüstet.

Lockheeds Model 385 TriStar, N1011, flog zum ersten Mal am 17. November 1970. Diese Maschine sollte der DC-10 von McDonnell Douglas die Stirn bieten und den lukrativen Inlandsmarkt in den USA erobern. Dieses Flugzeug trug den Namen 'Ship One'.

Eastern Airlines geliefert. Die in Miami ansässige Gesellschaft setzte die Maschine ab 26. April im Linienverkehr ein. Das max. Startgewicht der L-1011-1 beträgt 195.048 kg bei einer max. Nutzlast von 37.785 kg. Die wirtschaftlichste Reisegeschwindigkeit ist in 10.670 m Höhe 890 km/h, und die maximale Reichweite beträgt bei voller Last 5.077 km, was auf Binnenstrecken und der karibischen Route als gut gilt. Auf längeren Streckenabschnitten reicht diese Leistung jedoch kaum aus. Wenn das Flugzeug ausschließlich für die Economy-Klasse ausgerüstet wird, können insgesamt 400 Sitze vorgesehen werden, während bei der Konbination von Erster und Economy-Klasse 256 Sitze üblich sind. Es sind acht Türen der Klasse A eingebaut, eine Bordküche im unteren Deck und zwei Essensaufzüge. Die Maschine hat automatische Druckbelüftung und Klimatisierung, drei Generatoren mit integriertem Antrieb, unterstützt von einem Pratt & Whitney Canada St6 Hilfsenergieaggregat (APU), vier unabhängige 207 bar Hydraulikanlagen, die von Druckluftturbinenmotoren unterstützt werden, und eine Staudruckturbine.

Außer Lockheed-Fowlerklappen und Vorflügeln hat die L-1011 sechs computerprogrammierte Spoiler auf jeder Tragflügelfläche zur Unterstützung der Drehbewegungen, automatische Spoiler zur Benutzung nach der Landung und direkte Auftriebssteuerung (DLC = Direct Lift Control). DLC ermöglicht einen sehr stabilen Anflug, so daß zur Änderung der Sinkgeschwindigkeit so gut wie keine Änderung des Anstellwinkels erforderlich ist. Nach Wahl einer Klap-

Aufriß-Erläuterung zur Lockheed TriStar 500

1 Radom
2 Antenne für VOR/Landekurssender
3 Radarantenne
4 Antenne für ILS-Gleitwegsender
5 vorderes Druckschott
6 abgerundete Cockpitscheiben
7 Scheibenwischer
8 Abdeckung des Instrumentenbretts
9 Seitenruderpedale
10 Cockpitboden
11 untere Eingangstür
12 vordere Unterflur-Funk- und -Elektronikzelle
13 Pitotrohre
14 Sitz des Beobachters
15 Sitz des Kapitäns
16 Sitz des Copiloten
17 obere Bedienungstafel
18 Sitz des Bordingenieurs
19 Notausstieg im Cockpitdach
20 Klimatisierungsleitungen
21 vordere Bordküche (Galley)
22 Wartungstür, steuerbord
23 vordere Toilettenabteile
24 Kabinentrennvorhang
25 Schrank
26 vorderer Passagiereingang
27 Klappsitz für Kabinenpersonal
28 Bugfahrwerkschacht
29 Staulufteinlauf
30 Wärmeaustauscher
31 Bugfahrwerkstrebe
32 Doppelräder
33 Steuerhydraulik
34 Bugradklappen
35 Klimaanlage, backbord und steuerbord
36 Kabinenfenster
37 24 Sitze in der Ersten Klasse, jeweils 6 pro Reihe
38 vorderer Unterflur-Frachtraum
39 vordere Frachttür
40 VHF-Antenne
41 Kabinentrennvorhang
42 Behälter für Handgepäck
43 222 Sitze in der Touristenklasse, jeweils 9 pro Reihe
44 Gepäck-/Frachtbehälter, 12 vordere LD3 Container
45 Rumpfspant- und Stringerkonstruktion
46 Flügelwurzelausrundung
47 Rollscheinwerfer
48 Zapfluftleitungen
49 Stauraum für Notrutsche und Rettungsboot
50 Eingangstür im Mittelabschnitt
51 Galley im Mittelabschnitt
52 Konstruktion des mittleren Rumpfabschnitts
53 durch den Mittelabschnitt gehende Flügelkonstruktion
54 Trockenzelle
55 Treibstofftanks im Mittelabschnitt, 30.510 Liter
56 Tragelemente des Kabinenbodens
57 Hauptspant zur Rumpf/Vorderholmbefestigung
58 Antikollisionslichter
59 innerer Treibstofftank, 30.226 Liter
60 Schubumkehr, offen
61 Triebwerksgondel, steuerbord
62 Gondelpylon
63 starrer Teil der Vorderkante
64 Treibstoffauffang- und Förderpumpenbehälter
65 Rohrleitungen des Treibstoffsystems
66 äußerer Treibstofftank, 14.407 Liter
67 Druckbetankungsanschlüsse
68 Antriebswelle
69 Vorflügelantrieb
70 Vorflügelsegmente, offen
71 verlängerte Flügelspitzenverkleidung
72 Navigationslicht, steuerbord
73 hochintensiver Antikollisionsblitz (Strobe)
74 Statikentlader
75 Querruder zur 'aktiven Steuerung' (ACS), steuerbord
76 Querruderhydraulik
77 Treibstoffschnellablaß
78 äußere Spoiler
79 äußere Spoiler/Luftbremsen
80 Klappenantrieb
81 Verkleidung der Klappenführung
82 äußere Doppelspalt-Klappe, in Abwärtsstellung
83 inneres Querruder
84 innere Doppelspalt-Klappe, in Abwärtsstellung
85 Spaltabdeckung
86 innere Spoiler/Luftbremsen
87 Hauptspant zur Rumpf- und hinteren Holmbefestigung
88 Kabinenverkleidung
89 Druckboden über dem Radschacht
90 Hydraulikbehälter
91 Wartungsschacht im Mittelabschnitt
92 Hauptfahrwerk, eingezogen
93 hydraulische Klappenantriebsmotoren
94 Kabinenbodenplatten
95 Sitzbefestigungsschienen
96 Klimatisierungsleitungen
97 Rumpfspant- und Stringerkonstruktion
98 Kabinendeckenplatten
99 Behälter für Handgepäck
100 hintere Kabinensitze
101 Leuchtplatten in der Kabinendecke
102 schalldämmende Einlaufverkleidung
103 mittlerer Triebwerkseinlauf
104 Tragelemente des Einlaufkanals
105 hintere Galley
106 hintere Toilettenabteile (5)
107 hintere Druckkuppel
108 Mittelabschnitt der Höhenflosse
109 verstellbare Höhenflossenhydraulik
110 S-förmiger Lufteinlauf
111 Luftzufuhr zur Einlaufenteisung
112 schräges Seitenflossenschott
113 Höhenflosse, steuerbord
114 Höhenruder, steuerbord
115 HF-Antenne
116 Seitenflossenkonstruktion
117 Seitenflossen-Vorderkante
118 VOR-Antenne
119 Seitenruder-Massenausgleich
120 Statikentlader
121 Seitenruderkonstruktion
122 Seitenruderhydraulik
123 Triebwerk-Zapfluftsystem
124 Befestigung des mittleren Triebwerkpylons
125 Heckverkleidung
126 abnehmbare Triebwerksverkleidung
127 Einbau des mittleren Triebwerks
128 Höhenrudersteuerung
129 Höhenruder, backbord
130 Höhenruder-Ausgleichgewichte
131 Verkleidung der Höhenflossenspitze
132 Höhenflossenkonstruktion
133 bewegliche Verkleidung der Höhenflossenabdichtung

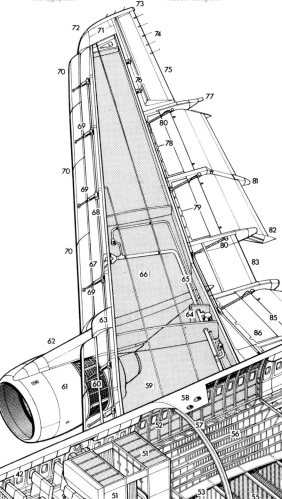

peneinstellung von über 30° steigen die Spoiler Nr. 1–4 auf eine Nullstellung bei 7°, um sich dann entsprechend der Steuerbewegung über den DLC-Bereich zu bewegen. Die Collins FCS-240 oder Sperry Autopilotsysteme haben sich bewährt und bieten vielerlei Möglichkeiten, darunter Höheneinhaltung, automatische Vortriebsregelung (Auto Throttle) und automatische Landung. Was den Start und die Landung bei geringer Sicht betrifft, ist die TriStar immer noch nahezu unübertroffen. Der Start kann mit dem Flugführungssystem und dem Para-Visual Display (PVD) erfolgen, so daß in gewissen Fällen schon mit 75 m die Flugfeld-Mindestbedingungen erfüllt werden. Anflug-Lande-Betrieb ermöglicht dem Flugzeug automatisch eine sehr ruhige Landung bis hinunter zu Kategorie III mit einer Entscheidungshöhe von nur 15 Fuß (4,60 m) bei einer Landebahnsicht von 125 m. Vor kurzem hat die britische Civil Aviation Authority (Zivilluftfahrtbehörde) die zulässige Sichtweite auf 75 m reduziert. Bei Landungen in Kategorie II und III werden zwei Autopiloten verwendet.

Wenn der Funkhöhenmesser 1.500 Fuß anzeigt, schalten die mit dem Flugführungssystem (Flight Director) gekoppelten Autopiloten (APFDS) auf Anflug-Landebetrieb um, wodurch Gierdämpfer und

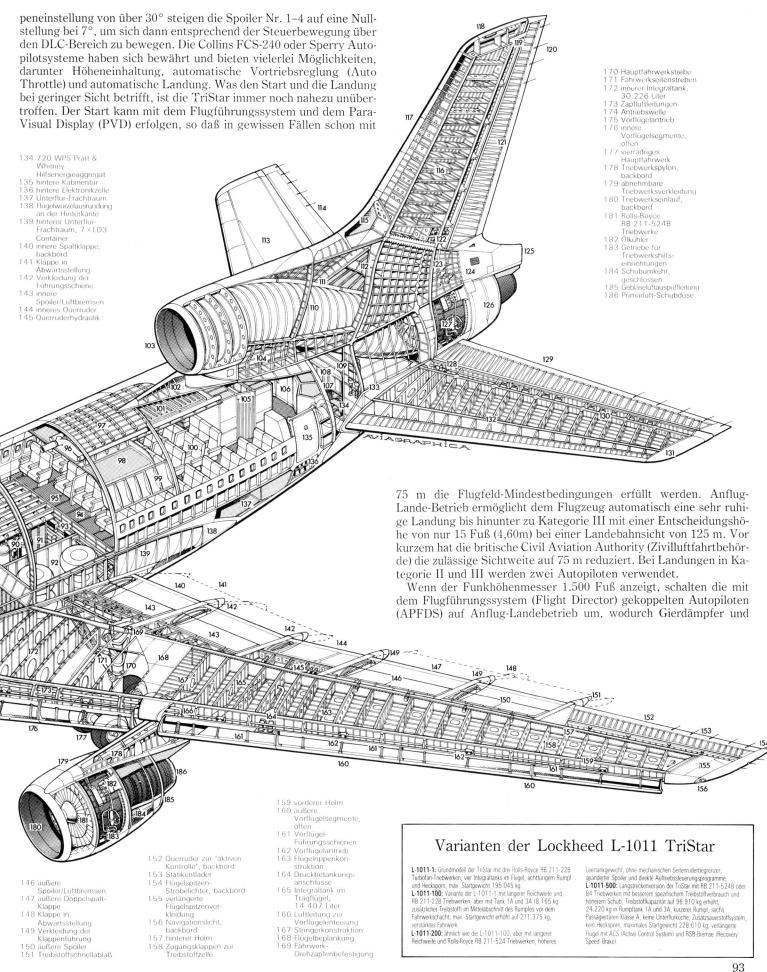

134 720 WPS Pratt & Whitney Hilfsenergieaggregat
135 hintere Kabinentür
136 hintere Elektronikzelle
137 Unterflur-Frachtraum
138 Flügelwurzelausrundung an der Hinterkante
139 hinterer Unterflur-Frachtraum, 7 × LD3 Container
140 innere Spaltklappe, backbord
141 Klappe in Abwärtsstellung
142 Verkleidung der Führungsschiene
143 innere Spoiler/Luftbremsen
144 inneres Querruder
145 Querruderhydraulik
146 äußere Spoiler/Luftbremsen
147 äußere Doppelspaltklappe
148 Klappe in Abwärtsstellung
149 Verkleidung der Klappenführung
150 äußerer Spoiler
151 Treibstoffschnellablaß
152 Querruder zur 'aktiven Kontrolle', backbord
153 Statikentlader
154 Flügelspitzen-Strobelichter, backbord
155 verlängerte Flügelspitzenverkleidung
156 Navigationslicht, backbord
157 hinterer Holm
158 Zugangsklappen zur Treibstoffzelle
159 vorderer Holm
160 äußere Vorflügelsegmente, offen
161 Vorflügel-Führungsschienen
162 Vorflügelantrieb
163 Flügelrippenkonstruktion
164 Druckbetankungsanschlüsse
165 Integraltank im Tragflügel, 14.407 Liter
166 Luftleitung zur Vorflügelenteisung
167 Stringerkonstruktion
168 Flügelbeplankung
169 Fahrwerk-Drehzapfenbefestigung
170 Hauptfahrwerkstrebe
171 Fahrwerksseitenstreben
172 innerer Integraltank, 30.226 Liter
173 Zapfluftleitungen
174 Antriebswelle
175 Vorflügelantrieb
176 innere Vorflügelsegmente, offen
177 vierrädriges Hauptfahrwerk
178 Triebwerkspylon, backbord
179 abnehmbare Triebwerksverkleidung
180 Triebwerkseinlauf, backbord
181 Rolls-Royce RB.211-524B Triebwerke
182 Ölkühler
183 Getriebe für Triebwerkshilfseinrichtungen
184 Schubumkehr, geschlossen
185 Gebläseluftauspuffleitung
186 Primärluft-Schubdüse

Varianten der Lockheed L-1011 TriStar

L-1011-1: Grundmodell der TriStar mit drei Rolls-Royce RB.211-22B Turbofan-Triebwerken, vier Integraltanks im Flügel, achttürigem Rumpf und Hecksporn; max. Startgewicht 195.045 kg.

L-1011-100: Variante des L-1011-1 mit längerer Reichweite und RB.211-22B Triebwerken, aber mit Tank 1A und 3A (8.165 kg zusätzlicher Treibstoff) im Mittelabschnitt des Rumpfes vor dem Fahrwerkschacht; max. Startgewicht erhöht auf 211.375 kg, verstärktes Fahrwerk.

L-1011-200: ähnlich wie die L-1011-100, aber mit längerer Reichweite und Rolls-Royce RB.211-524 Triebwerken, höheres Leertankgewicht, ohne mechanischen Seitenruderbegrenzer; geänderter Spoiler und direkte Auftriebssteuerungsprogramme.

L-1011-500: Langstreckenversion der TriStar mit RB.211-524B oder B4 Triebwerken mit besserem spezifischem Treibstoffverbrauch und höherem Schub; Treibstoffkapazität auf 96.910 kg erhöht, 24.220 kg in Rumpftank 1A und 3A; kürzerer Rumpf; sechs Passagiertüren Klasse A, keine Unterflurküche; Zusatzsauerstoffsystem; kein Hecksporn; maximales Startgewicht 228.610 kg; verlängerte Flügel mit ACS (Active Control System) und RSB-Bremse (Recovery Speed Brake).

Delta Air Lines arbeitet schon seit vielen Jahren außerordentlich rentabel, und dazu hat die TriStar sehr viel beigetragen. Die N751DA, die man hier im Flug über den Rockies sieht, ist eine L-1011-500 auf ihrem Abnahmeflug vor der Auslieferung an Delta. Diese Maschine hat den verkürzten Rumpf.

Seitenruderbewegungen koordiniert werden. In 150 Fuß wird mit der automatischen Ausrichtung der Maschine auf den Landekurssender begonnen und jede Abtrift mit dem Seitenruder ausgeglichen, außerdem wird der in den Wind gerichtete Flügel quergeneigt. In 50 Fuß Höhe wird das Flugzeug abgefangen und die Schubleistungshebel automatisch zurückgenommen. Zeigt der Höhenmesser 5 Fuß an, setzt die Maschine auf, manchmal nur mit einem Hauptfahrwerk auf der dem Wind zugewandten Seite. Danach bleibt das Flugzeug auf der Mittellinie, und der Pilot kann die Autopiloten abschalten und benutzt das Para-Visual Display.

Die TriStar haben auch bis zu drei Carousel IV Trägheitsnavigationssysteme, wovon eines oder zwei mit dem Flight Management System (FMS) verbunden sind. Dieser Digitalcomputer wird hauptsächlich für zwei Funktionen mit Software gespeist. Die erste besteht aus einem Navigationsprogramm, das die Einspeisung einer ganzen Route, z.B. New York — Los Angeles, in das Trägheitsnavigationssystem ermöglicht. Bei der zweiten Funktion stehen für Steigflug, Reiseflug, Triebwerksausfall sowie Sinkgeschwindigkeit und Triebwerksleistung verschiedene Programmoptionen zur Verfügung. Zwei davon sind die Programme Min Cost (Minimumkosten) und Max Fuel (max. Treibstoffeinsparung). Ein solches System ermöglicht erhebliche Einsparungen an Treibstoff.

Spätere Varianten

Der DC-10 Serie 30 war es gelungen, sich auf dem interkontinentalen Markt kräftig durchzusetzen. Die Reichweite und die Nutzlast der TriStar mußten daher unbedingt erhöht werden. Zuerst wurde die L-1011-100 (RB.211-22B Turbofan-Triebwerke) herausgebracht, die neben den vier Integraltanks in den Flügeln zwei Rumpftanks mit 8.165 kg zusätzlichem Treibstoff hatte. Das maximale Startgewicht wurde auf 211.375 kg erhöht, und die maximale Reichweite betrug jetzt — mit Nutzlast — 6.335 km. Von TWA, Air Canada, Gulf Air, Cathay Pacific und Saudi Arabian Airlines wurden mehrere L-1011-100 bestellt. Bei der Lockheed L-1011-200, die am 26. April 1977 von der FAA zugelassen wurde, sorgte das RB.211-524 Triebwerk mit 21.773 kp Schub für größere Leistung. Diese Maschine durfte das anpassungsfähigste Flugzeug in der TriStar-Reihe sein, aber sein Tankraum (der dem der L-1011-100 entspricht) und sein relativ geringes Leertankgewicht (ZFW) können es mit der Reichweite, auf die es die DC-10-30 mit Nutzlast bringt, nicht aufnehmen.

Der Versuch, die Reichweite der TriStar radikal zu ändern, führte zur L-1011-500, die im Dezember 1979 von der FAA zugelassen wurde. Die L-1011-500 hat RB-211-524B oder RB-211-524B4 Triebwerke mit 22.680 kp Schub, einen kürzeren Rumpf (um 4,11 m verkürzt), sechs Türen der Klasse A, eine geänderte Triebwerksverkleidung und keinen Hecksporn. Durch eine große Rumpftreibstoffzelle wurde der Tankraum auf Kosten einer der Küchen im unteren Deck auf 96.165 kg erhöht. Die Flügelspitzen wurden um 1,37 m verlängert, und für Entlastung bei Böen und Turbulenzen sorgt das ACS (Active Control System) für geringere Flächenbelastung. Im Ruhezustand wird jedes äußere Querruder auf einen Nullpunkt von 8° eingestellt und reagiert automatisch entsprechend jeder Flügelbiegung und Flächenbelastung. Durch Verkürzung des Rumpfes und Verlängerung der Tragflügel hat die L-1011-500 bei hohen Mach-Zahlen etwas an Stabilität um die Längsachse eingebüßt. Zum Schutz vor übermäßiger Beschleunigung wurde eine RSB-Bremse (Recovery Speed Brake = Abfangbremse) vorgesehen, durch die die Luftbremsen bei zunehmenden g-Kräften automatisch bei Mach 0,85 und im Horizontalflug bei Mach 0,885 zum Einsatz kommen. Diese Einrichtung haben jedoch nicht alle Betreiber verlangt. Bei einem maximalen Startgewicht von 228.615 kg ist die L-1011-500 die schwerste TriStar, die mit einer Reichweite von 9.697 km auch die beste Leistung aufweist.

Anfang 1983 hatte Lockheed 237 L-1011 TriStar ausgeliefert, die festen Bestellungen beliefen sich zu diesem Zeitpunkt auf 244 Maschinen. Im Verlauf des Jahres gab Lockheed allerdings bekannt, daß wegen mangelnder Nachbestellungen die Produktion der TriStar eingestellt würde. Die Royal Air Force kaufte sechs L-1011-500 von British Airways auf und baute sie zu Tankern um; zwei Maschinen werden vorläufig als Truppentransporter benutzt. Geplant ist der Ankauf weiterer sechs gebrauchter TriStar für Tanker. Die DC-10 wird noch als Tanker/Transporter mit der Bezeichnung KC-10A gebaut, die Lockheed L-1011 wurde eingestellt.

Links: Eine L-1011-1 Model 385 der deutschen Chartergesellschaft LTU, die insgesamt sechs TriStar 1 und zwei TriStar 500 besitzt.
Rechts: Eastern Airlines setzt seine Lockheed L-1011-1 auf den inneramerikanischen Strecken ein.

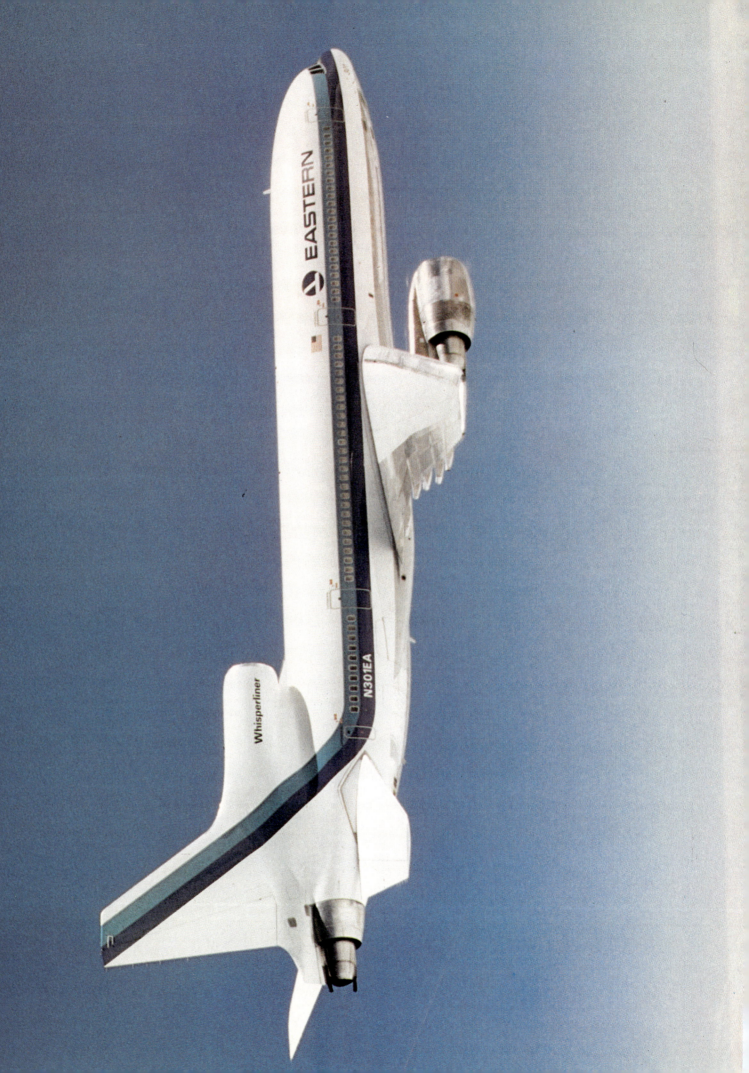

Aeroflot

Zur Zeiten der Sowjetunion war das Staatsunternehmen Aeroflot
die einzige und natürlich größte Luftverkehrsgesellschaft im russischen Land.
Nach dem Zusammenbruch des sowjetischen Systems und der Aufteilung
des Landes in mehrere unabhängige Staaten wurde aus den
"Sowjetischen Luftverkehrslinien" die "Russischen Internationalen Fluglinien";
die Aeroflot ist nun eine Aktiengesellschaft. Diese Entwicklung ist
so neu, daß im Moment erst wenige Informationen in die Öffentlichkeit gelangen.
Interessant bleibt aber die Entwicklung dieser Gesellschaft und ihre
Tätigkeit zur Zeit der Sowjetunion.

Selten taucht der Name Aeroflot in den Schlagzeilen der westlichen Medien auf. Wenn überhaupt, dann nur in Zusammenhang mit den Spekulationen über einen möglichen Absturz ihrer Maschinen innerhalb der UdSSR oder wenn es um Spionage geht. Ihr Ruf ist unter westlichen Reisenden, was Pünktlichkeit und Service anbelangt, ausgesprochen schlecht, obwohl einige westliche Gesellschaften kaum einen besseren Standard aufweisen können.

Für den Fachmann ist die luftfahrttreibende Sowjetunion ein unbeschriebenes Blatt, denn Zahlen werden grundsätzlich nicht veröffentlicht. Jede Statistik der Weltluftfahrt weist eine kleingedruckte Anmerkung auf: "Ohne Sowjetunion und China". Insoweit sind alle Aussagen über feststellbare Entwicklungen in der Weltluftfahrt sehr einseitig, solange die Zahlen des größten Luftfahrtunternehmens der Welt fehlen. China ist in seiner Entwicklung des zivilen Luftverkehrs, trotz der erheblichen Anstrengungen während der letzten zehn Jahre, erheblich hinter dem bevölkerungsärmeren Nachbarland zurück. Chinas Zivilflotte stammt hauptsächlich aus dem Westen.

Seit 1980 fliegt Aeroflot auf den europäischen Strecken die vierstrahlige Il-86, hier in Le Bourget. Bis zu 350 Passgiere finden in dem bislang einzigen 'Jumbo' der UdSSR Platz.

Das Streckennetz

Die Informationslücke über eines der größten sowjetischen Dienstleistungsunternehmen hat nichts mit Bescheidenheit der offiziellen Stellen zu tun, sondern mit dem militärischen Aspekt der größten Zivilgesellschaft der Welt: in Krisen- und Kriegszeiten übernimmt sie militärische Transportaufgaben. Möglicherweise werden die Maschinen auf Auslandsflügen auch zu Aufklärungsaufgaben benutzt.

Dennoch ist allgemein bekannt und 1983 anläßlich des 60. Jahrestages der Aeroflot-Gründung auch offiziell bestätigt worden, die Transportkapazitäten dieser Gesellschaft sind enorm: Über 275.000 Passagiere werden täglich befördert, vom Kurzstreckenhopser in der uralten Antonow An-2 bis zum über neunstündigen Inlandflug zwischen Moskau und Chabarowsk in der vierstrahligen Il-62 alles mitgerech-

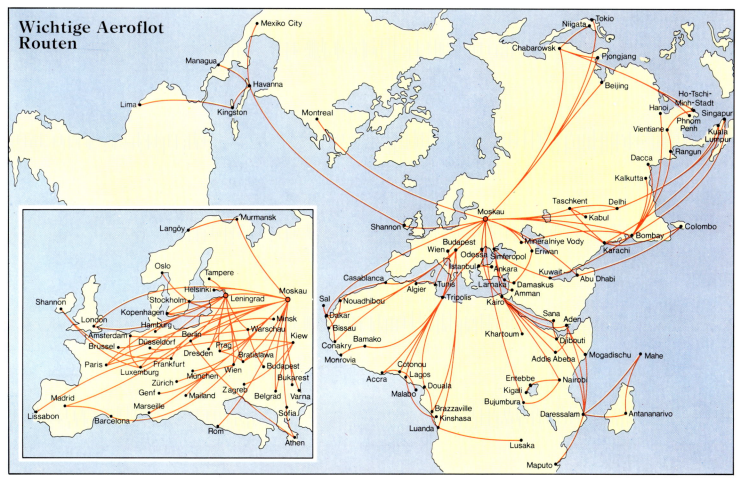

Wichtige Aeroflot Routen

Oben: Strahlenförmig von Moskau aus führen die internationalen Routen in 97 Staaten, am häufigsten beflogen aber sind die Strecken nach West-Europa; die Verbindungen in die USA sind aus politischen Gründen derzeit eingestellt.
Links: Im Wettlauf mit der Concorde blieb die Tu-144 Sieger: sie flog als erstes kommerzielles Überschallflugzeug der Welt, wurde aber als erstes auch außer Dienst gestellt. Vielleicht wird in Zukunft eine veränderte Version im Liniendienst fliegen.

net. Das waren im Jahresdurchschnitt über 100 Millionen Passagiere, 1984 wurden bereits 112 Millionen gezählt.

Nicht minder eindrucksvoll ist der innerrussische Flugplan, der in seinem Umfang eher einem Kursbuch für den westeuropäischen Zugverkehr gleichkommt. Aeroflot fliegt regelmäßig 3.600 Städte und Ortschaften in der Sowjetunion an.

Im Vergleich recht umfangreich nimmt sich auch das internationale Streckennetz aus, das immerhin 120 Ziele in 97 Staaten in Europa, Amerika, Asien und Afrika aufweist, kaum weniger Ziele, als Lufthansa anfliegt. Überraschenderweise ist die Zahl der auf diesen Strecken beförderten Passagiere recht gering, sind es doch nur drei Millionen jährlich. Die Erklärung ist einfach: Viele dieser Strecken werden weniger aus kommerziellem Interesse denn aus politischer Verpflichtung bedient, sei es, um die guten Beziehungen zu einem sozialistischen Bruderstaat zu betonen oder um in einem blockfreien Land der Dritten Welt mit einem Aeroflot-Büro präsent zu sein.

So wird Lima in Peru ebenso nur einmal pro Woche angeflogen wie Ho-Tschi-Minh-Stadt in Vietnam (das immer noch die internationale Abkürzung 'SGN' für Saigon trägt, eine Abkürzung, die auch Aeroflot weiterhin benutzt). Andere internationale Strecken werden nur in vierzehntägigem Rhythmus angeflogen (z.B. Lagos in Nigeria) und wieder andere Städte sogar nur einmal im Monat, wie Entebbe in Uganda, Bujumbara in Burundi oder die Inselstädte Malabo auf Fernando Póo oder Sal auf den Kapverdischen Inseln.

Der internationale Flugplan der Aeroflot läßt sich nur schwer mit denen westlicher Gesellschaften vergleichen, liest er sich doch eher wie ein Geographie-Quiz: Bamako (Mali/Westafrika), Kigali (Ruanda/Ostafrika), Kano (Nigeria/Westafrika), Niigata (Nordwest-Japan) oder Longyearbyen (Spitzbergen, nördlich des 78. Breitengrades), um nur einige der fremd klingenden Ziele zu nennen.

Die Organisation

Aeroflot läßt sich auch aus anderen Gründen kaum mit anderen Fluggesellschaften vergleichen. Ihre Organisationsstruktur und ihre wirt-

Passagierflugzeuge der Aeroflot I

8 Flugzeuge
Tupolew Tu-134

Triebwerk: 2 Soloviev-D-30-SRS-II
Spannweite: 29 m
Länge: 37,05 m
Reisegeschwindigkeit: 850 km/h
Reichweite: 2.800 km
Passagiere: 72-84

4 Flugzeuge
Airbus A310-300

Triebwerk: 2 General Electric
Spannweite: 43,90 m
Länge: 46,66 m
Reisegeschwindigkeit: 858 km/h
Reichweite: 9.800 km
Passagiere: 193

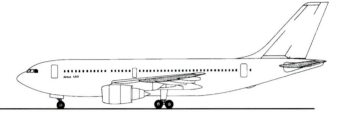

30 Flugzeuge
Tupolew Tu-154

Triebwerk: 3 Kuznetsov-NK-8-2U
Spannweite: 37,55 m
Länge: 47,90 m
Reisegeschwindigkeit: 850 km/h
Reichweite: 4.000 km
Passagiere: 160-180

schaftlichen Sonderaufgaben haben wenig mit einem traditionellen Luftfahrtunternehmen gemein. Heute zählen rund 120 verschiedene Unternehmensbereiche zur Aeroflot, von denen etwa 30 als wirtschaftlich besonders wichtig eingeordnet werden. Seit 1964 — nach einer allgemeinen Umorganisation — ist Aeroflot dem Ministerium für Zivilluftfahrt direkt untergeordnet. Im fliegerischen Bereich gehören neben den nationalen wie internationalen Passagier- und Frachtflügen auch Charterflüge zu den Hauptaufgaben.

Daneben gibt es die Sonderbereiche, für die je nach Jahreszeit Personal und Maschinen zur Verfügung gestellt werden müssen, so in der Land- und Forstwirtschaft zum Ausbringen von Kunstdünger und Pflanzenschutzmitteln, Überwachung der ausgedehnten Nutzflächen und Bekämpfung von Bränden, zur Erkundung von Fischschwärmen für die umfangreichen Fischereiflotten, zur geologischen Lufterkundung vor allem in Sibirien, zur Kartographie und Luftfotografie, zur Versorgung von Expeditionsteams sowohl in Sibirien als auch in arktischen und antarktischen Regionen, zur Überwachung der Schiffahrtswege in den Eisregionen, zum Gütertransport in unwegsame Gebiete oder zur Konstruktionshilfe beim Bau von Staudämmen, für Pipelines und schließlich auch Krankentransporte. All dies sind keineswegs nach Flugplan ausgeführte, aber dennoch alltägliche Routineflüge für die Piloten der Aeroflot.

Aber hier endet noch keineswegs das breite Spektrum der Aktivitäten. Der Verwaltung der Aeroflot untergeordnet sind die Zivilflughäfen des Landes ebenso wie die Anlagen und der Betrieb der Luftverkehrskontrolle und der Navigationsanlagen, die Ausbildung sowohl des eigenen fliegenden Personals und der Bodenmannschaften als auch der anderen Comecon-Gesellschaften in Leningrad.

Luftfahrtmedizinische Institute gehören ebenfalls in das Organisationsnetz der Aeroflot. Technische Entwicklungsbüros befinden sich in Moskau, Riga und Kiew, aber auch das Ministerium für Zivilluftfahrt unterhält Entwicklungs- und Konstruktionsbüros, die sich mit dem Ausbau und der Modernisierung von Flughäfen befassen, mit der Planung ergonomisch verbesserter Cockpits oder dem Einsatz von Computern sowohl im Reservierungssystem als auch in der Luftverkehrskontrolle.

Zwei automatisierte Luftverkehrskontrollsysteme, darunter eine schwedisch-sowjetische Gemeinschaftsentwicklung (Terkas), sind im Moskauer Bereich und auf einigen anderen Flughäfen installiert. Auch beim Reservierungssystem hat die zweite Computergeneration ASU-5, die den Ticketverkauf im ganzen Land verarbeitet, das frühere System 'Signal' abgelöst.

Zu den Schwerpunkten der Entwicklungsarbeit gehören auch in der UdSSR neue Verfahren zur Treibstoffeinsparung, 1983 etwa 100.000 Tonnen Kerosin. Doch trotz aller fortschrittlicher Technik ist die Infrastruktur den Anforderungen des modernen Massenverkehrs noch nicht gewachsen.

Die Planung und Durchführung des zivilen Luftverkehrs wird in der Sowjetunion von 27 regionalen Direktoraten gelenkt, drei weitere sind in Moskau beheimatet, von denen eines den internationalen Verkehr überwacht.

Zwar wird die überwiegende Mehrheit der internationalen Flüge von Moskau aus durchgeführt, doch haben zehn sowjetische Flughäfen internationale Verbindungen, die von den jeweils regional stationierten Besatzungen durchgeführt werden.

Die Zahl der Mitarbeiter, um noch einige der Superlative zu nen-

In der letzten Zeit wurde die Flotte der russischen Gesellschaft gestrafft. Man beschränkt sich jetzt auf sechs Flugzeugtypen, darunter findet sich neben den einheimischen Tupolews und Iljuschins auch erstmalig ein Modell aus dem Westen: Der Airbus A310. Derzeit läuft die Modernisierung der Flotte, um die Modelle aus den 60er und 70er Jahren gegen modernes Fluggerät auszutauschen.

nen: sie wird auf 400.000 bis 500.000 geschätzt. (Die Lufthansa hat 36.000 Mitarbeiter.) Das nationale Streckennetz beträgt rund 750.000 km, einschließlich der internationalen Strecken mehr als eine Million Kilometer. Da ist es natürlich nicht verwunderlich, daß auch die Flotte der Aeroflot einen Umfang hat, der in seiner Größe nur noch schwer vorstellbar ist. Auch hier sind keine genauen Angaben erhältlich, doch aus den verschiedensten Quellen zusammengefügte Angaben lassen ein ungefähres Bild entstehen: insgesamt dürften mehr als 4.000, vielleicht auch etwa 6.000 Starrflügler und über 2.000 Helikopter mit Aeroflot-Emblem in der ersten Hälfte der achtziger Jahre weltweit im Einsatz sein.

Die wichtigsten Maschinen

In den Jahren nach dem Zweiten Weltkrieg normalisierte sich der Zivilverkehr relativ schnell und war auch während des Krieges nie ganz zum Erliegen gekommen. Anfangs bildete die Lisunow Li-2 das Rückgrat der Gesellschaft. Sie war eine Lizenzproduktion der Douglas DC-3/Dakota, die bereits 1939 ins Land eingeführt wurde, sowohl in ihrer Zivilversion als auch als Militärtransporter C 47. Ab 1940 begann der Lizenzbau unter der Bezeichnung PS 84 und die Maschine wurde als Transporter im Krieg eingesetzt. Insgesamt wurden rund 2.000 PS 84, ab 1942 unter der Bezeichnung Li-2, in der Sowjetunion gebaut, die ab 1944 als 21-Sitzer wieder Zivilaufgaben übernahmen.

1947/48 begann die sowjetische Luftfahrtindustrie mit der Massenproduktion der Iljuschin (Ilyushin) Il-12, der Antonow (Antonov) An-2 und der Jakowlew (Yakovlev) Jak-12 (YAK-12). Der einmotorige Anderthalbdecker An-2, von Anfang an sowohl als Passagier- als auch als Spezialflugzeug für Landwirtschaftsaufgaben geplant, konnte zwölf Passagiere im Kurzstreckeneinsatz befördern, auch von den schlechtesten Pisten aus. Er ist der Oldtimer der Aeroflot und auch heute noch in großer Stückzahl im Einsatz, hauptsächlich aber als Agrarflugzeug. Seit einigen Jahren wird die An-2 in Lizenz in Polen gebaut, doch ein Nachfolgemodell ist inzwischen in der Erprobung, die An-3, ein Doppeldecker mit Turboprops, der in erster Linie Agraraufgaben erfüllen, aber auch als Transporter unter schwierigen Bedingungen eingesetzt werden soll.

Die Iljuschin Il-12, schon während des Krieges vom sowjetischen Flugzeugkonstrukteur Sergej Wladimirowitsch Iljuschin entworfen, wurde im August 1947 erstmals eingesetzt, anfangs als 21-Sitzer, später auf 32 Sitze erweitert. Sie hatte zwei Schwezow Triebwerke mit je 1.775 PS in der stärkeren Version, dennoch benötigte diese Maschine auf der Strecke Moskau-Irkutsk bei neun Zwischenlandungen über $14\frac{1}{2}$ Stunden, eine bei den großen Entfernungen wenig befriedigende Leistung. Dennoch wurde sie in großer Stückzahl gebaut. Die Kabine hatte keinen Druckausgleich.

Das Nachfolgemodell, die Il-14, ab 1954 im Einsatz, hatte in etwa die gleichen Leistungen, wurde aber ab 1960 als Avia 14-32 von der Tschechoslowakei mit Druckkabine für 32 Passagiere gebaut. Die Il-14 scheint auch heute noch in größerer Zahl im Einsatz zu sein, vor allem auch im Bereich der sogenannten Wirtschaftsaufgaben, so im Fischereieinsatz und in den arktischen und antarktischen Einsätzen. Für sie wird in letzter Zeit nach einem Nachfolgemuster gesucht.

Der dritte Typ jener Flugzeuge der ersten Stunde, die Jakowlew Jak-12 wurde hauptsächlich als Postflugzeug eingesetzt, wurde aber vor längerer Zeit aus dem Verkehr gezogen.

Mitte der fünfziger Jahre begann die Modernisierung der Aeroflot.

Am 15. September 1956 absolvierte die erste Düsenmaschine, die Tupolew Tu-104, ihren Jungfernflug auf der Strecke Moskau-Irkutsk und unternahm ihren ersten Auslandsflug nach Prag am 12. Oktober. Sie hat ein sehr charakteristisches Erscheinungsbild mit ihren Tiefdecker-Pfeilflügeln und den beiden am Rumpf liegenden Triebwerken vom Typ Mikulin mit je 6.750 kp Schub. Sie brauchte für die Strecke Moskau-Irkutsk nur noch sieben Stunden. Hervorgegangen war sie aus dem Tupolew-Bomber Tu-116 'Badger'. Die erste Version konnte nur 50 Passagiere transportieren, spätere Varianten 70 (Tu-104A) und schließlich, die Tu-104B, hundert. Die Geschwindigkeit lag bei 900 km/h und die Reichweite bei 2.100 km. Rund 250 Maschinen dürften insgesamt gebaut worden sein.

Die britische de Havilland Comet 1 hatte bereits 1952 ihren Liniendienst, also noch vor der Tu-104, aufgenommen. Nach einer Reihe von Abstürzen (1953-54) mußte sie aber aus dem Verkehr gezogen werden und kam erst 1958 als Comet 4 zum Einsatz. Somit rühmt sich Aeroflot, den ersten regelmäßigen Passagierverkehr mit Düsenmaschinen unterhalten zu haben.

Im Rahmen der allgemeinen Modernisierung ihrer Flotte wurden ebenfalls noch in den fünfziger Jahren die Il-18 und die Langstreckenmaschine Tu-114 eingeführt. Die Il-18, die ihren Erstflug 1957 absolvierte und zwei Jahre später im Liniendienst eingesetzt wurde, ist auch heute noch, wenn auch in begrenzter Stückzahl, von Aeroflot eingesetzt. Ihre vier Iwtschenko-Turboprops verliehen ihr eine Geschwindigkeit von ca. 625 km/h bei einer Reichweite von 6.500 km und einer Passagierkapazität von 122 (Il-18D). In der Sowjetunion trug dieser populäre Typ, von dem über 800 Stück gebaut wurden, den Namen Moskwa.

Im Ausland berühmter dagegen war die Tu-114, für die ihr Konstrukteur Andrej Nikolajewitsch Tupolew 1958 die Goldmedaille der World Aviation Federation auf der Weltausstellung in Brüssel erhielt. In ihren 35° nach hinten gepfeilten Tragflächen befanden sich vier Turboprops mit je zwei gegenläufigen Vierblattpropellern. Angetrieben wurden sie in der stärksten Version von Kusnezow Nk-12MV von je 15.000 PS, die Propeller hatten einen Durchmesser von 6,50 m, das Abfluggewicht lag bei 175.000 kg. Sie war für rund ein Jahrzehnt nicht nur die größte, sondern auch mit 870 km/h die schnellste propellergetriebene Maschine der Welt. Je nach Streckenlänge beförderte sie 120 bis 220 Passagiere. Die Tu-114 war Mitte der sechziger Jahre auch von Japan Air Lines auf der Strecke Moskau-Tokio eingesetzt. In diesen Jahren konnte Aeroflot einen ungeheuren Zuwachs an Passagieren und Fracht verzeichnen: waren 1956 erst 3,1 Mio Passagiere transportiert worden, waren es 1965 bereits 42,1 Mio und eine Million Tonnen Fracht und Post.

Ähnlichkeit mit der Il-18 wies die ebenfalls viermotorige Antonow An-10 auf, die für unbefestigte Pisten konzipiert war und in der Version An-10A hatte sie bis 110 Sitze. Sie wurde nach einem schweren Unfall 1972 aus dem Verkehr gezogen; auf ihr basiert der auch heute noch im Einsatz befindliche Frachter An-12.

Nachdem Aeroflot Mitte der fünfziger Jahre das Streckennetz nach Westeuropa ausgebaut hatte, fand am 10. Juli 1962 der erste Transatlantikflug mit einer Tu-114 nach Havanna/Kuba statt. Im gleichen Jahr wurde auf den Kurzstrecken die Tu-124 eingesetzt, eine verkleinerte Ausgabe der Tu-104 mit geringerer Reichweite. Sie war die erste Passagiermaschine mit Turbofan-Triebwerken und konnte 56 Passagiere über 1.200 km befördern. Allerdings erwies sie sich nicht als besonders erfolgreich und wurde nur in geringer Stückzahl gebaut. Ebenfalls auf Kurzstrecken eingesetzt wurde ab 1960 die Antonow An-24, ein Hochdecker mit zwei Turboprops, in seiner Erscheinung der Fokker F-27 sehr ähnlich. Die Weiterentwicklung An-30 wurde für Luftbeobachtungsaufgaben entwickelt. Die genannten Antonow-Typen sind alle noch im Einsatz.

Aufsehen erregte im Westen der nach der Galaxy C-5A immer noch zweitgrößte Transporter der Welt, die gigantische Antonow An-22 Antei, die 1965 ihren Erstflug hatte. Der Hochdecker mit geteiltem Seitenleitwerk und einer großen Laderampe hat vier Kusnezow Turboprop-Triebwerke mit je zwei gegenläufigen Propellern. Diese Maschine, die auch von der sowjetischen Luftwaffe eingesetzt wird, hat eine ganze Sammlung von Rekorden aufgestellt. Sie kann bis zu 100.000 kg Zuladung befördern, die Reichweite beträgt bis zu knapp 11.000 km bei rund 680 km/h und sie fliegt auch heute noch für Aeroflot in großer Stückzahl. Seit 1976 wird sie vor allem bei Einsätzen in Sibirien und im extremen Norden von der zwar kleineren, nur 40,000 kg Fracht transportierenden Il-76 ergänzt, die mit ihren vier D-30 Turbofan-Triebwerken von unbefestigten Pisten starten kann.

Im Passagierverkehr gab es Anfang 1970 durch den Einsatz neuer Düsenmaschinen eine erhebliche Kapazitätserweiterung. Die dreistrahlige Jak-40 wurde auf Kurzstrecken eingeführt. Die 32-sitzige, mit drei Iwtschenko Mantelstromtriebwerken ausgestattete Maschine wurde auch in den Westen exportiert, konnte sich aber wegen ihres hohen Treibstoffverbrauchs nicht auf dem Markt durchsetzen.

Die Tu-134, das Nachfolgemodell der Tu-124, folgte dem allgemeinen Entwicklungstrend bei westlichen Flugzeugbauern und ähnelte

Rechts: Bis zu 40 to Zuladung kann der Standardtransporter Il-76 der Aeroflot befördern, im Hintergrund eine Il-62.
Unten: Immer noch das zweitgrößte Transportflugzeug der UdSSR ist die An-22 mit ihren vier Turboprop-Triebwerken und gegenläufigen Doppelpropellern. Sie war der Star beim Aerosalon von Le Bourget 1965, als sie erstmals im Westen gezeigt wurde.

Mitte links: Bis zu 220 Passagiere konnte die größte Langstreckenmaschine der 60er Jahre, die Tu-114, befördern. Sie wurde auch von ausländischen Gesellschaften wie der Japan Air Lines auf Fernstrecken eingesetzt.
Links: Vertreterin der ersten Generation von Düsenmaschinen ist die Tu-134, die auch heute noch bei vielen Gesellschaften im Comecon im Kurz- und Mittelstreckenverkehr fliegt.

der BAC 1-11 und DC-9 mit zwei Mantelstromtriebwerken am Heck und T-Leitwerk. Nach russischer 'Mode' trägt auch sie das Fahrwerk in zwei stromlinienförmigen Behältern in den Tragflächen. Nach dem Erstflug 1962 kam die Tu-134 mit 72 Sitzen 1967 zum Linieneinsatz, ab 1970 die erweiterte Tu-134A mit 80 Sitzen. Ihre Solowjew-Triebwerke verleihen ihr eine Reisegeschwindigkeit von 850 km/h bei einer Reichweite von rund 3.000 km. Nicht nur bei Aeroflot, sondern auch bei anderen Comecon-Gesellschaften, wie etwa der Interflug, ist sie noch sehr verbreitet.

Zu den Arbeitspferden der Aeroflot zählt zweifelsohne heute die Tu-154, die mit ihren drei Hecktriebwerken und ihrem gepfeilten T-Leitwerk sehr der Boeing 727 und der Trident gleicht. Als Nachfolger der An-10, Il-18 und Tu-104 machte sie 1968 ihren Erstflug, seit Ende 1971 ist sie bei Aeroflot im Einsatz. Ausgerüstet mit drei Kusnezow

Rechts: Startvorbereitung im Cockpit einer dreistrahligen Jakowlew Jak-42. Die Maschine mit 120 Sitzen hat Kurzstarteigenschaften und wird hauptsächlich im Zubringerdienst eingesetzt.
Unten: Rechtzeitig zu den Olympischen Spielen 1980 wurde der internationale Teil des Moskauer Flughafens, Scheremjetjowa II, fertig. Von einem anderen Terminal und von den drei weiteren Moskauer Flughäfen Wnukowo, Domodedowa und Bykowo werden die Inlandsflüge durchgeführt. In dem neuen Terminal können bis zu 2100 Passagiere stündlich abgefertigt werden; ein Hotel mit 500 Betten gehört dazu.

Mantelstromtriebwerken verfügt die längste Version, die Tu-154B-2 über 180 Sitzplätze, ihre Reisegeschwindigkeit beträgt 945 km/h und die normale Reisehöhe ist 11.000 m. Sie ist für Reichweiten mittlerer Länge bis 4.000 km konzipiert und derzeit sind über 500 Tu-154 bei Aeroflot im Einsatz.

Für den Langstreckeneinsatz wurde 1963 die Iljuschin Il-62 entwickelt, die drei Jahre später in Serie ging. Wie bei der Vickers VC-10 befinden sich die vier Mantelstromtriebwerke am Heck. Die ursprüngliche Version war mit Kusnezow-Triebwerken ausgerüstet. Die Il-62M mit den stärkeren Solowjew Triebwerken hat eine größere Reichweite bei einer Kapazität von 186 Passagieren und die Reichweite beträgt 10.300 km. Dies bedeutet, daß die Maschine auf der Route Moskau-Chabarowsk nonstop eingesetzt werden kann. Die Il-62M-200 kann bis zu 198 Pasagiere und 23.000 kg Nutzlast über 8.000 km befördern.

Im Überschallbereich sollte der Erfolg der Sowjetunion nicht lange vorhalten. Mit der Tu-144 konnte der erste Überschallflug einer Passagiermaschine am 31. Dezember 1968 verzeichnet werden, drei Monate vor der englisch-französischen Concorde. Im Sommer 1973 stürzte eine Tu-144 bei einer Flugvorführung während der Pariser Luftfahrtschau ab. Im Dezember 1975 wurde zwischen Moskau und Alma-Ata der regelmäßige Überschall-Postverkehr aufgenommen, zwei Jahre später, am 1. November 1977, begann auch der Passagierverkehr. Diese Flüge wurden bis ungefähr Juni 1978 durchgeführt und wegen eines Unfalls bei einem Testflug wurden die Streckenflüge eingestellt. Eine Tu-144D mit neuem Triebwerk flog jedoch am 23. Juni 1979 die Strecke Moskau-Chabarowsk. Seitdem werden die restlichen Tu-144 mit neuen Triebwerken in Woronesh ausgerüstet, um möglicherweise den Passagierverkehr zwischen Moskau und Chabarowsk wieder aufzunehmen.

Mit erheblicher Verspätung begann in der Sowjetunion das Zeitalter der Großraumflugzeuge. Erst elf Jahre nach dem Erstflug der Boeing 747 kam die Il-86 im Jahre 1980 bei Aeroflot zum Einsatz, obwohl sie schon seit 1976 in der Erprobung war. Sie wird im europäischen Verkehr für Entfernungen bis zu 4.500 km eingesetzt und kann bis zu 350 Passagiere befördern. Trotz ihrer vier Kusnezow-Triebwerke entsprechen ihre technischen Leistungsdaten jedoch eher denen des zweistrahligen Airbus A 300.

Ebenfalls seit 1980 im Einsatz ist die dreistrahlige Jak-42 mit Lotarew-Mantelstromtriebwerken im Heck, die mit einer Reichweite von 3.000 km und 120 Sitzen ein reines Mittelstreckenflugzeug ist. Ihre Geschwindigkeit liegt bei 750 km/h und sie wird anfangs nur im europäischen Teil der Sowjetunion eingesetzt.

Rund siebzig Prozent aller Passagiere werden heute mit Il-62, Il-86, Tu-154, Tu-134 und Jak-42 transportiert. Die Typen Il-62M, Tu-134 und Tu-135 sind für Schlechtwetter-Sichtbedingungen der ICAO (International Civil Aviation Organization) Kategorie 2, die neueren Il-86 und Jak-42 Maschinen auch nach Kategorie 3 einsetzbar. Die anderen Typen sollen im Laufe der nächsten Jahre entsprechend nachgerüstet bzw. umgebaut werden.

Die Liste der von Aeroflot eingesetzten Maschinen ist damit noch keineswegs vollständig, kleinere Maschinen für die wirtschaftlichen Sonderaufgaben als auch ein den Aufgaben angepaßtes Typenspektrum von Hubschraubern sind für Aeroflot im Einsatz. Allein die Landwirtschaftsflotte dürfte an die 5.000 Starrflügler und Hubschrauber umfassen, die vor allem zum Ausbringen von Dünger und

Pflanzenschutzmitteln eingesetzt werden, eine teure, aber in vielen Gebieten notwendige Form des modernen Landbaus.

Wenn der Boden nach den langen Winterfrösten auftaut, werden viele Wege für Traktoren unpassierbar. Um hohe Erträge zu erzielen, ist eine rechtzeitige chemische Düngung notwendig. Normalerweise werden diese Düngemittel in Wasser oder anderen flüssigen Substanzen aufgelöst und versprüht. Um aber möglichst überflüssigen Ballast bei den Flügen zu vermeiden und den Einsatzradius der Maschinen zu erhöhen, werden in der Sowjetunion diese Substanzen in hochkonzentrierter Form verwandt und in mikroskopisch kleinen Tröpfchen ausgebracht. Besonders feine und exakt arbeitende Sprühdüsen sind dafür entwickelt worden, und rund 80 Prozent der gesamten Frühjahrsdüngung und insgesamt 40 Prozent aller Düngung werden heutzutage aus der Luft vorgenommen. Dabei kann ein Flugzeug oder Helikopter, wie sowjetische Wissenschaftler errechnet haben, je nach den Bedingungen zwischen zwanzig und hundert Traktoren ersetzen.

Im weiteren Verlauf des Jahres müssen in den weitflächigen Monokulturen Schädlingsbekämpfungsmittel gesprüht werden, denn in den Feldern und Obstplantagen, in denen nur eine Pflanzensorte angebaut wird, sind natürliche Abwehrkräfte gering und Schädlinge können sich schnell ausbreiten.

Rund 100 Millionen Hektar landwirtschaftliche Fläche werden Jahr für Jahr in der Sowjetunion aus Flugzeugen bearbeitet. Im Herbst, wenn die Baumwolle geerntet werden muß, werden aus der Luft Defolianten, chemische Mittel zur Entlaubung der Pflanzen, gesprüht. Nach wenigen Tagen fallen die Blätter ab, und die Baumwolle kann mit automatisch arbeitenden Pflückmaschinen geerntet werden.

Eine Dornier Merkur der 1921 gegründeten 'Deutsch-Russischen Luftverkehrs-Gesellschaft' (Deruluft) auf dem Vorfeld des Flughafens Königsberg. Ab April 1922 wurde der regelmäßige Flugverkehr zwischen Königsberg und Moskau aufgenommen, im Mai 1927 die Strecke aber bis nach Berlin verlängert, wie das Plakat links oben ankündigt. Die Dornier Merkur hatte eine Reichweite von 800 km und erreichte rund 180 km/h.

Eine der wichtigsten Maschinen im Landwirtschaftseinsatz ist nach wie vor die alte Antonow An-2, die leicht für die jeweiligen Aufgaben umrüstbar ist, das Fassungsvermögen für Chemikalientanks hat (1.400 l) und auch von provisorischen Pisten aus starten kann, für die andere Flugzeuge unbrauchbar wären.

Daneben werden Hubschrauber in großer Zahl benutzt, vor allem Kamow Ka-26, aber auch noch einige Mil Mi-2. Der in seinem Erscheinungsbild ungewöhnliche zweimotorige Ka-26 verfügt über zwei gegenläufige Rotoren von je 13 m Durchmesser und Doppelrumpf-Seitenleitwerk mit nach unten hängenden Endscheiben. Er kann entweder bis zu sechs Passagiere befördern oder für die jeweiligen Aufgaben umgerüstet werden. Er ist dem amerikanischen Kaman H-43 Huskie nicht unähnlich.

Eine bislang wohl nur in geringer Stückzahl in der Landwirtschaft eingesetzte und in ihrer Art einmalige Maschine ist das polnische einstrahlige Düsenflugzeug PZL-Melec M-15, ein Anderthalbdecker mit Doppelrumpfseitenleitwerk. Das Iwtschenko-Mantelstromtriebwerk ist über dem Rumpf und unter der oberen Tragfläche montiert. Zwischen beiden Tragflächen sind senkrecht die beiden Chemikalienbehälter mit knapp 3.000 l Fassungsvermögen angebracht.

Rund ein Drittel der Sowjetunion ist von Wäldern bedeckt. In trockenen Sommermonaten, besonders in den nördlichen Regionen und in Sibirien, sind sowohl der ausgedehnte Waldbestand als auch die Weiden von Bränden bedroht. Hier ist eine Überwachung nur aus der Luft möglich. Wenn auch inzwischen Satelliten teilweise diese Aufgabe übernehmen können, so gehören die Überwachung und die direkte Brandbekämpfung doch zu einer der wichtigsten 'wirtschaftlichen Aufgaben' der Aeroflot während der Sommermonate.

Die Feuerwehrleute werden entweder per Fallschirm abgesetzt oder seilen sich aus Helikoptern ab. Auch hier fällt der An-2 immer noch eine wichtige Rolle zu. Sie kann in ihren Schwimmern rund 1.500 l Wasser aufnehmen, während sie mit geringer Geschwindigkeit über die Wasseroberfläche gleitet. Rund 7.000 Brandeinsätze fliegen Aeroflot-Piloten pro Jahr, 850 Millionen Hektar Wald und Weidefläche werden aus der Luft kontrolliert.

Erkundungsaufgaben

Luftbeobachtung zur Überwachung der Fernstraßen und der Schiffahrtswege in arktischen Gebieten, Erkundungsflüge für geologische Untersuchungen zum Aufspüren neuer Bodenschätze, Luftbildfotografie auch für archäologische Untersuchungen (aus der Luft lassen sich die Strukturen früherer Bauwerke, auch wenn sie mit Erde bedeckt sind, durch feine Geländeunterschiede leicht erkennen) und schließlich das Aufspüren von Fischschwärmen gehören zu den Routineflügen von Aeroflot. Für die Fischerei werden hauptsächlich Helikopter wie der Mil Mi-4 und der Kamow Ka-26 benutzt, die an Bord von Fischereischiffen stationiert sind.

Für die anderen Erkundungsaufgaben wurde die Antonow An-30 aus der An-24 entwickelt; sie ist an ihrem verglasten Bug und dem hochgesetzten Heck leicht zu erkennen, und Kameras können durch Öffnungen an der Rumpfunterseite nach unten fotografieren.

Ebenfalls Aeroflot-Farben tragen die mittelschweren und schweren Transporthubschrauber, die bei schwierigen Konstruktionsarbeiten eingesetzt werden, so beim Errichten von Fernseh- und Rundfunksendern, Hochspannungsmasten oder Bohrtürmen auf den Erdgas- und Ölfeldern wie etwa in Tjumen.

Auf Großbaustellen ist die Hilfe von Helikoptern unentbehrlich geworden. So wurden Mi-6, Mi-8 und Mi-10K, der fliegende Kran, erfolgreich beim Bau des riesigen Wasserkraftwerks Sajano-Schuschenskaja, beim Bau des Kama-Motorenwerks oder beim Schienenverlegen bei der Baikal-Amur-Magistrale eingesetzt.

Der Mil Mi-6, von Michael Leontjewitsch Mil entwickelt und 1958 erstmals produziert, war eine Zeitlang ebenso wie der Mi-10 der Welt größter Hubschrauber und hielt über ein Dutzend internationale Rekorde. In der Kabine finden bis zu 65 Passagiere Platz; oder er kann kurzfristig eine Außenlast von bis zu 9.000 kg transportieren. Zur Verbesserung der Flugeigenschaften können Stummelflügel angebracht werden. Der Fünfblattrotor mit einem Durchmesser von 35 m wird von zwei Solowjew-Turbinen von je 5.500 PS angetrieben.

Noch eine größere Zuladung auf einer Frachtplattform unter dem Rumpf, 15.000 kg, kann der Helikopter Mil Mi-10K, der 'Fliegende

Links: **Die Erschließung der sibirischen Bodenschätze ist ohne den Einsatz von Hubschraubern nicht denkbar. Hier bringt ein Mil Mi-8 Bohrwerkzeuge zu den Gasfeldern von Urengoi.**
Unten: **Die Il-18, Erstflug 1957, war für viele Jahre die wichtigste Maschine im Inlandverkehr. Auf dem Taxiway des Flughafens Petropawlowsk-Kamtschatkij rollt eine Li 2 zur Parkposition.**

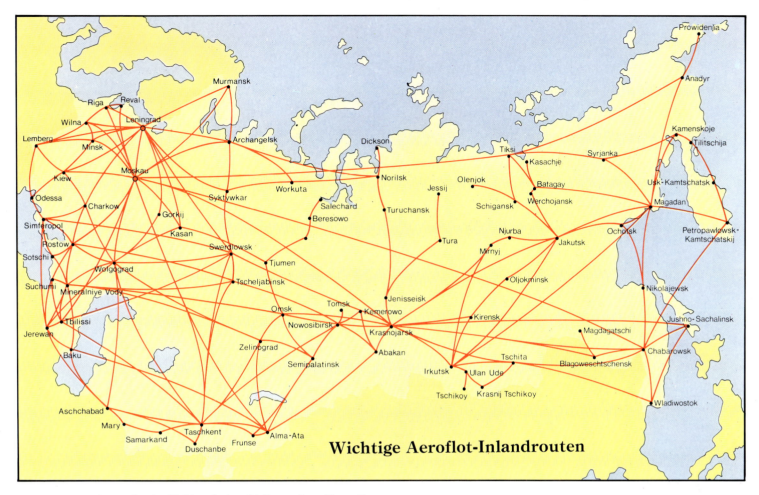

Wichtige Aeroflot-Inlandrouten

Kran', transportieren. In der Kabine finden 28 Passagiere Platz. Er kann mit einem kurzbeinigen Fahrwerk und einem zweiten Cockpit, das unter dem Rumpf angebracht und nach hinten gerichtet ist, geflogen werden. Aus dem zweiten Cockpit kann der Schwebeflug überwacht und die Lastwinde bedient werden. In der 'hochbeinigen' Ausführung mit über 3,70 m Bodenfreiheit, wenn unter dem Rumpf die Frachtplattform angebracht ist, helfen zwei Fernsehkameras dem Piloten bei der Landung.

Mit der Gründung von Aeroflot im Jahre 1932 wurde auch der Aufbau eines Sanitätsflugsystems begonnen. Heute sind in rund 200 Städten Flugzeuge und Helikopter stationiert und können zu Rettungsflügen eingesetzt werden. Zwischen 70.000 und 100.000 Einsätze pro Jahr werden gezählt. Darunter sind aber auch Flüge zu isoliert lebenden Gruppen wie Hirten, Jägern und Geologen zur medizinischen Routineuntersuchung enthalten. Zu Sanitätsflügen werden An-2 und Mi-4, beide mit Operationsmöglichkeiten an Bord, Jak-12 (YAK-12), aber auch Ka-26 eingesetzt.

Passagier- und Frachttransporte von unbefestigten und schlecht anfliegbaren Pisten werden von Aeroflot seit Anfang der siebziger Jahre mit der tschechoslowakischen Let-410 Turbojet durchgeführt, deren erste Version von zwei amerikanischen PT6A Turboprops angetrieben wurde, spätere Versionen allerdings von dem tschechoslowakischen M601B. Die L-410UVP verfügt über STOL-Eigenschaften (short take-off and landing) und hat einen gestreckten Rumpf. Als Nachfolgemodell ist die L-610 mit 35 bis 40 Sitzplätzen und vier Turboprops M-601D geplant. Die Let 410 wird in unwegsamen Gebieten eingesetzt, in denen die Temperaturen zwischen +40° Celsius und −40° Celsius schwanken.

Ebenfalls von unbefestigten Pisten starten kann der neue zweistrahlige Transporter An-72, der speziell für arktische Gebiete konzipiert ist und bis zu 7,5 Tonnen Fracht transportieren kann. Allerdings scheint dieser Typ nicht im regulären Einsatz zu sein.

Hauptarbeitspferd bleiben die riesige An-22 und die vierstrahlige Il-76 als Nur-Frachter. Die Il-76, in ihrer Hochdecker-Konfiguration dem amerikanischen Lockheed C 141 Starlifter sehr ähnlich, wird

Das Gebiet der Sowjetunion ist in 30 Aeroflot-Direktorate unterteilt, über 3.600 Städte werden regelmäßig angeflogen.

heute auf internationalen Strecken und den Transsibirienrouten eingesetzt. Sie kann bis zu 40.000 kg transportieren. Ebenfalls im Einsatz ist auch noch die An-12.

Etwa hundert verschiedene Aufgaben hat Aeroflot neben den üblichen Leistungen einer Fluggesellschaft zu erfüllen. Die Dienstleistungen für die Landwirtschaft belaufen sich auf einen Wert von 1,2 bis 1,7 Milliarden Rubel im Jahr, die für die Geologie auf rund anderthalb Milliarden Rubel.

Entwicklungsgeschichte

Die Zivilluftfahrt hat in der Sowjetunion eine lange Tradition: am 9. Februar 1923 wurde der Rat der Zivilen Luftflotte ins Leben gerufen. Das Datum wird heute als Gründungstag der Aeroflot angegeben, obwohl der Name erst seit 1932 als Kurzbezeichnung für die 'Hauptverwaltung der Zivilen Luftflotte' (GUGWF) benutzt wird. 1923 wurden drei Fluggesellschaften gegründet, die den Luftverkehr nicht nur in Zentralrußland, sondern auch in den unterentwickelten Gebieten in Zentral- und Fernostasien, Sibirien und im Transkaukasus aufbauen sollten. Als erste nahm die 'Russische Gesellschaft der freiwilligen Luftflotte' — Dobrolet — den Dienst auf der 420 Kilometer langen Strecke Moskau-Nishi Nowgorod (heute Gorki) mit Fokker F 13 auf und eröffnete auch eine Zentrale in Taschkent. 1925 hatte sie ihr Streckennetz auf 5.000 Kilometer erweitert und rund 14.000 Passagiere befördert. 1926 begann sie den regulären Dienst nach Kabul (Afghanistan) und zwei Jahre später flog sie von Moskau über Nowosibirsk nach Irkutsk, nahe der mongolischen Grenze. Der Flug dauerte 50 Stunden. Das Streckennetz der Dobrolet umfaßte rund 9.300 Kilometer im Jahre 1928, und etwa 50 Prozent der eingesetzten Maschinen waren ausländischer Herkunft. Aus russischer Produktion stammten die Tupolew ANT-9 und die Kalinin K-1 und K-5, von denen 260 Stück im Einsatz waren.

Die ukrainische Gesellschaft 'Ukrwosduchputj', die 1924 gegründet

Passagierflugzeuge der Aeroflot II

29 Flugzeuge
Iljuschin IL-62

Triebwerk: 4 Soloviev-D-30KU
Spannweite: 43,20 m
Länge: 53,12 m
Reisegeschwindigkeit: 820 km/h
Reichweite: 10.000 km
Passagiere: 186

3 Flugzeuge
Iljuschin IL-96-300

Triebwerk: 4 Soloviev PS-90 A
Spannweite: 57,66 m
Länge: 55,35 m
Reisegeschwindigkeit: 900 km/h
Reichweite: 10.000 km
Passagiere: 235

Im Regionalverkehr, besonders aber im Einsatz in wenig erschlossenen Gebieten hat sich die Let L-410 Turbolet wegen ihrer Kurzstarteigenschaften bewährt. Sie wird sowohl im Passagierverkehr, wie hier in Taschkent, als auch im Frachttransport eingesetzt.

wurde, beförderte im Sommer des gleichen Jahres auf den Verbindungen zwischen Charkow und Kiew 760 Passagiere ohne Zwischenfälle mit ihren beiden Dornier Komet II.

Die dritte der Aeroflot-Vorläufer war die kaukasische Gesellschaft 'Sakavia'. 1930 wurden die drei Gesellschaften in der Allunionsvereinigung der Zivilen Luftflotte ('WOGWF') zusammengefaßt, die ein Jahr später in die Hauptverwaltung der Zivilen Luftflotte beim Rat der Volkskommissare der UdSSR umgewandelt wurde und am 25. März 1932 die Kurzbezeichnung Aeroflot erhielt. In diesem Jahr beförderte Aeroflot 67.000 Passagiere auf ihrem Netz von fast 32.000 Kilometer Länge. Nach Beendigung des zweiten Fünfjahresplans 1937 hatte sich das Streckennetz fast verdreifacht und in den nächsten Jahren würden vor allem die lokalen Routen ausgebaut, deren Zahl auf über 300 stieg.

Erstmals für militärische Transporte wurde die Aeroflot im Krieg mit Finnland 1939 bis 1940 eingesetzt. Nach dem deutschen Angriff auf die Sowjetunion im Juni 1941 wurden große Teile der Gesellschaft für die Landesverteidigung bereitgestellt, und Maschinen vom Typ PS-35 und PS-43 unternahmen Versorgungsflüge in belagerte Städte, so etwa nach Stalingrad, in das Aeroflot über 30.000 Mann und über 2.500 Tonnen Fracht einflog.

Nach der Schlacht von Stalingrad nahm Aeroflot wieder seine zivilen Flugdienste in der Sowjetunion auf, wobei auch etwa 80 Junkers Ju 52/3m, die von den deutschen Truppen zurückgelassen worden waren, eingesetzt wurden. Der zivile Luftverkehr normalisierte sich

Die neue Aeroflot befaßt sich stark mit Luftfracht. Auf dem Moskauer Flughafen Scheremetjewo-2 wurde ein neuer Frachtgutkomplex eingerichtet, der einen jährlichen Umschlag von 150.000 Tonnen Export- und Importgütern möglich machen soll. Auch diese Anlage wird, wie überall auf modernen Großflughäfen, computergesteuert.

19 Flugzeuge
Iljuschin IL-86

Triebwerk: 4 Kuznetsov-NK-86
Spannweite: 48,06 m
Länge: 59,54 m
Reisegeschwindigkeit: 900 km/h
Reichweite: 11.000 km
Passagiere: 350

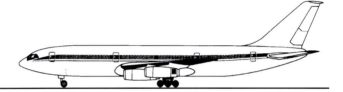

noch vor Ende des Zweiten Weltkrieges weitgehend, besonders nachdem die Produktion der PS-84/Li-2, der Lizenzversion der DC-3, angelaufen war.

'Deruluft'

Der reguläre Flugverkehr hatte in der Sowjetunion jedoch schon vor Gründung der Aeroflot begonnen — in enger Zusammenarbeit mit Deutschland. Am 11. November 1921 hatten die Handelsvertretung der UdSSR in Deutschland und die 'Deutsche Aero Union AG' mit einem gemeinsamen Kapital von fünf Millionen Mark die 'Deutsch-Russische Luftverkehrsgesellschaft GmbH' — kurz 'Deruluft' genannt — gegründet. Die Gesellschaft erhielt die Lizenz, fünf Jahre lang den Luftverkehr zwischen beiden Staaten zu betreiben; diese Lizenz wurde in den folgenden Jahren verlängert, bis der Luftverkehr 1936 von Lufthansa und Aeroflot im Pool übernommen wurde.

Die erste Deruluft-Maschine landete am 30. April 1922 von Königsberg kommend in Moskau Chodynka. Die Strecke wurde zunächst zweimal wöchentlich mit der viersitzigen Fokker F3 beflogen, ab Sommer 1924 an jedem Werktag. Die acht Fokker waren mit Rolls Royce Motoren von 360 PS bestückt. In diesen Jahren wurde in großem Stil die Infrastruktur entlang der Strecke verbessert; Ausbau der Flughäfen in Königsberg, Moskau und Smolensk, der Streckensicherung und der Wetter- und Funkdienste. Im Sommer 1926 übernahm die 'Deutsche Luft Hansa AG' die Anteile an der Deruluft und erweiterte den Streckendienst über Königsberg hinaus nach Berlin. Gleichzeitig mit der Verlängerung wurde auf dieser Strecke auch die Nachtbefeuerung ausgebaut und 1927 die erste europäische Nachtfluglinie in Betrieb genommen.

Neue Dornier Merkur wurden eingesetzt und 1932 die dreimotorigen Großflugzeuge Rohrbach Roland und ANT-9. Das bedeutete — neben verbessertem Reisekomfort — eine Verringerung der Reisezeit von 24 Stunden im Jahre 1922 auf 10 Stunden 1935 für die Strecke Berlin-Moskau. Schließlich wurde auch die siebzehnsitzige Junkers Ju 25 eingeführt, von der die damalige Werbung besonders hervorhob, daß sie über ein gesondertes Raucherabteil verfügte. Doch diese selbst bei Nacht beflogene Verbindung wurde nur in den Sommermonaten aufrechterhalten. Erst nach zweijähriger Erprobungszeit wurde 1934 auch der sogenannte Winterdienst eingeführt. Voraussetzung dafür war eine systematisch ausgebaute Flugstreckensicherung. 1931 erhielten alle Maschinen Bordfunk, und im Jahr darauf errichtete Deruluft Funkpeilstationen entlang der Strecke nach Moskau und in den folgenden Jahren auch auf denen nach Leningrad, Reval (Tallinn) und Riga. Die Nachtflugstrecke von Berlin nach Königsberg wurde ebenfalls bis Moskau verlängert.

Nach den 570 Passagieren im Gründungsjahr 1922 beförderte Deruluft zehn Jahre später schon über eine Million Passagiere und 1935 über 1,5 Millionen. 1936 wurde die Gesellschaft aufgelöst, und Aeroflot und Lufthansa übernahmen den Dienst im Pool, der mit dem deutschen Angriff auf die Sowjetunion endete. Am 21. Juni 1941 landete die letzte Aeroflot-Maschine in Berlin-Tempelhof, die russische Besatzung wurde interniert und später in Istanbul gegen eine Lufthansa-Mannschaft ausgetauscht.

Am 8. September 1955 landeten zum ersten Mal nach dem Krieg wieder zwei Lufthansa-Lockheed Superconstellation in Moskau; sie brachten den damaligen Bundeskanzler Adenauer zum Staatsbesuch in die sowjetische Hauptstadt. Ab 1966 wurden von Aeroflot und Lufthansa gemeinsame Charterdienste aufgenommen, und nach Unterzeichnung eines Verkehrsvertrages im Februar 1972 wurde der regelmäßige Linienverkehr wieder aufgenommen.

Rechts: Eine Il-18 mit auffälliger Heckbemalung setzt nach der Landung in der Antarktis Mitglieder einer Expedition ab.
Rechte Seite: Mit dem Erstflug der Tu-104 am 15. September 1959 brach in der UdSSR das Zeitalter des Düsenflugs an. Der Jet, ein Umbau des Bombers Tu-16 'Badger', konnte trotz seiner Größe nur 50 Passagiere befördern.
Unten: Trotz intensiver Verkaufsbemühungen wurde die Jak 40 wegen ihres hohen Treibstoffverbrauchs kein Erfolg im Westen.

Air Canada

Mit einer Flotte von über 100 Maschinen und einem Streckennetz von über 155.000 Kilometern zählt die Air Canada zu den wichtigsten internationalen Fluggesellschaften. Die Gesellschaft besteht schon seit 1937, zunächst als innerkanadische Linie betrieben. Doch schon bald gab es die ersten Flüge in die benachbarten USA, und kurz nach Ende des Zweiten Weltkriegs fand der erste interkontinentale Flug nach England statt. Heute bemüht man sich verstärkt um das Geschäft mit Europa und Südostasien; die entsprechenden Linienverbindungen wurden weiter ausgebaut.

Die durch hohe Arbeitslosenzahlen gekennzeichneten Dreißiger Jahre bewogen die kanadische Regierung dazu, das Straßennetz des Landes für den Personen- und Güterverkehr zu erweitern. Auch der Ausbau von Flughäfen und Landebahnen gehörte zu den langfristigen Aufbauprogrammen der Regierung. Der Wunsch nach einer eigenen nationalen Fluggesellschaft wurde erstmals 1936 von C. D. Howe, dem damaligen Transportminister Kanadas, geäußert. Am 10. April des darauffolgenden Jahres war es dann soweit: Trans-Canada Air Lines, heute Air Canada, wurde als Tochtergesellschaft der Nationalen Kanadischen Eisenbahn-Gesellschaft (CNR) ins Leben gerufen. Außer eines beachtlichen Startkapitals von 5 Mio. kan. Dollar erhielt die junge Fluggesellschaft die Unterstützung eines kleinen, jedoch hochqualifizierten Expertenteams. Darunter waren ehemalige Mitarbeiter der CNR sowie Donald McLaren, der sich als Flugpilot im Ersten Weltkrieg bereits einen Namen gemacht hatte. Sie alle gelten als Wegbereiter für den Aufbau und das Prestige der heutigen Gesellschaft Air Canada.

Die Flotte der Trans-Canada Air Lines bestand anfangs aus drei Flugzeugen: zwei Lockheed 10A und ein Stearman Doppeldecker, der hauptsächlich zur Erkundung neuer Flugrouten eingesetzt wurde. Der erste in die Geschichte der Fluggesellschaft eingegangene Linienflug von Vancouver nach Seattle, British Columbia, sorgte 1937 für Schlagzeilen. Fortan sollten Passagiere, Luftpost und Frachtgut regelmäßig zwischen den beiden Städten transportiert werden. Regelmäßig, das hieß damals: zweimal täglich — außer sonntags. Die Ausbildungs- und Trainingsprogramme für Ingenieure und Piloten liefen auf vollen Touren und gingen Hand in Hand mit Fortschritten im Flugzeugbau-Design sowie im Funk- und Navigationsbereich.

Kurze Zeit später nahm die Fluggesellschaft Lethbridge in Alberta und Winnipeg in Manitoba ins kommerzielle Flugprogramm auf.

Konkurrenz zur Eisenbahn

Es hatte sich rasch herumgesprochen, daß die amerikanische Fluggesellschaft United Airlines bereits seit Jahren auf inneramerikanischen Flügen junge Damen zur Betreuung der Passagiere engagierte. Bei der TCA waren es jeweils die Copiloten, die sich um die maximal zehn Passagiere an Bord der Lockheed kümmerten. Die amerikanische Idee wurde zum Wohl der Besatzung und der Kunden als gut und fortschrittlich empfunden, und die ersten Stewardessen nahmen 1938 ihren Dienst bei TCA auf. Die Einstellungsbedingungen bestanden, abgesehen von einer vorgeschriebenen Mindestgröße und Gewicht, in einer abgeschlossenen Ausbildung als Krankenschwester, einem Mindestalter von 21 Jahren sowie der schriftlichen Einwilligung der Eltern.

Das Netz der Kurz- und Mittelstreckenflüge innerhalb Kanadas wurde weiter ausgebaut, und nach monatelangen Vorbereitungen gelang der TCA der erste transkontinentale Flug nach New York — zur Weltausstellung 1939. Für regelmäßige Flugverbindungen zwischen Montreal, Vancouver und Toronto setzte die Fluggesellschaft zwei zweimotorige Lockheed 14H2 ein. Kanada konnte jetzt in einer für

Eines der Modelle aus der Anfangszeit der Trans-Canada Air Lines, die Lockheed 10 A, hier bei einer Zwischenlandung auf dem Flughafen von Winnipeg.

Eine der von Canadair gebauten viermotorigen DC-4M North Star, die Trans-Canada Air Lines in den Jahren 1947-61 einsetzte und die später für Transatlantikflüge mit Druckluftkabinen ausgestattet wurden.

schaft der TCA übernahm die Wartung der aus England zur Überholung eingeflogenen BOAC-Flugzeuge, unterstützte Großbritannien mit der Herstellung und Lieferung von Ersatzteilen und vergrößerte die firmeneigenen Wartungshallen in Montreal und Toronto.

Auch während der angespannten Kriegsjahre nahm die Fluggesellschaft ständig neue Ziele in ihr Flugprogramm auf: 1941 begannen regelmäßige Flüge von Toronto nach New York. Hinzu kam auch Neufundland, eine Basis, die eher aus kriegsstrategischen Gründen eingerichtet wurde. In Zusammenarbeit mit Royal Canadian Transatlantic Air Service fiel 1943 die Entscheidung, die Nordatlantikroute von Montreal nach Prestwick in Schottland zu fliegen. Transportminister Howe begründete dies u.a. damit, die im Kriegsdienst in Europa stationierten kanadischen Soldaten erhielten nur unregelmäßig Post aus der Heimat. Gleichzeitig sollten hohe Regierungsbeamte von der Möglichkeit Gebrauch machen können, an Bord einer TCA Maschine zu Besprechungen und Verhandlungen nach England geflogen zu werden. Die erste mit Rolls Royce Merlin Motoren versehene Lancastrian landete nach einer Rekordzeit von 12 Stunden und 26 Minuten im Juli desselben Jahres in Schottland. Alle Bordinsassen waren jedoch während des Fluges auf warme Fliegeranzüge angewiesen, denn die Temperaturen im Cockpit und in der Kabine sanken bei einer Flughöhe von über 5.000 Meter weit unter Null.

Kaum war das Ende des Krieges in Sicht, konzentrierte sich die TCA wieder voll auf ihre Aufgaben als zivile Luftfahrtgesellschaft. Mittlerweile waren die Flüge über den Großen Teich sozusagen zur Routine geworden. Mit Genehmigung der Royal Canadian Air Force bildete die Fluggesellschaft 60 erfahrene Kriegspiloten für den Zivildienst aus, die alle im Frühjahr 1945 ihren Dienst bei der Trans-Canada Air Lines antraten.

Die ersten der in den Vereinigten Staaten in Auftrag gegebenen 24 zweimotorigen Propellermaschinen des Typs DC-3 wurden noch im selben Jahr ausgeliefert. Zwei Jahre später waren auch die ersten viermotorigen Canadair North Star DC-4M einsatzbereit. Es handelte sich dabei um DC-4, die von Canadair in Montreal zusammengebaut und von Rolls Royce Merlin Motoren angetrieben wurden. Insgesamt 29 Flugzeuge dieses Typs setzte die Fluggesellschaft für Kurz- und

damalige Verhältnisse einmaligen Rekordzeit von 15 Stunden 'überflogen' werden. Vergleicht man ein damaliges Rückflug-Ticket der TCA von 248,50 Dollar mit einer einfachen Zugfahrt von Vancouver nach Ottawa, so hielten sich die Preise zwar die Waage, die Zuggäste allerdings waren einige Tage unterwegs. Obwohl das Tragen von Sauerstoffmasken bei einer Flughöhe von über 5.000 Metern nicht zu den angenehmsten Begleiterscheinungen zählen konnte, stieg die Zahl der Fluggäste kontinuierlich. Fliegen war populärer geworden.

Mit dem Ausbruch des Zweiten Weltkriegs im September 1939 arbeitete die kanadische Regierung als britische Kronkolonie eng mit Großbritannien zusammen, und es war notwendig geworden, die Flotte und das technische Know-how der staatseigenen TCA nicht mehr ausschließlich im Dienst der zivilen Luftfahrt zu belassen. Die Mann-

Die in Großbritannien gebaute Vickers Viscount, von denen die TCA insgesamt 51 Maschinen im Einsatz hatte, war das erste turbopropgetriebene Flugzeug der Welt und konnte bei einer Reisegeschwindigkeit von 500 km/h 48 Passagiere befördern.

Eine Lockheed L-1011 der Air Canada bei ihrem Flug über die kanadische Hauptstadt Montreal. Diese 1973 in Dienst gestellten Maschinen verkehrten hauptsächlich auf dem amerikanischen Kontinent und nicht auf Europastrecken.

Mittelstreckenflüge ein, die Platz für 40 bis 60 Passagiere boten. Die später mit Druckluftkabine ausgerüsteten North Star sollten bald die altbewährten Lancastrian auf Transatlantikflügen ersetzen. Als eine der Lancastrian 1946 zum tausendsten Mal die Atlantiküberquerung nach England meisterte, wurde dies gebührend gefeiert.

Das Ereignis galt als zusätzlicher Meilenstein in der Geschichte der Trans-Canada Air Lines. Sie konnte sich fortan mit anderen internationalen Fluggesellschaften messen. Vertreter der TCA nahmen Platz an den Konferenztischen zahlreicher internationaler Organisationen, darunter auch der International Air Transport Association (IATA). H. J. Symington, Vorsitzender der TCA, wählte man 1946 zum Präsidenten der IATA.

Luftbrücke für Einwanderer

Mit steigendem Interesse sah die Fluggesellschaft zukunftsorientierten Neuerungen im Flugzeugbau und rasch voranschreitenden Entwicklungen im Navigationsbereich entgegen, da diese eine Ausdehnung für Mittel- und Langstreckenflüge garantieren sollten. Ein Erfolg ließ nicht lange auf sich warten. Der ersten offiziellen Genehmigung für Direktflüge nach London 1946 folgten zwei weitere Ziele in den sonnigen Süden: Bermuda und die British West Indies. Mit Zwischenstopps in London konnte wenig später auch Paris in den Flugplan aufgenommen werden.

Aufgrund des steigenden Einwanderungsinteresses in den 50er Jahren beschloß die kanadische Regierung, eine 'Luftbrücke' für Einwanderer aus Europa einzurichten. Die geräumigen und gleichzeitig robusten North Star Maschinen waren für diese Aufgabe inzwischen unentbehrlich geworden. Dasselbe galt für die schon 1953 erteilte Genehmigung, den Düsseldorfer Flughafen der TCA für das sogenannte 'Einwanderungsprogramm per Luft' zur Verfügung zu stellen. Die Auswirkungen des Einwanderungsbooms machten sich auch im Frachtverkehr bemerkbar. Die TCA verzeichnete damals einen heftigen Anstieg im Güter- und Luftposttransport und beschloß, der steigenden Nachfrage baldmöglichst nachzukommen. Für diesen Zweck kaufte die Fluggesellschaft drei der in Großbritannien gebauten Bristol Freighter vom Typ 170 Mk31. Die mit Bristol Siddeley Herkules 734 Motoren ausgestatteten Transportmaschinen wurden nach zweijährigem Einsatz 1955 wieder aus dem Verkehr gezogen.

Es war an der Zeit, nach größeren und schnelleren Flugzeugen für Mittel- und Langstreckenflüge Ausschau zu halten. Die viermotorige Lockheed Constellation schien für die anhaltend steigende Nachfrage

Mit der Erweiterung ihrer Flotte sorgte Air Canada auch für ausreichende Wartungseinrichtungen. Im Bild eine DC-8 in Toronto auf dem Weg zum Hangar.

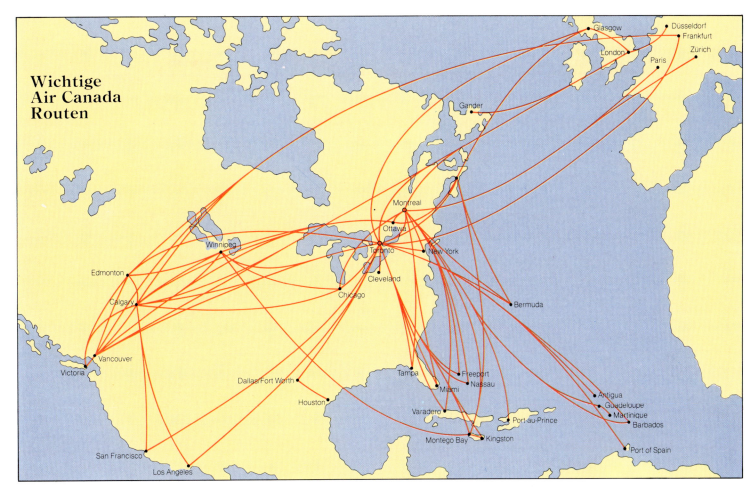

Wichtige Air Canada Routen

im Passagier- und Frachttransport bestens geeignet und hatte sich schon seit Jahren bei anderen internationalen Fluggesellschaften bewährt. Fünf der insgesamt vierzehn georderten Lockheed 1049 Super Constellation wurden 1953 an die TCA geliefert. Das darauffolgende Jahr ging als 'Jahr der Constellation' in die Geschichte der kanadischen Luftfahrtgesellschaft ein. Jetzt konnten zwischen 63 und 75 Passagiere transportiert und eine Fluggeschwindigkeit von über 460 km/h erreicht werden. Bei Transatlantikflügen bedeutete dies, im Vergleich zu den North Star Maschinen, eine Verkürzung der Flugzeit um rund zwei Stunden. Zwanzig Jahre nach Gründung der Trans-Canada Air Lines gelang der erste Nonstop-Flug von Toronto nach Vancouver in nur sieben Stunden. Es folgten kurze Zeit später Linienflüge von Toronto nach England, Brüssel, Zürich und Wien sowie von Montreal nach Paris.

Aufsehen erregten die in Großbritannien gebauten und 1955 in die Flotte der Fluggesellschaft aufgenommenen viermotorigen Vickers Viscount. TCA war die erste Airline, die diese turbopropgetriebenen Maschinen auf ihren Nordamerika-Routen einsetzte. Insgesamt 51 der Vickers hielten der Gesellschaft fast 20 Jahre die Treue. Der große Bruder der Viscount, die Vickers Vanguard, trat wenig später in den Dienst der TCA. Die gesamte Flotte war jetzt um weitere 23 Flugzeuge reicher.

Namensänderung

Das Jet-Zeitalter hatte begonnen. Kanadas nationale Fluggesellschaft eröffnete den in weiser Voraussicht ausgebauten Flughafen in Dorval, Montreal. Die Wartung der ersten aus den Vereinigten Staaten eingetroffenen DC-8 konnte ohne Verzögerungen übernommen werden. Auch der Toronto International Airport war fertiggestellt. Im Jahr 1960 setzte sich die gesamte Flotte der TCA aus 99 Flugzeugen zusammen: sieben DC-8, drei Vickers-Vanguard, 49 Vickers Viscount, zwölf Lockheed Super Constellation, 21 Canadair North Star und sieben DC-3. Der Aufbau zu einer modernen, nationalen Fluggesellschaft war nunmehr nicht nur Wunschdenken, sondern Wirklichkeit geworden. Der Mitarbeiterstab der TCA stieg in den Jahren seit ihrer Gründung 1937 von 71 auf fast 12.000 Personen an. Hinzu kamen neue Flugrouten zu zahlreichen Städten der Vereinigten Staaten und den Karibischen Inseln. Die letzten propellergetriebenen DC-3 Maschinen wurden 1963 gänzlich aus dem Verkehr gezogen.

Am 1. Januar 1965 entschied sich die kanadische Regierung, auch um den internationalen Charakter der Fluggesellschaft hervorzuheben, für einen neuen Namen: Air Canada. Die staatliche kanadische Fluggesellschaft ist heute in allen Entscheidungsbereichen ein selbständiges Unternehmen. Als Symbol wählte man das nationale Wahrzeichen, das Ahornblatt.

Die Feierlichkeiten des 30jährigen Bestehens der internationalen Fluggesellschaft fielen zusammen mit der 1967 in Montreal stattfindenden Weltausstellung 'EXPO'. Einige der zweimotorigen DC-9 waren bereits an die Fluggesellschaft ausgeliefert und machten sich auch sofort bezahlt: Tausende von interessierten Kanadiern aus allen Teilen des Landes flogen nach Montreal zur Weltausstellung und tru-

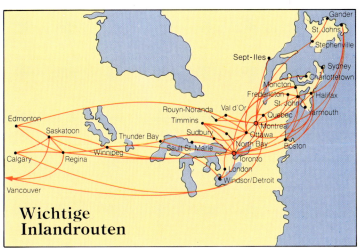

Wichtige Inlandrouten

Passagierflugzeuge der Air Canada

9 Flugzeuge
Boeing 747-100/200/400

Triebwerk: 4 Pratt & Whitney JT9D-7
Spannweite: 59,60 m
Länge: 70,50 m
Höhe: 19,30 m
Reisegeschwindigkeit: 900 km/h
Reichweite: 7.900 km/9.400
Passagiere: 275/429
Besatzung: 3

22 Flugzeuge
Boeing 767-200/300

Triebwerk: 2 Pratt & Whitney JT9D-7R4
Spannweite: 47,60 m
Länge: 48,50 m
Höhe: 15,90 m
Reisegeschwindigkeit: 850 km/h
Reichweite: 5.600 km
Passagiere: 201
Besatzung: 2

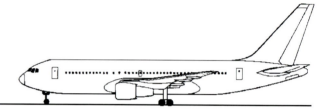

3 Flugzeuge
Lockheed TriStar L1011

Triebwerk: 3 Rolls-Royce RB 211-22B
Spannweite: 47,35 m
Länge: 54,33 m
Höhe: 18,86 m
Reisegeschwindigkeit: 890 km/h
Reichweite: 5.400 km
Passagiere: 288
Besatzung: 3

gen so zum steigenden Prestige der Air Canada bei. Mit einem zufriedenstellenden Gewinn von 390 Mio. Dollar und einem Passagieraufkommen von ca. 6,5 Mio. hatte sich die junge Air Canada einen zusätzlichen Markt eröffnet. Hierzu gehörten Linienflüge nach Los Angeles, Flüge über Kopenhagen nach Moskau sowie ein 26,9 prozentiger Anteil an der Fluggesellschaft Air Jamaica, ein sogenannter 'Pool-Service' in Kooperation mit der CSA von und nach Prag, 41 Linienflüge pro Woche nach England und 29 verschiedene Städte auf dem europäischen Kontinent.

Um ein Haar hätte Air Canada die von Frankreich und England in Zusammenarbeit entwickelte Concorde in ihre Flotte aufgenommen. Der Vorstand der Fluggesellschaft stimmte jedoch dagegen und entschloß sich, die bereits ausgeprochenen Optionen wieder rückgängig zu machen. Statt dessen fiel die Wahl auf eine neue Generation von Flugzeugen amerikanischer Herkunft: die Boeing 747 und 727 sowie die Lockheed TriStar 1011. Die mittlerweile auf 120 Maschinen angewachsene Flotte bestand jetzt allein aus Düsenflugzeugen. Dem Touristengeschäft waren die Tore geöffnet. Reiselustige sollten alsbald auf die Inseln des Karibischen Meers, wie Antigua, Guadeloupe und Martinique befördert werden. Die Landegenehmigung in Kuba erteilten die Behörden der Air Canada im Jahr 1976.

Rationalisierung und Modernisierung
Ab Mitte der siebziger Jahre verdüsterte sich die Wirtschaftslage auf dem Lufttransportsektor weltweit. Auch Air Canada blieb davon nicht verschont. Eine stark sinkende Nachfrage bei Inlandsflügen, horrende Preiserhöhungen für Treibstoff sowie ein sich ständig ausweitender Wettbewerb ziviler Luftfahrtgesellschaften untereinander zwangen Air Canada, Rationalisierungsmaßnahmen in Betracht zu ziehen. Der Expansionsdrang der Fluggesellschaft wurde zeitweilig stark gebremst, einige Routen vom inländischen Flugplan gestrichen, Personal entlassen oder umgeschult. Ein besonderes Augenmerk galt der Reduzierung zu hohen Treibstoffverbrauchs. Als Beispiel gelten alle sechs DC-8-63 Maschinen, die heute — versehen mit vier CFM56 Motoren — für den reinen Frachtverkehr eingesetzt werden. Obwohl diese Entscheidung 147 Mio. Dollar erforderlich machte, hofft Air Canada, die 16prozentige Treibstoffeinsparung und die auf 43.000 kg erweiterte Nutzlast werden sich über kurz oder lang als rentabel erweisen. Aufgrund ihrer Erfahrungen erhielt die Air Canada von anderen Unternehmen Anfang 1984 Aufträge zur Umrüstung weiterer DC-8 Serie 60 in Serie 70 mit CFM56-2 Triebwerken.

Fortschrittlich und vorbildlich bezeichnet Air Canada ihr Engagement in Hinsicht auf Wartung und Marketing. Mit einem hochqualifizierten Team von Mitarbeitern ist es der Gesellschaft bereits gelungen, kanadische und ausländische Kunden auf ein 'Package-Deal' aufmerksam zu machen. 1979 beispielsweise beauftragte die Trinidad und Tobago Airlines die Fluggesellschaft mit der Ausbildung von Piloten und Technikern für die neu erstandenen Lockheed 1011-500 Maschinen. Nach fast vierjähriger Zusammenarbeit und einem spezifisch auf die beiden Fluggesellschaften zugeschnittenen Planungs-

34 Flugzeuge
Airbus A340

Triebwerk: 4 CFM 56-5C3
Spannweite: 60,30 m
Länge: 59,39 m
Höhe: 16,84 m
Reichweite: 14.000 km
Passagiere: 262

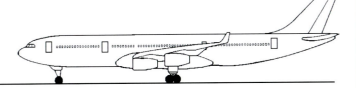

35 Flugzeuge
DC-9

Triebwerk: 2 Pratt & Whitney JT8D-7A
Spannweite: 28,50 m
Länge: 36,40 m
Höhe: 8,40 m
Reisegeschwindigkeit: 800 km/h
Reichweite: 2.800 km
Passagiere: 102
Besatzung: 2

Über den Wolken: Ein Jumbo-Jet der Air Canada.

Eine Lockheed 1011 TriStar wird einer routinemäßigen Wartung zwischen zwei Flügen unterzogen. Die Maschine trägt die Bemalung der ursprünglichen Trans-Canada Air Lines.

und Managementprogramm überließ das Spezialistenteam der Air Canada das Zepter gänzlich den Kollegen in Tobago und Trinidad.

Auch Vertreter deutscher Firmen, wie M.T.U. aus Hannover, ließen sich von kanadischen Fachleuten beraten. Außerdem zählt die Fluggesellschaft zu den führenden Unternehmen in der Entwicklung und der Anwendung von Computer-Technik, besonders auf dem Kommunikationssektor. Hier konzentriert sich Air Canada hauptsächlich auf die Werbung neuer Kunden aus der Transport- und Reisegeschäftbranche und hatte bereits 1982 einen erheblichen Kundenzuwachs zu verzeichnen. Mit einem stolzen Gewinn von 28 Mio. Dollar schlugen diese Dienstleistungen im selben Jahr zu Buche, während die Gesamtbilanz mit einem Minus von 32,6 Mio. kan. Dollar abschloß.

Neue Flugrouten

Dem Expansionsdrang der Fluggesellschaft zufolge soll das Streckennetz nicht nur innerhalb Europas, sondern auch auf Südostasien erweitert werden. Neben den bereits im regulären Flugplan enthaltenen Städten Frankfurt, Düsseldorf, Glasgow, London, Paris und Zürich haben seit Frühjahr 1983 auch München und Genf der Air Canada ihre Tore geöffnet. Die von Montreal oder Toronto über Paris fliegenden Maschinen bedienen München fünfmal, Genf zweimal wöchentlich. Bereits im April 1982 erhielt die Fluggesellschaft die offizielle Genehmigung der Flugbehörden für eine sogenannte 'Fünfte Freiheit', die es ihr gestattet, zwischen London und Düsseldorf Passagiere aufzunehmen. Der wichtigste europäische Knotenpunkt für Frachtlieferungen hingegen ist Brüssel. Von dort aus sind zahlreiche Städte im Nahgüterverkehr innerhalb von 5 bis 6 Stunden erreichbar.

Als Zeichen einer Ausdehnung nach Osten kann die Eröffnung der Air Canada-Niederlassung in Singapur angesehen werden. Mit den Fluggesellschaften Singapore Airlines und Cathay Pacific bestehen außerdem seit 1981 bilaterale Abkommen zur Beförderung von Passagieren auf Fernost- oder Rund-um-die-Welt-Routen. Thailand sowie andere asiatische Länder stehen ebenfalls bereits zur Diskussion.

Auch im Charter- und Pauschalreisegeschäft ist Air Canada trotz heftiger Konkurrenzkämpfe recht gut etabliert. Die vor Jahren eigens für diesen Zweck gegründete Tochtergesellschaft Touram Inc. hat sich seit ihrem Bestehen als durchaus rentabel erwiesen. Pauschalreisen werden im hauseigenen Sun Charter Programm angeboten. Zu relativ erschwinglichen Preisen fliegen Urlauber auf die Karibischen Inseln, nach Bermuda, Florida, Kalifornien, in die Südstaaten oder nach Hawaii und Mexiko. Weder von ihrem Konkurrenten CP Air, noch von der in dieser Branche führenden kanadischen Fluggesellschaft Wardair läßt sich Air Canada einschüchtern.

Die als vorbildlich bezeichnete Entwicklung und Vermarktung von Computer- und Kommunikationssystemen haben der Fluggesellschaft in den letzten Jahren einiges Lob eingebracht. Für außerordentliche Leistungen auf dem Gebiet der Kommunikationstechnik sowie für zukunftsorientierte Leistungen im Management errang die Airline gleich zwei Preise. Von Spitzenverbänden der Industrie erhielt sie 1982 den 'Air Transport World Award' und den 'Communication Leadership Award'. Es geht Air Canada jedoch nicht einzig und allein um High Technology und Computer Terminals. Sie beweist auch ein Herz für Sport, und es gehört mit zum nationalen Ansehen, im In- und Ausland populäre Sportveranstaltungen finanziell zu unterstützen. Zur Weltmeisterschaft im Eisstockschießen, ein kanadischer Nationalsport, die 1982 in Garmisch Partenkirchen stattfand, trat sie als Sponsor auf.

Sicherheit an Bord

Air Canada hat aufgrund mehrerer Unfälle in letzter Zeit die Sicherheitsbestimmungen erheblich verschärft. Zum Schutze von Personal und Passagieren wurden beträchtliche Mittel freigemacht. Die gesamte Flotte soll in absehbarer Zeit mit automatischen Feuerlöschern, neuen Sauerstoffgeräten, Rauchdetektoren und nichtbrennbaren Sitzbezügen ausgestattet werden.

Obwohl die Fluggesellschaft hinsichtlich der Unfallrate zu den sichersten unter den zivilen Luftfahrtgesellschaften der Welt gehört, hat auch sie einige Mißerfolge zu verzeichnen. Während der ersten dreißig Jahre ihres Bestehens verlor die Gesellschaft insgesamt nur drei Flugzeuge: eine Lockheed, eine North Star und eine DC-8. Im Sommer 1970 stürzte bei Toronto eine DC-8 ab, und 109 Menschenleben waren zu beklagen. Nach über einem Jahrzehnt relativ beständiger Sicherheit jedoch bescherte das Jahr 1983 der kanadischen Fluggesellschaft einige Mißerfolge. Zuerst verlor Air Canada im Mai eine DC-9, die wegen schneesturmähnlicher Witterungsverhältnisse beim Starten über die Landebahn in Regina/Montreal hinausschoß. Zwei Monate später zwang ein in der WC-Kabine ausgebrochenes Feuer die Piloten einer DC-9 in Cinncinatti zur Notlandung. 23 Passagiere wurden Opfer der durch den Brand ausgelösten Rauchschwaden.

Eher glimpflich hingegen ging ein Zwischenfall an Bord einer Boe-

Die Boeing 767 wird von Air Canada auf nicht stark frequentierten Mittel- und Langstrecken, inzwischen auch auf Transatlantikrouten eingesetzt.

Eine DC-8 kurz nach der Landung auf dem Flughafen von Edmonton, Kanada. Ende der 70er Jahre begann Air Canada mit der Umrüstung ihrer sechs DC-8-63 für den reinen Frachtverkehr.

ing 767 im Juli 1983 aus. Die Maschine, auf dem Weg von Montreal nach Edmonton, setzte ihren Flug nach einer Zwischenlandung in Ottawa planmäßig fort. Fast 3.200 km waren noch zurückzulegen, als der Pilot bei einer Flughöhe von 13.000 m feststellen mußte, daß die Treibstofftanks leer waren. Der Copilot der Boeing 767 (Kennzeichen C-GAUN) verließ sich nicht nur auf seinen hervorragenden Orientierungssinn, sondern auch auf seine 10jährige Erfahrung als privater Segelflieger. Zugute kamen dem ehemaligen Piloten der kanadischen Air Force ebenfalls ausgezeichnete geographische Kenntnisse von Militärflughäfen in der Umgebung. Mit einer Fallgeschwindigkeit von 800 Meter pro Minute 'segelte' die Maschine auf einen über 150 km entfernten stillgelegten Militärflugplatz zu. Beim als perfekt bezeichneten Touchdown wurde zwar das vordere Rad unter der Kanzel weggerissen — eine sichere Landung war jedoch geglückt.

Des Rätsels Lösung kam man bald auf den Grund: die in den Unfall verwickelte Boeing gehört zu den ersten auf Dezimalsystem umgebauten Modellen. Das bedeutet, die eingegebenen Computerdaten dienen u.a. der Berechnung der Treibstoffkapazität in Kilogramm. Die Daten müssen zuerst von Kubikzentimeter in Liter, dann in englische Pfund (1 lb = 453,6 g) und letztendlich in Kilogramm umgerechnet werden. Berichten zufolge hatte man sich beim Auffüllen und Berechnen des benötigten Treibstoffs nicht gänzlich an die neuen Prozeduren gehalten. Zusätzlich dazu waren die automatischen Tankuhren ausgefallen, und die Maschine war mit 22.300 lb statt mit 22.300 kg (= 49.060 lb) Treibstoff gestartet.

Schließlich mußte am 26. Januar 1984 eine Boeing 727 der Air Canada in Winnipeg notlanden, nachdem im Cockpit eine Zigarette aus dem Aschenbecher des Kapitäns in eine Kartentasche gefallen war und es zu starker Rauchentwicklung kam. Die Maschine landete sicher in dichtem Schneetreiben, und keiner der Passagiere wurde bei diesem Vorfall verletzt.

Air France

Luftfahrtgesellschaften dienen dazu, Menschen und Fracht zu ihren Bestimmungsorten zu befördern. Genauso wichtig wie die Erfüllung dieser Aufgabe ist jedoch die Pflicht der Gesellschaften, als Botschafter ihres Landes zu fungieren.

Frankreich versteht es ganz ausgezeichnet, sich und seine Produkte zu verkaufen. Ganz klar, daß dann bei der Luftlinie nicht gespart wird. Die 'Grande Nation', wie sie sich selbst gerne nennt, leistet sich nur das Beste vom Besten. Wie sieht die heutige Flotte der Air France aus? Beginnen wir bei der kleinsten Maschine, der Boeing 737. Von diesem Typ, der von den Piloten auf Grund seines rundlichen Erscheinungsbildes häufig als 'Luftschweinchen' bezeichnet wird, hat die Gesellschaft Ende des Jahres 1985 13 Boeing 737-200 in Betrieb. Die Boeing 727 ist das meistgebaute Verkehrsflugzeug der Welt, Air France hat 29 Exemplare der Serie 200 mit dem Company-Code 28 im Einsatz. Der Airbus A300 hat den Amerikanern und insbesondere den Leuten von Boeing das Fürchten gelehrt. Dieses europäische Flugzeug hat sich nach den ersten Anlaufschwierigkeiten einen festen Platz am heiß umkämpften Verkehrsfliegerhimmel erobern können. Bei der Air France fliegen gegenwärtig 18 A300, davon fünf B2 und 13 von der Version B4 mit längerer Reichweite.

Links: **Mit insgesamt 25 Boeing 747 bewältigt Air France heute ihren Langstreckenverkehr.**
Unten: **Mit der Farman F-60 Goliath wurde 1919 der Linienverkehr zwischen Paris und London eröffnet. Zwölf Passagiere fanden in der geräumigen Kabine Platz. Außergewöhnlich war damals die Spannweite von 26,47 m.**

Vom inzwischen klassischen 'Jumbo', der Boeing 747, tragen immerhin 31 Maschinen die Farben der Trikolore. Acht der Maschinen sind kombinierte Passagier-Fracht-Varianten, sechs davon dienen dem reinen Frachtgeschäft.

Die Krönung der Flotte bilden zweifelsohne die fünf Concorde. Außer Frankreich leistet sich nur noch England diesen 'heißesten' Passagierjet der Welt. Noblesse oblige — wie feine Leute zu sagen pflegen. Wer dieser Verpflichtung nachkommen möchte, muß dann eben auch tief in die Tasche greifen. Jahrelang brachte der Überschalljet der Gesellschaft Verluste in Millionenhöhe ein, seit 1983, nachdem die Regierung alle noch ausstehenden Kosten übernommen hatte, fliegt er jedes Jahr beträchtliche Gewinne ein.

Es ist schon etwas besonderes, mit Überschallgeschwindigkeit von Kontinent zu Kontinent zu fliegen und dabei das raffinierteste Menü zu genießen, das wohl jemals in den Lüften serviert wurde. Zuviel Zeit lassen darf man sich als Feinschmecker allerdings nicht, denn der Flug, für den der normale Jet so an die acht bis neun Stunden in Anspruch nimmt, dauert mit der Concorde der Air France nur noch gerade die Hälfte.

Die geschichtliche Entwicklung

Von diesen kurzen Reisezeiten konnten die Piloten aus der Anfangsphase der Air France nicht einmal träumen, selbst wenn sie so viel Vorstellungkraft besäßen wie der weltbekannte Schriftsteller Antoine de Saint-Exupéry, der 1934 zur neugegründeten Air France stieß und als Streckenpilot arbeitete.

Im Jahr zuvor war die Gesellschaft aus dem Zusammenschluß von fünf Gesellschaften hervorgegangen, deren älteste, die 'Compagnie

Links: Bis zu 135 Passagiere konnten auf den beiden Decks der bulligen Breguet 763 Provence Platz finden. 1952 hatte Air France zwölf dieser Maschinen in Dienst genommen. — *Unten links:* Im Mai 1959 begann für Air France das Düsenzeitalter: erstmals wurde eine Caravelle auf der Strecke Paris — Istanbul im Linienflug eingesetzt.

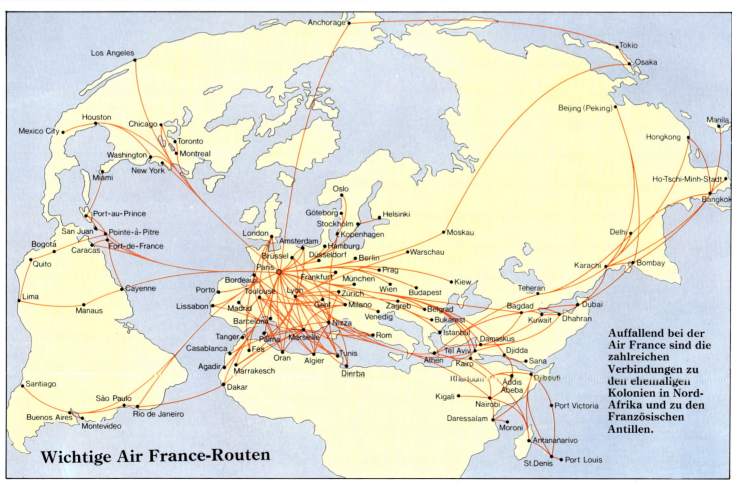

Wichtige Air France-Routen

Auffallend bei der Air France sind die zahlreichen Verbindungen zu den ehemaligen Kolonien in Nord-Afrika und zu den Französischen Antillen.

Passagierflugzeuge der Air France

45 Flugzeuge

Boeing 747-100/200/ 300/400

Triebwerk: 4 Pratt & Whitney JT9D-7
Spannweite: 59,60 m
Länge: 70,50 m
Höhe: 19,30 m
Reisegeschwindigkeit: 900 km/h
Reichweite: 7.900 km
Passagiere: 470
Besatzung: 3

7 Flugzeuge

Aerospatiale/BAe Concorde

Triebwerk: 4 Rolls-Royce/SNECMA Olympus 593 Mk 610
Spannweite: 25,55 m
Länge: 62,10 m
Höhe: 11,40 m
Reisegeschwindigkeit: 2.179 km/h
Reichweite: 6.580 km
Passagiere: max. 100
Besatzung: 3

4 Flugzeuge

Boeing 727

Triebwerk: 3 Pratt & Whitney JT8D
Spannweite: 32,90 m
Länge: 46,70 m
Höhe: 10,40 m
Reisegeschwindigkeit: 880 km/h
Reichweite: 5.300 km
Passagiere: 156
Besatzung: 3

1 Flugzeug

DC 10-30

Triebwerk: 3 General Electric CF6-50 50C
Spannweite: 50,42 m
Länge: 55,20 m
Höhe: 17,70 m
Reisegeschwindigkeit: 908 km/h
Reichweite: 9.950 km
Passagiere: 275
Besatzung: 3

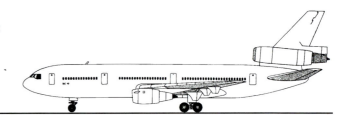

Générale Transaérienne' bereits 1909 Flüge durchführte. Am 8. Februar 1919 wurde auf der heutigen Paradestrecke Paris-London der Betrieb mit dem Jumbo der damaligen Zeit, einer Farman F 60 'Goliath' aufgenommen. Immerhin fanden zwölf Passagiere in den breiten Korbsesseln Platz. Im gleichen Jahr wurden die ersten Passagierflüge nach Casablanca aufgenommen und 1923 starteten die ersten Passagier-Nachtflüge auf der Strecke Straßburg — Paris (Flugzeit 3 Std 50 Min).

Bekannte Piloten wie Mermoz und Guillaumet suchten auf ihren Pionierflügen neue Routen durch den südamerikanischen Kontinent und 1930 konnten die ersten Postflüge über den Südatlantik via Senegal mit einer Latécoère Laté 28 als Erfolg verbucht werden. 1931 eröffnete die Air Orient, ebenfalls eine der Air France-Gründungsgesellschaften, den regulären Dienst zwischen Marseille und Saigon, die Flugstrecke wurde in zehn Tagen zurückgelegt.

Das erste Pool-Abkommen zwischen zwei Fluggesellschaften in der Geschichte der Luftfahrt wurde übrigens 1926 zwischen der Air Farman, ebenfalls eine Air France-Vorläuferin, und der Deutschen Lufthansa für die Strecke Paris-Berlin geschlossen. Seit dem Kriege gehört Air France zu den drei alliierten Gesellschaften im Berlin-Flugverkehr, wo sie wiederum Geschichte machte, denn sie setzte als erste Gesellschaft Düsenflugzeuge — nämlich die Caravelle — ein. Dieses erste Düsenverkehrsflugzeug für Kurz- und Mittelstrecken bildete in den 60er und 70er Jahren das Rückgrat von Air France im europäischen Verkehr.

Auch wenn heute Air France über eine sehr umfangreiche Flotte verfügt, das absolute Rekordjahr, was Anzahl der Flugzeuge als auch die Typenvielfalt anbelangt, bleibt immer noch das Gründungsjahr 1933: damals umfaßte die Flotte 259 Maschinen mit 32 verschiedenen Flugzeugtypen.

Als man am 30. August 1983 das fünfzigjährige Gründungsjubiläum feiern konnte, blickte die Air France auf eine überaus wechselvolle Geschichte zurück. In dieser Zeit konnte die Gesellschaft einen ausgezeichneten Ruf in der Verpflegung ihrer Passagiere erringen, was einige Airlines dazu bewegt, sich bei einem Stop in Paris von der Air France Catering Gesellschaft mitversorgen zu lassen.

Die wirtschaftliche Lage

Kapazitätsschwierigkeiten bei der Catering Gesellschaft sind kaum zu erwarten, denn hinter ihr steht immerhin die viertgrößte Luftfahrt-

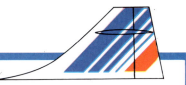

39 Flugzeuge
Boeing 737-200/300/500

Triebwerk: 2 Pratt & Whitney JT8D-154A
Spannweite: 28,35 m
Länge: 30,53 m
Höhe: 11,28 m
Reisegeschwindigkeit: 778 km/h
Reichweite: 4.100 km
Passagiere: 130
Besatzung: 2

5 Flugzeuge
Boeing 767-300

Triebwerk: 2 General Electric CF6-80A
Spannweite: 47,60 m
Länge: 48,50 m
Höhe: 15,90 m
Reisegeschwindigkeit: 850 km/h
Reichweite: 5.675 km
Passagiere: 204
Besatzung: 2

10 Flugzeuge
Airbus A300

Triebwerk: 2General Electric CF6-50G2
Spannweite: 44,84 m
Länge: 53,75 m
Höhe: 16,53 m
Reisegeschwindigkeit: 860 km/h
Reichweite: 5.375 km
Passagiere: 292
Besatzung: 3

11 Flugzeuge
Airbus A310

Triebwerk: 2 General Electric CF6-80A
Spannweite: 43,90 m
Länge: 46,66 m
Höhe: 15,81m
Reisegeschwindigkeit: 860 km/h
Reichweite: 5.170 km
Passagiere: 265
Besatzung: 2

25 Flugzeuge
Airbus A320

Triebwerk: 2 CFM56-5
Spannweite: 34,10 m
Länge: 37,60 m
Höhe: 11,80 m
Reichweite: 5.550 km
Passagiere: 150

4 Flugzeuge
Airbus A340

Triebwerk: 4 CFM 56-5C3
Spannweite: 60,30 m
Länge: 59,39 m
Höhe: 16,84 m
Reichweite: 4.000 km
Passagiere: 262

gesellschaft der Welt. Diese Position bezieht sich auf die Zahl der beförderten Passagiere. Bei der Frachtbeförderung sieht das Ergebnis im Vergleich mit dem Rest der Welt noch günstiger aus. Man konnte es bis 1983 auf Platz zwei der Weltrangliste bringen. Ein stolzes Ergebnis, über das man in der Pariser Zentrale der Air France zurecht stolz ist. Der Erfolg auf dem Luftfrachtsektor verbessert das ansonsten nicht gerade erfreuliche finanzielle Ergebnis wenigstens um einige Punkte.

Die Gesellschaft gab ihren Verlust für das Jahr 1982 mit 282 Millionen Mark an, was 3,7 % des Gesamtumsatzes von sieben Milliarden Mark entsprach. So sprach man bei der Air France dann auch von einem ausgesprochen schwierigen Jahr 1982. Die Flugzeuge der französischen Luftfahrtgesellschaft waren in diesem Zeitraum immerhin im Durchschnitt zu 64,3 % ausgelastet, und die Maschinen erreichten eine Pünktlichkreitsrate von 86,6 %.

Gründe für das schlechte Abschneiden des Unternehmens gab es sicherlich viele. Als einen der Hauptgründe nannte der Air France Präsident vor allem die Stagnation im Luftverkehr — geringere Zuwachsraten als in den vergangenen Jahren waren zu verzeichnen, weil wohl so manche Geschäftsreise aus Kostengründen gestrichen wurde

— sowie den ungünstigen Wechselkurs für den amerikanischen Dollar, denn die Summe für den Kauf eines Boeing Flugzeugs muß in Dollars aufgebracht werden. Das gleiche gilt für den Treibstoff. Er muß ebenso mit Dollars bezahlt werden, und auf Kerosin entfallen immerhin 25 % der Betriebskosten. Einen weiteren Grund für die gestiegenen Kosten kennt jeder 'Häuslebauer' bei uns genauso wie der Präsident der Air France: die hohen Zinsen. Die Unruhen im Nahen Osten waren dem Geschäftsverlauf genauso abträglich wie der auf einigen viel beflogenen Strecken knallhart geführte Preiskampf. Unternehmer wie Freddy Laker mußten schließlich zugeben, daß ihnen die 'Puste' ausgegangen ist. Andere kämpfen weiter und treiben ohne Rücksicht auf die eigenen Verluste auch die anderen in die roten Zahlen.

Neue Maßnahmen treten in Kraft

Air France ließ sich nicht beirren, und trotz des schlechten Ergebnisses plante man weiterhin offensiv. So wurde 1982 der eigene Passagierterminal Charles de Gaulle II in Betrieb genommen. Nach Tokio führt jetzt die neue Route über Moskau und Sibirien. Nach Südamerika kam eine ganz neue und zwar die kürzeste Strecke der Air France

Oben: Ein Airbus A300 B4 der Air France aus ungewöhnlicher Perspektive gesehen. Diese Maschine mit der Registrierung F-BVGI wurde 1975 in Dienst gestellt. Mit einer Reichweite von über 5.300 km liegt sie nur 1.200 km unter der der Concorde *(rechts),* hier bei der Abfertigung auf dem Flughafen Charles-de-Gaulle bei Paris.

zu diesem Kontinent hinzu: Paris-Recife. Nachdem man sich von den spritfressenden Caravelles bereits getrennt hatte, wurde nun mittlerweile auch die letzte Boeing 707 ausgemustert. Für 1983 bedeuten diese Maßnahmen eine Ausweitung der Sitzplatzkapazität von 1,8 %.

Nach den schwierigen Jahren konnte sich Air France jedoch ab 1983 wirtschaftlich wieder erholen und in der Jahresbilanz Gewinne ausweisen, so für 1983 85 Mio Francs plus 28 Mio, die von den fünf Concorde erwirtschaftet wurden. Ein Jahr später stieg der Gesamtgewinn bereits auf 530 Mio Francs, von denen ein Großteil wieder zu Neuinvestitionen verwendet wurde.

Die Konkurrenz ist groß

Es ist selbstverständlich, daß eine Luftfahrtgesellschaft wie die Air France sämtliche großen Routen dieser Welt im Programm hat. Am härtesten ist das Geschäft für die Franzosen auf der Nord-Atlantik Linie. Wie schon erwähnt, ist der Preiskampf hier am größten. Sage und schreibe 48 Luftlinien machen sich hier den Markt gegenseitig streitig. Nicht einmal die attraktive Concorde war in der Lage, hier profitabel zu operieren. Sicherlich taten die Amerikaner auch alles, um ihre eigenen Linien vor diesem überschallschnellen Europäer zu schützen. So gab es endlose Diskussionen um die Landeerlaubnis der Concorde. Als man sich dann schließlich dazu bereit erklärte, mußte sie sich vorerst mit Washington zufrieden geben. Inzwischen wird New York zwar elfmal in der Woche angeflogen, doch die Auslastung läßt zu wünschen übrig. Die französische Regierung konnte sich das ineffiziente Südamerika-Geschäft im Jahre 1982 nicht länger mit ansehen, schließlich muß der Steuerzahler für die Verluste aufkommen, und veranlaßte Air France zur Einstellung ihrer Überschallflüge nach Rio de Janeiro.

Air France gehört zu den großen Luftfahrtgesellschaften unserer Zeit und ist aus der Szene der Luftlinien nicht mehr wegzudenken. Ihre Geschichte ist eng mit der Geschichte der Luftfahrt verknüpft.

Alitalia

Die Linee Aeree Alitalia, deren Streckennetz alle Erdteile umfaßt, gehört zu den bekanntesten Airlines im Weltluftverkehr. Neu ist die Kooperation mit der amerikanischen Continental Airlines; seit Sommer 1994 gibt es einen täglichen Flug von Rom nach Newark. Absolutes Novum bei dieser Zusammenarbeit: Eine DC-10-30 wird unterschiedlich bemalt. Auf der linken Seite trägt sie Namen und Logo der Continental, auf der rechten Seite die Insignien der Alitalia.

Die Alitalia war die erste europäische Luftverkehrsgesellschaft, deren Flotte ausschließlich aus Jets bestand. Aber auch bei der Entwicklung eines automatischen Reservierungssystems mit Bildschirmterminals und bei der Einführung des Trägheitsnavigationssystems an Bord von Langstreckenflugzeugen hatte diese Fluggesellschaft die Nase vorn, um nur zwei Beispiele zu nennen. Andererseits hat sich die Alitalia mit ganz besonderen Problemen herumzuschlagen, zu denen auch wilde Streiks gehören. Vor allem im Ausland hat der Ruf der Fluglinie darunter gelitten, daß wegen Arbeitsniederlegungen der Fluglotsen und anderer Gruppen der Flugverkehr immer wieder eingestellt oder eingeschränkt werden mußte. Verspätungen bildeten ein ständiges Ärgernis. Die Alitalia hat, so weit es in ihrer Macht steht, große Anstrengungen unternommen, Zuverlässigkeit, Pünktlichkeit und Service ihres Flugbetriebs wieder dem internationalen Standard anzupassen.

In der Tradition großer Pionierleistungen

Die Tradition des Luftverkehrs in Italien reicht weit in die Zeit vor dem Ersten Weltkrieg zurück. In der Chronik der Pionierflüge über den Südatlantik haben sich die Italiener einen festen Platz gesichert. In den zwanziger Jahren erregte die Firma Savoia Marchetti mit ihren Doppelrumpf-Flugbooten großes Aufsehen. Am 13. Februar 1927 starteten der Marchese Francesco de Pinedo, Kapitän Carlo del Prete und Zachetti mit der auf den Namen 'Santa Maria' getauften Savoia Marchetti SM 55 in Sardinien zu ihrem großen Flug, der nicht nur die Überquerung des Südatlantiks, sondern auch den Rückflug über den Nordatlantik vorsah. Über Marokko, den Senegal und die Insel Fernando de Noronha trafen sie am 24. Februar im brasilianischen Pernambuco ein, um dann entlang der Küste in die Vereinigten Staaten zu fliegen, wo sie einen Rundflug unternahmen. Die zweimotorige SM 25, deren Höchstgeschwindigkeit 185 km/h betrug, ging nach 25.000 Flugkilometern auf dem Roosevelt-Stausee in Arizona verloren; beim Auftanken hatte jemand achtlos ein Streichholz weggeworfen. Schließlich traf im Mai 1928 mit dem Schiff im New Yorker Hafen ein neues Flugboot dieses Typs aus Italien ein. Das Pilotentrio flog nach eingehenden Testflügen über Neufundland zu den Azoren und von dort mit der 'Santa Maria II' via Lissabon nach Rom, wo den Pionieren ein begeisterter Empfang bereitet wurde.

Im Bau von Seeflugzeugen war die italienische Luftfahrtindustrie führend. Unter General Italo Balbo starteten am 17. Dezember 1930 vierzehn Savoia Marchetti-Flugboote zum Formationsflug über den Südatlantik nach Rio de Janeiro, das von zehn Maschinen erreicht wurde. Vier Flugboote mußten unterwegs aufgeben. Fünf Besatzungsmitglieder bezahlten das kühne Unterfangen mit ihrem Leben. Für General Balbo war dies jedoch nur eine Generalprobe für einen Geschwaderflug zur Weltausstellung 1933 in Chicago. Die zwei Dutzend Savoia Marchetti SM 55X wasserten nach einem sechsstündigen Formationsflug im Hafen von Reykjavik auf Island. Nach zwei weiteren Zwischenlandungen erreichten sie Chicago, wo den italienischen Fliegern am 16. Juli 1933 ein jubelnder Empfang bereitet wurde. Als die Flugboote am 12. August wieder in ihrer Heimat eintrafen, hatten sie genau 19.272 Kilometer zurückgelegt.

Die schöne Fiat G 12 mit dem steilen Heckleitwerk flog im September 1940 zum ersten Mal und wurde daher sofort zu militärischen Zwecken eingesetzt. Sie wurde jedoch bis 1949 produziert. Hier die G12 LP mit Besatzung und Passagieren.

Passagierflugzeuge der Alitalia

11 Flugzeuge
Boeing 747

Triebwerk: 4 Pratt & Whitney JT9D-7W
Spannweite: 59,60 m
Länge: 70,50 m
Höhe: 19,30 m
Reisegeschwindigkeit: 900 km/h
Reichweite: 9.400 km
Passagiere: 437
Besatzung: 3

Die Flotte der Alitalia verfügt auch über sieben Maschinen des Typs MD 11 von Mc Donnell Douglas.

14 Flugzeuge
Airbus A300

Triebwerk: 2 General Electric CF6-50C2
Spannweite: 44,84 m
Länge: 53,75 m
Höhe: 16,53 m
Reisegeschwindigkeit: 854 km/h
Reichweite: 5.340 km
Passagiere: 253
Besatzung: 3

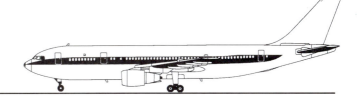

81 Flugzeuge
MD-80

Triebwerk: 2 Pratt & Whitney JT8D-217A
Spannweite: 32,80 m
Länge: 45,60 m
Höhe: 8,40 m
Reisegeschwindigkeit: 850 km/h
Reichweite: 3.445 km
Passagiere: 155

5 Flugzeuge
Airbus A321

Triebwerk: 2 CFM56-5
Spannweite: 34,10 m
Länge: 44,51 m
Höhe: 11,80 m
Reisegeschwindigkeit: 850 km/h
Reichweite: 3.900 km
Passagiere: 187

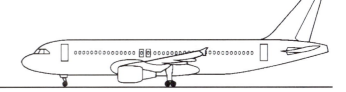

22 Flugzeuge
DC 9-30

Triebwerk: 2 Pratt & Whitney JT8D-9
Spannweite: 28,42 m
Länge: 36,35 m
Höhe: 8,35 m
Reisegeschwindigkeit: 850 km/h
Reichweite: 1.880 km
Passagiere: 123

Bereits 1928 hatten Kapitän Arturo Ferrarin und Major Carlo del Prete einen neuen Langstreckenrekord aufgestellt. Sie waren in 47 Stunden 55 Minuten nonstop 7.120 Kilometer von Rom bis Natal an der brasilianischen Küste geflogen — mit der einmotorigen Savoia Marchetti SM 64, einem Landflugzeug, das bei 21,49 Meter Spannweite nur 8,99 Meter lang war und ein Fluggewicht von rund sieben Tonnen aufwies. Der Zwölfzylindermotor von Fiat verlieh der Maschine eine Höchstgeschwindigkeit von 235 Kilometer pro Stunde. Für den Start zu dem Rekordflug war in der Nähe Roms eigens eine 1.500 Meter lange Startbahn errichtet worden.

Mit dem dreimotorigen, für diesen Flug unbewaffneten Militärflugzeug CANT Z 506B stellte Mario Stoppani mit seiner Besatzung 1937 einen Rekord für Schwimmerflugzeuge auf: 6.883 Kilometer nonstop von Cadiz nach Caravelas. Wegen Motorschadens mußten die Flieger auf dem Rückflug auf dem Südatlantik notwassern. Die deutsche Do 18 'Samun' rettete die Italiener vor dem Ertrinken, doch die mit drei Alfa-Romeo-Motoren ausgerüstete Maschine versank im Ozean.

Für den Liniendienst über den Südatlantik entschieden sich die italienischen Luftfahrtbehörden für Landflugzeuge an Stelle von Flugbooten. Am 22. Dezember 1939 eröffnete die im Vorjahr gegründete Linee Aeree Transcontinentali Italiane (LATI) die Linie Rom-Rio de Janeiro. Der Passagier- und Frachtdienst, der 1941 wegen des Weltkriegs eingestellt werden mußte, führte über Sevilla nach Villa Cisneros an der Küste von Westafrika. Auf einer rund 600 Kilometer Westafrika vorgelagerten Insel wurde ein Stützpunkt mit einer 1.300 Meter langen Piste, zwei Hangars, Werkstätten und einem Hotel angelegt. Von dort führte die längste Etappe nach Recife. Der LATI standen zwölf dreimotorige Savoia Marchetti SM 83T, die zehn Fluggäste und eine halbe Tonne Post befördern konnten, zur Verfügung. Bis auf einen Absturz in den Bergen Marokkos verliefen die 132 Südatlantikdienste bis zur Einstellung des Dienstes ohne Unglück.

Neben der LATI existierten bei Beginn des Zweiten Weltkriegs in Italien zwei andere Luftverkehrsgesellschaften: die ebenfalls vom Staat subventionierte Ala Littoria und die Avio linee Italiane, die sich im Eigentum der Fiat-Werke befand.

Die Geschichte der Alitalia

Nach dem Zweiten Weltkrieg konnte auch in Italien an zivilen Luftverkehr erst wieder gedacht werden, nachdem die Alliierten das Flugverbot 1946 aufgehoben hatten. Daraufhin unterzeichnete die

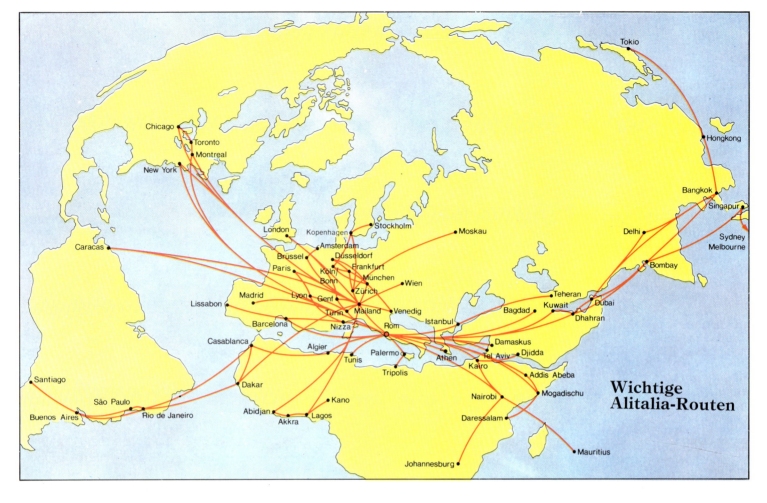

Wichtige Alitalia-Routen

Regierung in Rom zur Gründung der Linee Aeree Italiane (LAI) einen Vertrag mit Trans World Airlines. Ein weiteres Abkommen mit einer der Vorgängergesellschaften von British Airways führte am 16. September 1946 zur Gründung der Alitalia. Ihr Kapital wurde überwiegend von den Briten und vom italienischen Regierungsinstitut für den industriellen Wiederaufbau (IRI) aufgebracht; auf Privatleute entfielen nur 12 Prozent. Während der LAI die Inlanddienste übertragen wurden, war die Alitalia mit dem Aufbau eines internationalen Flugnetzes beauftragt.

Den Flugbetrieb eröffnete die Alitalia am 5. Mai 1947 mit einer Fiat G 12, die von Turin nach Rom und von dort weiter nach Catania flog. Die Flotte setzte sich anfangs außerdem aus SIAI-Marchetti SM 95 und britischen Lancastrian zusammen. Bis Ende 1947 absolvierte die neue Fluggesellschaft auf ihrem 9.185 km langen Streckennetz — es gab nur sieben Linien — 1.985 Flugstunden. Man kam gerade auf 821 Flüge. Die Belegschaft bestand aus 293 Mitarbeitern: acht Direktoren, 55 Besatzungsmitgliedern, 94 Angestellten und 136 Arbeitern. 85 Prozent der Belegschaft hatten früher schon für Luftfahrtgesellschaften gearbeitet.

Insgesamt waren in den Nachkriegsjahren in Italien 34 Luftverkehrsgesellschaften gegründet worden. Bei einer Reihe von ihnen blieb es bei der guten Absicht, den Flugbetrieb aufzunehmen. Weil die Zersplitterung für alle Beteiligten eine unnötige wirtschaftliche Belastung darstellte, fusionierten 1949 vier Gesellschaften zur Flotte Riunite ALI, die später von der LAI übernommen wurde, während die LATI in der Alitalia aufging. Durch Kapitalaufstockungen — zu Beginn hatten nur einige hundert Millionen Lire zur Verfügung gestanden — wurden der Ausbau der Flotte, der Organisation und des Streckennetzes ermöglicht.

1950 wurden die Fiat G 12 ausgemustert. Zu den fünf S 95 und den vier AVRO 691 Lancastrian gesellten sich vier Douglas DC-4. 1953 drei (später sechs) Convair 340/440 und die erste DC-6B. Das Jet-Zeitalter begann für Alitalia, als im April 1960 die erste DC-8 in Ciampino, dem alten Flughafen Roms, eintraf. Im darauffolgenden Monat stellte die Alitalia die erste Sud Aviation Caravelle in Dienst. In diesem Jahr überschritt das Passagieraufkommen erstmals die Millionengrenze. Ihre Basis verlegte die Alitalia 1961 nach dem neuen Flughafen Fiumicino, wo sie Ende 1964 eine große 'Technische Zone' bezog. In den dazwischenliegenden Jahren waren unter anderem Tokio, Sydney, Lagos und Accra als Anflugziele in das Streckennetz einbezogen worden.

Negative Auswirkungen auf die Alitalia hatte der Beschluß der italienischen Regierung, auch für die LAI den Betrieb internationaler Strecken freizugeben, während die Alitalia im Inland nur die Route Rom-Turin bediente. 1955 umfaßte das Flugnetz der LAI rund 34.000 km, das der Alitalia 37.500 km. Bei beiden Gesellschaften waren nach und nach die ausländischen Partner ausgeschlossen worden. Mit der Übernahme der LAI kam am 1. November 1957 Italiens nationale Luftverkehrsgesellschaft zustande. Sie verzeichnete 1965 bereits über drei Millionen Fluggäste. Es wurden 81 Städte in 49 Ländern auf fünf Kontinenten regelmäßig von der Alitalia angeflogen. Als die Fluggesellschaft 1966 vier Boeing 747 bestellte, bestand ihre Flotte aus 16 Vickers Viscount, 14 DC-8 und 21 Caravelle. Nach und nach wurden die Viscount ausgemustert, so daß sich am 1. Januar 1969 der Flugzeugpark ausschließlich aus Jets zusammensetzte. Die Hauptverwaltung der Gesellschaft, die nun in Rom-Fiumicino auch über ein Fracht-Terminal verfügte, war 1967 in ein zwanzigstöckiges Hochhaus in Roms Stadtteil EUR verlegt worden. Es ist, wie ein Angestellter feststellte, ebenso hoch wie ein Jumbo-Jet lang ist.

Mitte 1970 setzte die Alitalia ihre ersten beiden Boeing 747 auf Nordatlantikrouten ein. Im gleichen Jahr verabschiedeten die USA und Italien ein Luftverkehrsabkommen, das der Alitalia zusätzlich zu den Diensten nach New York, Boston und Chicago Verkehrsrechte nach Detroit und Philadelphia sowie ab 1972 nach Washington einräumte. Auf dem Flughafen Fiumicino wurde nicht nur eine Wartungshalle für die Jumbo-Jets und andere Großflugzeuge ihrer Bestimmung übergeben, 1971 erfolgte auch eine Erweiterung und Modernisierung des Inland-Terminals, dessen Kapazität verdoppelt wurde. Zwei Jahre später stellte die Alitalia ihre ersten DC-10 der Serie 30 in Dienst. Gleichzeitig mit sieben Boeing 727-200 kaufte die Alitalia, die ihre Piloten selbst ausbildet, 1976 auch einen Flugsimulator für diesen Typ.

Zielstrebige Erneuerung der Flotte

Das Streben nach einem wirtschaftlichen Flugbetrieb kennzeichnet die Flottenpolitik der Alitalia, die mehrmals mit ihren Entscheidungen einigen Wirbel auslöste. 1978 verabschiedete die nationale Fluggesellschaft Italiens ein großes Programm zur Erweiterung und Erneuerung ihrer Flotte. Zur Auslieferung in den Jahren 1980 und 1981 wurden sechs weitere Boing 727-200 bestellt und Optionen für zusätzlich drei Maschinen dieses Typs eingegangen. Eine Investition von rund 310 Millionen Dollar bedeutete der Kauf von acht Airbus A 300-B4, für die Liefertermine zwischen April 1980 und Februar 1982 vereinbart wurden. Von der Option, drei weitere europäische Großraumflugzeuge dieses Typs zu erwerben, machte die Alitalia später keinen Gebrauch. Gleichzeitig entschloß sich die Luftverkehrsgesellschaft, nach und nach ihre acht DC-8-62 auszumustern, da sie aufgrund ihres Treibstoffverbrauchs und Alters keinen wirtschaftlichen Flugbetrieb mehr ermöglichten.

Einen 'Big Deal' machte Alitalia im September 1979 mit den Boeing-Werken in Seattle. Sie bestellte in verschiedenen Versionen neun Boeing 747-200 und erteilte damit — Ersatzteile inbegriffen — einen Auftrag über 580 Millionen Dollar. Gleichzeitig vereinbarte Alitalia mit Boeing, daß der Flugzeughersteller die fünf seit 1970-72 eingesetzten Jumbo-Jets zurücknimmt und dafür rund 140 Millionen Dollar gutschreibt. Die Rückgabetermine wurden genau mit den Auslieferungsdaten der neuen Großraumflugzeuge abgestimmt. Bevor die Luftverkehrsgesellschaft mit den Boeing-Werken handelseinig geworden war, hatte sie bei McDonnell Douglas sechs DC-10-30, darunter drei Frachtversionen, bestellt, Monate später aber diesen Auftrag wieder zurückgezogen. Begründet wurde dieser Schritt mit dem Hinweis, die Alitalia habe von der Regierung nicht die erforderliche Genehmigung erhalten. In diesem Zusammenhang wies im Sommer 1979 ein Alitalia-Sprecher mit Nachdruck darauf hin, die Annullierung bedeute nicht etwa, daß man das Vertrauen in diesen Flugzeugtyp verloren habe. Doch inzwischen sah sich McDonnell Douglas veranlaßt, die Produktion der Baureihe DC-10 einzustellen.

Im November 1980 erhielt die Alitalia ihre erste Combi-Version der Boeing 747-343B, die 298 Passagieren Platz bietet und zugleich mit 38 Tonnen Fracht ebenso viele Güter zuladen kann wie ein Frachtflugzeug des Typs DC-8. Insgesamt verfügt die Alitalia über drei Combi-Versionen des Jumbo-Jets, fünf reine Passagiermaschinen der Boeing 747 (je 432 Sitze) und seit Anfang 1982 über einen Nurfrachter Boeing 747 F mit einem maximalen Startgewicht von 377,8 Tonnen. Der auf den Namen 'Stresa' getaufte Jumbo-Frachter kann bis zu 111 Tonnen Nutzlast befördern und über sein Bugladetor sperrige Sendungen bis zu einer Länge von 55 Metern aufnehmen.

Am 12. Mai 1980 übergab die Airbus Industrie in Toulouse der Alitalia ihren ersten Airbus A 300-B4, der das Kennzeichen I-BUSB erhielt und auf den Namen 'Tizian' getauft wurde. Sieben weitere Flugzeuge dieses Typs, der bei der Alitalia mit 253 Sitzen ausgestattet ist, folgten bis Anfang 1982. Zusätzlich zum Passagiergepäck bieten die Laderäume im Unterdeck noch Raum für rund neun Tonnen Fracht, so daß auf den Einsatz von DC-9-Frachtern auf Kurz- und Mittelstrecken verzichtet werden konnte. Zur Wartung der Airbus-Flotte

Roms Innenstadt, ein Werk der Päpste, spiegelt sich in der Metallhaut des Riesenvogels wider, der sich offensichtlich auf dem Petersdom niederlassen will. Rom hat zwei Flughäfen, darunter der internationale Fiumicino.

wurde auf dem Flughafen Rom-Fiumicino eine neue Werfthalle mit einer Grundfläche von 110 auf 85 Metern errichtet; hier können gleichzeitig drei A 300 gewartet werden.

Damit sind nur noch die DC-9-32 der Gesellschaft älteren Datums. Über das Nachfolgemuster dachte man bei der Alitalia lange nach. Gute Chancen rechnete sich Boeing mit ihrer 757 und die Airbus Industrie mit der A 310 aus. Doch das Rennen machte schließlich McDonnell Douglas. Italiens nationale Fluggesellschaft bestellte bei dem amerikanischen Flugzeughersteller auf einen Schlag dreißig DC-9-80 im Wert von rund 600 Millionen Dollar unter der Bedingung, daß der Lieferant die betagten Twin-Jets zurücknimmt. Dieser Rückkauf begann bereits 1982. Von den neunzehn DC-9-32, die Mitte 1983 unter Alitalia-Flagge flogen, gehörten bereits neun nicht mehr der Luftverkehrsgesellschaft, sondern waren von ihr bei dem neuen Eigentümer geleast.

Inzwischen ist die Alitalia-Flotte ausgebaut worden und setzt sich aus zehn Boeing 747, vier DC-10-30, acht Airbus, achtzehn Boeing 727-200 und den DC-9 bzw. den neuen MD-82 zusammen. Hinzu kommen noch, vornehmlich zur Pilotenausbildung, vier SIAI Marchetti SF 260E und zwei Piaggio P 166 DL3. Die jüngsten Tendenzen in der Flottenpolitik der Alitalia spiegeln sich auch im Bestand ihrer Tochtergesellschaften wider. Die ATI verfügt über nicht weniger als 21 DC-9-32 und fünf Fokker F-27 Maschinen, die Aermediterranea über sechs DC-9-32.

Die Alitalia (ohne Tochtergesellschaften) beförderte 1982 rund 7,25 Millionen Fluggäste, davon 4,32 Millionen im internationalen Dienst und fast 2,93 Millionen Passagiere auf Inlandstrecken. Die Auslastung der Kapazität belief sich in der Kabine auf durchschnittlich 60,9 Prozent. Am intensivsten werden die Boeing 747 Combi genutzt; sie kamen durchschnittlich auf 11,4 Flugstunden am Tag, während die reinen Passagierversionen 9,8 Stunden pro Tag in der Luft waren, die Boeing 747 F dagegen nur knapp 7 Stunden. Die DC-10-Flotte brachte es 1982 auf knapp 8,4 Flugstunden. Die Kurz- und Mittelstreckenflugzeuge der Alitalia erreichten im Tagesdurchschnitt zwischen 6 und 6,8 Flugstunden.

Die Töchter: ATI und Aermediterranea

Die Aero Trasporti Italiani (ATI), eine hundertprozentige Tochtergesellschaft der Alitalia mit Sitz in Neapel, wurde Ende 1963 gegründet, um auf weniger frequentierten Inlandstrecken Flugdienste anzubieten, und zwar vor allem in Süditalien. Die ATI nahm am 3. Juni 1964 mit zwei Fokker F-27 Friendship den Flugbetrieb auf den

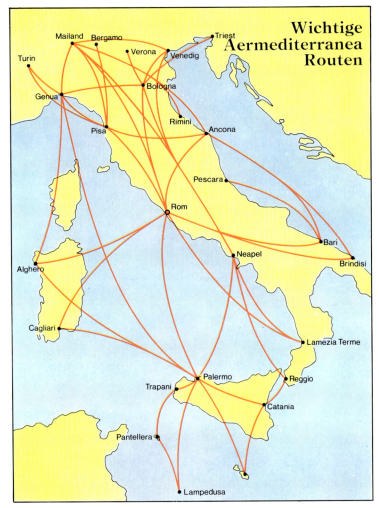

Strecken Triest-Venedig-Florenz-Rom, Rom-Neapel-Palermo-Trapani-Pantelleria, Palermo-Catania-Reggio, Calabria-Neapel-Rom sowie Rom-Grosseto-Mailand auf. Mit neun F-27 und 250 Mitarbeitern beförderte die Gesellschaft 1966 rund 300.000 Passagiere. 1982 war das Fluggastaufkommen mit 3.094.114 Reisenden gut zehnmal so groß. Die ATI-Belegschaft besteht aus 1937 Mitarbeitern. In der Geschichte des italienischen Luftverkehrs war die ATI die erste Gesellschaft, die Flüge zwischen Sizilien und Sardinien sowie zwischen Apulien und Sizilien offerierte. Die Alitalia-Tochter leistet mit derartigen Diensten nicht nur einen wichtigen Beitrag für den Tourismus im unterentwickelten Süden des Landes, sondern schuf auch Voraussetzungen für den wirtschaftlichen Fortschritt in diesem Teil Italiens.

1981 wurde unter ungewöhnlichen Voraussetzungen die Aermediterranea ins Leben gerufen. Ihrer Gründung ging 1980 der Zusammenbruch der Itavia, die neben einer sardischen Fluglinie zu dieser Zeit die einzige private Fluggesellschaft Italiens war, voraus. Die 1958 gegründete Itavia hatte sich mit zuletzt neun Flugzeugen auf Nebenstrecken im Inlandverkehr, vor allem aber im Charterverkehr mit der Bundesrepublik und Großbritannien betätigt. Das Schicksal des völlig überschuldeten Unternehmens wurde durch den Absturz einer DC-9 auf einem Inlandflug besiegelt. Um der Alitalia die Übernahme der Verbindlichkeiten sowie des gesamten Personals (rund 950 Mitarbeiter) der Itavia zu ersparen, entschied der italienische Verkehrsminister im März 1981, die Aermediterranea zu gründen. An ihr ist die Alitalia direkt mit 80 Prozent beteiligt, während die ATI die restlichen 20 Prozent des Grundkapitals hält. Die Belegschaft der Aermediterranea, die 1982 rund 572.000 Fluggäste auf Inlandrouten beförderte, beläuft sich auf 382 Mitarbeiter. Damit beschäftigt der Alitalia-Konzern insgesamt über 21.000 Menschen.

Eine McDonnell Douglas DC-10-30 der Alitalia-Flotte in der Wartungshalle. Zuverlässigkeit im Flugbetrieb ist das Ziel jedes Instandhaltungsprogramms.

Nur noch auf dem Papier existiert die Società Aerea Mediterranea (SAM), die Ende 1959 für den Charterverkehr gegründet worden war und am 1. April 1961 den Flugbetrieb aufgenommen hatte. Sie hatte sieben DC-6B und zwei Curtiss C 46F eingesetzt, stellte aber später den Betrieb ein. Eine zeitlang offerierte eine Alitalia-Tochter namens Elivie mit Agusta Bell 47J Ranger Hubschrauberdienste im Golf von Neapel nach Capri und Ischia. Heute treten in den Flugplänen neben dem 'AZ' für Alitalia nur noch 'BM' (ATI) und 'BQ' für Aermediterranea, die ihren Sitz in Latina bei Rom hat, auf.

Probleme und rote Zahlen in der Bilanz

Als die Alitalia ihre Bilanz für 1977 vorlegte, konnte sie zum erstenmal seit acht Jahren wieder auf einen Gewinn verweisen. Auch der Jahresabschluß für 1978 wies noch einen Überschuß in Höhe von 14.105 Millionen Lire aus. Aber bereits im folgenden Jahr mußte ein Verlust von 14,6 Milliarden Lire hingenommen werden. 1980 belief sich das Defizit auf 12,7 Milliarden Lire, was damals etwa 26 Millionen Mark entsprach. Alitalia-Präsident Dr. Umberto Nordio gab für 1981 einen Gewinn von 1.818 Millionen Lire bekannt, nachdem ein Überschuß von 10.503 Millionen Lire aus dem Verkauf konzerneigener Anlagen als Investitionsrücklage bereitgestellt worden war. Im nächsten Jahr konnten aufgrund des DC-9-Geschäfts mit McDonnell Douglas Buchgewinne erzielt werden, so daß die Bilanz für 1982 einen Überschuß von rund 2,2 Millionen Mark auswies. Im ersten Halbjahr 1983 ging die Beförderungsleistung der Alitalia aufgrund der Rezession um 3,2 Prozent zurück. Der Aufsichtsrat beschloß, durch die Ausgabe neuer Aktien das Stammkapital der Luftverkehrsgesellschaft von 210,6 auf 280,8 Milliarden Lire zu erhöhen, nachdem sich die Finanzzahlen gegenüber denen des Vorjahres deutlich verbessert hatten.

Die Alitalia wurde in den letzten Jahren schwer von der 'italienischen Krankheit' heimgesucht. Immer wieder beeinträchtigten Arbeitskämpfe und Aktionen der Flugsicherungslotsen in Italien den Luftverkehr. Bald wurde die Ausnahme zur Regel, so daß auf dem Flughafen Rom-Fiumicino auf Fernseh-Monitoren die Passagiere informiert werden: "Heute finden alle Flüge planmäßig statt." Lange Zeit gehörten Streiks geradezu zum Alltag, war es nichts Ungewöhnliches, daß die Passagiere bis zu eine Stunde an Bord ihres Jets auf die Startfreigabe warten mußten. Streichungen von Flügen waren keine Seltenheit. Die Regelmäßigkeit der Alitalia-Dienste sank von 96,4 Prozent im Jahr 1980 auf 91,7 Prozent im folgenden Jahr: von hundert im Flugplan ausgewiesenen Verbindungen konnten noch nicht einmal 92 realisiert werden. Die Pünktlichkeitsquote erreichte mit 64,1 Prozent einen absoluten Tiefstand.

Über den Inlandflugbetrieb der Alitalia und ihrer Tochtergesellschaften wurden folgende statistische Werte veröffentlicht:

Jahr	Regelmäßigkeit	Pünktlichkeit
1979	84,8 %	60,5 %
1980	94,8 %	70,5 %
1981	92,3 %	66,3 %
1982	97,7 %	80,0 %

Von den im Flugplan ausgewiesenen 84.955 Streckenabschnitten mußten in dem letzten aufgeführten Jahr 1.949 gestrichen werden, was in 1.147 Fällen auf Witterungseinflüsse zurückzuführen war. Der

Eine McDonnell Douglas DC-9-32 in der Bemalung der ATI. Die Aero Trasporti Italiani ist eine hundertprozentige Tochtergesellschaft der Alitalia, die vor allem nach Süditalien fliegt.

Anteil der Annullierungen aufgrund technischer oder verkehrsbetrieblicher Gründe, die ihre Ursache in der Fluggesellschaft selbst haben, sank von 1,0 Prozent (1980) auf 0,5 Prozent (1982) und erreichte damit einen Wert, der international in der Luftfahrt als hervorragend gilt. Allerdings sah sich die Alitalia aufgrund ihrer bitteren Erfahrungen mit Streikausfällen genötigt, die Blockzeiten zum Teil zu erhöhen und mehr Fluggerät als früher in Reserve zu halten.

Die hohe Inflationsrate in Italien und der geringe Wert des Lira gegenüber dem Dollar beeinträchtigen zwangsläufig das wirtschaftliche Ergebnis der Alitalia. Lange Zeit weigerte sich die Regierung in Rom, der Fluggesellschaft eine inzwischen dringend notwendige Erhöhung der Inlandflugpreise zu genehmigen. Ohnehin sind die Flugpreise auf den Inlandstrecken für europäische Verhältnisse recht niedrig. Andererseits hat die Alitalia ihre im inneritalienischen Luftverkehr eingesetzten Boeing 727-200 auch mit einer All-Economy-Bestuhlung mit 183 Sitzen ausgestattet, während sie auf internationalen Routen an Bord dieses Flugzeugtyps nur 161 Plätze anbietet.

Noch mit einer anderen Schwierigkeit muß die Alitalia fertigwerden: Heimatflughafen ist Rom, während Mailand das wirtschaftliche Zentrum des Landes mit dem höchsten Aufkommen an Geschäftsreisenden darstellt. Aus operationellen und wirtschaftlichen Gründen sollte die Gesellschaft ihren Sitz eigentlich in Mailand haben. So ist sie gezwungen, viele Langstreckendienste von Rom aus über Mailand zu führen, was zusätzliche Kosten verursacht. Häufiger Nebel in Mailand-Linate bildet ein weiteres Problem.

Verbesserter Service an Bord
Im Frühjahr 1982 entschloß sich die Alitalia, an Bord ihrer Jets für Geschäftsleute die Business Class einzuführen. Auf Langstrecken ist die Gesellschaft bemüht, diesen Reisenden einen Komfort zu bieten, der dem der traditionellen Ersten Klasse nahe kommt. Auf Mittelstrecken bedeutet die Business Class eine deutliche Verbesserung gegenüber der Economy-Klasse. Gleichzeitig wurde auf diesen Routen die Erste Klasse abgeschafft. An Bord ihrer Jumbo-Jets führte die Alitalia 1981 die 'Top Class' mit nur zwölf Schlafsesseln im Oberdeck ein. In einer Reihe von Städten bietet Alitalia ihren Passagieren der Business Class auch am Boden zusätzliche Serviceleistungen. Darüber hinaus räumen einige Hotels diesen Reisenden Privilegien und spezielle Preisvorteile ein.

Großen Erfolg hatte die Alitalia mit dem Verkauf selbstentwickelter elektronischer Informationssysteme an andere Luftverkehrsgesellschaften. MEMIS (Maintenance and Engineering Management Information System) dient zur Automatisierung der Flugzeugwartungsprogramme und der Lagerung und Lieferung von Ersatzteilen. Dieses System haben unter anderem South African Airways, Korean Air Lines, Saudia und Singapore Airlines übernommen. Ein als 'FAST' bezeichnetes Reservierungs- und Kontrollsystem für Luftfracht nutzen Japan Air Lines, KLM, PanAm, TWA, Swissair, British Airways, Eastern Airlines und weitere Gesellschaften.

Auch sonst mangelt es bei Alitalia nicht an vorbildlichen technischen Leistungen. Ein Beispiel dafür ist der neue Lackier-Hangar in Fiumicino, in den die Gesellschaft nahezu 50 Millionen Mark investierte. Bei der Wartung von Großraumflugzeugen arbeitet die italienische Gesellschaft eng mit der Lufthansa, Air France und Sabena zusammen. Innerhalb dieser Gruppe ist die Alitalia für die Überholung der DC-10-Flugzeugzellen zuständig.

Ein Alitalia A300B4-200 Airbus kurz vor dem Start. Im Cockpit läuft jetzt alles auf Hochtouren: Kontrollen erfolgen, die Ruder werden überprüft, Startdaten werden nochmals durchgegangen.
Rechts: **Rom ist die Heimatbasis der Alitalia-Flotte und Ausgangspunkt der internationalen Verbindungen.**

American Airlines

Wie viele Fluggesellschaften, wurden auch die American Airlines Mitte der dreißiger Jahre gegründet. Heute gehört das in Dallas/Fort Worth in Texas beheimatete Unternehmen zu den Wichtigsten im amerikanischen Raum. Als Symbol wählte American Airlines ein doppeltes A in Rot und Blau unter zwei Adlerschwingen. Und das Bild des Adlers ist gut gewählt, denn die Flotte dürfte wohl eine der größten überhaupt sein: 663 Jets sind bei der American Airlines im Einsatz. Um hier den Überblick behalten zu können, verfügte die Airline schon sehr früh über ein eigenes Datenverarbeitungszentrum, das in Tulsa/Oklahoma beheimatet ist. Ohne diese Technologie ließe sich ein Unternehmen solcher Größenordnung überhaupt nicht mehr im modernen Luftverkehr betreiben.

American Airlines beförderte 1983 jeden Tag im Durchschnitt 85.985 Passagiere. Im ganzen Jahr waren es nahezu 31,4 Millionen Fluggäste, was gegenüber dem Vorjahr eine Zunahme um stattliche 13,6 Prozent bedeutete. Der Sitzladefaktor, also die Inanspruchnahme der an Bord der Jets angebotenen Sitze durch Reisende, belief sich im Jahresdurchschnitt auf 65 Prozent und erreichte damit einen neuen Höchststand. An Spitzentagen erzielte die Fluggesellschaft eine Kapazitätsauslastung von nahezu 90 Prozent, was nichts anderes bedeutet, als daß von jeweils zehn angebotenen Sitzen nur einer frei blieb. Im Schnitt fliegen die Passagiere der American Airlines über eine Distanz von 1.748 Kilometer.

Die Spritrechnung der Fluggesellschaft, die 35.800 Mitarbeiter

Die McDonnell Douglas DC-10-10 mit dem Kennzeichen N123AA auf dem Flughafen von Barbados. American Airlines fliegt alle größeren Flughäfen in der Karibik an.

Austin J Brown

American Airlines erhielt ihre erste Douglas DC-3 am 18. August 1936. Gleich am folgenden Tag entstand diese Aufnahme. Die DC-3 war genau nach den von American Airlines angegebenen Spezifikationen gebaut worden.

zählt, belief sich im Jahre 1983 auf den kaum noch vorstellbaren Betrag von 1.038.556.000 Dollar. 'Volltanken' kostet im Fall einer Boeing 747 über 39.000 Dollar — mehr als doppelt so viel wie fünf Jahre zuvor. Trotz der geradezu astronomisch hohen Ausgaben für Flugtreibstoff ist American Airlines mit ihrem Jahresabschluß 1983 sehr zufrieden, bescherte er dem Unternehmen doch mit fast 228 Millionen Dollar den bislang höchsten Gewinn in seiner langen Geschichte, die in den zwanziger Jahren begann.

Über 40.000 Sitze an Bord der Jets

Das Rückgrat der American-Flotte bilden Tri-Jets des Musters Boeing 727. Allein an Maschinen der Serie 200 mit dem gestreckten Rumpf verfügt die Fluggesellschaft über 125 Stück. Sie sind jeweils mit 12 Sitzen in der Ersten Klasse und 132 Plätzen in der Economy-Klasse, die innerhalb der USA allgemein als 'Coach Class' bezeichnet wird, ausgestattet. Hinzu kommen 41 Jets der Baureihe Boeing 727-100 mit jeweils 115 Sitzen. Damit besitzt American Airlines an Bord ihrer Boeing-Tri-Jets 22.715 Sitze. Das ist mehr als die Hälfte der gesamten Kapazität, die sich derzeit auf 40.057 Sitze beläuft.

Teil der Umstrukturierung bildet der Bestand an Großraumflugzeugen. American Airlines vereinbarte mit Pan Am den Tausch von acht Boeing 747 gegen fünfzehn DC-10, zu denen Pan Am durch die Fusion mit National Airlines gelangt war. Anfang 1984 hatte American noch sechs Jumbo-Jets auf Passagierdiensten eingesetzt. Diese geleasten Großraumflugzeuge sollen jedoch im Laufe des Jahres an die Eigentümer zurückgegeben werden. American Airlines kann es sich leisten, auf den Passagierrouten auf dieses Flaggschiff des Luftverkehrs zu verzichten. 1970 gehörte sie zu den ersten Luftverkehrsgesellschaften, die den Jumbo-Jet einsetzten. Allerdings wird American Airlines auch künftig mit sechs Frachtern des Typs Boeing 747 F operieren.

American Airlines verfügt derzeit über 35 dreistrahlige Großraumflugzeuge des Typs McDonnell Douglas DC-10, die mit 259 bis 294 Sitzen ausgestattet sind. Zusätzlich stellte die Gesellschaft 1982 noch drei Langstreckenversionen DC-10-30 in Dienst. Aus dem Tauschgeschäft mit Pan Am erhält American Airlines weitere vier große Tri-Jets der Serie 30, die mit 240 Plätzen ausgestattet werden, davon 26 Sesseln in der First Class und 28 Sitzen in der Business Class. Diese Flugzeuge werden seit April 1985 auch nach Frankfurt eingesetzt, nachdem American den Rhein-Main-Flughafen in ihr Streckennetz einbezogen hatte.

Bei den Boeing-Werken hat American Airlines dreißig Großraumflugzeuge des Typs Boeing 767 in Auftrag gegeben. Davon sind bereits acht Twin-Jets ausgeliefert. Die Kabine ist mit 24 Plätzen in der Ersten Klasse und 180 Sitzen in der Economy-Klasse ausgestattet. Die weiteren 22 bestellten Boeing 767 werden nach und nach bis 1989 übernommen. Die neuen Großraumflugzeuge sind außerordentlich sparsam im Treibstoffverbrauch. Er beläuft sich im Reiseflug auf 6.060 Liter pro Stunde. Das sind nur 7 Prozent mehr als bei der Boeing 727-200. Demgegenüber bietet die Boeing 767 rund 42 Prozent mehr Sitze als der dreistrahlige Flugzeugtyp, dessen Produktion nun ausläuft, nachdem er viele Jahre lang der Bestseller unter allen Verkehrsflugzeugen gewesen war.

Auf der Suche nach einem wirtschaftlichen Verkehrsflugzeug in der Größenordnung der Boeing 727-200 entschied sich American Airlines für die DC-9 Super 80, die McDonnell Douglas inzwischen als MD 80 bezeichnet. Die Fluggesellschaft bestellte zunächst zwanzig Maschinen dieses zweistrahligen Typs, die ab Mai im Laufe des Jahres 1983 ausgeliefert wurden. American Airlines ist mit diesem Twin-Jet derart zufrieden, daß sich das Unternehmen zur Abnahme weiterer 67 Flugzeuge verpflichtete und zugleich Optionen für hundert DC-9 Super 80 plazierte. Dies war der größte Flugzeugkauf in der amerikanischen Luftfahrtgeschichte, wenngleich es sich kaufmännisch nicht um einen Kaufvertrag, sondern um ein Leasingabkommen mit McDonnell Douglas und dem Triebwerkshersteller Pratt & Whitney unter besonderen, im Detail geheim gehaltenen Bedingungen handelt. In Dallas/Fort Worth spricht man von einer 'innovativen Leasing-Vereinbarung'. Der Präsident der American Airlines hatte zuvor bei anderen Luftverkehrsgesellschaften angeregt, sich im Hinblick auf künftige Verkehrsflugzeuge auf identische Muster zu einigen und der Flugzeugindustrie gemeinsam Sammelaufträge zu erteilen, um auf diese Weise zu bedeutenden Preisvorteilen zu gelangen.

Für ihre DC-9 Super 80 hat American Airlines Pratt & Whitney-Triebwerke des Musters JT8D-217A gewählt, deren Startschub 9.072 Kilopond beträgt, zu denen noch eine Reserve von 386 Kilopond kommt. Diese Motoren zeichnen sich durch einen großen Fan — der Durchmesser ist 124 Zentimeter — und ein Nebenstromverhältnis von 1:1,7 aus. Neu an dieser Triebwerksversion sind auch der weiterentwickelte Niederdruckkompressor und die -turbine. Ein wesentliches Ergebnis dieser Verbesserungen ist der ungewöhnliche Treibstoffverbrauch von lediglich 3.210 Liter pro Stunde im Reiseflug, während die Boeing 727-200 in der Stunde 5.640 Liter Kerosin beansprucht. Die Kabine der DC-9 Super 80 ließ American Airlines mit 142 Sitzen ausstatten; das sind nur zwei Plätze weniger als bei dem dreistrahligen Boeing-Jet. Die Reichweite der DC-9-80 oder MD-80 kann bei geringerer Zuladung auf 4.900 km erhöht werden.

Neben den günstigen Bedingungen, zu denen McDonnell Douglas der Fluggesellschaft die Flugzeuge zur Verfügung stellt, spielte für American Airlines bei der Entscheidung für die DC-9 Super 80 die Tatsache eine große Rolle, daß dieser Jet die strengen neuen Lärmzulassungsbestimmungen der Vereinigten Staaten anstandslos erfüllt. Ein eingebauter Mischer für den Abgasstrahl und die weitreichende Verwendung von schallabsorbierendem Material im Triebwerk machen — so die Luftverkehrsgesellschaft — die DC-9 Super 80 zu einem 'guten Nachbarn' für alle, die in der Nähe der Flughäfen leben.

Die 727 Flotte wird von American Airlines vor allem innerhalb der Vereinigten Staaten eingesetzt, fliegt jedoch auch Bestimmungsorte in Kanada, Südamerika und der Karibik an.

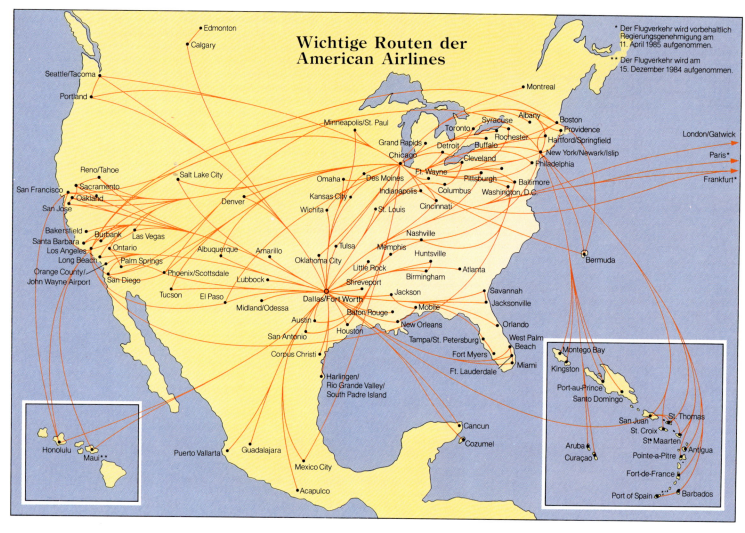

Die DC-9 Super 80, die zuerst von Swissair und Austrian Airlines eingesetzt wurde, ist gegenüber den ab 1965 eingesetzten Twin-Jets der Serie 10 um 13,2 Meter auf 45 Meter Länge 'gestreckt'. Das sind nochmals 4,3 Meter mehr als bei der DC-9-50. Gegenüber diesem Muster wurde die Flügelfläche um 28 Prozent auf fast 119 Quadratmeter vergrößert, und zwar vor allem an der Flügelwurzel, aber auch an der Spitze. Die Spannweite beträgt 32,9 m gegenüber 28,47 Meter bei der Serie 50. American Airlines weist darauf hin, daß es sich bei der Super 80 nicht lediglich um eine verbesserte DC-9, sondern um ein Flugzeug mit modernster Avionik handelt, das durch den neuen Flügel in erheblichem Maße an aerodynamischer Qualität gewonnen hat.

Mit 46 Zentimeter Breite sind die Sitze, die American Airlines in der Economy-Klasse der DC-9 Super 80 installieren ließ, bequemer als die in allen anderen Jets in der Flotte der Fluggesellschaft, lediglich die Boeing 767 ausgenommen. Da auf der einen Reihe des Gangs drei, auf der anderen aber nur zwei Sitze angeordnet sind, gibt es in der Kabine der Super 80 nur 28 Mittelsitze, die bei den Passagieren nicht gerade beliebt sind. Erst wenn die Auslastung 78 Prozent überschreitet, müssen Mittelsitze belegt werden. Der selbst in der Economy-Klasse 48 Zentimeter breite Mittelgang erlaubt es American Airlines, zum erstenmal an Bord von Schmalrumpf-Flugzeugen Servicewagen einzusetzen. Die beiden Bordküchen sind für die Zubereitung heißer Mahlzeiten eingerichtet.

Fest in der Planung ist der Einsatz von mindestens hundert DC-9 Super 80 bei American Airlines bis Ende 1987. Es können aber auch wesentlich mehr werden. Die Rede war von insgesamt bis zu 225 Flugzeugen dieses Musters. In einer Zeit, in der auf dem amerikanischen Luftverkehrsmarkt nahezu jeden Tag neue Preiskämpfe aufflammen, ist selbst für einen Giganten wie American Airlines die Langfristplanung sehr schwierig, wenn nicht gar absolut unmöglich geworden.

Flüge in Hülle und Fülle

In überseeischen Ländern wie der Bundesrepublik Deutschland, in denen die amerikanische Fernsehserie 'Dallas' über die Bildschirme flimmert, stellt sich American Airlines selbstbewußt mit den Worten vor: "Wir haben mehr und bessere Verbindungen als J. R. Ewing!" Die Luftverkehrsgesellschaft offeriert täglich weit über tausend Flüge. In der Werbung ist von einem "Flugplan, der keine Wünsche offen läßt", die Rede. Das Streckennetz reicht von Honolulu bis London, von Kanada bis St. Maarten in der Karibik. Die Liste der 84 Ziele, die American Airlines in Kontinental-Amerika regelmäßig im Linienverkehr bedient, beginnt mit Albany im Staat New York und endet mit Wichita in Kansas und West Palm Beach in Florida. Das Verzeichnis der außerhalb dieses Gebiets gelegenen Destinationen fängt mit ACA, dem Drei-Letter-Code für Acapulco in Mexico, an und schließt ab mit YYZ, dem Zielcode für Toronto. In dieser Liste stehen nochmals 30 Ziele, wobei Anchorage und Fairbanks in Zusammenarbeit mit Alaska Airlines bedient werden.

Von und nach ihrem Heimatflughafen Dallas/Fort Worth bietet American Airlines täglich 560 Nonstop-Flüge zwischen Dallas und mehr als 90 Städten an. Die zweitwichtigste Drehscheibe ist für die Fluggesellschaft der Flughafen O'Hare in Chicago, wo American ihr Terminal mit einem Aufwand von 200 Millionen Dollar modernisiert und erweitert, so daß sie künftig über 29 Flugsteige verfügen wird, von denen fünfzehn für die Abfertigung von Großraumflugzeugen geeignet sind. Im Verkehr mit 57 Zielen kommt American Airlines derzeit auf dem O'Hare Airport auf 410 Flugzeugbewegungen am Tag. Weitere wichtige Knotenpunkte sind New York — hier bedient die Gesellschaft neben dem John F. Kennedy Airport auch LaGuardia und Newark —, Los Angeles und San Francisco. Auf dem Kennedy-Flughafen verfügt American über ein großes eigenes Terminal gegenüber dem International Arrivals Building. Gleiches gilt aber auch für die Flughäfen der beiden Metropolen an der Pazifikküste. Im Hin-

Passagierflugzeuge der American Airlines

35 Flugzeuge
Airbus A300-600R

Triebwerk: 2 General Electric CF6-80C2A5
Spannweite: 44,84 m
Länge: 53,75 m
Höhe: 16,53 m
Reisegeschwindigkeit: 854 km/h
Reichweite: 5.340 km
Passagiere: 267
Besatzung: 3

106 Flugzeuge
Boeing 727-200

Triebwerk: 3 Pratt & Whitney JT8D-9A
Spannweite: 32,90 m
Länge: 46,70 m
Höhe: 10,40 m
Reisegeschwindigkeit: 880 km/h
Reichweite: 5.300 km
Passagiere: 150
Besatzung: 3

Ein Airbus A 300 der American Airlines, den die Gesellschaft auch als "Luxury Liner" bezeichnet.

30 Flugzeuge
DC 10-10/30

Triebwerk: 3 General Electric CF6-50C2
Spannweite: 50,42 m
Länge: 55,20 m
Höhe: 17,70 m
Reisegeschwindigkeit: 908 km/h
Reichweite: 9.950 km
Passagiere: 237/290
Besatzung: 3

260 Flugzeuge
MD-80

Außerdem sind 19 Flugzeuge des Typs MD 11 im Einsatz.

Triebwerk: 2 Pratt & Whitney JT8D-217A
Spannweite: 32,80 m
Länge: 45,60 m
Höhe: 8,40 m
Reisegeschwindigkeit: 850 km/h
Reichweite: 3.445 km
Passagiere: 139
Besatzung: 2

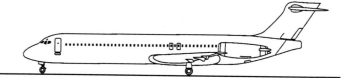

77 Flugzeuge
Boeing 757-200

Triebwerk: 2 Rolls-Royce RB 211E535
Spannweite: 37,95 m
Länge: 47,32 m
Höhe: 13,56 m
Reisegeschwindigkeit: 870 km/h
Reichweite: 6.300 km
Passagiere: 188
Besatzung: 2

65 Flugzeuge
Boeing 767-200/300

Triebwerk: 2 General Electric CF6-80A
Spannweite: 47,60 m
Länge: 48,50 m
Höhe: 15,90 m
Reisegeschwindigkeit: 850 km/h
Reichweite: 5.675 km
Passagiere: 172/215
Besatzung: 2

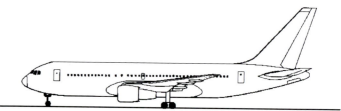

71 Flugzeuge
Fokker 100

Triebwerk: 2 Rolls-Royce Tay MK 620-15
Spannweite: 28,08 m
Länge: 35,53 m
Höhe: 8,50 m
Reisegeschwindigkeit: 780 km/h
Passagiere: 97

blick auf die Olympischen Spiele '84 hatte die Fluggesellschaft in den Ausbau ihres Terminals auf dem Los Angeles International Airport rund 30 Millionen Dollar investiert. Auf dem selbst für texanische Maßstäbe sehr großen Flughafen Dallas/Fort Worth hat American Airlines gleich zwei Terminals belegt.

Die Beförderungsleistung der American Airlines war 1983 mit rund 55 Milliarden Passagierkilometern fast zweieinhalbmal so groß wie die der Lufthansa. Davon entfielen allein 5,6 Prozent auf den Verkehr zwischen New York und Los Angeles, der mit Abstand wichtigsten Route für die Gesellschaft mit den Adlerschwingen. Im Durchschnitt beförderte American zwischen den beiden Metropolen im Osten und Westen des Landes am Tag 2.126 Reisende. In der Liste der Renn-

Die erste Boeing 767-200 der American Airlines. 30 dieser Großraumflugzeuge sind bei Boeing in Auftrag gegeben worden und sollen bis 1989 ausgeliefert werden.

strecken, die American nach geflogenen Passagierkilometern ordnet, nehmen Dallas/Fort Worth — Los Angeles (im Schnitt 3.361 Fluggäste pro Tag) und Dallas — New York (2.700 Passagiere) den zweiten und dritten Platz ein. Die nächsten Ränge gingen an die Routen New York—San Juan (2.129 Passagiere/Tag), Chicago—Los Angeles (1.946), Dallas—Honolulu (879), Dallas—San Francisco (2.149) und Chicago—San Francisco (1.646 Fluggäste pro Tag). Bezieht man noch das Aufkommen zwischen Los Angeles und Honolulu ein mit 1.122 Passagieren im Tagesdurchschnitt, so repräsentieren allein diese neun Strecken mehr als ein Drittel der gesamten Beförderungsleistung im Fluggastverkehr.

Pionierleistungen

Unter der Führung von American Airlines wurde 1935 in den Vereinigten Staaten das Luftstraßensystem für die Flugsicherungskontrolle entwickelt. Es wurde später von allen US-Fluggesellschaften übernommen und von der Regierung verwaltet. Ein Jahr später führte American die berühmte Douglas DC-3 ein, die nach ihren Spezifikationen gebaut wurde. Drei Jahre nach Beendigung des Zweiten Weltkriegs überraschte die Gesellschaft die Öffentlichkeit mit einem Familienflugschein, der den gemeinsam reisenden Familienmitgliedern erhebliche Rabatte einräumte. In der Folge warteten die Marketing-Spezialisten immer wieder mit neuen Tarifen und Ideen auf. American Airlines war die erste Fluggesellschaft, die 1964 Jets als Nurfrachter einsetzte. Elf Jahre zuvor hatte die Indienststellung der Douglas DC-7 in beiden Richtungen Nonstop-Transkontinentaldienste zwischen dem Atlantik und dem Pazifik ermöglicht. Auch hier hatte American die Nase vorn. Gleichzeitig mit United Airlines erhielt American am 29. Juli 1971 die ersten Großraumflugzeuge des Typs DC-10. 1982 war die in Texas beheimatete Fluggesellschaft die erste, die eine Boeing 767 transkontinental zwischen San Francisco und New York einsetzte. Im gleichen Jahr eröffnete American Airlines den ersten Nonstop-Dienst zwischen dem Westen der USA und Brasilien, der jedoch bald wegen der wirtschaftlichen Schwierigkeiten in dem südamerikanischen Zielland eingestellt wurde.

American Airlines ist aus einer Vielzahl von Luftfahrtunternehmen hervorgegangen, die sich in den Jahren 1926 bis 1929 in den Vereinigten Staaten gebildet hatten, um Luftpost oder auch nur Passagiere zu befördern. Eine dieser Vorgängergesellschaften war die Robertson Aircraft Corporation, die ihren Flugbetrieb am 15. April 1926 aufnahm. Pilot des ersten Fluges, bei dem Post von St. Louis nach Chicago befördert wurde, war kein geringerer als Charles Lindbergh, der im folgenden Jahr mit der 'Spirit of St. Louis' als erster allein den Atlantik von Westen nach Osten in 33 Stunden und 30 Minuten überquerte. Zum Kreis dieser kleinen Gesellschaften gehörten die Colonial Air Transport, die zwischen New York and Boston sowie von Albany über Buffalo nach Cleveland verkehrte, die zwischen New York und Montreal tätige Canadian Colonial Airways, Gulf Air Lines (Atlanta—Houston—New Orleans), Texas Air Transport (Dallas—Galveston), Braniff Air Lines (Tulsa—Dallas), Central Airlines (Kansas City—Wichita—Tulsa) und Dutzende andere kleiner und kleinster Firmen, die sich dem Luftverkehr verschrieben hatten. Sie wurden im Laufe des Jahres 1929 von der Aviation Corporation aufgekauft, die im Januar 1930 als Tochtergesellschaft American Airways gründete, um die Dienste und den Flugzeugpark zu einem einheitlichen System zusammenzufassen. Zur Abrundung des Streckennetzes wurden noch ein paar Fluggesellschaften erworben, bevor sich im Zusammenhang mit dem amerikanischen Luftpostgesetz das Unternehmen als American Airlines formierte.

Seit dieser Gründerzeit des Linienflugverkehrs in den USA hat American Airlines einschließlich ihrer Vorgängerfirmen bis Ende 1983 über 548 Millionen Fluggäste befördert. Die 1933 eingesetzte Curtiss Condor, deren Kabine achtzehn Passagieren Platz bot, war das erste amerikanische Flugzeug, das den Reisenden die Möglichkeit einräumte, während des Fluges zu schlafen. Zur Betreuung der Reisenden während des Fluges stellte American Flugbegleiter ein. Um mehr Passagiere zu gewinnen, stellte die Luftverkehrsgesellschaft 1934 den Air Travel Plan als eines der ersten Verkaufsförderungsprogramme und Wegbereiter von Kreditangeboten vor, wie sie heute unter dem Motto 'Flieg jetzt und zahle später' zum Angebot zahlreicher amerikanischer Airlines gehören. Während des Zweiten Weltkriegs gründete American eine Tochtergesellschaft namens Sky Chefs, die einschließlich der Mahlzeiten und Getränke alles besorgte, was an Bord erforderlich ist. 1947 stellte American Airlines die Douglas DC-6 mit Druckausgleich vor. Mit Flugzeugen dieses Typs erfolgten über Chicago und andere Zwischenlandepunkte Nachtflüge zwischen Los Angeles und New York.

Lange Zeit war American Airlines auf Inlandflüge beschränkt. Das Civil Aeronautics Board genehmigte der Gesellschaft im Jahre 1942 zwar Verkehrsrechte zwischen Dallas und Mexico City, doch konnte der Flugbetrieb auf dieser Route aus Mangel an geeignetem Fluggerät erst nach dem Krieg in vollem Umfang aufgenommen werden. Von der Schiffahrtsgesellschaft American Export Lines übernahm American Airlines 1945 die Mehrheit des Grundkapitals der American Overseas Airlines (AOA), die 1937 gegründet worden war, um Transatlantikflugdienste nach Europa und in den Mittelmeerraum vorzubereiten und zu betreiben. Nach langen Auseinandersetzungen mit Pan American Airways hatte die AOA 1940 von der amerikanischen Luftverkehrsbehörde die befristete Genehmigung für Liniendienste nach Lissabon erhalten.

American Overseas Airlines war 1946 die erste Luftverkehrsgesellschaft, die Liniendienste von den USA sowohl nach Frankfurt Rhein-

Nachdem American Airlines mit ihren 1983 ausgelieferten McDonnell Douglas MD 80, früher DC-9 Super 80, sehr zufrieden war, bestellte sie weitere 67 Flugzeuge dieses Typs.

Austin J. Brown

Main als auch nach Berlin-Tempelhof einrichtete. In den ersten Nachkriegsjahren übernahm die AOA in Frankfurt die Abfertigung aller Linienfluggesellschaften, darunter auch der KLM, SAS und Sabena. Die Tochtergesellschaft der American setzte auf ihren Flügen nach Deutschland vor allem Boeing Stratocruiser und Lockheed Constellation ein. Maschinen der AOA beteiligten sich an der Berliner Luftbrücke. Unter recht merkwürdigen Begleitumständen ging die American Overseas Airlines 1950 in den Besitz der Pan American über. Das Civil Aeronautics Board hatte den Verkauf nach langen Anhörungen erst abgelehnt, dann aber aufgrund einer Anweisung von Präsident Truman genehmigt. Über den Kaufpreis gab es eine lange Auseinandersetzung, die zeigte, daß Pan American bei dem Deal gewiß kein schlechtes Geschäft gemacht hatte.

In der Folge konzentrierte sich American Airlines auf den inneramerikanischen Markt. Mit einem 1954 unternommenen Vorstoß, einen Nonstop-Dienst zwischen New York und Mexico City einzurichten und dabei in Wettbewerb mit der Air France zu treten, war die Gesellschaft letztlich nicht erfolgreich. Sie erhielt zwar von der Luftverkehrsbehörde in Washington eine befristete Genehmigung, die dann aber in einem Gerichtsverfahren zurückgezogen wurde. Lange Zeit mußte American Airlines auch um das Recht kämpfen, Nonstop-Verbindungen zwischen den Zentren an der Atlantik- und an der Pazifikküste quer über den Kontinent einzurichten. So ist es zumindest geschichtlich zu verstehen, daß die Fluggesellschaft die 1978 erfolgte Liberalisierung des Luftverkehrs in den Vereinigten Staaten begrüßte. Heute offeriert American täglich in jeder Richtung neunzehn Transkontinental-Nonstop-Dienste mit Großraumflugzeugen, davon allein acht zwischen New York und Los Angeles.

Anfang 1962 — damals zählte American Airlines rund 23.700 Mitarbeiter und besaß 186 Flugzeuge — kam die Geschäftsleitung mit den Kollegen von Eastern Air Lines zu dem Entschluß, beide Fluggesellschaften zu vereinigen. Wieder veranstaltete das Civil Aeronautics Board umfangreiche Hearings — und lehnte ab, weil die Vereinigung von 35 Prozent des Flugverkehrs auf den Hauptrouten der USA in einer Hand dem geplanten Super-Giganten zu viel wirtschaftliche Macht einräumen würde, was selbst auf die Flugzeughersteller Auswirkungen haben müßte.

Das erste elektronische Reservierungssystem

In der ersten Hälfte der fünfziger Jahre installierte American Airlines das erste elektronische Reservierungssystem, das in den Buchungsbüros die großen, von Hand bedienten Anzeigetafeln ersetzte. Mit dem Magnetronic Reservisor konnten die Buchungsangestellten zwar innerhalb von Sekunden feststellen, ob für einen bestimmten Flug noch Plätze frei sind, doch war nach wie vor ein erheblicher Aufwand erforderlich, um beispielsweise die Namen und Telefonnummern der gebuchten Reisenden festzustellen. Einen wesentlichen Fortschritt bildete das SABRE-Datenverarbeitungssystem, das American Airlines in jahrelanger Zusammenarbeit mit IBM entwickelt hatte und Ende 1964 einführte. Es beruhte auf einem mit einem Kostenaufwand von 1,6 Milliarden Dollar für die Air Force installierten System, mit dem sich die Vereinigten Staaten gegen überraschende Luftangriffe zu schützen suchten. Trotz dieser immensen Vorarbeiten kostete die Entwicklung von SABRE 30 Millionen Dollar, ein Betrag, der sich allein durch die Einsparung an Personalkosten innerhalb von drei Jahren amortisierte. Das Buchungssystem wurde nicht nur von zahlreichen anderen Airlines, sondern in modifizierter Form auch von Banken übernommen.

Bis zu 332 Tage im voraus liefert SABRE für jeden Flug einen stets aktuellen Buchungsstatus. Ändert oder annulliert ein Passagier eine Reservierung, wird der dadurch freigewordene Platz automatisch wieder für andere Kunden verfügbar. Besteht für einen ausgebuchten Flug eine Warteliste, erhält diesen Platz automatisch der Reisende, der an der Spitze dieser Liste steht. Das System veranlaßt gleichzeitig, daß der Fluggast von dieser Veränderung des Reservierungsstatus telefonisch unterrichtet wird. Reservierungen werden durch SABRE gleichsam im Handumdrehen bestätigt, wo auch immer der Kunde in einer Verkaufsstelle oder in einem Flugreisebüro anfragt. Buchungen für Flüge fremder Airlines werden nicht nur weitergeleitet, sondern von dem System auch so lange überwacht, bis die Bestätigung eingeht. Bleibt diese Reaktion aus, werden Angestellte in der Reservierungszentrale auf den Fall aufmerksam gemacht.

Anfang der siebziger Jahre eröffnete American Airlines in Tulsa/Oklahoma ihr neues Datenverarbeitungszentrum, das über noch leistungsfähigere Computer verfügt. Eine technische Meisterleistung bildete die Tatsache, daß zum Umschalten des weit verzweigten Kommunikationsnetzes der Informationsfluß lediglich für eine Viertelstunde unterbrochen werden mußte. In dem Rechenzentrum werden jeden Tag hunderttausende von Informationen verarbeitet. Die Dienstleitungen beschränken sich keinesfalls auf Reservierungen an Bord von Jets, sondern schließen auch Hotel- und Mietwagenbuchungen, Auskünfte über das aktuelle Wetter am Zielort des Reisenden und eine Unzahl von Flugpreisen und Tarifbestimmungen ein. Da sich in den USA Flugpreise häufig von einem Tag auf den anderen ändern, wären die Angestellten der Flugscheinbüros ohne die Hilfe des Computers verloren.

Ohne die mannigfaltige Unterstützung durch die EDV-Systeme würde das komplizierte Räderwerk des modernen Luftverkehrs in kürzester Zeit zusammenbrechen. Mehr noch als für kleine Fluggesellschaften gilt dies für Unternehmen mit einem so großen Verkehrsaufkommen wie dem von American Airlines. Dies veranlaßte American immer wieder zu Pionierleistungen in der Anwendung von Computern. Mit Hilfe der Elektronik werden fehlgeleitete Koffer aufgespürt, Luftfrachtbriefe und -rechnungen ausgestellt und Flugbetriebspläne angefertigt. Das geht so weit, daß Computer für jeden Start die Einstellung der optimalen Triebwerksleistung und die günstigste Klappenstellung errechnen.

Auf Expansionskurs

Mit der Eröffnung von Flugdiensten nach London–Gatwick im Frühjahr 1982 wurde American Airlines wieder Nordatlantik-Carrier. Für die Expansionspläne der Fluggesellschaft bildete die Entscheidung, ab April 1985 auch Frankfurt Rhein-Main in ihr Streckennetz einzubeziehen, einen wichtigen Schritt. Im Sommer 1985 offerierte American tägliche Nonstop-Dienste von Frankfurt sowohl nach Dallas/Fort Worth als auch nach Chicago und darüber hinaus Direktverbindungen nach Denver und San Francisco. Ab 1986 werden auch Düsseldorf und München in das AA-Netz einbezogen. Auf den neuen Transatlantikrouten werden DC-10-30 eingesetzt, deren Kabine inzwischen in drei Klassen eingeteilt ist.

American Airlines plant, in Denver eine neue Drehscheibe einzurichten. Um auf dem Stapleton Airport täglich 150 bis 200 Flüge ab-

Rechts: Das Rückgrat der Austrian Airlines Flotte bildet heute die McDonnell Douglas MD-81, von der die Gesellschaft insgesamt 14 Maschinen einsetzen will, außerdem sollen vier MD-87 dazukommen.

Austrian Airlines

Im internationalen Vergleich gehören die Austrian Airlines eher zu den kleineren Gesellschaften, doch Dank der zentralen geographischen Lage Österreichs nimmt sie eine wichtige Stellung im Ost-West-Verkehr ein. Seit dem Zusammenbruch der kommunistischen Systeme hat ihre Bedeutung sogar noch weiter zugenommen.

Austrian Airlines (AUA), die nationale Fluggesellschaft Österreichs, befindet sich mit ihrer Heimatbasis Wien im Zentrum Mitteleuropas. Nach dem Zweiten Weltkrieg und mit der Wiedererlangung der Unabhängigkeit und Verpflichtung zur Neutralität im Jahre 1955 wurde Wien als Hauptstadt der Zweiten Republik zum Bindeglied zwischen den rivalisierenden Machtblöcken Europas. Seit 1979 neben Genf und New York der dritte Sitz der Vereinten Nationen, erfreut sich Wien als internationaler Konferenzort wachsender Beliebtheit.

Austrian Airlines hat die Vorzüge der geographischen Lage mit den Vorteilen der politischen Neutralität verbunden. Sie ist die einzige Fluggesellschaft außerhalb des Comecon, die alle wichtigen Städte des Ostblocks (mit Ausnahme Tiranas) bedient. Die Flugrouten Richtung Osten sind seit Beginn des Luftverkehrs im Jahre 1918 und der Neugründung von Austrian Airlines im Jahre 1958 bei der Flugplangestaltung immer von großer Bedeutung gewesen.

Austrian ist eine kleine Gesellschaft, ein Unternehmen, das überschaubar geblieben ist. In der sehr modernen Zentrale in Wien-

Auf dem Vorfeld des Flughafens Wien-Schwechat sind McDonnell Douglas DC-9 der Austrian Airlines geparkt.

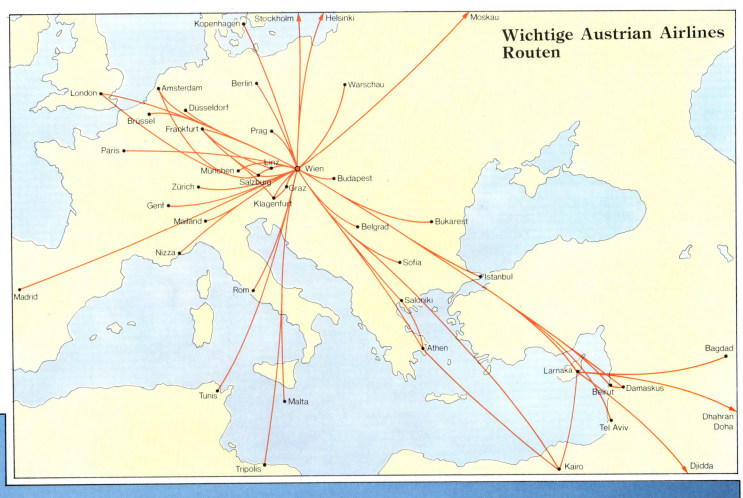

Wichtige Austrian Airlines Routen

Passagierflugzeuge der Austrian Airlines

Eine wichtige Verbindung im Ost-West-Verkehr stellen die Austrian Airlines dar.

Oberlaa, 1975–78 im wahrsten Sinne des Wortes auf die grüne Wiese gesetzt, geht es ruhig und entspannt zu. Das L-förmige Gebäude mit 800 Arbeitsplätzen, nach ergonomischen und psychologischen Gesichtspunkten gestaltet, könnte auch — auf den ersten Blick — Teil der nahegelegenen Kuranlage sein. Von Wiesen umgeben, auf halbem Weg zwischen Wien und dem Flughafen Schwechat, in herrlicher Landschaft gelegen, im Inneren hell und mit 'freundlichen' Farben ('freundlich' ist das Werbeattribut, mit dem sich Austrian Airlines gerne schmückt), spiegelt es eine neue Form österreichischer Gemütlichkeit wider: gemütlich mit Gewinn. Denn bei aller Ruhe fliegt die Gesellschaft seit vielen Jahren recht erfolgreich und gibt sich nicht der unrealistischen Vorstellung hin, eine von den ganz 'Großen' werden zu müssen. Sie dringt in Marktnischen ein, die für die großen Gesellschaften unrentabel oder zu risikoreich sind. Obwohl 99 Prozent des Aktienkapitals der Republik Österreich gehören, wird sie — im Gegensatz zu anderen Gesellschaften in Staatsbesitz — nach marktwirtschaftlichen Gesichtspunkten geführt.

Wien zählt nicht gerade zu den Luftverkehrsknotenpunkten Europas, doch dürfte die Stadt das wichtigste Bindeglied zwischen Ost und West im Flugverkehr sein. Für AUA bedeutet dies, daß elf Prozent ihres Marktes im Ostblock liegen. Austrians wichtigste Strecke in den Westen ist die Route nach Frankfurt am Main, die wöchentlich bis zu 49mal beflogen wird. Im europäischen Vergleich des Luftverkehrsaufkommens rangiert die Linie Frankfurt-Wien nur auf dem 24. Platz, Paris-Wien sogar nur an 92. Stelle. Für eine kleinere Gesellschaft bedeutet dies aber immer noch ein gutes Geschäft, vor allem, wenn die Maschinen gut ausgelastet sind.

Um die Attraktivität der Flugrouten via Wien zu erhöhen, hat Austrian außer den Verbindungen in den Ostblock auch die Anschlußflüge in den Mittleren Osten und nach Nordafrika gut auf ihre westeuropäischen Flüge abgestimmt. Der Tag beginnt mit dem Start der Maschinen in Wien, im Laufe des Vormittags kehren sie aus München, Mailand oder Madrid nach Wien zurück, und innerhalb von 30 bis 45 Minuten können die Fluggäste weiterreisen, nach Osteuropa (Warschau oder Moskau), nach Südosteuropa (Bukarest, Sofia oder Saloniki) oder nach Nordafrika (Kairo oder Tripolis). Innerhalb einer Stunde werden auch die Flüge in den Mittleren Osten, so nach Dhahran, Jeddah (Djidda), Bagdad und Tel Aviv, aufgerufen.

Diese Tagesrandverbindungen sind vor allem für Geschäftsleute gedacht, die dadurch ihre Reise oft innerhalb eines Tages beenden können, was nicht nur Übernachtungskosten spart, sondern auch den in den Ostblockstaaten oft sehr komplizierten Geldumtausch überflüssig macht. Es ist daher nicht verwunderlich, daß 60 Prozent aller AUA-Passagiere Geschäftsleute sind. Umso verblüffender ist es, daß die Gesellschaft — im Gegensatz zu den meisten anderen — keine eigene 'business class' für sie bereithält. Bei AUA glaubt man, daß ihre Economy-Klasse bereits dem Standard anderer business-Klassen entspricht. So werden hier etwa alle Mahlzeiten auf Porzellan serviert, und voll bezahlende Reisende können schon bei der Buchung ihren Sitzplatz reservieren lassen. Natürlich haben die Maschinen auch noch eine Erste Klasse.

Geschichte

Die Idee, das Flugzeug als öffentliches Transportmittel zu benutzen, geht in Österreich auf den Ersten Weltkrieg zurück. Während des Krieges wurde die Feldpost mit zweisitzigen Schulmaschinen oder äl-

3 Flugzeuge
Airbus A310

Triebwerk: 2 General Electric CF6-80A
Spannweite: 43,90 m
Länge: 46,66 m
Höhe: 15,81 m
Reisegeschwindigkeit: 860 km/h
Reichweite: 5.170 km
Passagiere: 265
Besatzung: 2

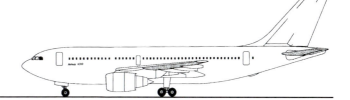

19 Flugzeuge
MD-82/83/87

Triebwerk: 2 Pratt & Whitney JT8D-217A
Spannweite: 32,80 m
Länge: 45,60 m
Höhe: 8,40 m
Reisegeschwindigkeit: 850 km/h
Reichweite: 3.445 km
Passagiere: 155

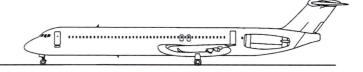

5 Flugzeuge
Fokker 50

Triebwerk: 2 Pratt & Whitney 125 B Turboprop
Spannweite: 29 m
Länge: 25,30 m
Reisegeschwindigkeit: 520 km/h
Reichweite: 1.400 km
Passagiere: 46

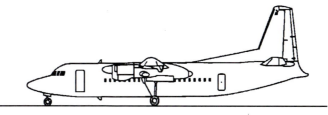

teren Militärmaschinen transportiert. Nach dem Krieg interessierte sich die k.k. Generalpostdirektion in Wien für den Einsatz von Flugzeugen und wandte sich an die Fliegerverbände des Heeres. Der damals 24jährige Frontfliegeroffizier Rittmeister Feldpilot August Raft von Marweil wurde 1918 beauftragt, eine Luftpostlinie zu organisieren. Der Probebetrieb wurde am 20. März 1918 aufgenommen und funktionierte so gut, daß am 1. April 1918 die erste regelmäßige öffentliche Luftpostlinie der Welt mit einer Hansa-Brandenburg CI in Betrieb genommen wurde. Die 1.200 km lange Strecke wurde täglich beflogen und ging von Wien über Krakau nach Lemberg, Proskurow und Kiew. Ab Mai kam von Proskurow aus eine Abzweigung nach Odessa hinzu.

Nachdem die zivile Luftfahrt nach dem Ersten Weltkrieg wieder zugelassen war, gründeten die 'Österreichische-Eisenbahn-Verkehrs-Anstalt' in Wien und die 'Junkers Flugzeugwerke A.G.' in Dessau als Hauptaktionäre die 'Österreichische Luftverkehrs A.G.' (ÖLAG). Sie schloß sich zusammen mit anderen Fluggesellschaften der von Junkers organisierten 'Trans-Europa-Union' an. Am 23. Mai 1923 begann die ÖLAG den regelmäßigen Personenverkehr Wien-München mit zwei Junkers F-13, damals noch mit dem deutschen Kennzeichen D-219 'Stieglitz' und D-253 'Taube', die später die Hoheits- und Eintragungszeichen A-2 und A-3 erhielten. 1926 wurde die 'Trans-Europa-Union' aufgelöst, und die ÖLAG war von nun an völlig selbständig; im gleichen Jahr begann der intensive Aus- und Aufbau der österreichischen Flughäfen, allen voran der Flughafen Aspern (Wien). Dank der verbesserten Infrastruktur konnte 1928 der ganzjährige Flugbetrieb auf den Strecken Wien-Prag-Dresden-Berlin und Wien-Klagenfurt-Venedig aufgenommen werden.

Im Flugplan der ÖLAG erschienen die wichtigsten europäischen Städte, und sie galt bald als die viertgrößte europäische Gesellschaft. Auch der Inlandsverkehr wurde stark ausgebaut, und zur Flotte zählten im Laufe der Jahre Maschinen vom Typ Junkers F 13, G 24, G 31, Ju 52/3 und schließlich die DC-2. Am 13. März 1938 — zwei Wochen später marschierten deutsche Truppen in Österreich ein — eröffnete die ÖLAG ihre letzte Route, nach Brüssel und London.

Der Flugplan wurde trotz der Eingliederung Österreichs ins Deutsche Reich vorerst beibehalten, vor allem, da fast alle ÖLAG-Strecken im Gemeinschaftsdienst mit der Lufthansa betrieben wurden — und schließlich besaß die Deutsche Lufthansa bereits 50 Prozent des Stammaktienkapitals. Im November erwarb Lufthansa die restlichen Aktien vom österreichischen Finanzministerium; im Juni 1939 wurde die ÖLAG aufgelöst und das Personal und die Maschinen sowie das Streckennetz von Lufthansa übernommen.

Nachdem das Luftfahrtverbot der Alliierten 1955 aufgehoben war, wurden gleich zwei österreichische Fluggesellschaften gegründet, die 'Air Austria-Österreichische Luftverkehrs AG' unter finanzieller und personeller Beteiligung der niederländischen KLM und die 'Österreichische Fluglinien Aktiengesellschaft Austrian Airways' unter finanzieller Beteiligung der SAS, KLM sowie SAS bildeten bereits Piloten aus, doch bevor es zu einem regulären Flugbetrieb kam, wurden beide Gesellschaften im April 1957 fusioniert, und die 'Austrian Airlines-Österreichische Luftverkehrs A.G.' entstand. Die offizielle Gründungsfeier fand am 30. September des gleichen Jahres statt, das Gründungskapital betrug 60 Mio öS. Sechs Monate später begann die Flotte, bestehend aus Viscount 779, den regelmäßigen Flugverkehr mit der Eröffnung der Route Wien-London. Im gleichen Sommer folgten die Routen nach Frankfurt, Zürich, Paris, Rom und Warschau. Der Chartervertrag für die vier Viscount 779 endete 1960, und sie wurden nur durch eigene Viscount 837 ersetzt. Die sechs Viscount erhielten die Namen berühmter Musiker und Komponisten des Landes.

Das Düsenzeitalter

Das Düsenzeitalter begann 1963 mit der Einführung der Caravelle VI-R, im gleichen Jahr begann auch der Inlandsverkehr mit DC-3, die 1966 durch Hawker Siddeley HS 748 ersetzt wurden. Allerdings wurde der Inlandsverkehr aus Rentabilitätsgründen zwischen 1970 und 1980 eingestellt und wird seitdem von der neugegründeten Austrian Air Services (AAS), an der AUA mit 26 Prozent des Aktienkapitals beteiligt ist, ausgeführt. Für die Kurzstrecken setzt AAS drei Metro II mit je 18 Plätzen ein.

Konsequent zeigte sich AUA auch im Transatlantikverkehr. Gemeinsam mit Sabena und einer deren Boeing 707 wurde 1969 der regelmäßige Verkehr von Wien über Brüssel nach New York aufgenommen, doch die Strecke erwies sich durch die starke Konkurrenz als nicht rentabel und wurde 1971 wieder aufgegeben. Im gleichen Jahr kam die erste DC-9-32 zur AUA, und schrittweise wurde die gesamte Flotte auf Maschinen vom Typ DC-9 umgestellt, was sich ebenfalls positiv auf die Bilanz ausgewirkt hat. Erst 1988 wird es einen zweiten Flugzeugtyp in AUA-Farben geben, wenn die beiden 1980 bestellten Airbus A310-220 dazustoßen.

Seit 1972 besteht ein Kooperationsvertrag mit Swissair im Bereich Flugzeugwartung und -entwicklung. Bei der Entwicklung der 'Super 80', der gestrecktesten aller gestreckten DC-9, beteiligten sich beide Gesellschaften und erhielten so eine Maschine, die auf ihre Bedürfnisse zugeschnitten war. Zu den Ergebnissen dieser Zusammenarbeit zählen unter anderem der Einbau eines Head-up Display für die Piloten (bislang nur in der Militärluftfahrt gebräuchlich) und ein erweitertes Instrumentenlandesystem für die Kategorie IIIa. Als erster zweistrahliger Passagierjet der Welt machte am 24. Oktober 1982 eine DC-9-81 der AUA eine automatische Landung unter den Schlechtwetterbedingungen dieser Kategorie.

Seit 1973 besitzt AUA 80 Prozent an der Chartergesellschaft Austrian Airtransport. Ungleich etwa der deutschen Condor verfügt sie nicht über eigenes Fluggerät, sondern benutzt die Maschinen der AUA und natürlich deren Personal. Es dürfte wohl nur wenig Chartergesellschaften geben, die an Bord einen Linienstandard einschließlich der Ersten Klasse bieten. Mit aufeinander abgestimmten Flugplänen können daher die AUA-Maschinen noch rationeller genutzt werden und erreichen eine tägliche Einsatzzeit von über neun Stunden.

Die Aufgabe verlustbringender Prestigestrecken, der bewußte Verzicht auf überschnellen Ausbau der Kapazitäten und die geschickte Kooperation mit anderen Unternehmen haben der Gesellschaft seit 1971 durchgehend wirtschaftlichen Erfolg und positive Bilanzabschlüsse eingebracht.

Eine Viscount 779 OE-LAC auf dem Flughafen Innsbruck, der — wie auch andere Flugplätze der Landeshauptstädte — in den Auslandsdienst mit einbezogen wurde.

British Airways

Als eine der wenigen Fluggesellschaften der Welt erzielt British Airways seit Jahren bereits Gewinne. Diese Airline befördert mehr Passagiere in mehr Länder als andere Gesellschaften, was auf den stark verbesserten Service zurückzuführen ist, den BA seinen Gästen seit Jahren bietet; dies scheint ein gutes Rezept für anhaltenden Erfolg zu sein.

Dabei war die Vergangenheit nicht immer sehr glanzvoll. Noch vor zwölf Jahren flog man ein Defizit von über 544 Millionen Pfund Sterling ein, und erst 1983 gelang ein bescheidener Gewinn; damals war British Airways noch ein staatliches Unternehmen. Schließlich nahm man die Privatisierung vor, und die nun als Aktiengesellschaft arbeitende Luftlinie sah sich einem Aufwärtstrend gegenüber, den wohl kaum jemand für möglich gehalten hatte. So kann man mit stolzen Zahlen aufwarten: Für 1992 wurde (nach Steuern) ein Überschuß von 178 Millionen Pfund Sterling erwirtschaftet. Die Flotte verfügt über 241 Flugzeuge und bedient ein Streckennetz von 599.000 Kilometern. Inzwischen ist die Gesellschaft so stark geworden, daß man in andere Gesellschaften als Teilhaber einstieg, und zwar in USAir und Qantas.

Das "Flaggschiff" der British Airways, das Überschallflugzeug Concorde. Zwar ist diese Maschine nicht rentabel, aber man betreibt schon aus Prestigegründen den Einsatz dieses Flugzeugs.

Blick zurück

Bis es soweit war, mußte vieles getan werden. Einschneidende Rationalisierungsmaßnahmen waren die erste Antwort. Der Mitarbeiterstamm wurde verkleinert, unrentable Strecken gestrichen und das Unternehmen schließlich noch neu strukturiert. Man schuf mehrere Abteilungen, die jede für sich rentabel arbeiten sollten und es gelang, die Produktivität um 15 Prozent zu erhöhen. Die Tochter "British Airways Helicopters" verkaufte man zwischenzeitlich auch noch, so daß drei Hauptzweige übrigblieben: "Intercontinental Services Division", die für den Langstreckenverkehr zuständig ist, "European" für den

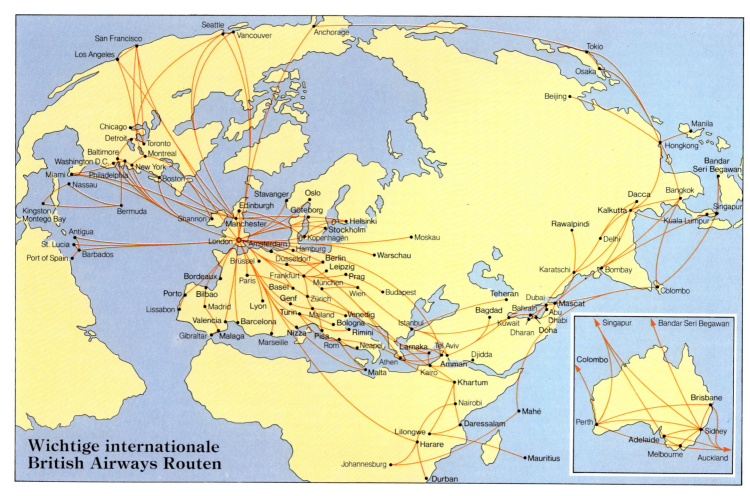

Wichtige internationale British Airways Routen

Wichtige British Airways Routen

britischen und europäischen Markt und 'Gatwick', zuständig für die Charter-Tochter British Airtours und die Bodenabfertigung auf dem zweitgrößten Londoner Flughafen Gatwick.

Die 'Intercontinental Services Division', die alle Langstreckenflüge außerhalb Europas betreut, ist nochmals nach Regionen aufgeteilt: Nordatlantik, Golfstaaten, Australasien und südliche Hemisphäre. Diese Abteilung betreut über 70 Ziele in 45 Staaten. Durch Streichung unwirtschaftlicher Verbindungen, wie etwa der Strecken zum Kilimandscharo, nach Calgary oder New Orleans, konnte die Abteilung sechs TriStar L-1011-200 abstoßen und außerdem alle der inzwischen veralteten Boeing 707 aus dem Verkehr ziehen. Wie auch die Erfahrung anderer Gesellschaften zeigt, ist der Nordatlantikbereich weiterhin kein Geschäft, die Zuwachsraten auf den Strecken nach Australien, Japan und Hongkong sind in den letzten Jahren zurückgegangen, während die Verbindungen in den Nahen Osten, nach Indien, China wie auch zu den Philippinen, in die Karibik und nach Südafrika Zuwachs verzeichnen.

Concorde im Charterverkehr

In den Zuständigkeitsbereich der interkontinentalen Abteilung fällt auch das Überschallflugzeug Concorde, von dem immer wieder behauptet wird, daß es außer Dienst gestellt werden würde, das aber besser denn je im Geschäft ist. Die Nachfrage auf der traditionellen Nordatlantikstrecke ist so hoch, daß im März 1984 eine zweite Abendverbindung eingeführt und die Route nach Washington bis Miami verlängert werden mußte. Besonders im Charterverkehr ist die Concorde mehr gefragt denn je, und rund sieben Prozent ihres Umsatzes stammen aus diesem Geschäftsbereich. Den ersten Überschall-Charterflug unternahm 1977 die Tageszeitung Daily Mirror mit einem Tagesausflug von London nach Washington. 1984 hat allein die Reederei Cunard 100 Concorde-Flüge gebucht, die Teil des Kreuzfahrtprogramms mit der *Queen Elizabeth II* sind.

Über 100.000 Flüge auf 90 Routen mit mehr als zehn Millionen Passagieren kann die europäische Abteilung pro Jahr für sich verbuchen. Die Rationalisierungsmaßnahmen haben auch in diesem Bereich voll

Innerhalb von nur fünf Jahren wechselte British Airways dreimal die Firmenfarben. Dennoch kann diese 1985 eingeführte Bemalung nicht darüber hinwegtäuschen, daß die Gesellschaft eine der ältesten Boeing 747 Flotten im Einsatz hat.

Passagierflugzeuge der British Airways

71 Flugzeuge
Boeing 737-300

Triebwerk: 2 Pratt & Whitney JT8D-154A
Spannweite: 28,35 m
Länge: 30,53 m
Höhe: 11,28 m
Reisegeschwindigkeit: 778 km/h
Reichweite: 4.100 km
Passagiere: 130
Besatzung: 2

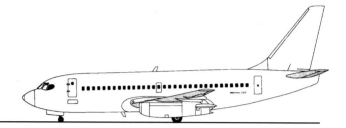

56 Flugzeuge
Boeing 747

Triebwerk: 4 Pratt & Whitney JT9D-7
Spannweite: 59,60 m
Länge: 70,50 m
Höhe: 19,30 m
Reisegeschwindigkeit: 900 km/h
Reichweite: 7.900 km
Passagiere: 275-429
Besatzung: 3

42 Flugzeuge
Boeing 757

Triebwerk: 2 Rolls-Royce RB 211E535
Spannweite: 37,95
Länge: 47,32
Höhe: 13,56
Reisegeschwindigkeit: 870 km/h
Reichweite: 6.300 km
Passagiere: 188
Besatzung: 2

20 Flugzeuge
Boeing 767

Triebwerk: 2 Pratt & Whitney JT9D-7R4
Spannweite: 47,60
Länge: 48,50
Höhe: 15,90
Reisegeschwindigkeit: 850 km/h
Reichweite: 5.600 km
Passagiere: 201
Besatzung: 2

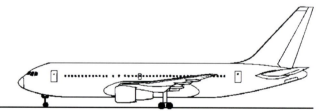

10 Flugzeuge
Airbus A320

Triebwerke: 2 CFM 56-5
Spannweite: 34,10 m
Länge: 44,51 m
Höhe: 11,80 m
Reisegeschwindigkeit: 850 km/h
Reichweite: 3.900 km
Passagiere: 187

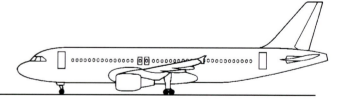

7 Flugzeuge
Concorde

Triebwerk: 4 Rolls-Royce/SNECMA Olympus 593 Mk 610
Spannweite: 25,55 m
Länge: 62,10 m
Höhe: 11,40 m
Reisegeschwindigkeit: 2.179 km/h
Reichweite: 6.580 km
Passagiere: max. 100
Bedsatzung: 3

7 Flugzeuge
DC-10

Triebwerk: 3 General Electric CF6-50C2
Spannweite: 50,42
Länge: 55,20 m
Höhe: 17,70 m
Reisegeschwindigkeit: 908 km/h
Reichweite: 9.950 km
Passagiere: 237
Besatzung: 3

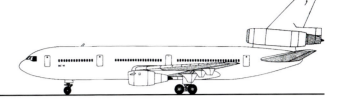

5 Flugzeuge
Lockheed TriStar

Triebwerk: 3 Rolls-Royce RB 211-22B
Spannweite: 47,35 m
Länge: 54,33 m
Höhe: 18,86 m
Reisegeschwindigkeit: 890 km/h
Reichweite: 5.400 km
Passagiere: 288
Besatzung: 3

14 Flugzeuge
BAe ATP

Triebwerk: 2 Pratt & Whitney PWC 126 Turboprops
Spannweite: 30,6 m
Länge: 26,1 m
Höhe: 7,1 m
Reisegeschwindigkeit: 491 km/h
Reichweite: 1.222 km
Passagiere: 64
Besatzung: 2

British Airways setzt diesen Maschinentyp für kleinere Inland-Routen ein, etwa in die schottischen Highlands sowie zu den Inseln Schottlands. Außerdem werden mit den Turboprop-Maschinen die Kanal-Inseln sowie einige europäische Ziele angeflogen.

Durch guten Service an die Weltspitze: British Airways.

zugeschlagen, so daß fast ausschließlich nur noch rentable Strecken beflogen werden. Die 'Shuttle' und 'Super Shuttle' Dienste von London nach Belfast, Glasgow, Edinburgh und Manchester, die 1975 eingeführt wurden, sind vor allem für Geschäftsreisende und als Anschlußverbindung für die internationalen Flüge, die von Heathrow aus gehen, gedacht. Die Attraktivät dieser Verbindungen besteht vor allem darin, daß der Check-in noch zehn Minuten vor Abflug möglich ist, jeder Passagier einen garantierten Platz hat (ist die Maschine voll, wird eine zusätzliche eingeschoben, selbst wenn nur ein Passagier mitfliegt) und Pünktlichkeit, dank der Zulassung der neuen Boeing 757 für Landungen nach Kategorie III, so daß auch schlechte Sichtverhältnisse keine Behinderung darstellen.

Berlin-Monopol

Eine wichtige Unterabteilung im Europaverkehr ist die 'German Division', denn Deutschland ist nach Großbritannien und den Vereinigten Staaten der drittgrößte Markt für BA. Mit über 100 Mio Pfund Einnahmen und fast 2,2 Mio beförderten Passagieren (1982/83) ist British Airways die größte ausländische Fluggesellschaft innerhalb der Bundesrepublik und kommt hinter der Lufthansa an zweiter Stelle, was Anzahl der Flüge und Passagiere betrifft. Sie ist neben Pan Am und Air France die dritte, westliche alliierte Fluggesellschaft, die den Verkehr zwischen Westdeutschland und Berlin aufrecht erhält. Bis zu 26 Verbindungen täglich bietet BA zwischen Berlin und Hannover, Bremen, Düsseldorf, Köln/Bonn, Stuttgart und in den Sommermonaten auch Sylt an.

Zwischen 1971 und 1975 konkurrierten Pan Am und BA auf den gleichen deutschen Strecken, teilten sich dann allerdings den Markt auf, so daß heute Pan Am nach Frankfurt, Hamburg, München und Nürnberg fliegt und nur noch auf den Strecke Berlin-Stuttgart beide Linien miteinander konkurrieren. Sechs Maschinen sind in Berlin-Tegel stationiert, drei der älteren BAe One-Eleven und drei Boeing 737-200. Im Januar 1985 wurden die BAe 111 aus dem Verkehr gezogen und durch die erheblich leiseren 737 ersetzt. Neben dem innerdeutschen Berlin-Verkehr, der auch in Zukunft weiterhin ein Monopol sein wird, bietet BA täglich 23 Verbindungen zwischen neun deutschen Flughäfen und Großbritannien an, internationale Verbindungen in Drittländer gibt es allerdings keine mehr von Deutschland aus.

Rechts: Die wirtschaftlicheren HS 748 ersetzten die alten Vickers Viscount, die die einzigen noch im British Airways Dienst befindlichen Propellerflugzeuge sind.

Unten: Eine Comet der BOAC auf dem Flughafen der sudanesischen Hauptstadt Khartum. Die Zulassung für die Comet wurde 1954 entzogen, da drei Maschinen im Flug auseinanderbrachen.

Fast eine Außenseiterrolle spielt innerhalb der Europaabteilung die 'Highland Division', die für die Flüge in den Norden Schottlands und zu den schottischen Inseln zuständig ist. In diesem Bereich können natürlich keine großen Gewinne erzielt werden, und so wurde innerhalb der Rationalisierungsmaßnahmen die Mitarbeiterzahl von über 600 auf 180 gekürzt. Das bedeutete aber auch geänderte Stellenbeschreibungen, denn jeder Mitarbeiter war plötzlich für mehr Aufgaben zuständig als zuvor. An Bord der Flugzeuge übernahmen Erste Offiziere und nicht mehr Flugkapitäne den linken Sitz, die nun auch für die Flugplanung, das Auftanken und andere Aufgaben verantwortlich sind. Die Kopiloten übernahmen die Aufsicht beim Beladen der Maschine mit Fracht und Post, während das Kabinenpersonal beim Einchecken hilft. Die alten Vickers Viscount, die die traditionellen Highlands-Flugzeuge waren, wurden durch die kleineren, aber wirtschaftlicheren BAe HS 748 ersetzt, die nun die einzigen noch im BA-Dienst befindlichen Propellerflugzeuge sind.

Lukrative Nebenverdienste

Hauptausgangspunkt der internationalen Flüge ist der Flughafen London-Heathrow, nur noch wenige werden von London-Gatwick ausgeführt, so etwa einige Verbindungen nach Italien. Doch trotz der Schwerpunktverlagerung nach Heathrow starten alle Flüge der Charter-Tochter British Airtours Ltd von Gatwick aus. Sie transportiert nicht nur Passagiere der im BA-Besitz befindlichen Reiseagenturen, sondern fliegt auch für amerikanische und kanadische Reiseunternehmen. Doch nicht nur British Airtours arbeitet profitabel in Gatwick, auch die 'Ground Services', die ein Drittel aller Gatwick anfliegenden Gesellschaften am Boden abfertigen, weisen im Geschäftsbericht schwarze Zahlen auf. Rund 20 Prozent des gesamten BA-Umsatzes stammen aus Aktivitäten, die nichts mit dem Passagierverkehr zu tun haben. Wichtigster Faktor dabei ist natürlich der Fracht-

sektor, in dem eine kleine Umsatzsteigerung erzielt wurde, obwohl 1982/83 die Nur-Frachtmaschinen abgestoßen worden waren. 90 Prozent der gesamten von BA beförderten Fracht gehen über das Cargocentre in Heathrow, das die Größe von neun Fußballplätzen besitzt.

Um den Papierkrieg, den es bei internationalen Frachtsendungen unweigerlich immer gibt, zu bewältigen, ist das Frachtzentrum an das Computersystem der Gesellschaft angeschlossen. Die beiden Rechenzentren befinden sich in Heathrow und im West London Terminal. Neben den herkömmlichen Aufgaben wie Reservierungen für Passagiere und Fracht, Ticketausstellung und Check-in kann das System auch für die Flugplanung, für die Analyse technischer Daten, die während des Fluges gewonnen werden, für Treibstoffverbrauch, die Wartung, Kostenanalysen und unzählige andere Aufgaben eingesetzt werden. Das von BA entwickelte Computersystem mit dem Namen BABS wurde inzwischen von Pan Am, Swissair, Qantas, Egyptair

Oben: Einer der Boeing Vertol 234 Hubschrauber, die den Verkehr zu den Scilly-Inseln und zu den größeren Erdölplattformen aufrechterhalten.

Rechts: Die etwas eng anmutende Kabine einer Boeing Vertol 234 bietet Platz für bis zu vierundvierzig Passagiere.

und Singapore Airlines erworben, modifizierte Systeme auch vom britischen Verteidigungsministerium, von der Reederei Cunard und dem Hotelkonzern Trust House Forte. Mit BABS werden jährlich allein über sechs Millionen Pfund umgesetzt.

Hubschrauber-Dienste

Einer der größten zivilen Kunden für Hubschrauber ist British Airways Helicopters Ltd, die eine eigene Gesellschaft bildet. Zu der 37 Maschinen umfassenden Flotte zählen der Boeing Vertol 234, der Sikorsky S-61 für mittlere Reichweiten, der Bell 212, der Sikorsky S-76 und der britische Westland WG 30. Sie werden vor allem zum Transport von Besatzungen, Material und Lebensmitteln auf die Ölbohrinseln in der Nordsee eingesetzt. Zwischen der Hafenstadt Penzance in Cornwall und den Scilly-Inseln unterhält BA Helicopters einen planmäßigen Liniendienst mit zwei Boeing Vertol. Am 16. Juli 1983 stürzte einer der Vertol kurz vor der Landung auf den Scilly-Inseln bei dichtem Nebel ins Meer. Zwanzig der 25 Personen kamen um.

1982/83 transportierte British Airways Helicopters 70.000 Passagiere zu den Scilly-Inseln; insgesamt wurden 650.000 Passagiere im gleichen Zeitraum zwischen den Ölbohrinseln und dem Festland geflogen. Aber auch der Such- und Rettungsdienst, in Sumburgh stationiert, spielt eine wichtige Rolle. Zwischen 1970 und 1983 wurden 250 Personen aus Seenot gerettet; dieser Rettungsdienst ist dem Handelsministerium unterstellt. BA Helicopters war 1947 versuchsweise als Teil der British European Airways gegründet worden.

Der Name British Airways war erst im Juli 1974 als Markenname für die Dienste der beiden bis dahin unabhängigen Gesellschaften British Overseas Airways Corporation (BOAC) und British European Airways (BEA) eingeführt worden, die mit Billigung der Regierung ihre Zuständigkeitsbereiche neu gliederten und ihr Angebot aufeinander abstimmten. Drei Jahe später, im April 1977, entstand dann schließlich als neue Gesellschaft und unter neuer Organisation die heutige British Airways. Doch eine Gesellschaft gleichen Namens hatte es bereits vierzig Jahre früher gegeben.

Im Oktober 1935 hatten sich die britischen Gesellschaften British Hillman Airways, Spartan Air Lines und United Airways zur British Airways zusammengeschlossen und begannen mit einigen de Havilland D. H. 86, Junkers Ju 52 und Fokker. Später erhielt British Airways von der Regierung die Genehmigung, amerikanische Lockheed 10 Electra zu kaufen. Die zweimotorige Maschine mit Verstellpropellern und elektrisch betätigten Klappen gehörte damals zu den modernsten Verkehrsmaschinen der Welt. Sie konnte zehn Passagiere befördern. 1937 schaltete sich die Regierung in das Luftfahrtgeschäft ein und entschied, daß britische Gesellschaften nicht gegeneinander arbeiten sollten; sie empfahl einerseits, daß British Airways und Imperial Airways nicht die gleichen Routen befliegen sollten, zum anderen Imperial Airways sich mehr auf den Langstreckenverkehr konzentrieren sollte.

Schließlich beschloß sie den Zusammenschluß beider Gesellschaften zu einer einzigen Fluglinie, die in staatlichen Besitz übergehen

sollte: British Overseas Airways Corporation. Doch als die rechtlichen Schwierigkeiten aus dem Weg geräumt waren, gab es bereits seit sieben Monaten keinen Zivilverkehr mehr, denn der Zweite Weltkrieg hatte begonnen.

Kriegstransporte

Die als zivile Fluggesellschaft gegründete BOAC fand sich nun als eine Regierungsbehörde wieder, zuständig für Personen- und Frachttransporte während des Krieges.

Viele der auf dem europäischen Kriegsschauplatz eingesetzten Maschinen wurden in den USA und in Kanada gebaut und mußten über den Atlantik geflogen werden — eine Aufgabe, die von BOAC Piloten übernommen wurde. Damit begann für BOAC ein ganzjähriger Transatlantikdienst, eine Erfahrung, die sich bei der Wiederaufnahme des zivilen Flugverkehrs nach dem Krieg auszahlte.

BOAC und Qantas begannen am 31. Mai 1945 mit der Aufnahme des Flugverkehrs zwischen Großbritannien und Australien, der einmal pro Woche durchgeführt wurde, aber ab dem 15. Juli bereits verdoppelt wurde. Beide Gesellschaften setzten umgebaute Lancaster ('Lancastrian') auf der Strecke ein, für die die ehemaligen Bomber eine Flugzeit von 63 Stunden benötigten. Im November des gleichen Jahres wurde zusammen mit South African Airways die Verbindung nach Südafrika eröffnet. Im März 1946 begann die neugegründete staatliche British South American Airways (BSAA) die Südamerikadienste; diese Gesellschaft wurde aber bereits 1949 wieder mit BOAC vereinigt. Am 1. August 1946 nahm British European Airways den Flugverkehr im Nachkriegs-Europa auf.

Schwierige Flottenpolitik

Für BOAC hing der Erfolg auf dem Zivilmarkt vor allem davon ab, geeignete Maschinen für ihre Interkontinentalrouten zu finden. Ehemalige Bomber hatten zwar die nötige Reichweite, waren aber nicht für den Passagiertransport geeignet, und die verläßlichen Flugboote der Vorkriegs- und Kriegszeit wurden allmählich von den neuentwickelten Langstrecken-Landflugzeugen überholt. So setzte BOAC bereits 1946 auf der Strecke London — New York Lockheed L-649 Constellation und 1948 Lockheed L-749 auf der Australien-Route ein.

Als reine Nachkriegsentwicklung erwies sich die Argonaut von Canadair mit Rolls-Royce Merlin Kolbenmotoren auf den Fernost-Strecken als sehr verläßlich, mit ihr ließ sich die Reisezeit um zwei Tage verkürzen. Die komfortablen Stratocruiser von Boeing wurden Ende 1949 im Nordatlantikverkehr eingeführt, und im März 1950 lösten 25 Handley Page Hermes die Flugboote auf den afrikanischen Strecken ab. Doch die Hermes wurden schon kurz darauf durch das neue Düsenverkehrsflugzeug Comet ersetzt. Nachdem drei Comet im Flug auseinandergebrochen waren, wurde dem Typ 1954 die Zulassung entzogen und er wurde aus dem Verkehr genommen. Für BOAC bedeutete dies einen gewaltigen finanziellen Rückschlag, von dem sich das Unternehmen erst rund zehn Jahre später erholt hatte. Als Notlösung mußten einige Routen eingestellt und die noch im Besitz von BOAC befindlichen Hermes wieder aktiviert werden.

Ende 1955 entspannte sich die Situation allmählich, als die Bristol

Britannia 102 Turboprop-Maschine eingeführt wurde. Im September 1957 folgte die Langstreckenversion, die Britannia 312, die als erste Turbinenpropeller-Maschine den Nordatlantikverkehr nach New York aufnahm. Als Zwischenlösung wurden im gleichen Jahr außerdem noch zehn Douglas DC-7 in Dienst gestellt, bis am 30. September 1958 die Comet 4 das Düsenzeitalter über dem Nordatlantik eröffnete. Kurz darauf wurde auch der Jetverkehr nach Südamerika wiederaufgenommen. Ab 1960 wurden die Comet 4 allmählich durch die leistungsfähigeren Boeing 707 ersetzt. Doch schwindende Nachfrage und schnelles Veralten der Flotte aufgrund der neuen Generation von Düsenflugzeugen bescherten der Gesellschaft erhebliche Verluste, die sich erst im Geschäftsjahr 1963/64 nach sieben negativen Bilanzen in Gewinn verwandelten.

BOAC eröffnete als erste Fluggesellschaft zwei unterschiedliche Rund-um-die-Welt-Routen; 1967 die südliche über San Francisco, den Südpazifik und Australien, 1969 die nördliche über den Pol und Anchorage nach Japan; eine weitere, kürzere Route nach Ostasien wurde 1970 via Moskau und Sibirien eröffnet. 1970 konnte BOAC auf sechs gewinnbringende Jahre zurückblicken und hatte bis zu diesem Zeitpunkt alle Schulden an die Regierung zurückgezahlt. Doch zu diesem Zeitpunkt waren bereits die ersten Boeing 747 bestellt und die Konstruktion der Concorde, deren Bau zwischen Frankreich und Großbritannien 1962 beschlossen worden war, lief auf Hochtouren.

BEA hatte sich in der Zwischenzeit, von BOAC noch unabhängig, an der Berliner Luftbrücke 1948/49 beteiligt und das europäische Streckennetz ausgebaut. 1953 setzte sie die erste Turboprop-Maschine, die Vickers Viscount 701, ein. Mit einer gewissen Verzögerung begann BEA das Düsenzeitalter, erst mit der Caravelle, dann aber mit der Comet 4B, die ihren Bedürfnissen besser entsprach und schließlich mit der Hawker Siddeley (BAe) Trident, die mit der Zeit die Comet 4B ersetzte. Mitte der sechziger Jahre umfaßte die BEA-Flotte 33 Jets (13 Comet 4B und 20 Trident 1), 58 Turboprops (39 Viscount 800 und 19 Vanguard). Das Verkehrsaufkommen stieg jährlich um zwölf Prozent, und BEA bestellte 18 BAC 111 (BAe 111).

Nachdem 1971 im 'Civil Aviation Act' die Aufgaben der beiden Fluggesellschaften neu definiert worden waren, 1972 der alte Name 'British Airways' wieder hervorgeholt wurde und schließlich die Regierung 1974 BOAC und BEA auflöste, kam dann endlich 1977 die Einheitsgesellschaft auch in Realität zustande. Für die Öffentlichkeit interessanter war dagegen die Einführung des ersten Überschall-Liniendienstes zwischen London und Bahrain im Jahre 1976.

Ihr Flaggschiff ist weiterhin die Concorde, die sich — trotz aller anfänglichen Anfeindungen durch Umweltschützer — als das beliebteste Flugzeug durchgesetzt hat. Doch könnte der hundertsitzige Supervogel in letzter Zeit nicht so viele Charteraufträge für sich verbuchen, hätte die kaufmännische Abteilung von BA die sieben Maschinen schon längst an Museen verkauft. Die Hauptarbeit auf den Langstrecken tragen die Boeing 747, die bis zu 407 Passagiere (je nach Auslegung) aufnehmen können, während die 707 inzwischen völlig aus dem Verkehr gezogen wurde.

Die Trident müssen — wegen der internationalen Abmachung zur Reduzierung des Fluglärms — bald die Flotte verlassen, während die

Die Hawker Siddeley (BAe) Trident wird nicht mehr hergestellt. Mitte der 60er Jahre hatte BEA 20 dieser Jets in ihrer Flotte, die die Comet 4B langsam ersetzt hatten.

Lockheed TriStar einer der vier Haupttypen ist, auf die die Flotte begrenzt werden soll. Die BAe 111 bleibt noch einige Zeit im Dienst, während sich als einziger Propellertyp die HS 748 besonders auf den Kurzstrecken als sehr wirtschaftlich erweist. Neuestes Mitglied der BA-Flotte ist die Boeing 757, die vor allem auf den Shuttle-Diensten und auf einigen europäischen Kurzstrecken eingesetzt wird.

Nachdem BA in letzter Zeit bereits den Schwerpunkt von dem Flughafen Gatwick nach Heathrow verlagert hat, wird dort ein viertes Abfertigungsgebäude errichtet, in das BA im Laufe des Jahres 1986 umzieht, um dort die Langstreckenflüge abzufertigen. Der Ausbau des bei London gelegenen Flughafens Stanstead zum dritten internationalen Flughafen der Hauptstadt ist noch nicht entschieden. Verzögert haben sich auch die Verkaufspläne der Regierung, denn schon im Frühjahr 1985 sollten die Aktien von British Airways an den Börsen gehandelt werden, doch die Profite wuchsen nicht ganz so schnell wie gewünscht. Aber auch ein schweres Startunglück am 22. August 1985 in Manchester war den Privatisierungsplänen nicht gerade dienlich. Bei diesem Unglück geriet eine 737-200 der British Airtours, einem BA-Tochterunternehmen, beim Start in Brand und 54 Passagiere und Crewmitglieder kamen in den Flammen um.

British Airways Helicopters setzt seine Flotte von rund 30 Hubschraubern hauptsächlich im Offshore-Verkehr der Nordsee ein. Dabei zählt der Aerospatiale AS 332L Super Puma für zwei Piloten und bis zu 22 Passagiere zu der mittleren Größenkategorie.

Cathay Pacific

Durch die ersten Non-Stop-Verbindungen zwischen Europa und Hongkong
schrieb Cathay Pacific Luftfahrtgeschichte. Die Airline, die
derzeit 42 Städte in 27 Ländern anfliegt, bedient ein Streckennetz von
316.000 Kilometern und bewegt sich innerhalb der Gewinnzone.
Da das Unternehmen in Hongkong ansässig ist, scheint die Zukunft ein wenig
ungewiß, denn die britische Kronkolonie wird in wenigen Jahren an
China zurückgegeben. Doch bei Cathay blickt man vertrauensvoll nach vorn,
denn in letzter Zeit haben sich Fracht- und Passagieraufkommen
um ein Vielfaches vermehrt und nichts deutet daraufhin, daß der Asien-Boom
in der Wirtschaft schnell nachlassen wird.

Die Begrüßung an Bord dauert lange, immer wieder werden der Wunsch nach einem angenehmen Flug, die Hinweise auf die Sicherheitsvorschriften und die Ankündigung des Filmprogramms wiederholt, jedesmal in einer anderen Sprache. Doch der europäische Reisende wird kaum eine der exotischen Sprachfetzen einordnen können, geschweige denn ein Wort verstehen. Natürlich wird auch Englisch gesprochen, denn er befindet sich an Bord einer britischen Maschine. Das Fremdsprachenangebot kommt hier allerdings nicht, wie bei so vielen anderen Gesellschaften, vom Tonband — die Ansagen sind 'live'. Das Kabinenpersonal stammt aus neun asiatischen Ländern, u.a. von den Philippinen, aus Thailand, Korea, Malaysia, Japan, Indien und selbstverständlich aus China. Es dürfte wohl nur wenige Fluggesellschaften auf der Welt geben, die ihre Gäste gleich in zwei chinesischen Dialekten ansprechen, im gutturalen Singsang des Kantonesischen, der Sprache, die neben Englisch die offizielle Sprache Hongkongs und natürlich die verbreitetste in Südchina ist, und im abgehackten, mit 'nur' vier unterschiedlichen Tonhöhen weniger melodischen Peking-Dialekt, dem Hoch-Chinesisch der Volksrepublik China. Sprachlich auf die Vielfalt der Kulturen des Fernen Ostens eingestimmt, kann der Reisende schließlich seinem Flugziel entgegenblicken: Hongkong.

Sternförmig strahlt das Streckennetz der Cathay Pacific von der britischen Kronkolonie in alle Himmelsrichtungen. Im Osten wird es von Vancouver, der Hauptstadt der kanadischen Provinz British Columbia, begrenzt, im Süden von Melbourne; nördlichstes Ziel ist Seoul, die Hauptstadt Südkoreas, und London, einst der Mittelpunkt des britischen Commonwealth, ist die Endstation des nach Westen führenden Fernstreckennetzes. Insgesamt fliegt Cathay Pacific 18 Länder an, wobei sich allerdings der Hauptverkehr im südöstlichen und fernöstlichen Asien abspielt.

Während die zweite Hälfte der siebziger und der Beginn der achtziger Jahre in den westlichen Industrienationen Europas und Nordamerikas von wirtschaftlicher Rezession und Stagnation gekennzeichnet waren, sah die wirtschaftliche Entwicklung in Fernost nicht ganz so ungünstig aus. Der Industrie- und Wirtschaftsgigant Japan konnte allerdings seine weit über dem Durchschnitt anderer Industrienationen liegenden Zuwachsraten nicht weiter steigern, da seine Wirtschaft von Rohstoffimporten abhängig ist und seine wichtigsten Absatzmärkte in Übersee liegen. Die weltweite Wirtschaftskrise traf die umliegenden, noch in der Entwicklung begriffenen Nationen, wie die Stadtstaaten Hongkong und Singapur, Taiwan, Südkorea, die Philippinen und Thailand weniger stark. Südostasien, aber auch Japan, erholten sich von der wirtschaftlichen Talfahrt schneller als die traditionellen Industrieländer. Da die Luftfahrt sehr sensibel auf wirtschaftliche Schwankungen reagiert, ist es nicht verwunderlich, daß in den letzten Jahren das Fernostgeschäft für alle internationalen Fluglinien dementsprechend die höchsten Steigerungsraten bot. Mit einer jährlichen Zuwachsquote von rund zwanzig Prozent bildet dabei Cathay Pacific keine Ausnahme. Der kleine, aber gewinnbringende Unterschied besteht darin, daß diese Gesellschaft ausschließlich die lukrativen Fernoststrecken bedient und sich nicht mit Verlustrouten wie jene über dem Nordatlantik abquälen muß.

Wöchentlich fliegt Cathay Pacific weltweit 28 Städte an, in Europa allerdings nur London und Frankfurt. Ein Schwerpunkt des Streckennetzes bildet der Vordere Osten mit Abu Dhabi, Bahrain, Dubai und Dharan. Mit seinen gutbetuchten Käuferschichten ist diese Region nicht nur eine wichtige Destination für den Frachtverkehr. Viele Geschäftsleute pendeln zwischen den neuen Wirtschaftszentren des Nahen und des Fernen Ostens hin und her und sorgen für eine gute Auslastung der Ersten und der Marco-Polo-Klasse. Aber auch die Economy-Klasse der Billigreisenden profitiert vom Wirtschaftsboom des Orients. Tausende von Gastarbeitern aus den Niedriglohnländern Südostasiens reisen in Großgruppen in arabische Länder, um sich dort auf Baustellen, in der Industrie und im Dienstleistungsgewerbe Arbeit zu beschaffen.

In den letzten Jahren hat sich ein weiteres Land in den Kreis Arbeitskräfte exportierender Nationen eingereiht, die Volksrepublik China. Mit dem allmählich besser werdenden Ausbildungsniveau chinesischer Arbeiter befindet sich die Volksrepublik in der Lage, sie gegen harte Devisen 'auszuleihen', die sie wiederum für den Aufbau der Wirtschaft und Modernisierung im eigenen Land dringend benötigt. In der Volksrepublik fliegt Cathay bislang jedoch nur Schanghai drei Mal pro Woche an. Die meisten der wöchentlichen 400 Flüge mit dem Code 'CX' finden zu verschiedenen Zielen in Südostasien, Japan und Australien statt.

'Hong Kong Trader'

Insgesamt befördert Cathay Pacific rund dreieinhalb Millionen Passagiere jährlich, wozu rund 113.000 Tonnen Fracht und Post kommen. Der Frachttransport hatte bei der Gesellschaft schon immer eine bedeutende Rolle gespielt, schließlich hatte sie in dieser Branche ihren Anfang genommen. In den vierziger Jahren brachte sie Wolle aus Sydney via Manila nach Schanghai, heute besteht die Fracht in erster Linie aus technisch hochentwickelten Gütern. Rund zwanzig Prozent des Gesamtumsatzes entfallen heute auf das Frachtgeschäft, das besonders Mitte der siebziger Jahre aufblühte. Die Gesellschaft erwarb daher 1976 ihre erste reine Frachtmaschine, eine Boeing 707. Ende Oktober 1981 dehnte Cathay Pacific ihre Frachterdienste auch nach Deutschland aus und betreibt seither zusammen mit der Lufthansa den Frachtdienst nach Fernost. Anfangs wurde zweimal pro Woche geflogen, doch das Geschäft ließ sich gut an, und schon sechs Monate später erwarb Cathay Pacific einen Boeing 747 Frachter mit Rolls-Royce Triebwerken von British Airways, der den Namen 'Hong Kong Trader' erhielt. Mittlerweile wurden die Verbindungen zwischen London/Frankfurt und Hongkong auf fünf Flüge erhöht. Fast auf al-

Auf fast allen Flügen ist der 'Hong Kong Trader', die erste reine Frachtmaschine vom Typ Boeing 747 der Cathay Pacific, restlos ausgebucht. Die Fracht wird im modernen Cargo Center auf dem Flughafen Kai Tak umgeschlagen.

Ein Blick zurück auf die Gründerjahre, als sich zwei Catalina Flugboote im Besitz der jungen Fluggesellschaft befanden, mit denen sie das portugiesische Macao anflog.

len Flügen, bei denen eine Zwischenlandung in Abu Dhabi eingelegt wird, ist der 'Hong Kong Trader' mit seiner Frachtkapazität von 117 Tonnen voll ausgelastet. Zusammen mit Qantas bietet Cathay Pacific auch einen wöchentlichen 747 Frachterdienst nach Melbourne an.

Zu den ungewöhnlichen Frachtsendungen von CX Cargo zählen sicherlich die Pferde, die aus England an den Royal Hong Kong Jockey Club, eine äußerst wichtige Institution der Hafenstadt, geliefert werden. Normalerweise aber fliegt CX Cargo hochentwickelte, in Hongkong hergestellte Elektronik nach Europa; weitere wichtige Exportgüter sind Uhren und Kameras. Auf dem Rückweg werden vor allem Industriegüter und Modeartikel nach Fernost befördert. In Hongkong angekommen, wird die Fracht direkt in eines der größten und modernsten Luftfracht-Umschlagzentren, das Hong Kong Air Cargo Terminal, von Spediteuren kurz HACTL genannt, gebracht. Von hier aus findet die Fracht ihren Weg entweder direkt zum Empfänger oder zu ihrem Anschlußflug. 600.000 Tonnen Fracht gehen durch die HACTL-Hallen, die am Rande des geschäftigen Flughafens Kai Tak liegen. Wie zuverlässig hier gearbeitet wird, zeigt die Tatsache, daß nur 0.0002 Prozent aller Fracht fehlgeleitet werden.

Um die riesigen Mengen Fracht möglichst schnell und sicher ans Ziel zu bringen, begann CX Cargo im Mai 1984 mit der Einführung eines Computersystems, das den Namen 'Cubic' trägt. In der ersten Phase bearbeitet es die Reservierungen und Frachtraum-Zuteilungen, in der zweiten Phase, die Ende 1985 begann, übernimmt es auch die anfallenden Import- und Exportformalitäten.

Wie viele andere Fluggesellschaften hat auch CX Cargo in Großbritannien und Deutschland ein enges Zuliefer- bzw. Auslieferungsnetz für die Fracht aufgebaut. In Großbritannien werden dafür spezielle Lastwagen eingesetzt, die auch die 118 Inch hohen Paletten des 747 Frachters transportieren können, ohne daß die Fracht umgepackt zu werden braucht. Die CX Cargo Trucks befördern die Fracht zu 14 über die britischen Inseln verteilten Auslieferungsstellen.

Das HACTL Frachtzentrum gehört wie die überwiegende Aktienmehrheit von Cathay Pacific der Swire Unternehmensgruppe. Auf dem Hongkonger Flughafen Kai Tak ebenfalls angesiedelt ist die Hong Kong Aircraft Engineering Company, die weltweit für ihre schnelle und preisgünstige Flugzeugwartung bekannt ist und auch deutsche Gesellschaften zu ihren Kunden zählt. Die Hong Kong Air Terminal Services Ltd. ist für die Abfertigung aller Maschinen in Kai Tak zuständig, und Swire Air Caterer Ltd. liefert täglich 15.000 Essen an zwanzig internationale Linien.

Innerhalb der Gruppe stellt Cathay Pacific mit knapp 6.000 Beschäftigten den größten Arbeitgeber auf diesem Sektor dar. An Bord der Flugzeuge besteht — im Gegensatz zu anderen Gesellschaften in Asien — eine Art Rassenschranke: Die 1.300 Angestellten des Kabinenpersonals stammen ausschließlich aus Asien, die 360 Mann der Cockpit-Crews werden dagegen in Australien, Großbritannien, Neuseeland, den USA und Kanada rekrutiert.

Handelszentrum Hongkong

Die ersten Versuche britischer Handelsleute, einen regelmäßigen Güteraustausch mit dem Reich der Mitte zu beginnen, waren im 17. Jahrhundert von weitaus weniger Erfolg gekrönt als heute. Dem chinesischen Kaiserhof lag wenig am wirtschaftlichen und kulturellen Kontakt mit dem Abendland, das er als nicht ebenbürtig ansah. Erst das kaiserliche Edikt von 1757 erlaubte europäischen Händlern, sich

Mit ihrer Flotte von mehreren ausgemusterten DC-3 konnten die Firmenbegründer de Kantzow und Farrell ihre Charterflüge auf ein reguläres Liniennetz ausweiten.

Mit zunehmender Konkurrenz in den Nachkriegsjahren sah sich Cathay Pacific nach neuen Kapitalgebern um und erweiterte ihre Flotte u.a. mit DC-4.

im Gebiet von Guangzhou (Kanton) niederzulassen. Viele Vorschriften und bürokratische Hürden behinderten den freien Handel. Allerdings waren die ins Land gebrachten Güter auch nicht gerade erstrebenswert. Opium tauschten die Händler gegen Tee ein, den sie mit ihren schnellen Klippern Richtung Westen beförderten.

China versuchte, den Opiumhandel mit gesetzlichen Mitteln zu stoppen, doch britische Truppen besetzten Guangzhou und erzwangen schließlich den Vertrag von Chuanbi (Chuenpi) und damit die Gründung eines Hafens nahe der Mündung des Perlflusses. Am 26. Januar 1841 wurde die ungastliche Felseninsel Hongkong besetzt und von Captain Charles Elliot, dem britischen Bevollmächtigten in China, zur britischen Kolonie erklärt. In den ersten Jahren hatte die Stadt unter Taifunen, Epidemien und Feuersbrünsten zu leiden, aber auch das politische Verhältnis zwischen China und Großbritannien war weiterhin sehr gespannt. In dem Vertrag von Peking, 1860 nach weiteren militärischen Auseinandersetzungen unterzeichnet, wurde die Besitzung auf die Halbinsel Kowloon und Stonecutter Island ausgedehnt. In einem weiteren Vertrag, den beide Regierungen 1898 in Peking unterzeichneten, überließ China die an die Halbinsel Kowloon angrenzenden New Territories den Briten leihweise für einen Zeitraum von 99 Jahren.

Der chinesischen Bevölkerung wurde freier Zugang zur Stadt gewährt, die schnell von einer reinen Handelsniederlassung mit einem taifunsicheren Tiefwasserhafen zur Großstadt anwuchs. Es war die Zeit, in der der Spruch geprägt wurde, die Macht in Hongkong gehe von vier Institutionen aus: vom Jockey Club, der Hongkong und Schanghai Bank, dem Handelshaus Jardine Metheson und dem Gouverneur (und zwar in dieser Reihenfolge). In direkter Konkurrenz zu Jardine stand das andere große Handelshaus, Swire. Beide waren im Reedereigeschäft verwurzelt und trieben mit allen nur erdenklichen Gütern Handel.

Hongkong war aber auch schon immer eine Stadt der Flüchtlinge. Während der Tai Ping Rebellion, die 1850 ausbrach, kamen Tausende in die Stadt, 1911 mit dem Sturz der Mandschu-Dynastie die nächste Welle. Der Chinesisch-Japanische Krieg (1937-1939) ließ die Bevölkerung auf über 1,6 Mio. anschwellen. Während der dreieinhalbjährigen japanischen Besetzung im Zweiten Weltkrieg sank die Zahl jedoch auf 600.000. Aber schon Ende 1947 erreichte sie wieder 1,8 Mio. und sollte in den nächsten Jahren ständig weiterwachsen. Mit jeder politischen Wende Chinas trafen neue Flüchtlinge ein. Nach inoffiziellen Schätzungen dürfte die Stadt heute über sechs Millionen Einwohner zählen.

Mit der Abschottung Chinas nach der kommunistischen Machtübernahme und dem Handelsboykott der Vereinten Nationen gegenüber China während des Koreakriegs büßte Hongkong seine Rolle als Tor zum chinesischen Festlandmarkt ein. Die Flut der mittellosen Flüchtlinge bot jedoch ein schier unerschöpfliches Reservoir an billiger Arbeitskraft. Die Entrepreneurs und großen Handelshäuser stellten sich schnell auf die gewandelte Situation um. Hongkong begann selbst, Waren zu produzieren, anfangs billige Imitationen westlicher Qualitätsprodukte, heute technisch hochwertige Lizenzprodukte

Mit dem Erwerb von zwei Lockheed L-188 Electra Turboprop-Maschinen kam neuer Wind in die Flotte, die nun nicht mehr nur aus Flugzeugen aus zweiter Hand bestand.

westlicher und östlicher Großkonzerne. Die Öffnung Chinas zum Westen und das wirtschaftliche Erstarken der asiatischen Länder gaben der Stadt ihre alte Bedeutung wieder. Dank ihrer zentralen Lage ist sie sowohl zu einem der beliebtesten Handels- und Umschlagplätze der Welt als auch eins der kapitalstärksten Finanzzentren geworden.

Ein Dollar Startkapital

In den Wirren der ersten Nachkriegsjahre taten sich in Hongkong zwei ehemalige Piloten der früheren China National Aviation Corporation (C.N.A.C) zusammen und gründeten am 24.9.1946 mit einem Startkapital von je einem Hongkong Dollar die Fluggesellschaft Cathay Pacific Airways. Syd de Kantzow, ein geborener Australier, und sein Freund Roy Farrell, ein Amerikaner, waren nach den Aufregungen des Krieges keineswegs in der Laune, in die Heimat zurückzukehren. Hongkong, die Stadt der wirtschaftlichen Abenteuerer, der Spekulanten und Entrepreneure, schien ihnen der geeignete Ort für einen Neubeginn zu sein.

Mit einer ausgemusterten DC-3, die Farrell bereits im Oktober 1945 aus den USA nach Hongkong überführt hatte, begannen sie ihr Unternehmen. Mit der 'Betsy', wie die Maschine mit der Registrierung VR-HDA hieß, unternahmen sie ihre ersten Wolltransporte von Australien nach Schanghai. Auf dem Rückweg der sich nach Bedarf und nicht nach Flugplänen richtenden Flüge luden sie alle Arten von Fracht, wenn es sein mußte sogar Passagiere. Schon bald folgte der Kauf von zwei weiteren DC-3, und dank des Fehlens internationaler Luftfahrtabkommen oder Restriktionen konnten sie ihr Flugangebot auf Manila, Bangkok, Rangoon und Singapur ausdehnen. Ende 1947 umfaßte die Flotte bereits sieben DC-3 und zwei Catalina-Flugboote, mit denen sie die benachbarte portugiesische Besitzung Macao ansteuerten, die auch heute noch keinen Flughafen besitzt.

Einen Großteil des Geschäfts machte damals der Charterverkehr mit Immigranten und Studenten nach Australien und Großbritannien aus. Die Nachfrage nach Flugpassagen wuchs weiter an, so daß sich die Fluggesellschaft im März 1948 entschloß, Linienflüge anzubieten. Macao wurde nun zweimal täglich bedient, Manila viermal wöchentlich, Singapur (via Bangkok) zweimal und Rangoon einmal. Doch die Gründerjahre der Nachkriegszeit sollten zu einem Ende kommen, als die Regierungen begannen, dem 'laissez-faire der Lüfte' einen Riegel vorzuschieben und diesen lukrativen Markt selbst zu kontrollieren. Abkommen über Landerechte wurden wieder auf Regierungsebene ausgehandelt, aber auch die Konkurrenz wurde stärker. Mittlerweile gab es eine zweite in der Stadt ansässige Fluglinie, die Hong Kong Airways, die dem Handelshaus Jardine gehörte. Cathay Pacific sah sich gezwungen, nach neuen Geldgebern Ausschau zu halten, und so bot es sich natürlich an, daß Butterfield and Swire (1974 in John Swire & Sons umbenannt) ebenfalls ins Luftfahrtgeschäft einstieg und die Mehrheit an Cathay erwarb. Australian National Airways, die Reederei P & O (Peninsular and Oriental) und BOAC kauften sich auch in das Unternehmen ein.

Mit einer neuen Kapitaldecke ausgestattet, erwarb die Gesellschaft ihre erste Douglas C-54, mit der sie nun auch größere Strecken befliegen konnte. Kalkutta, Saigon und Borneo wurden ins Flugprogramm aufgenommen. Die erste Douglas DC-6B mit Druckkabine (VR-HFG) stieß am 9. Juni 1958 zur Flotte. Knapp ein Jahr später schluckte Cathay ihre Konkurrentin Hong Kong Airways und übernahm deren Streckenrechte. Ende der vierziger Jahre hatte die britische Regierung den Markt aufgeteilt, damit sich beide Gesellschaften nicht zu sehr ins Gehege kämen, und Hong Kong Airways die nach Norden führenden Routen, Cathay den südlichen Raum zugeteilt. Durch die Ausrufung der Volksrepublik 1949 und der weitgehenden Abschließung des Landes hatte Hong Kong Airways jedoch schnell wieder viele seiner nördlichen Ziele verloren. Cathay aber profitierte nun von der Übernahme des Konkurrenten und konnte endlich auf dem lukrativen Japan-Markt einsteigen und sich damit zu einem wichtigen Carrier in Asien etablieren.

Japan-Boom
Mit dem Erwerb von zwei Lockheed L-188 Electra begann 1959 für Cathay Pacific eine neue Ära in der Flottenpolitik. Nicht mehr veraltete Modelle aus zweiter Hand wurden erworben, sondern die neuesten auf dem Markt erhältlichen Flugzeuge. Die erste Electra (VR-HFO) wurde am 1. April 1959 ausgeliefert und zwei Wochen später im Liniendienst eingesetzt. Cathay Pacific war damit die erste Gesellschaft in Asien, die diesen Typ flog.

Das Jet-Zeitalter begann für die Gesellschaft 1961, als im August jenes Jahres John K. Swire sich für den Kauf einer Convair 880 entschied. Gleichzeitig trennte sich die Gesellschaft von ihrer letzten DC-3 (VR-HDA). Es handelte sich dabei um jene, die als erste Maschine der Gesellschaft mit gepolsterten Sitzen ausgestattet worden war, ein unglaublicher Luxus für damalige Verhältnisse. Die neue vierstrahlige Convair (VR-HFS) setzte Cathay erstmals am 20. Februar 1962 ein und erwarb in den nächsten Jahren, da sich der Typ auf mittleren Distanzen gut bewährte, sieben weitere Maschinen, die die Electra ersetzten.

Am 20. Oktober 1964 begrüßte das Kabinenpersonal Mr. Ong Tjoe Kim, einen bekannten Geschäftsmann aus Singapur, als den millionsten Fluggast an Bord einer Cathay Pacific Maschine. Um dieses Jubiläum zu feiern, hatte die Gesellschaft 18 Jahre gebraucht, doch das Luftfahrtgeschäft wuchs schneller. Für die nächste 'Million' wurden nur noch acht Jahre benötigt, heutzutage vergehen dafür keine vier Monate mehr.

Das starke Anwachsen der Passagierzahlen in den sechziger Jahren war vor allem auf den Ausbau der Strecken nach Japan zurückzuführen: Amerikanische und japanische Touristen benutzten die Japan-Hongkong-Verbindung auf ihren Rundreisen durch Asien. Um den Touristen den Umweg über Tokio zu ersparen, bot Cathay Pacific als erste Gesellschaft internationale Verbindungen von den weiter südlich in Japan gelegenen Flughäfen an: Osaka (1960), Fukuoka (1965) und Nagoya (1966).

Zwischen 1971 und 1974 stellte die Gesellschaft erneut ihre Flotte um und erwarb insgesamt zwölf Boeing 707-320B von Northwest Orient. Die erste Maschine dieses leistungsstärkeren Typs, die VR-HGH, wurde am 1. Juli 1971 übergeben. Gleichzeitig begann bei der Gesellschaft auch das Computer-Zeitalter — für das Reservierungssystem (1971 beförderte Cathay rund eine halbe Million Passagiere) mit dem CPARS (Cathay Pacific Airways Reservation System), das später auf CUPID (Cathay Univac Passenger Information Distribution) umgestellt wurde, und bei der Pilotenschulung mit der Einführung von Simulatoren. Heute stehen den Piloten auf Kai Tak 747- und TriStar-Simulatoren zur Verfügung.

Kaum hatte die Gesellschaft ihre Umstellung auf Boeing 707 abgeschlossen, war es abermals notwendig geworden, die Kapazitäten auszuweiten und Großraumflugzeuge in die Flotte aufzunehmen. Die Entscheidung fiel diesmal auf die Lockheed L-1011-100, die auf den Kurz- und Mittelstrecken eingesetzt werden sollte. Die Auslieferung der ersten (VR-HHK) von insgesamt neun Maschinen erfolgte am 8. August 1978. Mit diesen zusätzlichen Großraumflugzeugen konnten

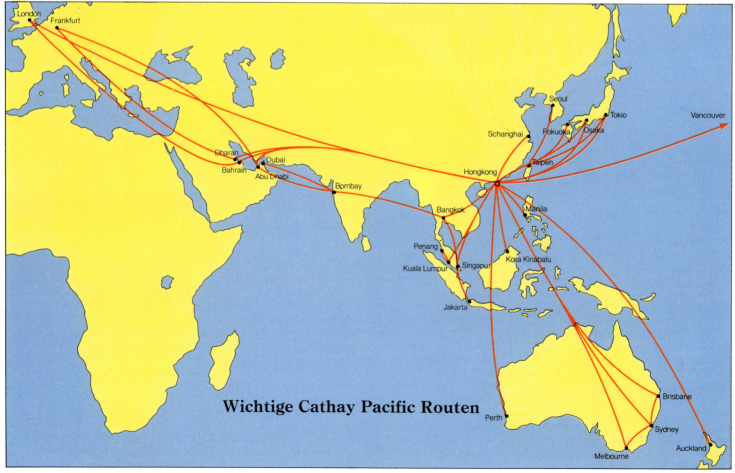

Wichtige Cathay Pacific Routen

Passagierflugzeuge der Cathay Pacific

30 Flugzeuge
Boeing 747

Triebwerk: 4 Pratt & Whitney JT9D-7
Spannweite: 59,60 m
Länge: 70,50 m
Höhe: 19,30 m
Reisegeschwindigkeit: 900 km/h
Reichweite: 7.900 km
Passagiere: 275-429
Besatzung: 3

18 Flugzeuge
TriStar

Triebwerk: 3 Rolls-Royce RB 211-22B
Spannweite: 47,35 m
Länge: 54,33 m
Höhe: 18,86 m
Reisegeschwindigkeit: 890 km/h
Reichweite: 5.400 km
Passagiere: 288
Besatzung: 3

Non-Stop in den Fernen Osten: Cathay Pacific.

neue Routen eröffnet werden, so zum Beispiel nach Bahrain und nach Melbourne.

Zu jener Zeit konnte sich Cathay Pacific brüsten, die größte unabhängige britische Fluggesellschaft zu sein, ohne dabei aber eine einzige Verbindung nach England anzubieten. Doch das sollte sich bald ändern. Mit dem Gedanken, das Streckennetz bis London auszuweiten, bestellte die Gesellschaft ihre erste, von Rolls-Royce RB 211 angetriebene Boeing 747-267B (VR-HKG), die im Juli 1979 ausgeliefert wurde. Am 17. Juli 1980 landete sie erstmals in London-Gatwick. Daraufhin verkaufte British Airways ihren Anteil an Cathay Pacific, da beide Gesellschaften von nun an in direkter Konkurrenz zueinander standen. Als Eigentümer sind somit nur noch Swire Pacific von der Swire Unternehmensgruppe mit rund 71 Prozent und die Hong Kong and Shanghai Banking Corporation mit 29 Prozent übriggeblieben.

Mit ihrer inzwischen schon recht imposanten, nur noch aus Großraumflugzeugen bestehenden Flotte machte Cathay Pacific Fluggeschichte. Als erste Liniengesellschaft der Welt unternahm sie am 5. Mai 1983 einen Nonstop-Flug von Hongkong nach London, und am 2. Juli erfolgte der entsprechende Erstflug auf der Gegenstrecke. Seither wird dieser Nonstop-Dienst mit dem Namen 'Hong Kong Flyer' regelmäßig einmal pro Woche angeboten, wodurch sich die Flugzeit um eineinhalb Stunden auf 13 Stunden verkürzt. Insgesamt bietet Cathay acht Flüge pro Woche zwischen beiden Metropolen an.

Mit der Neuaufnahme von drei wöchentlichen Direktflügen nach Frankfurt im April 1984 und der Einführung eines Nonstop-Flugs ab Juli 1985 ging die Expansion weiter. Um mit dieser Entwicklung Schritt zu halten, stieg Cathay bei der Flottenbeschaffung auf noch eine Nummer größer um und orderte eine Boeing 747-300 mit gestreck-

Zweimal wöchentlich fliegt die Boeing 747 Fracht von Hongkong nach London/Gatwick, von wo aus sie mit speziellen LKW der CX Cargo weitergeleitet wird.

Beim Endanflug auf Hongkong Kai Tak muß die Lockheed TriStar dicht über die Dächer der Stadt fliegen (rechts), die Landebahn führt weit ins Hafenbecken hinaus (oben).

tem Oberdeck. Die erste, im Juli 1985 ausgelieferte Maschine, hat ebenso wie alle TriStar und 747-200 der Gesellschaft Rolls-Royce RB 211 Triebwerke. Damit ist Cathay die einzige Gesellschaft, die eine ausschließliche Rolls-Royce Flotte besitzt. Eine zweite Boeing 747-367 mit ebenfalls 420 Sitzen wird im März 1986 ausgeliefert, und eine Option für eine dritte, die im März 1987 folgen soll, wurde Anfang 1985 aufgenommen. Die erste 747 der 300er Serie wird auf der täglich beflogenen Strecke nach Singapur und Jakarta eingesetzt, die zweite auf den Strecken nach Sidney, Melbourne und Brisbane.

Marco-Polo-Klasse

Im gestreckten Oberdeck der 747-367 hat Cathay Pacific nicht wie manche andere Gesellschaft die Business-Class untergebracht, sondern 69 zusätzliche Sitze der Economy-Klasse. Die 86 Plätze der preislich in der mittleren Kategorie angesiedelten Marco-Polo-Klasse, wie sie bei Cathay Pacific heißt, sind dagegen hinter den 29 Liegesitzen der Ersten Klasse angeordnet. Die Namenswahl Marco

Polo hängt natürlich mit dem Namen der Gesellschaft selbst zusammen, und dieser wiederum hat eine kleine Vorgeschichte, die eigentlich auf das Jahr 1246 zurückgeht. Im 10. Jahrhundert eroberte ein halbnomadischer Stamm aus der Südmongolei die Mandschurei und Nordchina und beherrschte dieses Gebiet während der nächsten zweihundert Jahre. Sein Name war Khitan (Chinesisch Chi-tan), und unter dem Mongolenherrscher Dschingis Khan, der 1227 starb, wurde dieser Name, inzwischen zu Kitai geworden, als Bezeichnung für Nordchina verwendet. Zwei Franziskaner besuchten 1246 die Hauptstadt des Mongolenreiches und brachten erstmals Kunde von dem legendären Reich der Mitte, das sie — abermals leicht verändert — Cathay nannten. Marco Polo besuchte 50 Jahre später Cathay und hinterließ eine sehr genaue Beschreibung des chinesischen Kulturreichs. Doch der Kontakt zwischen Europa und China brach mit dem Niedergang des Mongolenreichs im 14. Jahrhundert ab. Erst Ende des 16. Jahrhunderts wanderten erneut Mönche auf den Spuren Marco Polos in das Reich der Mitte und berichteten, daß das legendäre Reich Cathay weiterhin existierte.

Die Frage, wie sich die Existenz von Cathay Pacific in Zukunft gestalten wird, weiß niemand genau zu beantworten, denn der Pachtvertrag zwischen China und Großbritannien läuft 1997 aus. Beide Regierungen einigten sich 1984 auf die Rückgabe nicht nur der gepachteten New Territories, sondern auch der Insel selbst. Die Regierung der Volksrepublik China versicherte der Bevölkerung Hongkongs — und mit Seitenblick auf die internationale Geschäftswelt, die in der Stadt investiert hat —, daß sich an der wirtschaftlichen Situation Hongkongs in den nächsten fünfzig Jahren nichts ändern werde. Die Stadt soll in die Sonderwirtschaftszone der benachbarten Provinz Guangdong integriert werden und damit ihre kapitalistische Struktur vorerst beibehalten. Der Vorsitzende von Swire Pacific, Michael Miles, erklärte am 29. September 1984 auf entsprechende Fragen: "Hongkong ist die einzige Heimatbasis von Cathay Pacific. Wir haben keinen anderen Standort ... und keinerlei Pläne, irgendwoanders hinzugehen." Die Wirtschaftspolitik der heutigen Regierung in Peking brauchen kapitalistische Unternehmer keineswegs zu fürchten; viele, auch die Swire Group, geben sich optimistisch und investieren wieder in Hongkong, aber auch in der Volksrepublik selbst.

Was die Garantie der liberalen Wirtschaftspolitiker Pekings wirklich wert war, wird sich mit Sicherheit erst im Jahre 2047 sagen lassen. In den letzten 50 Jahren zumindest hat China viele Herrscher kommen und wieder gehen sehen.

Condor

Neben den Linienfluggesellschaften haben sich im letzten Jahrzehntauch mehrere Chartergesellschaften fest etablieren können. Da der Wunsch vieler Menschen nach fernen Urlaubszielen immer größer wurde, mußten immer mehr "Ferienflieger" eingesetzt werden und das führte dazu, daß die großen Airlines der Welt eigene Chartergesellschaften gründeten, die vom technischen und personellen Know-How der Mutterfirmen profitieren konnten. Die deutsche Lufthansa übernahm die schon 1955 gegründete Condor im Jahr 1961 als Tochtergesellschaft und seither gilt die Condor als besonders sichere und mit gutem Personal ausgestattete Charterfirma.

Condor ist eine überaus erfolgreiche Gesellschaft, und eine der großen im Flugchartergeschäft dazu. Auch im Reigen der europäischen Liniengesellschaften könnte sie sich mit ihrer Verkehrsleistung sehen lassen. Vergleicht man die angebotenen Sitzplatzkilometer (also die Zahl der Sitze aller Flugzeuge der Flotte mal die Summe der geflogenen Kilometer) und geleisteten Passagierkilometer (also die Zahl der ausgelasteten oder besetzten Sitze mal die Summe der geflogenen Kilometer), so ergibt sich für 1984 folgendes Bild: bei den angebotenen Sitzplatzkilometern läge sie mit 7.963.000 auf Platz 12 der AEA-Statistik (Association of European Airlines) zwischen den Liniengesellschaften Sabena und UTA, bei den geleisteten Passagierkilometern (6.694.000) gar auf Platz 9 zwischen SAS und British Caledonian.

Da hier schon Zahlen genannt werden, sollen noch einige Eckwerte folgen: 1984 wurden insgesamt 2.446.546 'Passagiere' befördert, wobei jeder Flugreisende — wie im Charterverkehr üblich — zweimal gezählt wird. Er hat ja — anders als im Linienverkehr — in der Regel Hin- und Rückflug mit der gleichen Gesellschaft gebucht, während auf der Linie der Rückflug durchaus mit einer anderen Gesellschaft oder auf einer anderen Strecke erfolgen kann. Die Zahl der Landungen betrug 16.927, die Zahl der Blockstunden 53.217, was darauf hinweist, daß die Flugzeuge relativ lange unterwegs sind. Daher kann Condor für ihre Passagiere einen durchschnittlichen Reiseweg von

Die DC-10-30 wird für Flüge nach Colombo (Sri Lanka) eingesetzt. Unterhalb dieser DC-10 auf dem Frankfurter Rhein-Main Flughafen ist das Heck und Triebwerk einer Caravelle zu erkennen.

Eine DC-10-30 beim Landeanflug auf Mauritius. Die Insel ist ein beliebtes Ferienziel von Tauchern.

2.393 km zum Zielort verbuchen. Da Condor die Flugreisen nicht selbst verkauft und mit dem hohen Sitzladefaktor von 85 bis 90% relativ weite Strecken fliegt, benötigt sie wesentlich weniger Personal als eine Liniengesellschaft mit Kurz- und Mittelstreckenverkehr, Flugscheinverkauf und einem Sitzladefaktor zwischen 50 und 60 Prozent. Condor kam 1984 mit 1.032 Beschäftigten aus, davon gehörten 747 zum fliegenden Personal. Allein im Verkauf beschäftigt die Lufthansa weltweit rund 10.000 Angestellte, Condor nur etwa zehn Leute. Immer öfter übernimmt Lufthansa Aufgaben für die Tochter wie etwa Stationsleitung.

Nach dieser Bestandsaufnahme des Betriebs im Jahr 1984 ein Blick in die Vergangenheit der Gesellschaft, die mit ihrem Kurzzeichen DF immer noch von ihren Anfängen zehrt. Gegründet wurde das Unternehmen, das heute offiziell Condor Flugdienst GmbH heißt, als Deutsche Flugdienst GmbH am 21. Dezember 1955. Am damaligen Stammkapital von DM 3.000.000 waren die beiden Schiffahrtsgesellschaften Norddeutscher Lloyd und Hamburg-Amerika-Linie mit je 27,75%, die Deutsche Lufthansa mit 26% (Sperrminorität) und die Deutsche Bundesbahn mit 18,5% beteiligt. Der Flugbetrieb wird am 21. März 1956 mit drei Vickers Viking aufgenommen, und die erste ertragbringende Reise geht mit Pilgern ins Heilige Land. Ein hoffnungsvoller Start für die CFG, die damals 23 Mitarbeiter hatte. Pilgerflüge — zum Beispiel nach Lourdes in Frankreich — werden auch heute noch durchgeführt. Palma de Mallorca und Teneriffa, die Spitzenreiter unter den heutigen Ferien-Destinationen, werden auch schon angeflogen, und die neue Gesellschaft kann sich aus dem Start heraus einen Marktanteil von etwa 15 Prozent sichern.

Im Jahr darauf wird die Viking-Flotte auf vier Einheiten erhöht, und fünf Convair 240 werden gekauft. Das Kapital verdoppelt sich auf DM 6.000.000 durch die Aufnahme neuer Gesellschafter (Hansa Dampfschiffahrt mit 17% und Dr. F. Kirchfeld mit 4,5%), wodurch die Anteile der beiden Gründungsmitglieder aus der Schiffahrtsbranche auf je 17% zurückgehen. Wichtigster Kunde ist die Lufthansa, die rund 50% der Leistung abnimmt. Das Jahr 1958 bringt einen Wandel in den Aktivitäten, denn das Geschäft mit Reiseunternehmen tritt in den Vordergrund. Für Lufthansa wird noch in begrenztem Maße Fracht geflogen. Eine erste Krise kommt 1959, als die Charterbran-

Passagiere beim Verlassen einer DC-10-30 auf Mauritius. Der Fremdenverkehr spielt hier eine bedeutende Rolle.

che durch Konkurse und negative Darstellung in den Medien in Verruf gerät. Die Gesellschafter beschließen, nachdem die Kunden etwa 70% aller Buchungen stornieren, die Liquidation der Gesellschaft, doch dann ist Lufthansa bereit, fast alle Anteile zu übernehmen. Zum Jahresende verfügt die nationale Fluggesellschaft über 95,5% der CFG-Anteile und hat damit ihre erste große Tochter.

Der erste Überschuß

Die Wende im Leben der Condor kommt 1960, als Lufthansa mit ihr einen Organschaftsvertrag abschließt, also eine Verbindung von Beherrschungs- und Gewinnabführungsvertrag. Unter dem Aufsichtsratsvorsitz von Hans M. Bongers, der zur Wiedergeburt der Lufthansa nach dem Kriege wesentlich beigetragen hatte, wird die CFG straff organisiert und erzielt ihren ersten Überschuß. Hauptkunde ist Lufthansa, doch auch Touropa, Scharnow und Hummel, die später einmal die TUI bilden, zählen schon zu den Großkunden. Im Jahr 1961 erfolgt nach dem Erwerb der 'Condor-Luftreederei GmbH' des Dr. Rudolf A. Oetker in Hamburg die Umbenennung in Condor Flugdienst GmbH, die heute noch verwendete Bezeichnung der Gesellschaft. Im gleichen Jahr wird auch die Convair-Flotte verkauft und zwei Vickers Viscount 814 angeschafft.

Der große Durchbruch kommt 1962, denn Condor kann sich einen Marktanteil von etwa 70% sichern. Die Entscheidung für die Viscount erweist sich als außerordentlich günstig. Die Kunden sind begeistert und werben durch Mundpropaganda für die Lufthansa-Tochter. Ein Jahr später entfallen schon 92% des Umsatzes der Condor auf den Touristiksektor. 1963 wird das Jahr, in dem Neckermann, der Reisedienst des ADAC, Hetzel Reisen in Stuttgart und der Ischia-Reisedienst als neue Kunden auf den Plan treten. Doch es ist auch ein Jahr, in dem sich die Konkurrenz formiert: LTU, Südflug und Bavaria machen der Condor zu schaffen. Da hilft nur eine neue Flotte mit zwei Fokker F.27 Friendship, und die beiden verbliebenen Vickers Viking — zuletzt nur noch im Frachtverkehr eingesetzt — werden ganz aus dem Verkehr gezogen.

Das Jahr 1964 bringt die ersten größeren Staus auf den deutschen Autobahnen während der Ferienzeit, was den Charterflugtourismus unerhört belebt (Steigerungsraten von fast 100%). Doch gleichzeitig sinkt der Condor-Marktanteil auf 58%, denn erstmals treten auch ausländische Gesellschaften auf dem deutschen Markt massiv in Erscheinung, da 'deutsche' Kapazität einfach nicht ausreichend vorhanden ist. Die Condor-Geschäftsführung — damals unter der Leitung von Dr. Günther Becher — beschließt, eine zweite Boeing 727 für den Einsatz ab 1966 zu bestellen. Aber zunächst kommt das große Jahr des Einstiegs in das Düsenzeitalter des deutschen Charterluftverkehrs — 1965. Erstmals düst LTU mit einer Caravelle nach Süden, und die Condor setzt ihren ersten Europa-Jet (Boeing 727) ein. Auch die bestellten Fokker-Flugzeuge werden in Dienst genommen, doch sinkt der Marktanteil weiter auf etwa 40%. Die Charterflugreise in den Urlaub ist endgültig hoffähig; die Nachfrage nach Kapazität kann von den deutschen Gesellschaften nicht mehr befriedigt werden.

Neue Langstreckenflüge

Im zehnten Jahr ihres Bestehens, 1966, und unter der dynamischen Geschäftsführung von Herbert Wendlik erhält Condor ihren zweiten Jet und erweitert ihren Horizont durch Langstreckenflüge in die Karibik (Jamaika, Dominikanische Republik), nach Nairobi, Colombo und Bangkok. Auch in die USA will man fliegen, doch die Amerikaner sehen den Antrag sehr eng, da die Condor als Lufthansa-Tochter eigentlich unter das bilaterale Luftfahrtabkommen zwischen den USA und der Bundesrepublik Deutschland fallen sollte. Es kriselt in der Weltpolitik, und mit dem Jahr 1967 kommt es weltweit zu einer 'kleinen Wirtschaftskrise'. Bei der Condor wächst aber der Langstreckentourismus überdurchschnittlich, und am 1. April 1967 wird die erste Boeing 707 in Dienst gestellt. Auch Flüge in die USA sind nunmehr möglich, allerdings nur als Gruppen-Charterflüge.

Durch neue deutsche Gesellschaften wie Atlantis, Germanair und Panair und verstärkten ausländischen Wettbewerb durch Gesellschaften wie die Spantax erreicht Condor 1968 ihr selbstgestecktes Zeil nicht und verliert Marktanteile. Die F.27 werden verkauft, zwei neue Boeing 727 geliefert und die Viscount ausgemustert. Von der Südflug wird eine DC-8 übernommen, und am Jahresende verfügt die Condor über eine reine Düsenflotte. Auf der Kundenseite tritt die TUI auf den Plan. Ab 1969 ist Condor fast nur noch in der Flugtouristik tätig und hält auf dem deutschen Markt einen Anteil von 38,5 Prozent. Die Großkunden heißen TUI und Neckermann (NUR). Mallorca wird bereits 60 Mal pro Woche angesteuert, der Gastarbeiterverkehr verheißt neue Aktivitäten. Im folgenden Jahr kommt es zu sinkenden Zuwachsraten und einem Rückgang des Marktanteils der Condor auf 32%. Es ist die hohe Zeit der 'Abschreibungsgesellschaften', die ihren Kommanditisten hohe Verlustzuweisungen bescheren. 'Zahnarzt-Airlines' sprießen wie Gras nach einem Frühlingsregen überall in der Bundesrepublik aus dem Boden. Auch Condor versucht, durch eine Änderung der Finanzierung ihrer Flotte an dieser Entwicklung teilzuhaben. Ihre Boeing 707 und Boeing 727 werden an die Jumbo-Flug München verkauft, während die Jumbo-Flug Hamburg Eigner des ersten Großraumflugzeugs im Weltcharterverkehr wird, einer Boeing 747 mit dem schönen Namen 'Fritz', die am 1. Mai 1971 zur Condor-Flotte stößt.

Mit der zunächst mit 472 Sitzen eingesetzten 'Fritz', zu der sich 1972 — ebenfalls fabrikneu und von Jumbo-Flug Düsseldorf gechar-

Im Jahr 1957 wurde die Condor-Flotte um fünf Convair 240 (*oben*) erweitert. 92 Prozent des Umsatzes der Condor fielen 1963 auf den Touristiksektor; im gleichen Jahr wurden zwei Fokker F.27 Friendship (*unten*) erworben.

tert — die 'Max' mit 494 Sitzen gesellt, kann ertragbringender Langstreckenverkehr angeboten werden. Es beginnt die große Zeit der etwas anrüchigen Bangkok-Flüge, die große Anziehungskraft auf männliche Passagiere ausüben. Das wirtschaftliche Ergebnis des Jahres 1971 wird allerdings durch den 'Dienst nach Vorschrift' deutscher Fluglotsen getrübt. In der Folge dieses Streiks stellen Konkurrenten wie Atlantis, Air Commerz und Calair ihren Dienst ein, während Condor mit ihren Jumbos weiter gute Geschäfte macht. Erstmals wird 1972 New York angeflogen. Im Jahr 1973, als der Condor-Umsatz auf DM 291.000.000 steigt und die Gesellschaft zum größten Charter-Carrier der Welt wird, ersteht ihr mit der Hapag-Lloyd Flug ein neuer Konkurrent. Das Jahr ist wiederum durch Fluglotsenstreiks in der Bundesrepublik und Frankreich sowie die Ölkrise gekennzeichnet, was Spuren beim Bilanzergebnis hinterläßt.

Der Ölpreisschock führt 1974 zu einer Verlangsamung des Wachstums im Charterverkehr und zu einem Verlust von DM 5.000.000 bei Condor, deren Flotte mittlerweile aus 17 Boeing-Strahlflugzeugen besteht, die voll in die Lufthansa-Wartung integriert sind. Ohne den Lichtblick des wachsenden Nordatlantikverkehrs wäre das Jahr 1975 ziemlich trüb verlaufen. Die Preise geraten unter Druck, denn es herrscht Überkapazität. Im Jahr 1976 ist der Passagierzuwachs sogar

Mit drei Vickers Viking (*oben*) wurde am 21. März 1956 der Flugbetrieb mit Flügen ins Heilige Land aufgenommen. Im Mai 1971 kam eine Boeing 747-200 (*Mitte*) zur Flotte hinzu und später noch eine weitere. 1979 wurden die zu großen Jumbos durch drei DC-10 ersetzt.

Am 2. November 1961 übernimmt Condor die erste Vickers Viscount (*rechts*). Die Expansion beim Langstreckentourismus führt zum Ankauf der Boeing 707 (*links*).

rückläufig, und es kriselt in der Branche. Da der Dollar laufend an Wert verliert, geht wenigstens das USA-Geschäft blendend. Von 11% des Umsatzes im Jahr 1976 steigt sein Anteil 1977 auf 17%. Gefahr droht allerdings von Billigfliegern wie Laker Airways, die Linienflüge in die USA zu den Preisen der Charter-Carrier anbieten. Allerdings ist bei den Chartergesellschaften immer ein Hotelarrangement im Preis eingegriffen.

Im Jahr 1978 erhält Condor ein neues Management mit Dr. Malte Bischoff, Dr. Claus Gillmann und Flugkapitän Stefan Hess. Das Amerika-Geschäft läuft immer noch auf vollen Touren (Anteil am Condor-Umsatz 20%), doch droht durch die 'Deregulation Policy' von Präsident Jimmy Carter eine neue Gefahr. Steigende Treibstoffpreise und daraus resultierende Zuschläge auf die Urlaubspreise führen 1979 zu Stornierungen, da Charterflugpreise kaum noch teurer sind als die günstigsten Linientarife. Condor reagiert mit dem Verkauf der mittlerweile zu großen Jumbos und übernimmt im Dezember die erste von drei bestellten DC-10 in der Langstreckenversion. Das Jahr endet mit einem Verlust von DM 7.300.000, für den die Lufthansa geradesteht. Über das Jahr 1980 mit steigenden Kosten und stagnierenden Ferienflugreisebuchungen rettet sich Condor durch den Verkauf von zwei Boeing 727A und einer Boeing 707 hinweg.

Modernisierung der Flotte

Ein neuer Aufschwung kommt 1981 mit einer Steigerung der Zahl der Condor-Flugtouristen um 6,5% auf 1.523.000 (von insgesamt 1.786.999 beförderten Passagieren). Allerdings liegt der Marktanteil nur noch bei 19,4%. In diesem Jahr sind 9.000.000 Bundesbürger ins Ausland geflogen, davon 54% als Charterpassagiere. Diese wiederum lassen sich unterteilen in 85% Pauschalreisende und 15% Einzelplatzbucher. Spanien hat mit 52% den Löwenanteil an der Summe, was wenig verwunderlich ist, denn allein auf den Balearen gibt es so viele Hotelbetten wie in ganz Griechenland. 1982 wirken sich die Modernisierung der Flotte (Verkauf der letzten Boeing 727A und Einsatz der treibstoffsparenden Boeing 727-230 sowie Umrüstung der Boeing 737-230 von JT-8-D15-Triebwerken auf die leisere -17A-Version) und die kaum noch gestiegenen Treibstoffkosten positiv auf die Bilanz aus. Der Langstreckenverkehr ist jedoch rückläufig, und die DC-10-30 wird mit dem bisherigen Sitzplatzangebot für die sinkende Nachfrage zu groß. Daher werden für 1983 zwei Airbusse A300B4 mit nur 301 Sitzen von der Lufthansa gechartert, und eine der DC-10-Maschinen wird auf 352 Plätze umgerüstet (die beiden anderen fliegen 1984 weiterhin mit 373 Plätzen). Trotz der Unkenrufe der Branche zu Beginn des Jahres wird das Geschäftsjahr 1983 zum erfolg-

Passagierflugzeuge der Condor

4 Flugzeuge
Boeing 737-300

Triebwerk: 2 Pratt & Whitney JT8D-174A
Spannweite: 28,90 m
Länge: 33,40 m
Höhe: 11,10 m
Reisegeschwindigkeit: 795 km/h
Reichweite: 2.868 km
Passagiere: 144
Besatzung: 2

18 Flugzeuge
Boeing 757

Triebwerk: 2 Rolls-Royce RB 211E535
Spannweite: 37,95
Länge: 47,32
Höhe: 13,56
Reisegeschwindigkeit: 870 km/h
Reichweite: 6.300 km
Passagiere: 188
Besatzung: 2

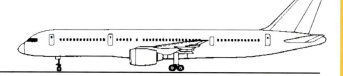

8 Flugzeuge
Boeing 767

Triebwerk: 2 Pratt & Whitney JT9D-7R4
Spannweite: 47,60
Länge: 48,50
Höhe: 15,90
Reisegeschwindigkeit: 850 km/h
Reichweite: 5.600 km
Passagiere: 201
Besatzung: 2

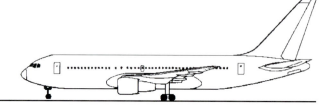

3 Flugzeuge
Douglas DC 10-30

Triebwerk: 3 General Electric CF6-50C2
Spannweite: 50,40 m
Länge: 55,35 m
Höhe: 17,55 m
Reisegeschwindigkeit: 885 km/h
Reichweite: 9.950 km
Passagiere: 370
Besatzung: 3

Die Condor gehört zu den beliebtesten Ferienfliegern.

reichsten der Condor-Geschichte. Nach der Rezession von 1980/81 werden erstmals wieder mehr als 2.000.000 Passagiere befördert, der Umsatz aus Verkehrsleistungen steigt auf DM 655.000.000. Ab dem 26. März 1983 kommen die Airbusse in Condor-Farben zum Einsatz. Der Ferntourismus erleidet zwar durch die Unruhen in Sri Lanka einen schweren Schlag, aber es fliegen wegen des nun hohen Dollar-Kurses mehr Amerikaner nach Deutschland, wodurch sich das Ergebnis im Nordatlantikverkehr auf dem Vorjahresniveau hält. In den USA werden elf Ziele im ABC-Verkehr angeflogen.

Im Sommerflugplan 1984 startet Condor wöchentlich zu 145 Warmwasserzielen und 13 Mal in die USA. Das Sommerprogramm wird mit 23 Veranstaltern abgewickelt. Wie in früheren Jahren kommen neue Namen zur Liste der Condor-Ziele, darunter Baltimore/Washington und New York-Newark in den USA, Toronto in Kanada, Dalaman in der Türkei, Jerez de la Frontera in Spanien, Nizza und Lourdes in Frankreich, Rimini in Italien, Shannon in Irland und Göteborg in Schweden. Damit erhöht sich die Zahl der turnusmäßig angeflogenen Ziele auf 58. Wie in den Vorjahren fliegt Condor nicht nur von verkehrsreichen Flughäfen, sondern bietet auch Urlaubern im Einzugsbereich der Verkehrsflughäfen Bremen, Nürnberg, Saarbrücken und Münster/Osnabrück in Zusammenarbeit mit Pauschalreiseveranstaltern einen preiswerten Urlaub.

Auf dem Condor-Flugplan für das Jahr 1985 standen 61 Ziele in 15 Ländern, und alle 18 Flugzeuge waren während der Sommersaison voll ausgelastet. Palma de Mallorca bleibt nach wie vor mit 32 wöchentlichen Flügen das beliebteste Ziel, das von allen deutschen Verkehrsflughäfen angeflogen wird. Es folgen auf den Balearen Ibiza mit 13 wöchentlichen Flügen und Mahon auf Menorca mit zwei Flügen. Auf den Kanaren ist Las Palmas mit 14 wöchentlichen Flügen der Spitzenreiter, es folgen Teneriffa (12), Fuerteventura (7) und Arrecife (5). Stark aufgeholt hat Griechenland, wo neben Heraklion (zehn Mal wöchentlich), Rhodos (9), Athen (8) auch Chania, Kos, Mykonos und Skiathos angeflogen werden. Italien (Neapel, Catania, Brindisi, Cagliari), die Türkei (Istanbul, Antalya, Dalaman und Izmir), Portugal (Faro, Lissabon, Funchal), Tunesien (Monastir, Djerba) sind weitere beliebte Zielländer. Im Ferntourismus wurden im Sommer 1985 Colombo, Mombasa und erstmals die Malediven angeflogen. Als Drehkreuz fungiert Sharjah in den Vereinigten Arabischen Emiraten, das selbst in den Wintermonaten ein 'Warmwasserziel' ist. Die USA und Kanada stehen mit insgesamt 14 Zielorten im Programm. Die Flotte besteht gegenwärtig aus den eigenen drei DC-10-30 (352 bzw. 373 Sitze), drei neuen A310-200 (265 Sitze), acht Boeing 727-200 (176 Sitze) und vier Boeing 737-200 (133 Sitze) sowie aus gechartertem Gerät (eine DC-8-73 der German Cargo Services mit 252 Sitzen und ein Hapag-Lloyd-Airbus A300B4 mit 301 Sitzen).

Pionier des Flugtourismus

Der historische Überblick vermittelt zwar einen guten Einblick in die Entwicklung der Condor, läßt aber einen Aspekt fast unberücksichtigt: die Rolle der Gesellschaft als Pionier des Flugtourismus. Fast jedes Jahr erschließt die Condor, in Zusammenarbeit mit einem 'mutigen' Reiseveranstalter, ein neues Feriengebiet. Das war beispielsweise 1984 Jerez de la Frontera, wo die Stuttgarter Firma Hetzel Reisen den Vorreiter spielte. 1985 wurde das zwanzigjährige Jubiläum einer solchen Erschließung gefeiert: erstmals beförderte Condor 1965 Touristen nach Colombo in Sri Lanka, das damals noch Ceylon hieß. Insgesamt waren es mehr als 270.000 in den 20 Jahren, im Rekordjahr 1982 allein 48.084. Nach internationalem Brauch werden dabei; Hin- und Rückflug getrennt gezählt. Nach Colombo wurde zunächst die Boeing 727, dann die 707 und schließlich ab November 1971 der Jumbo 'Fritz' eingesetzt. Mittlerweile wird die Insel mit DC-10 angeflogen. Eine weitere Pioniertat befindet sich gerade in der Vorbereitungsphase: die Aufnahme von Charterflügen nach Indien, wo die ehemalige portugiesische Kolonie Goa neuestes Winterziel sonnenhungriger deutscher Urlauber werden soll.

Der Schlüssel zum Erfolg der Condor prangt als Werbespruch auf den Condor-Kalendern: 'Condor — Die Ferienflieger der Lufthansa'. Mit der Übernahme sämtlicher Condor-Stammanteile durch die Lufthansa im Jahr 1961 wurde die Tochter auch voll in die Materialpolitik der Muttergesellschaft integriert, was im Klartext bedeutet, daß die

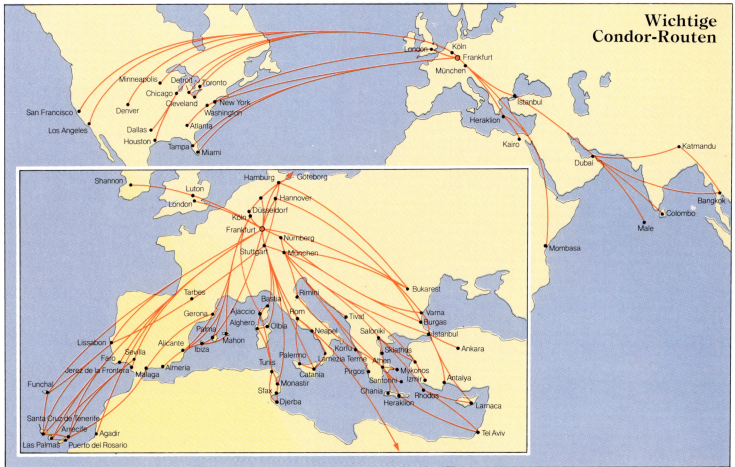

Wichtige Condor-Routen

Am 26. März 1983 kamen die Airbusse der Condor zum Einsatz. Der A310 (*oben*) hat zwei General Electric CF6-80A Triebwerke. Eine Boeing 737-230 und zwei DC-10 (*Mitte*) auf dem Flughafen Rhein-Main. Eine der acht Boeing 727-230 (*unten*), mit treibstoffsparenden Triebwerken.

Condor nur solche Flugzeuge fliegt, die auch von der Lufthansa eingesetzt werden (eine Ausnahme ist die Douglas DC-8-73, die von der anderen Lufthansa-Tochter, GCS, als Kompromiß gekauft wurde, bis ein geeignetes, aber nicht zu großes Frachtflugzeugmuster für Langstrecken auf dem Markt angeboten wird). Alle Condor-Flugzeuge werden von der Lufthansa nach deren eigenen Vorschriften gewartet und haben daher 'Linienstandard', was dem Sicherheitsbedürfnis deutscher Urlauber zugute kommt und nicht wenig zum ausgezeichneten Ruf der Condor als zuverlässiger Charter-Carrier beigetragen hat. Das gleiche gilt für das Condor-Personal, das nach Lufthansa-Standard geschult — und allerdings auch bezahlt — wird. Das treibt bei der Condor die Kosten deutlich in die Höhe. Doch durch die enge Zusammenarbeit mit der Mutter kann die Tochter weltweit auf das Lufthansa-Kommunikations- und Stationsnetz zurückgreifen und muß nicht selbst solche Netze aufbauen oder per Vertrag mit anderen Gesellschaften absichern, wie es beispielsweise die LTU oder Hapag-Lloyd tun müssen.

Aber nicht immer ist das Verhältnis zwischen Mutter und Tochter frei von Problemen. Im Idealfall wäre die Lufthansa für Linienflüge zu festen Preisen, die nach genehmigtem, festem Flugplan abgewickelt werden, zuständig. Aufgabe der Condor dagegen wäre der Bereich des Bedarfsluftverkehrs mit wechselnden Zielen und Flugzeiten, ohne den Zwang, auch mit leeren Flugzeugen fliegen zu müssen. Nun unterliegen aber beide Gesellschaften der Marktentwicklung, die dieses einfache Konzept durcheinanderbringt. Die Lufthansa bietet immer mehr Holiday-Tarife mit minimaler Vorausbuchungsfrist in ihrem 'Sparbuch' an, und das auch zu Zielen, die von Condor 'betreut' werden, während bei Condor bereits die Einzelplatzbuchung (mit Hotelarrangement, und sei es nur ein Platz im Fünferzimmer oder ein Zeltplatz) möglich ist — als preiswerter Konkurrenzflug zum Lufthansa-Liniendienst. Als Paradebeispiel kann Miami genannt werden, das zunächst Condor-Domäne war und jetzt von der Lufthansa betreut wird. Die Frachtkapazität der McDonnell Douglas DC-10 der Lufthansa soll letztendlich den Ausschlag gegeben haben, daß innerhalb des Konzerns eine 'Umorientierung' stattfand.

Der Konkurrenzkampf innerhalb der Familie fällt allerdings in den Tabubereich, über den Daten und Fakten kaum zu erhalten sind. Nach Condor-Angaben sollen die Ferienflüge nur zu etwa zwei Prozent von Geschäftsreisenden, die preiswert zu einem Termin fliegen wollen, 'mißbraucht' werden. Skandinavische Gesellschaften sind da ehrlicher und nennen Anteile von bis zu 25 Prozent auf einigen Strecken. Mit Sicherheit dürfte bei Condor der Anteil von Geschäftsreisenden auf ABC-Flügen nach Nordamerika wesentlich über zwei Prozent liegen, ebenso auf Pauschalflugstrecken wie zum Beispiel Nairobi. Andererseits muß die Lufthansa ihre Flugzeuge auch mit Passagieren füllen, die zu ermäßigten Tarifen fliegen; dazu zählt neben dem bereits erwähnten Holiday-Tarif auch der 'flieg & spar'-Tarif für Ziele in Griechenland, Italien, Malta, Portugal, Spanien, in der Türkei und Marokko. Der Kuchen wird also geteilt, doch werden Mutter und Tochter immer noch satt.

Delta

In den zwanziger Jahren stellte Delta seine Flugzeuge den amerikanischen Farmern zur Schädlingsbekämpfung zur Verfügung. Dann kamen Post- und Passagierflüge. Pünktlich zu ihrem 50. Geburtstag erhielt Delta schließlich ihren ersten kommerziellen Flug nach Deutschland.

Der Baumwollkapselkäfer gilt als Geburtshelfer einer der größten inneramerikanischen Luftfahrtgesellschaften. Zu den Zeiten seiner stärksten Verbreitung drohte er die Südstaaten der USA ins wirtschaftliche Chaos zu stürzen. Sein Verzehr an feinen Baumwollfasern war derartig groß, daß ihm mit herkömmlichen Methoden nicht beizukommen war. Einige findige Männer kamen daraufhin auf die Idee, die Baumwollfelder aus der Luft mit Pestiziden zu besprühen. 'Flying Jennies', die Veteranen aus dem Ersten Weltkrieg, wurden dafür wieder flugtüchtig hergerichtet. Niedrige Flughöhe und fehlende Sprüheinrichtungen an den Maschinen ließen die ersten Versuche jedoch scheitern.

Die Anfänge

Der Flugzeugbauer Huff Daland sah die zukunftsweisenden Möglichkeiten. Er entschloß sich zum Bau einer speziellen Maschine und zur Gründung der Firma Huff Daland Dusters Inc. Nach vielen Vorführungen im Süden entwickelte sich der kleine Betrieb zum größten kommerziellen Sprühunternehmen der USA. Da die Flugzeuge nur zu gewissen Jahreszeiten eingesetzt wurden, beschloß Mister Daland, seine Dienste auch in Südamerika anzubieten. Seine Maschinen flogen somit nun fast das ganze Jahr über. Die Beförderung von Luftpost brachte dem kleinen Unternehmen weitere Einnahmen. Gegen Ende der zwanziger Jahre tauchte der Name 'Delta Air Service' erstmalig auf, benannt nach dem Mississippi Delta, dem Ursprungsland der Firma. Bis in die späten sechziger Jahre arbeitete Delta noch in diesem Bereich weiter.

Zur selben Zeit entwickelte sich das Passagier- und Transportwesen. Eine fünfsitzige einmotorige Maschine vom Typ 'Travel Air', noch mit Stoff bespannt, war das erste Transportvehikel der Delta Air Service Inc. Als sie am 17. Juni 1929 zu ihrem ersten Flug von

Huff Daland Dusters war die erste Firma, die in Amerika einen kommerziellen Service zur Schädlingsbekämpfung aus der Luft anbot.

Dallas/Texas nach Monroe/Louisiana aufbrach, schaffte sie mit dem 300 PS starken Wright J-6 Motor gerade eben 150 km/h. Für die damaligen Verhältnisse barg der Flug nicht nur ein fliegerisches Risiko, sondern auch ein unternehmerisches, befand sich die USA doch in großen wirtschaftlichen Schwierigkeiten, die wenig später eine Weltwirtschaftskrise auslösen sollten.

Dem fliegerischen Risiko versuchte man durch die Einrichtung von Notlandemöglichkeiten entgegenzuwirken. Sie waren auch auf den Werbezetteln abgedruckt. Dabei waren die Flugpisten sicherlich nicht das, was man heute darunter versteht. Im Gegenteil, es waren großteils einfache Felder, die die Fluggesellschaft vom Farmer pachtete. Piloten und Mechaniker übernahmen neben Flug und Wartung der Maschinen auch noch die Rolle des Landwirts, der das Gras mäht und das Heu an Farmer verkauft. Jeder Dollar zählte.

Rückschläge

In den ersten Wochen entwickelte sich der Passagierverkehr recht ansehnlich, so daß die Route bis nach Atlanta/Georgia ausgedehnt werden konnte. Der McNary-Watres-Act, eine politische Entscheidung, führte jedoch alsbald zum finanziellen Bankrott von Delta Air. Die Luftpostrouten, ein nicht unbeträchtlicher Bestandteil der Einnahmen, waren bis zu diesem Zeitpunkt vom Kongreß vergeben worden. Durch das Gesetz zum freien Konkurrenzkampf ausgeweitet, sah sich Delta nicht in der Lage mitzuhalten. Ohne Nachtflugerfahrung und ohne die Einkünfte aus dem Luftpostbereich schien der Passagierflug nicht länger finanzierbar. Delta mußte 1930 an AVCO

Passagierflugzeuge der Delta

13 Flugzeuge
Airbus A310

Triebwerk: 2 General Electric CF6-80A
Spannweite: 43,90 m
Länge: 46,66 m
Höhe: 15,81 m
Reisegeschwindigkeit: 860 km/h
Reichweite: 5.170 km
Passagiere: 265
Besatzung: 2

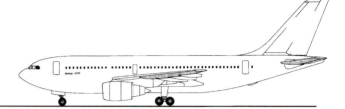

138 Flugzeuge
Boeing 727

Triebwerk: 3 Pratt & Whitney JT8D-9A
Spannweite: 32,90 m
Länge: 46,70 m
Höhe: 10,40 m
Reisegeschwindigkeit: 880 km/h
Reichweite: 5.300 km
Passagiere: 150
Besatzung: 3

73 Flugzeuge
Boeing 737

Triebwerk: 2 Pratt & Whitney JT8D-154A
Spannweite: 28,35 m
Länge: 30,53 m
Höhe: 11,28 m
Reisegeschwindigkeit: 778 km/h
Reichweite: 4.100 km
Passagiere: 130
Besatzung: 2

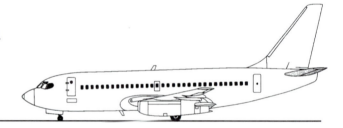

84 Flugzeuge
Boeing 757

Triebwerk: 2 Rolls-Royce RB 211E535
Spannweite: 37,95
Länge: 47,32
Höhe: 13,56
Reisegeschwindigkeit: 870 km/h
Reichweite: 6.300 km
Passagiere: 188
Besatzung: 2

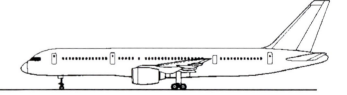

(Aviation Corporation) verkaufen, die den Zuschlag erhalten hatte, und sprühte von nun an wieder Felder.

Delta Air Corporation, wie die neugegründete Firma hieß, hatte auch im Flugsprühdienst keine rosigen Zeiten zu erwarten. Der kleine Käfer war durch eine starke Kälteperiode nahezu verschwunden. Wirtschaftlich schwierige Zeiten und der niedrige Marktpreis für Baumwolle erbrachten wenig Aufträge. Die Situation besserte sich schließlich wieder, als man die Besprühung von Feldern in Florida übernehmen konnte.

Franklin D. Roosevelt, der mit dem Reformprogramm des New Deal die Wende der USA vom Laissez-faire-Liberalismus zum interventionistischen Sozialstaat einleitete, erneuerte in diesem Zusammenhang auch die Luftpostverträge. Diesmal war Delta vorbereitet. Ihr wurde nach einem harten Wettkampf die Trans-Southern-Strecke zugesprochen, die sich von South Carolina bis nach Texas erstreckte. 1934, knapp vier Jahre nach dem scheinbaren Ende, war Delta wieder im Geschäft. Dieses Mal mit Flugzeugen vom Ex-Rivalen AVCO, der jetzt American Airways hieß.

Die Stinson der Typen A und T versorgten von Dallas aus den 'Trans-Southern' mit einem 'round-trip' nach Charleston; andere Flüge innerhalb von Texas und sogar Nachtflüge wurden darüberhinaus ebenfalls angeboten. Für die Piloten und die Passagiere war dies sicherlich ein aufregendes Erlebnis. So aufregend, daß die stetig steigende Zahl der Fluggäste die Anschaffung der ersten Metallflugzeuge vom Typ Lockheed Electra erforderlich machte, die immerhin Platz für zehn Passagiere bot.

56 Flugzeuge
TriStar

Triebwerk: 3 Rolls-Royce RB 211-22B
Spannweite: 47,35 m
Länge: 54,33 m
Höhe: 18,86 m
Reisegeschwindigkeit: 890 km/h
Reichweite: 5.400 km
Passagiere: 288
Besatzung: 3

55 Flugzeuge
Boeing 767

Triebwerk: 2 Pratt & Whitney JT9D-7R4
Spannweite: 47,60
Länge: 48,50
Höhe: 15,90
Reisegeschwindigkeit: 850 km/h
Reichweite: 5.600 km
Passagiere: 201
Besatzung: 2

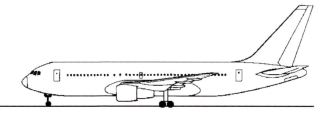

Delta fliegt 215 Städte in 34 Ländern der Welt an.

Vergrößerung der Flotte

Die ersten 'Großraumflugzeuge' mit einem Fassungsvermögen von immerhin zehn Fluggästen bedeuteten eine zusätzliche Belastung für den Copiloten. Außer dem Be- und Entladen des Flugzeugs, dem Ausfüllen der Postliste, hatte er sich auch noch um das Wohl der Passagiere zu kümmern. Der Service, der heute von Stewardessen angeboten wird, war in den dreißiger Jahren Aufgabe des Copiloten. Ausgeteilt wurden damals zwei Sandwiches, Obst, Kuchen und Kaffee für jeden Passagier, und der Komfort ließ nichts zu wünschen übrig. Schon damals verfügte jeder Sitzplatz über individuelle Luftzufuhr, ein Leselicht, einen Aschenbecher und eine verstellbare Fußlehne.

Die Vergrößerung der Flotte war unausweichlich. Zehn Electra und ab 1940 fünf DC-3 stellten die recht beachtliche Flotte von Delta dar. Der Kriegseintritt der Vereinigten Staaten erbrachte entscheidende und einschneidende Veränderungen für Delta. Mit nur vier DC-3 wurde bis 1945 der gesamte Passagierverkehr abgewickelt, die übrigen Maschinen standen unter militärischem Kommando. Der Transport militärischer Güter, die Ausbildung von Piloten, der Umbau von privaten bzw. kommerziellen Maschinen in Militärtransporter und die Schulung von Mechanikern wurden von Delta übernommen. Etliche Frauen wurden sowohl im Passagierflug als auch in der Mechanikerwerkstatt eingesetzt, das fehlende Flugbegleitpersonal durch Doppelschichten gewonnen.

Neue Dimensionen

Das Flugzeug als Transportmittel — für Güter und Menschen — ge-

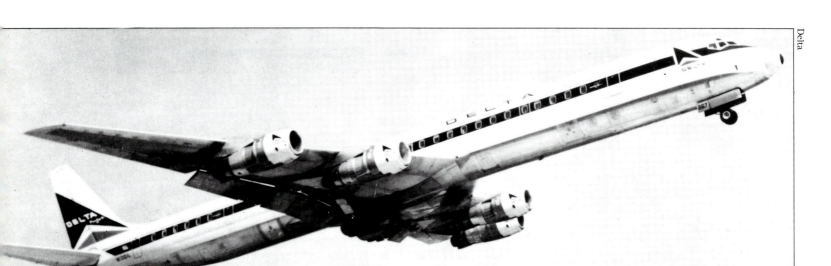

Oben: Diese Super DC-8-61, Jungfernflug April 1967, wurde mit neuen Triebwerken versehen zur DC-8-71 umgebaut.

Links: Die genaue Flugplanung von Delta ermöglicht ein reibungsloses Umsteigen im Heimatflughafen Atlanta.

wann in dieser Zeit enorm an Bedeutung, zumal das Militär von guter Organisation und hoher Geschwindigkeit abhängig war. Hinzu kamen technologische Weiterentwicklungen im Flugzeugbau. Die DC-4 Skymaster und die DC-6, die 48 beziehungsweise 67 Passagiere befördern konnten, eröffneten nicht nur ein höheres Raum- und Sicherheitsangebot, sondern setzten auch neue Kapazitäten frei. Diese zu nutzen, schickte sich Delta an, indem es sogenannte 'package vacations' anbot, heute eher unter dem Begriff der 'inclusive tour' zu finden. Die Nachfrage für diese Touren war erstaunlich hoch, zumal Florida bis dato nicht viel mehr als ein Winterquartier für Sonnenanbeter war. Eine Steigerung der Flugbewegungen um fast achtzig Prozent wirkte sich für die Fluggesellschaft sehr belebend aus.

Die Phase des Wiederaufbaus in Europa zeichnete in den USA das Bild von Expansion und technischer Weiterentwicklung. Neue Flugzeugtypen überfluteten den Markt. Angefangen bei der Convair 340 über die Constellation, die Convair 440, die DC-7 bis hin zum ersten Düsenclipper DC-8, die 143 Passagieren Platz bot. Fortschritt und Erweiterung bedeuteten einen immensen Zuwachs an Platz, Nutzlast und an Flugstrecken, zogen aber gleichzeitig auch einige Probleme mit sich, die dem Management der Fluggesellschaften erheblich zu schaffen machten.

Zunächst einmal mußte die bis dahin düsenfreie Werkstatt umgestellt werden. Das gesamte Personal mußte an die neue Aufgabe herangeführt werden, um Ausfällen oder Fehlern bei der Bedienung und Wartung entgegenzuwirken. Delta, der Welt erste Fluggesellschaft im Jet-Zeitalter, errichtete zu diesem Zweck eine 'Jet Familiarization School' in Atlanta, eine Schule zur 'Jet-Gewöhnung'. Ein zweiter Aspekt auf dem hartumkämpften inneramerikanischen Markt: das Netz der Flugstrecken. Man brauchte das nötige Kapital, um dieses Flugnetz adäquat zu versorgen und um außerdem auch kostengünstig fliegen zu können. In der ersten Hälfte der fünfziger Jahre begann demzufolge auch für Delta der mühsame Versuch, Partner zu finden. Die regionale Südstaatenlinie wollte sich endlich zur überregionalen Linie ausdehnen.

Als Partner für Delta boten sich Northeast und Chicago & Southern an. Beide verfügten über ein nicht unerhebliches Streckennetz. Zur Einigung kam man jedoch nur mit Chicago & Southern. Die neue Gesellschaft nannte sich Delta-C&S Air Lines und belegte im inneramerikanischen Markt den fünften Platz.

Chicago & Southern war im Jahre 1933 von einem Privatmann gegründet worden. Sie trug zunächst den Namen Pacific Seaboard Airlines, da sie sich auf die Flugverbindung zwischen Los Angeles und San Francisco beschränkte. Wie schon Delta, mußte auch C&S ständig um ihre Existenz kämpfen, durchlief mehrere Ortsveränderungen, schaffte den Einstieg über das Luftpostgeschäft und erreichte schließlich erst festen Boden und internationale Anerkennung durch ihre Südamerika- und Karibikflüge.

Die Zusammenlegung der beiden Firmen und der Streckennetze erbrachte einwandfreie Vorteile, die noch gesteigert wurden. New York, Houston, Detroit, Dayton und West Palm Beach erschlossen einen Markt, der von den Neuenglandstaaten bis nach Curacao reichte. Delta-C&S Air Lines beschloß den Anfang des Jet-Zeitalters mit einer positiven Bilanz und mit einem nach wie vor ungebrochenen Vertrauen im Hinblick auf technische Innovationen.

Das Düsenzeitalter

Immer größere Frachtmengen und ständig steigende Passagierzahlen machten Erneuerungen im Bereich der Datenerfassung und Datenverarbeitung erforderlich. Ebenso mußten geräumigere Hangars errichtet, das vergrößerte Streckennetz mit Personal versehen und der Maschinenpark immer auf dem letzten Stand gehalten werden. Der gesamte Bereich der Flugscheinabwicklung wurde Mitte der sechziger Jahre auf Computer umgestellt. Die Zeit für die Buchung eines Fluges verringerte sich um ein Vielfaches. Andere Bereiche, wie zum Beispiel Finanzplanung, Flugplangestaltung, Lagerhaltung und die Wartung der Maschinen wurden mit der Zeit mehr und mehr vom Computer übernommen.

Delta errichtete einen Hangar, der größer war als vier Fußballplätze zusammen. Dies geschah auch in der Absicht, künftigen größeren Maschinen einen Platz zu bieten, den sie zur Wartung benötigen würden. Delta stand auch 'Gewehr bei Fuß', als die DC-9 eingeführt wurde. Sie war die erste Gesellschaft, die dieses Flugzeug im kommerziellen Luftverkehr einsetzte. Darüberhinaus wurden die Convair CV-880, die 'gestreckte' Super DC-8 und als Transportmaschine die Hercules L-100 eingesetzt.

Billige Nachtflüge

Im Bereich des Marketing erzielte Delta damals einen wichtigen Erfolg. Mit der Einführung des sogenannten 'night coach' — eine Verbilligung für Nachtflüge — setzte sie Zeichen für einen Konkurrenzkampf, der noch in der heutigen Zeit weitläufige Auswirkungen zeigt. Der Fluggast im inneramerikanischen Verkehr kann zwischen zahllosen Vergünstigungen wählen, die von allen Airlines angeboten werden. Schon Ende der sechziger Jahre deutete sich die Entwicklung zu noch größeren Flugzeugen an, die bei stagnierender Nachfrage im Passagierbereich den harten Wettkampf ermöglichen.

Die Ära der textilbespannten Kleinflugzeuge lag weit hinter Delta zurück. Aus dem 'dusting business' (Sprühunternehmen) war eine stattliche Luftfahrtgesellschaft geworden. Die Männer in den 'fliegenden Sprühdosen' waren zu ausgereiften Piloten avanciert und aus ihren primitiven Maschinen von damals hochentwickelte und technisierte Flugapparate des Computerzeitalters geworden.

Die Entwicklung ging voran. Bessere und ausgereiftere Maschinen kamen auf den Markt: Jets mit einem Fassungsvermögen und einer Transportkapazität, die zwanzig Jahre zuvor niemand für möglich gehalten hätte. Die Boeing 747, die Douglas DC-10 oder Lockheed L-1011 entstammen einer Flugzeugkategorie der Superlative. Durch sie wurden für mehr Menschen und Lasten immer weitläufigere Möglichkeiten geschaffen. Im Vergleich dazu hatten die Erstflugzeuge der Firma Stinson ihren Dienst mit geringer Fracht in relativ gemächlichem Tempo absolviert.

Fusion mit Northeast Airlines

Die Kosten solcher Unternehmungen, bei einem Personalbestand von 35.000 Mitarbeitern, sind außerordentlich hoch. Aus diesem Grund fusionierte Delta noch einmal. Der neue Partner war Northeast Airlines. Diese Gesellschaft hatte ihren Ursprung bei weniger luftigen Unternehmungen — der Boston & Maine Eisenbahnlinie. Sie hatte versucht, unter der Schirmherrschaft der Pan American, den Flugverkehr im Nordosten der USA zu erweitern.

Wechselhaft wie das Wetter und die Landschaft im Nordosten ist die Geschichte der Northeast Airlines. Sie hieß National Airways und wurde von ein paar Luftfahrtenthusiasten geleitet. Man flog die dreimotorige Stinson. Die Gesellschaft wurde später in Boston & Maine Airways umbenannt und der Flugverkehr mit der Electra aufrechterhalten. Die Bedingungen im Nordosten waren härter, als die im Süden der USA. Deshalb wurden hier die Spezialisten und die Allwetterpiloten ausgebildet, die im Zweiten Weltkrieg nach Grönland, Island und Schottland flogen.

Die erste Krise traf die Gesellschaft (unterdessen flog man unter dem Namen Northeast Airlines), als die großen Erwartungen im Flugverkehr nicht oder nur unzureichend eingetreten waren. Fusionsgespräche, unter anderem mit Delta, scheiterten; die neue Linie nach Florida schürte allerdings Hoffnungen für ganzjährige Einnahmen. Der Multi-Millionär Howard Hughes nahm sich kurzfristig der Northeast Airlines an. So konnte sie nun als erste Fluggesellschaft Düsenflugzeuge einsetzen (B 707). Danach wurde sie an eine Firma in Florida verkauft und lief unter dem Pseudonym 'Northeast Yellowbird'. Alle Maschinen waren ausschließlich in Weiß und Gelb gehalten. Finanzielle Probleme führten schließlich am 1. August 1972 zur Fusion mit Delta. In diese Ehe brachte Northeast Airlines ihre ganze Boeing-727 Flotte ein, die als Mittelstreckler eingesetzt wurden.

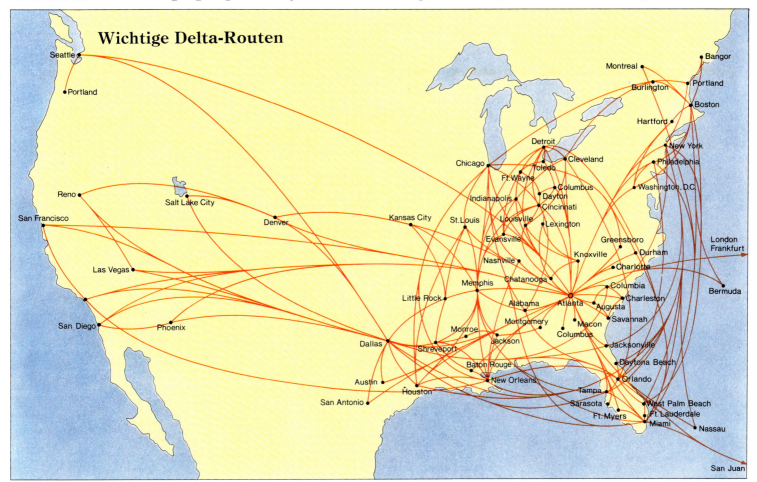

Nach Europa

In den siebziger Jahren nahm Deltas Gesamtstreckennetz erheblich an Umfang zu. Der mittlere Westen und Colorado wurden ins Netz aufgenommen und die erste transatlantische Route nach London geflogen. Pünktlich zum fünfzigsten Geburtstag erhält Delta ihren ersten kommerziellen Flug nach Deutschland. Er wird in der L-1011-500 TriStar absolviert. Nach fünfzig Jahren Flugerfahrung spannt sich ein Bogen über ehemals drei Gesellschaften.

Den Gesetzen des freien Marktes gehorchend, fusionierten die Partner zu einer Zeit, als die Kosten in der zivilen Luftfahrt ins Unermeßliche stiegen. Der Konkurrenzkampf auf dem amerikanischen Kontinent, der wesentlich härter ist als der in Europa, macht den kleinen Unternehmen das Überleben immer schwieriger. Die Ölkrise brachte einerseits die notwendigen Bemühungen um treibstoffsparende Triebwerke in Gang; anderseits bescherte sie den Fluggesellschaften erhebliche Rückgänge im Passagierverkehr, obwohl durch die Einführung von Großraumflugzeugen das Kapazitätsangebot erhöht werden konnte.

Für diese Maschinen besitzt Delta mit dem William B. Hartsfield Atlanta International Airport die ideale Basis. Das neue Central Passenger Terminal, das 1980 seiner Bestimmung übergeben wurde, kann bis zu 104 Großraumflugzeuge abfertigen. Im Passagierverkehr ist Atlanta Airport nach Chicago O'Hare der zweitgrößte Flughafen der Welt mit rund dreißig Millionen Fluggästen zu Beginn der achtziger Jahre. Fast 75 Prozent aller Passagiere nutzen den Flughafen zu Transfers, was ihn zum größten Umsteigeflughafen der Welt macht.

Das neue Terminal mißt mehr als 150 Hektar und ist damit um ein Drittel größer als das gesamte Candler Field im Jahr 1928, dem ersten Flughafen von Atlanta, einschließlich der Start- und Landebahnen. Weitere Anbauten können bei Bedarf errichtet werden, doch diese Möglichkeit wird wohl erst aktuell werden, wenn ein Anstieg in Passagierzahlen verzeichnet werden kann.

Die rückläufige Entwicklung im Passagieraufkommen und der gnadenlose Konkurrenzkampf trafen auch Delta hart. Im letzten Quartal des Jahres 1982 mußte ein Verlust von 16 Millionen US Dollar verkraftet werden. Im gleichen Zeitraum des Vorjahrs hatte Delta noch

Delta setzt als erste Gesellschaft die Boeing 767 ein, das amerikanische Konkurrenzmodell zum Airbus A310.

fast zwei Millionen Dollar Gewinn eingeflogen.

Trotz dieser negativen Bilanz setzte die Gesellschaft auf Expansion und investierte in neue Flugzeugtypen. So war sie die erste Airline in den USA, die die neue Boeing 767-200 einführte, von der sie heute 20 Maschinen besitzt, außerdem bestellte sie gleich 60 Boeing 757 für ihre Kurz- und Mittelstrecken.

Neben einem ausgedehnten inneramerikanischen Streckennetz bietet Delta heute internationale Flüge nach Montreal, Bermuda, San Juan, London Gatwick, Frankfurt und auf die Bahamas an. Dies reflektiert in etwa das Wachstum einer Gesellschaft, die ihren Ursprung in der Schädlingsbekämpfung hatte und die bei frühen Versuchen einen Zeitgenossen zu dem Ausspruch verleitete: "Es wird immer nur eine begrenzte Zahl von Leuten geben, die willens sind, das nicht reduzierbare Risiko des Fliegens auf sich zu nehmen".

Rechte Seite: **Hartsfield/Atlanta ist die Heimatbasis von Delta Airlines, deren neue Boeing 757 sich hier in die wartende Reihe startklarer Maschinen einreiht.** *Unten:* **Eine Lockheed TriStar 1 landet auf dem Flughafen von San Juan auf Puerto Rico.**

Eastern Airlines

Über sechzig Jahre gehörte Eastern Airlines zu den bedeutendsten Fluglinien im amerikanischen Raum. Häufig hatte das Unternehmen schwere Krisen überstehen können, mußte aber schließlich doch in Konkurs gehen.

Oben: **Passagiere auf dem National Airport, Washington, D.C., gehen an Bord der Lockheed L-749 Constellation. Linke Seite oben: Eine der zweimotorigen Martin 4-0-4, die ab 1951 bei Eastern in Dienst gestellt wurden. Linke Seite unten: Eine 18sitzige Curtiss Condor der seit Januar 1930 Eastern Air Transport Inc. genannten Gesellschaft.**

Als Eastern Airlines am 1. Mai 1928 den Flugbetrieb aufnahm, hieß das Unternehmen Pitcairn Aviation. Es gehörte dem Flugzeughersteller Harold F. Pitcairn, der von der Regierung mit der Beförderung von Luftpost auf der 792 Meilen langen Strecke von New Brunswick im Staat New Jersey nach Atlanta beauftragt worden war und dem die Postverwaltung pro Pfund Luftpostgut drei Dollar vergütete. Kurz darauf konnte sich Pitcairn den Postdienst auch für die 641 Meilen lange Strecke Atlanta - Miami sichern. Die Fluggesellschaft verfügte über acht einmotorige Doppeldecker vom Typ PA-5 Pitcairn "Mailwing". Die Nutzlastkapazität dieser Maschinen mit ihrer offenen Kanzel war so gering, daß von Anfang an sowohl auf der Verbindung nach Norden als auch in umgekehrter Richtung jeweils zwei Flugzeuge eingesetzt werden mußten, um alle Luftpostsendungen transportieren zu können. Auf den Flügen von Hadley Field in New Brunswick nach Atlanta erfolgten planmäßige Zwischenlandungen in Washington, Richmond, Greensoro und Spartanburg. Im Juli 1929 entschloß sich Harold F. Pitcairn, sich auf den Bau von Flugzeugen zu konzentrieren. Er verkaufte seine Fluggesellschaft an North American Aviation, die Anfang 1930 den Namen der Airline in Eastern Air Transport änderte.

Der Passagierdienst wurde am 18. August 1930 auf der knapp 500 km langen Strecke von North Beach/Long Island via Camden, Baltimore und Washington nach Richmond aufgenommen. In jeder Richtung wurde werktags ein Flug mit einer zehnsitzigen Ford Trimotor angeboten. Die Nachfrage machte es erforderlich, auch achtzehnsitzige Flugzeuge des Typs Curtiss Condor einzusetzen und die Strecke bis Atlanta zu verlängern. Kurz darauf wurden Miami und St. Petersburg einbezogen. 1932 war es bereits möglich, an einem Tag von New York aus Miami zu erreichen. Die Ankündigung "Vom Frost zu Blumen in vierzehn Stunden" fand ein breites Echo. Die Maschine, die um 8.00 Uhr in New York startete, traf planmäßig um 21.50 Uhr in Miami ein, mußte aber unterwegs nicht weniger als zehnmal zwischenlanden. Inzwischen ist Miami für die New Yorker nur noch zweieinhalb Flugstunden entfernt.

Trotz der Weltwirtschaftskrise erweiterten die amerikanischen Fluggesellschaften in den dreißiger Jahren ihr Streckennetz. Sie waren in der Lage, bessere Flugzeuge anzuschaffen, da die Postflüge

Eine der ab 1947 eingesetzten Lockheed L-749 Constellation über dem Rickenbacker Causeway. Ab 1951 gesellten sich die Super "Connies" (Super Constellation) zur Flotte dazu.

Ein Boeing 727 Whisperjet kurz vor der Landung in Washington, D.C. Eastern war einer der ersten Betreiber der 727, die sich als Arbeitspferd des Jet-Zeitalters erwies.

gute Profite abwarfen. Deshalb traf sie 1934 die Kündigung sämtlicher Verträge durch den Generalpostmeister wie ein Blitzschlag aus heiterem Himmel. Mit der Beförderung der Luftpost wurde die Army Air Force beauftragt, die aber mit ihrer Ausrüstung bei weitem nicht den gewohnten Standard im Hinblick auf Pünktlichkeit und Zuverlässigkeit erfüllen konnte. Das Experiment wurde nach zwei Monaten eingestellt. Die Pause trug jedoch dazu bei, daß Eastern das Jahr mit einem Verlust von rund 700.000 Dollar abschloß.

Captain Eddie

In dieser Situation wurde der ehemalige Weltkriegs-Flieger Edward V. ("Eddie") Rickenbacker zum Generaldirektor von Eastern bestellt. Eine seiner ersten Entscheidungen war es, das Flugbetriebs- und Wartungszentrum der Fluggesellschaft von Atlanta nach Miami zu verlegen, das bis heute Sitz des Unternehmens geblieben ist. Durch strenge Kostenkontrolle gelang es Rickenbacker, für 1935 bereits einen Gewinn von 90.000 Dollar auszuweisen. Eastern rüstete ihre Flotte auf die neue Douglas DC-2 um und entschied sich später auch schnell für die DC-3, die sich zum Arbeitspferd dieser wie vieler anderer Luftverkehrsgesellschaften entwickelte. Jahr für Jahr flog Eastern Gewinne ein - bis 1959.

Als Eastern Airlines 25 Jahre alt geworden war, belief sich der Jahresumsatz auf mehr als 136 Millionen Dollar. Rickenbacker meinte dazu trocken, das eigentliche Wachstum stehe der Fluggesellschaft noch bevor. Zehn Jahre später gab Capt. Eddie das Kommando ab. Zu dieser Zeit verfügte Eastern Airlines über eine Flotte von 170 Flugzeugen, darunter auch die ab 1960 angeschafften DC-8 und eine Reihe von Boeing 720, die in den Jahren 1961 und 1962 in Dienst gestellt worden waren. Die Fluggesellschaft beförderte 1963 rund 9,7 Millionen Passagiere und zählte in ihrer Belegschaft 18.000 Angestellte. Den Air Shuttle hatte Eastern mit bereits abgeschriebenen Constellation begonnen.

Vom Reißbrett weg hatte Eastern Mitte der fünfziger Jahre 40 Lockheed Electra bestellt. Die erste Turboprop-Maschine dieses Typs wurde Anfang 1959 in Dienst gestellt. Von den letzten trennte sich die Fluggesellschaft erst 1977; in den letzten Jahren hatten die Electra vor allem als Reserve für den Air Shuttle gedient. Kein anderer Flugzeugtyp war bei Eastern Airlines so lange im Einsatz.

Eastern war die erste Airline, die 1964 die Boeing 727 und 1972 die Lockheed L-1011 TriStar einsetzte. Von dem dreistrahligen Großraumflugzeug hatte die Fluggesellschaft 1963 gleich 37 Stück bestellt. Twin-Jets des Typs DC-9 befinden sich seit 1966 in der Eastern-Flotte. Von den letzten mit Kolbenmotoren angetriebenen Convair 440 trennte man sich übrigens erst 1969.

Die wispernden Jets

Für 1,6 Milliarden Dollar bestellte Eastern Airlines 1978, im Jahr des fünfzigjährigen Bestehens, neue Flugzeug. Das Jubiläumsjahr bot in der Tat Anlaß zum Jubilieren. Es bescherte dem Unternehmen mit einem Überschuß von 63,7 Millionen Dollar den höchsten Gewinn in seiner Geschichte. Seit Frank Borman die Leitung der Fluggesellschaft übernommen hat, ist die Flottenpolitik von dem intensiven Streben nach Treibstoffersparnis gekennzeichnet. Er nahm 1977 das Angebot der Airbus Industrie an, einige der europäischen Großraumflugzeuge einem eingehenden Text in der Praxis zu unterziehen. Die A300 wurde Eastern zu sehr vorteilhaften Bedingungen vom Hersteller geliehen. Die Piloten und Techniker äußerten sich über die Jets "made in Europe" begeistert.

Die A300 "Whisperliner" waren mit 240 Sitzen ausgestattet, davon 24 in der Ersten Klasse. Bei den Reisenden in den USA kam der Airbus ausgezeichnet an. Hinter der Szene gab es einige politische Schwierigkeiten, die jedoch im Laufe der Zeit überwunden werden konnten. Nachdem im Flugbetrieb den Behörden die außerordentliche Zuverlässigkeit der A300 dokumentiert worden war, gestand die amerikanische Luftfahrtverwaltung FAA Eastern Airlines den Einsatz dieses zweistrahligen Jets auch auf der Strecke New York - San Juan zu. Die US-Regel, daß Twin-Jets auf Überwasserstrecken binnen 60 Minuten jederzeit einen geeigneten Flughafen zur Landung vorfinden mussen, wurde für die A300 auf 75 Minuten erhöht.

Aber auch die flüsternden Flugzeuge konnten das Aus für Eastern Airlines nicht aufhalten: Anfang der neunziger Jahre mußte Eastern Konkurs anmelden, und die Maschinen dieser Traditions-Airlines stiegen nicht mehr auf.

Eine der A300 Whisperliner, die Eastern ab 1977 zu günstigen Bedingungen von Airbus Industris lieh. Mit diesem Typ flog Eastern zunächst erfolgreich.

Hapag-Lloyd

Schon früh beschäftigte sich die Hapag-Lloyd mit dem Flugverkehr;
vor vielen Jahrzehnten, im Zeitalter der Zeppeline besorgte die Hamburg-Amerika-Linie,
aus der die Gesellschaft hervorging, die Abfertigung von Fracht und
Passagieren für die Luftschiffe. Später schloß man sich mit anderen Unternehmen
zur Deutschen Luft Hansa zusammen. Und 1973 ging man daran, wieder
ein eigenes Flugunternehmen zu eröffnen.

Der Slogan der Hapag-Lloyd-Flug lautet: "Urlaub über den Wolken". Und tatsächlich gehört diese Gesellschaft seit ihrer Neugründung 1973 zu den bekanntesten "Ferienfliegern" in Deutschland. Vorwiegend in südliche Ziele bringen die Jets der Hapag-Lloyd die deutschen Urlauber: Spanien, Griechenland, Portugal, Tunesien und die Türkei gehören zu den am meisten angeflogenen Ländern. Als Kunden konnte Hapag-Lloyd fast alle namhaften Touristik-Unternehmen Deutschlands gewinnen, so daß pro Jahr über drei Millionen Fluggäste befördert werden können.

Angefangen hat man mit der Luftfahrt schon 1910 im Hause Hapag; damals firmierte man noch als Hamburg-Amerika-Linie und hatte die Passagier- und Frachtabfertigung für die DELAG, die Deutsche Luftschiffahrts Aktiengesellschaft, übernommen. Höhepunkt dieser Zeit der Luftschiffe war das Jahr 1929, als das Luftschiff "Graf Zeppelin" eine Weltreise unternahm, bei der eine Strecke von 33.000 Kilometern zurückgelegt wurde. Im Jahr 1920 war schon die Tochtergesellschaft Lloyd Flugdienst gegründet worden; 1926 fusionierten mehrere Unternehmen dieser Art zur "Deutschen Luft Hansa".

Die Flotte
Die Flotte, 1973 mit einer Boeing 727-100 begründet, wurde in den achtziger Jahren grundlegend modernisiert und besteht heute aus vier Airbus A310-200, drei Airbus A310-300 und außerdem aus 14 Boeing 737 (neun vom Typ 737-400, des weiteren fünf 737-500). Auch die Zahl der Mitarbeiter kann sich sehen lassen: Im Jahr 1993 beschäf-

Ein besonderer Service der Hapag-Lloyd: Flugreisende, die im Urlaub auf ihren eigenen Pkw nicht verzichten wollen, können ihren Wagen mit ins Flugzeug laden lassen. Das ist aber nur dann möglich, wenn ein Airbus A310 eingesetzt wird.

Seit 1973 gehört Hapag-Lloyd zu den beliebtesten Ferienfliegern in Deutschland. Fast alle namhaften Touristik-Unternehmen der Bundesrepublik arbeiten mit der Fluggesellschaft zusammen.

tigte die Hapag-Lloyd auf dem Flugsektor 1.407 Mitarbeiter, davon 742 an Bord der Flugzeuge und 353 am Boden.

Eigene Wartung

Hapag-Lloyd hat als traditionsreiche Verkehrsgesellschaft zu Wasser, zu Lande und in der Luft seinen Firmen-Hauptsitz in Hamburg und Bremen; die Luftverkehrsgesellschaft ist jedoch in Hannover beheimatet, genauer gesagt am Flughafen Langenhagen. Dort ist aber nicht nur die Basis der Flotte, sondern Hapag-Lloyd verfügt hier über eine eigene Luftwerft, die sämtliche Wartungs- und Reparaturarbeiten an den Jets der Gesellschaft durchführt. 1993 wurde die Werft nach EG-Richtlinien als luftfahrttechnischer Betrieb zugelassen, als zweites deutsches Unternehmen nach der Lufthansa.

In den beiden Werfthallen (Gesamtfläche: 14.000 Quadratmeter) lassen sich die Großraumflugzeuge vom Typ Airbus A310 problemlos warten. Über 300 Mitarbeiter sind hier beschäftigt; sie verfügen über ein Ersatzteillager im Wert von mehr als 140 Millionen Mark, das sich auf 4.000 Quadratmetern breitmacht. Ohne EDV wäre ein solches Lager, das von der einzelnen Schraube bis zum kompletten Triebwerk alles vorhält, nicht mehr zu verwalten. So ist denn neben dem exzellenten Know-How der Mitarbeiter ein effizientes Computer-Programm die Garantie für eine erfolgreiche Arbeit.

Moderne Flugzeuge

Die Hapag-Lloyd-Flotte gehört zu den modernsten in Europa. Alle Airbus A310 und Boeing 737 sind mit Triebwerken versehen, die nicht nur besonders geräuscharm sind, sondern auch sehr wenig Kraftstoff verbrauchen und nur geringe Mengen Schadstoffe emittieren. Die Airbus-Version A310-300 (Startgewicht: maximal 157 Tonnen) ist für den Langstrecken-Einsatz gedacht, das heißt, mit einer Reichweite von 8.335 Kilometern können 237 Fluggäste bequem von Düsseldorf bis in die Dominikanische Republik oder nach Florida gebracht werden. Das Flugzeug hat eine Spannweite von 43,9 m, eine Länge von 46,66 m und die Leitwerkhöhe beträgt 15,81 m. Zwei Triebwerke vom Typ General Electric CF6-80C2A2 mit 53.500 lbs Schub pro Motor heben das Flugzeug in die Luft und sorgen für eine Reisegeschwindigkeit von 850 km/h. Die technischen Daten sind für beide Baureihen identisch. Mit der Version A310-200 (Startgewicht: maximal 134 Tonnen), der Mittelstrecken-Ausführung, fliegen 264 Passagiere Strecken bis zu 4.445 Kilometer.

Die Boeing 737-400 ist eine konsequente Weiterentwicklung des Typs 737-300 und bringt in der Hapag-Lloyd-Version 167 Fluggäste

Der Service an Bord der Charterflugzeuge hat nahezu die gleiche Qualität erreicht wie bei den Linienfliegern. Man bemüht sich, den Fluggästen den Aufenthalt an Bord so angenehm wie möglich zu machen. Audio- und Video Unterhaltungsprogramm und "Airshow-System" runden den Komfort in der Kabine ab.

Passagierflugzeuge der Hapag-Lloyd

4 Flugzeuge
Airbus A310-200

3 Flugzeuge
Airbus A310-300

Spannweite: 43,90 m
Länge: 46,67 m
Reisegeschwindigkeit: 850 km/h
Kraftstoffkapazität: 55100 l / 68250 l
Passagiere: 264

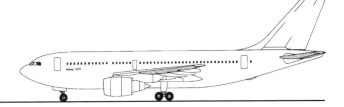

9 Flugzeuge
Boeing 737-400

5 Flugzeuge
Boeing 737-500

Spannweite: 28,90 m
Länge: 36,40 m
Höhe: 11,28 m
Reisegeschwindigkeit: 790 km/h
Kraftstoffkapazität: 21580 l / 20100 l
Passagiere: 167 / 128

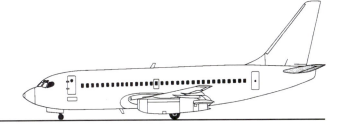

Ein moderner Airbus der Hapag-Lloyd wartet auf seinen Einsatz.

Nur wenige Chartergesellschaften verfügen über eine eigene Wartungsabteilung - Hapag-Lloyd hat eine eigene Luftwerft in Hannover, in der auch solche Flugzeuge wie dieser Airbus vom Typ A310 gewartet und nötigenfalls repariert werden können.

non-stop in den Mittelmeerraum. Die Maschine ist 36,4 m lang (zwei Rumpf-Verlängerungen von 1,83 m vor bzw. 1,22 m hinter den Tragflächen wurden eingefügt), hat eine Spannweite von 28,9 m und ist 11,1 m hoch. Entsprechend dem erhöhten Gewicht wurden die Tragflächen, Triebwerke und Fahrgestelle verstärkt. Die maximale Last beträgt 68 Tonnen; zwei General Electric CFM 56-3 CL Triebwerke (23.500 lbs Schub pro Motor) sorgen für eine Reisegeschwindigkeit von 790 km/h. Diese Version der 737 kann ohne weiteres Ziele wie Teneriffa non-stop anfliegen.

Die Boeing 737-500 ersetzt die früher eingesetzten Maschinen vom Typ 727-100 und 737-200. Das Flugzeug ist 30,8 m lang, 11,1 m hoch und hat eine Spannweite von 28,9 m. Die Reichweite beträgt 4.150 km; mit einem Flugzeug dieses Typs reisen Hapag-Lloyd-Fluggäste beispielsweise nach Nordafrika oder Ägypten.

An den Komfort der Fluggäste wird natürlich auch gedacht; längst vorbei die Zeiten, wo der Service an Bord der "Touristenbomber" sich gravierend von dem an Bord von Linienmaschinen unterschied. Das gilt für Essen und Trinken ebenso wie für die Kurzweil während des Fluges. So ist für ein abwechselungsreiches Unterhaltungsprogramm (Audio, Video) ebenso gesorgt wie für das "Airshow"-System, durch das der Fluggast die Flugroute und die jeweilige Position des Flugzeuges auf einem Monitor verfolgen kann.

Besonderer Service

Seit Beginn des Jahres 1993 bietet Hapag-Lloyd einen besonderen Service: Fluggäste können ihren Pkw an Bord verladen lassen, wenn jemand im Urlaub auf den eigenen Wagen nicht verzichten möchte. Das geht jedoch nur, wenn auf der Strecke ein Airbus A310 eingesetzt wird, der solch sperriges Gut auch aufnehmen kann.

Ganz in der Tradition als Schiffahrtsbetrieb, der auch Kreuzfahrten veranstaltet, hatte man bei Hapag-Lloyd Flug die analoge Idee der "Kreuzflüge". So wird denn jedes Jahr für die Zeit von November bis März eine Boeing 737-500 umgerüstet: Die 128 Sitze werden ausgebaut und durch 64 First-Class-Sessel ersetzt. Mit diesem Flugzeug und einer ständigen Crew geht es dann zum "Kreuzflug", etwa zu den "Schatzkammern großer Kulturen" mit Aufenthalten in Indien, China, Japan, Korea, Taiwan, Thailand und Qatar. Die Fluggäste sehen unter anderem das Tadsch Mahal in Indien, die berühmte Terrakotta-Armee in China und die prachtvollen Tempel in der japanischen Kaiserstadt Kyoto. Daran anschließend oder auch ohne das "Schatzkammer"-Programm gibt es dann einen Australien/Neuseeland-Kreuzflug.

Die "Kreuzflüge"

Wer Weihnachten und Sylvester nicht zuhause verbringen will, fliegt mit Hapag-Lloyd nach Südamerika ("Feuerwerk an der Copacabana"), man kann im Januar golfspielenderweise durch Afrika kreuzfliegen oder im Februar wiederum Südamerika, aber diesmal Feuerland aufsuchen, bevor der Kreuzflieger sich etwa nach Fernost begibt, um von Vietnam bis nach Nepal ("Aufs Dach der Welt") zu fliegen. Im März geht es dann in die USA, wo man die schönsten Ziele aufsucht, um dann auf den Bermudas zu entspannen.

Alle Kreuzflüge haben gemeinsam, daß die Reisen im selben Jet als First-Class-Flug durchgeführt werden, und daß die gesamte Crew die ganze Reise begleitet. Die ausgewählten Hotels sind Häuser der Spitzenklasse.

Als weitere Besonderheit für einen deutschen Charterer kann Hapag-Lloyd für sich in Anspruch nehmen, auch von ausländischen Flughäfen abzufliegen - seit Ende 1993 startet man von Luxemburg aus, um sich die zentrale Lage des Herzogtums in Europa zunutze zu machen.

Japan Airlines
日本航空

Mit weit über fünfzig Jumbo-Jets Boeing 747 und gut zwanzig Douglas DC-10 verfügen die Japan Airlines über die größte Flotte von Großraumflugzeugen. Kein Wunder in einem vielbevölkerten Land, das Mobilität auf seine Fahnen geschrieben hat. Selbst für den innerjapanischen Verkehr sind bei der JAL Jumbos im Einsatz, mit einer Kapazität von über 500 Fluggästen. Diese Maschinen mußten jedoch mit einem verstärkten Fahrwerk ausgestattet werden, um der höheren Beanspruchung durch dauernde Starts und Landungen gerecht zu werden. Aber auch auf internationalen Strecken fliegt die Japan Airlines ganz vorne mit: Sie dürfte den zweiten Platz einnehmen, gemessen an den Passagierkilometern.

'JALites' nennen sich die rund 22.000 Mitarbeiter der japanischen Fluglinie. Sie sind jetzt, wie aus Tokio verlautete, zu Spekulanten geworden. Aber nicht an der Börse, obgleich dort Aktien der Japan Air Lines gehandelt werden. Nein, sie spekulierten, ob ihr Unternehmen in der Statistik des internationalen Luftverkehrsverbandes IATA auch im Passagierverkehr hinsichtlich der Fluggastkilometer auf internationalen Strecken an die Spitze der Tabelle gerutscht ist. 1982 hatte JAL nach British Airways und Pan Am in dieser Hinsicht mit 25.380 Passagierkilometern den dritten Platz eingenommen, um sich im folgenden Jahr an die zweite Stelle zu schieben. Das eigenartige Spekulationsfieber der 'JALites' war im Februar 1984 durch eine Bemerkung des Präsidenten der Japan Air Lines, Yasumoto Takagi, angeheizt worden, der intern errechnete Zahlen bekanntgab.

Ein kleiner Teil der Boeing 747 Flotte der Japan Air Lines. In verschiedenen Ausführungen dienen diese Maschinen sowohl für Inlands- als auch für Auslandsflüge.

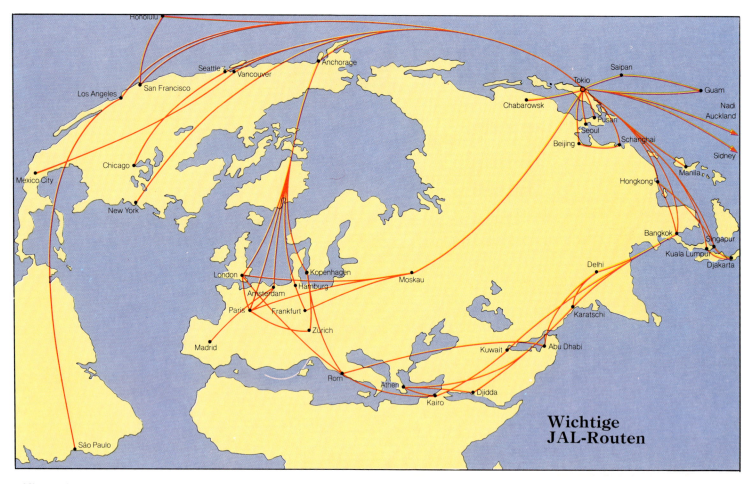

Wichtige JAL-Routen

Niemand spricht den Japanern Ehrgeiz, Fleiß und Tüchtigkeit ab, und schon gar nicht den Mitarbeitern der Fluggesellschaft. Sie streben immer danach, anderen zumindest eine Nasenlänge voraus zu sein, wenngleich sie dabei gelegentlich über das Ziel hinausschießen. Ein Beispiel war 1983 ein Klassen-Verwirrspiel, durch das JAL herbe Kritik einstecken mußte. Aber die Verantwortlichen in Tokio sahen schnell den Fehler ein und korrigierten ihn wieder. Wirtschaftlich steht die Luftverkehrsgesellschaft gewiß nicht schlecht da. Aber sie kann nicht wie die Lufthansa Jahr für Jahr in ihrer Bilanz Gewinn ausweisen, sondern muß zwischen fetten Jahren auch finanzielle Durststrecken verkraften.

Mit viel Energie bemüht sich Japan Air Lines, Schrittmacherdienste im Weltluftverkehr zu leisten. Nach langen Verhandlungen erhielt die JAL als erste Airline der Welt die Genehmigung, auf der Sibirienroute Großraumflugzeuge einzusetzen. Am 5. April 1982 eröffnete sie mit einer Boeing 747 den Jumbo-Jet-Dienst von London über Moskau nach Tokio. Ihm folgten bald weitere Routen auf der Sibirienstrecke, der schnellsten Verbindung zwischen Europa und Japan.

Nicht die erste, sondern die dritte Fluggesellschaft nach Pan Am und Northwest Orient war Japan Air Lines, als sie am 1. Juli 1983 einen täglichen Nonstop-Dienst mit Boeing 747 zwischen Tokio und New York aufnahm. Durch den Wegfall der Zwischenlandung in Anchorage auf Alaska verkürzte sich die Flugzeit von Japan nach New York um anderthalb auf zwölfeinhalb Stunden. Auf dem Gegenkurs, bei dem die Jets ständig gegen den Wind fliegen, ergab sich sogar zwischen dem John F. Kennedy Airport und Tokio–Narita eine Reisezeitersparnis von 2 Stunden auf 13 Stunden 40 Minuten. 'Executive Express' nennt die JAL diese Schnellverbindung auf der rund 10.500 Kilometer langen Strecke. An Bord der zwischen Tokio und New York eingesetzten Jumbo-Jets ist die Kabine der Ersten Klasse doppelt so groß wie sonst: 44 Sky Recliner-Schlafsessel an Stelle der sonst üblichen 22 Plätze.

Die japanische Fluggesellschaft verfügt über eine eigene Abteilung, die sich ausschließlich mit der Treibstoffversorgung auf allen von ihr angeflogenen Stationen beschäftigt. Veranlassung zu dieser Initiative hatten im Frühjahr 1980 zunehmende Probleme bei der Beschaffung des benötigten Kerosins gegeben. Aufgabe der Manager ist es derzeit, dafür zu sorgen, daß die Flugzeuge zu den jeweils günstigsten Preisen betankt werden. Bereits vor der Einrichtung der 'Fuel Task Force' hatte die Gesellschaft eine Reihe von treibstoffsparenden Maßnahmen ergriffen. In der Kabine wurden beispielsweise schwere Geräte gegen leichtere ausgetauscht. Selbst die Bodenteppiche wurden entfernt und durch ein leichteres Material ersetzt.

Im November 1982 gründete die JAL als hundertprozentige Tochtergesellschaft in Los Angeles die Pacific Fuel Trading Corporation; "Zweck des Unternehmens sind der Einkauf und die Lieferung von Kraftstoffen und Ölprodukten und die Wartung von Kraftstofflagern".

1951 als Privatgesellschaft gegründet

Die Anfänge der Japan Air Lines nach dem Zweiten Weltkrieg waren schwer. Die Besatzungsbestimmungen erlaubten japanischen Staatsangehörigen keinerlei fliegerische Tätigkeit. Das Privatunternehmen, das mit einem Kapital von 100 Millionen Yen startete, mietete von Northwest Airlines eine zweimotorige Martin 202 samt Crew und nahm am 25. Oktober 1951 um 07.43 Uhr auf dem Flughafen Tokio–Haneda den Flugbetrieb auf. Der Eröffnungsflug führte nach Osaka. Noch am gleichen Tag begannen Liniendienste von Tokio nach Sapporo und via Osaka nach Fukuoka. Von Anfang an war es Ziel des Unternehmens, internationale Liniendienste unter japanischer Flagge anzubieten. Dazu mußten allerdings manche Hindernisse aus dem Weg geräumt werden.

Zunächst gründete die JAL Mitte 1952 als Tochtergesellschaft für die Wartung von Flugzeugen die Japan Maintenance Company Ltd. Bald darauf erstand das junge Luftverkehrsunternehmen drei Douglas DC-4. Am 25. Oktober des gleichen Jahres begann der Einsatz dieser Mini-Flotte mit eigenen Piloten. Gleichzeitig wurden die Martin 202 außer Dienst gestellt. Doch bis die JAL den ersten internationalen Flugdienst aufnehmen konnte, sollten noch nahezu anderthalb Jahre vergehen. Für dieses Ziel mußte eigens ein Gesetz erlassen werden. Es ordnete die Auflösung der Japan Air Lines und die Gründung einer Fluggesellschaft gleichen Namens unter finanzieller Beteiligung der Regierung an. Am 1. Oktober 1953 nahm die neu gebildete JAL ihre Tätigkeit zuf. Zwei Wochen zuvor war mit der 'City of Tokyo' die erste Douglas DC-6B der Fluggesellschaft eingetroffen.

Nach einem Testflug von Tokio über die Insel Wake und Honolulu nach San Francisco eröffnete die Fluggesellschaft kurz hintereinander Niederlassungen in New York, Honolulu und Los Angeles. Die Stadt an der Pazifikküste der USA sollte jedoch nicht das erste internationale Ziel sein. Die erste Auslandsroute, die ab 2. Februar 1954 bedient wurde, führte von Tokio über Honolulu nach San Francisco. Drei Tage später folgte die Eröffnung des Flugbetriebs nach Okinawa, das damals noch der Gesetzgebung der USA unterstand.

Ende 1955 bestellte Japan Air Lines ihre ersten vier Jets. Zur Finanzierung der vierstrahligen DC-8 wurden erstmals Aktien im Nennwert von einer halben Milliarde Yen ausgegeben. Vier Monate später erfolgte eine zweite Kapitalaufstockung im gleichen Umfang. Für alle diese Schritte benötigte die JAL die Zustimmung der Regierung. Das 'Gesetz über die Gesellschaft Japan Air Lines' forderte nicht nur für die Aufnahme von Kapital, sondern auch im Hinblick auf das Budget und die Betriebspläne die Genehmigung der Regierung. In dem Gesetz war sogar die Anzahl der Direktoren auf achtzehn fixiert. Im Frühjahr gab die Fluglinie bereits zum siebtenmal neue Aktien über

gweckt. Bereits im Mai 1959 erfolgte die Einweihung eines Nurfracht-Dienstes von Tokio nach San Francisco. Fünf Jahre später wählte die Gesellschaft für ihre reinen Frachtstrecken die DC-8F. Für gemischte Passagier- und Frachtflüge stellte die JAL im März 1965 die erste McDonnell Douglas DC-8-55F in Dienst. Im gleichen Jahr wurde an die Fluglinie die erste Boeing 727 ausgeliefert, die im Inlandverkehr zwischen Tokio und Fukuaka eingesetzt wurde.

Dann wollte Japan Air Lines wie manche andere Linienfluggesellschaft in jenen Jahren Überschall-Carrier werden. Im September 1965 erteilte der Vorstand drei Optionen für die Concorde, die allerdings später zurückgegeben wurden, als sich herausgestellt hatte, daß mit dem Mach-2-Superjet kein wirtschaftlicher Flugbetrieb zu bewerkstelligen war. Auch sonst sorgte die JAL für Schlagzeilen, und wenn es nur um den Einsatz chinesischer Stewardessen auf Asienstrecken ging. Das fand jedenfalls in der Tagespresse in Fernost mehr Beachtung als die Bestellung von drei Boeing 747 am 22. September 1966 und die Eröffnung von Liniendiensten mit DC-8 von Tokio nach New York via Honolulu und San Francisco.

Liniendienst rund um die Welt

Alles entwickelte sich prächtig. Immer schneller expandierte die Fluggesellschaft. Das Tempo war seinerzeit geradezu atemberaubend. In den ersten vier Monaten des Jahres 1967 führte die JAL mit JAL-COM I ihr erstes elektronisches Reservierungssystem ein, nahm

Eine McDonnell Douglas DC-8 nach der Landung auf dem Flughafen Tokio/Haneda. Die Maschine hat noch die alte Bemalung der Japan Air Lines.

Luftfracht ist ein sehr wichtiger Aufgabenbereich für Japan Air Lines. Taschenrechner, Stereoanlagen und Photoapparate stehen ständig auf der Frachtliste der JAL.

jeweils 500 Millionen Yen aus. In der Zwischenzeit waren Liniendienste nach Bangkok und Singapur eingerichtet und mit London die erste Niederlassung in Europa eröffnet worden.

In der Chronik ist immer wieder von weiteren Kapitalerhöhungen, noch häufiger aber von der Errichtung weiterer Niederlassungen die Rede. In Frankfurt faßte Japan Air Lines im Herbst 1960 Fuß, wenige Monate später auch in Düsseldorf, dann in Zürich, Amsterdam, Genf, Beirut, Djakarta, Kuwait, Dacca, San Diego und in vielen anderen Städten. Viele Filialbüros waren Vorposten für die Aufnahme des Flugbetriebs. Vom 6. Juni 1961 an flog JAL mit der DC-8 auf der Polroute von Tokio nach London (via Anchorage) und weiter nach Paris und Kopenhagen; Paris wurde aufgrund einer Zusammenarbeit mit der Air France bereits seit April 1961 von Tokio aus erreicht, und zwar mit einer Boeing 707 der Air France. Dann etablierte sich die japanische Luftverkehrsgesellschaft Anfang Oktober 1962 auf der 'Seidenroute' zwischen Japan und Europa. Die Strecke wurde von Tokio über Hongkong, Bangkok, Kalkutta, Karachi, Kairo und Rom nach Frankfurt geführt; zeitweilig war auch Kuwait einbezogen. Nach einem Jahr wurde auf der Seidenroute die Convair 880 durch die McDonnell Douglas DC-8 abgelöst.

Schon früh war bei Japan Air Lines das Interesse an der Luftfracht

den Liniendienst nach Moskau auf, weihte einen Rund-um-die-Welt-Flug ein und unterschrieb einen Vertrag über die Lieferung von weiteren drei Jumbo-Jets. Der Kurs rund um den Globus führte von Tokio über Hawaii, San Francisco und New York nach London und von dort auf der Seidenroute wieder nach Japan. Dieses Paradeangebot wurde allerdings 1972 eingestellt, weil das Zeitalter der Jumbo-Jets seinen Tribut forderte. Das JAL-Management und die Regierung scheuten sich nicht, ungewöhnliche Wege zu beschreiten. Die Verbindung zwischen Tokio und Moskau beruhte auf einer engen Zusammenarbeit mit der Sowjetunion. Die Aeroflot stellte mit einer Tupolew Tu 114 das Fluggerät und die Cockpit-Crew, Japan Air Lines die Kabinenbesatzung.

Um die Jahreswende 1968/69 musterte die Fluggesellschaft die DC-6B aus und eröffnete in Moses Lake/Washington ein eigenes Ausbildungszentrum für Jet-Piloten. Auf Strecken in Südostasien gelangte die gestreckte Version der DC-8, die Version 61, zum Einsatz. In Zusammenarbeit mit der Air France und der Lufthansa führte JAL im April 1969 einen gemeinsamen Frachtdienst mit einer Boeing 707 C auf der Polroute zwischen Japan und Westeuropa ein. Im Passagierverkehr erhielt Frankfurt Anschluß an die Poldienste. Seit Herbst 1969 fühlt sich JAL auch in Australien zu Hause.

Passagierflugzeuge der Japan Airlines

55 Flugzeuge
Boeing 747

Triebwerk: 4 Pratt & Whitney JT9D-7
Spannweite: 59,60 m
Länge: 70,50 m
Höhe: 19,30 m
Reisegeschwindigkeit: 900 km/h
Reichweite: 7.900 km
Passagiere: 275-429
Besatzung: 3

19 Flugzeuge
Boeing 767

Triebwerk: 2 Pratt & Whitney JT9D-7R4
Spannweite: 47,60
Länge: 48,50
Höhe: 15,90
Reisegeschwindigkeit: 850 km/h
Reichweite: 5.600 km
Passagiere: 201
Besatzung: 2

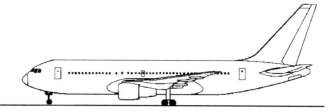

3 Flugzeuge
Douglas MD 11

Triebwerk: 3 Pratt & Whitney PW 4460
Spannweite: 51,66 m
Länge: 61,21 m
Höhe: 17,60 m
Reisegeschwindigkeit: 890 km/h
Reichweite: 10.500 km
Passagiere: 399
Besatzung: 2

Japan Airlines ist eine der größten Airlines der Welt.

20 Flugzeuge
Douglas DC-10

Triebwerk: 3 General Electric CF6-50C2
Spannweite: 50,42
Länge: 55,20 m
Höhe: 17,70 m
Reisegeschwindigkeit: 908 km/h
Reichweite: 9.950 km
Passagiere: 237
Besatzung: 3

Die JAL verfügt über die größte Zahl Jumbo-Jets.

Mit Elan ins Zeitalter der Jumbos

Als die Boeing-Werke am 22. April 1970 der JAL ihren ersten Jumbo-Jet übergaben, hatten sie in den Auftragsbüchern bereits neun Bestellungen der japanischen Fluggesellschaft für dieses Muster stehen. Mit wachsendem Elan wandte sich Japan Air Lines in der Folgezeit den Jumbo-Jets zu, die zunächst auf den transpazifischen Strecken zum Einsatz gelangten. Nach einem Vierteljahr Erfahrung im Flugbetrieb waren die JAL-Manager, vor allem aber die Passagiere, von dem Super-Jet derart angetan, daß die Luftverkehrsgesellschaft fünf weitere Maschinen in Auftrag gab. Mit Beginn des Sommerflugplans 1972 wurde der Verkehr mit Boeing 747 auch auf der Polroute von Tokio nach Amsterdam, Hamburg und Paris aufgenommen.

Für die Zwecke der Japan Air Lines baute Boeing mit der 747 SR eine Kurzstreckenausführung des Jumbo-Jets, die am 7. Oktober 1973 auf ihrem ersten Flug von Tokio nach Okinawa 455 Fluggäste beförderte. Die Buchstaben "SR" stehen für Short Range. Die für die Inlandstrecken sehr hohen Aufkommens entwickelte Version der Boeing 747 verfügte anfangs über 498 Passagiersitze. Ihre Zahl wurde später durch eine weitere Verdichtung der Bestuhlung auf 530 erhöht. Diese Maschinen weisen unter anderem ein verstärktes Fahrwerk auf, um der höheren Beanspruchung durch die gesteigerte Zahl von Starts und Landungen gerecht zu werden. Im Februar 1980 erhielt die JAL die jüngste Version der Boeing 747 SR, die sogar mit 550 Fluggastsitzen ausgestattet ist. Beim ersten Flug von Okinawa nach Tokio war das fliegende Schiff bis auf den letzten Platz besetzt. Eine 747SR mit verlängertem Oberdeck hat JAL Ende 1985 bestellt.

Mit dem Einsatz des Jumbo-Frachters Boeing 747 F begann die nationale Fluglinie Japans im Herbst 1974, nachdem in Tokio genau die Erfahrungen studiert worden waren, die die Lufthansa als erste Airline mit der Nurfrachtversion des Großraumflugzeugs gesammelt hatte. Nicht zuletzt die hohe Produktivität der Jumbo-Frachter gab der JAL 1978 Veranlassung, eigene Geschäftsbereiche für Luftfracht und Luftpost zu bilden. Davon gingen kräftige Impulse auf das Frachtgeschäft aus, die die Gesellschaft im internationalen Verkehr an die Spitze aller Airlines brachten.

Als erste internationale Gesellschaft nahm Japan Air Lines im März 1980 den Liniendienst mit Großraumflugzeugen nach Peking auf, allerdings mit der DC-10 und nicht mit der Boeing 747. Aufgrund ihrer Leistungen wurde Japan Air Lines von der führenden amerikanischen Luftfahrtzeitschrift 'Air Transport World' zur 'Fluglinie des Jahres 1980' gekürt.

Durch eine Überarbeitung des 'JAL-Gesetzes' erhielt das Unternehmen gegenüber dem Verkehrsministerium in Tokio wesentlich mehr Freiheit und Selbständigkeit eingeräumt. Dies setzt die Fluggesellschaft in die Lage, flexibler auf Veränderungen der Märkte zu reagieren. Seither hat die JAL allerdings an die japanische Regierung Dividende abzuführen. Der Staat ist an der Fluglinie, deren Stammkapital 63,79 Milliarden Yen beträgt, mit 37,7 Prozent beteiligt. Der Staatsanteil soll etwas gesenkt werden, aber auch in Zukunft bei mindestens einem Drittel der Aktien liegen.

Eine der ersten Entscheidungen nach der Abnabelung von der Regierung war, sechs Mitarbeiterinnen, die bereits längere Zeit als Purseretten tätig waren, zu Chefpurseretten, also zu Chefinnen der Kabine, zu befördern. Niemals zuvor hatten in Japan Frauen diesen Rang bilden. Ein Taschenrechner, der per Luftfracht aus Japan nach Europa gelangt, ist lediglich mit Frachtkosten zwischen 50 Pfennig und einer Mark belastet. Von den Kostenvorteilen, die der Einsatz von Großraumflugzeugen bietet, profitieren neuerdings auch Einzeltouristen und nicht nur Gruppenreisende. Mit Wirkung vom 1. April 1984 haben die JAL und die Lufthansa, die sich lange um einen Sonderpreis bemühte, einen Holiday-Tarif von Frankfurt, Düsseldorf und Hamburg nach Tokio oder Osaka und zurück für 3.300 Mark eingeführt. Das ist weniger als die Hälfte des Normaltarifs. Allerdings ist den Reisenden ein Mindestaufenthalt von nicht weniger als zwei Wochen in Japan vorgeschrieben.

Größte DC-10-Flotte außerhalb der USA

Die Japan Air Lines betreibt mit zwanzig DC-10-40 die größte Flotte dieses Typs außerhalb der Vereinigten Staaten von Amerika. Die Großraum-Trijets werden auf innerjapanischen Routen und auf internationalen Strecken eingesetzt. Neben den Großraumflugzeugen umfaßt die Flotte der JAL noch 14 DC-8, darunter drei Frachtversionen, sowie zwei Boeing 727. Zwei Boeing 747 und drei DC-8 befinden sich bei Japan Asia Airways im Einsatz. Bei diesem Unternehmen handelt es sich um eine hundertprozentige Tochtergesellschaft der JAL, deren Werdegang eine Geschichte für sich darstellt.

Anfang der siebziger Jahre bemühte sich Japan Air Lines um die Aufnahme von Liniendiensten in die Volksrepublik China. In Peking verübelte man es jedoch der JAL, daß sie in ihr Streckennetz Taipeh in Taiwan (Nationalchina) einbezogen hatte. Nach einigem Hin und Her entschloß sich die JAL, mit Wirkung vom 21. April 1974 den Flugbetrieb nach Taipeh einzustellen. Damit wurden die Vorausset-

Eine McDonnell Douglas DC-10-40D der Japan Air Lines. Außerhalb der Vereinigten Staaten unterhält die JAL die größte DC-10 Flotte der Welt überhaupt.

erreicht. Es war eine Frau, die zehn Tage später mit großem Aufwand als hundertmillionster Fluggast in der Geschichte des Unternehmens begrüßt wurde. Ein Jubiläum kommt selten allein: Am 6. Mai 1981 bestand der Verkehr auf der Polroute zwischen Japan und Europa seit zwei Jahrzehnten. In dieser Zeitspanne beförderte die JAL genau 2.763.338 Fluggäste via Alaska von und nach Japan.

Im Dezember 1983 wurden an Japan Air Lines zwei von vier bestellten Boeing 747-300 mit verlängertem Oberdeck ausgeliefert. Diese Flugzeuge sind mit 351 Plätzen ausgestattet, darunter 63 Sitze der Economy-Klasse im Oberdeck. Das Hauptdeck ist in der Ersten Klasse mit 37 bequemen Schlafsesseln ausgestattet, ferner mit 128 Sitzen in der Business-Klasse, die die JAL Executive Class nennt, und mit 123 Plätzen im Heckbereich für die Economy-Klasse. Die jüngsten Jumbo-Jets der Flotte werden auf den Pazifikrouten von Tokio nach Los Angeles und San Francisco eingesetzt.

In der Jumbo-Flotte, die ständig ausgebaut wird, befinden sich allein acht Jumbo-Frachter Boeing 747 F, die eine wichtige Stütze der japanischen Wirtschaft beim Export hochwertiger Industrieprodukte zungen geschaffen, in die Volksrepublik China zu starten. Der Eröffnungsflug nach Peking fand im September des gleichen Jahres statt. Zudem wird noch Shanghai angeflogen, und zwar sowohl von Tokio als auch von Osaka aus. Auf Dauer konnte und wollte Japan aber nicht auf eine eigene Flugroute nach Taipeh verzichten. Das Gesicht wurde gewahrt, indem im August 1975 die Japan Asia Airways gegründet wurde. Sie bildet gleichsam eine Airline innerhalb der Airline. Das Tochterunternehmen beschäftigt 432 Mitarbeiter und offeriert mit den fünf geleasten Flugzeugen in der Woche dreißig Flüge zwischen Japan, Taiwan und Hongkong, darunter auch zwei wöchentliche Frachtverbindungen auf der Route Tokio — Taipeh. Im ersten vollen Geschäftsjahr belief sich das Fluggastaufkommen der Japan Asia Airways auf 322.000 Passagiere. Es hat sich inzwischen mehr als verdoppelt.

Der Airbus verlor das Rennen

Nach einem spannenden Kopf-an-Kopf-Rennen zwischen dem Airbus und der Boeing 767 hat sich Japan Air Lines im Herbst 1983 zum unverhohlenen Kummer der Flugzeugindustrie in Europa für das amerikanische Großraumflugzeug entschlossen. Der Auftrag über 560 Millionen Dollar ging in die USA, was in EG-Kreisen die ohnehin latent vorhandene Mißstimmung gegenüber Japan sicherlich nicht abgebaut hat. Die JAL-Manager hatten sich auch eingehend mit der McDonnell Douglas MD-100 beschäftigt. In einer offiziellen Erklärung aus Tokio wird eingeräumt, daß die Flugzeuge aller drei Hersteller "vergleichbare Eigenschaften" besitzen. "Die Wahl zu Gunsten der Boeing 767 entspricht am besten den Notwendigkeiten für einen teilweisen Ersatz der sich noch im Dienst befindlichen DC-8 durch zwei Maschinentypen mittlerer Kapazität."

Die JAL bestellte fest vier Boeing 767-200, die mit jeweils 211 Sitzen ausgestattet werden, und drei Boeing 767-300 mit je 254 Sitzen. Diese sieben Großraumflugzeuge werden 1986 und 1987 in Dienst gestellt. Beabsichtigt ist der Erwerb weiterer sechs Boeing 767. Bei dem britischen Spezialisten Redifusion bestellte die JAL im Februar 1984 einen Flugsimulator für den neuen Flugzeugtyp, der Anfang 1986 ausgeliefert und in Betrieb genommen werden soll. Das Trainingsgerät, das mit einer außerordentlich realistischen Sichtsimulation aus dem Computer ausgerüstet wird, kostet mehr als 31 Millionen Mark. In ihrem Flugtrainingszentrum auf dem Inlandflughafen Tokio–Haneda verfügt Japan Air Lines bereits über vier Redifon-Simulatoren.

30 Jahre auf internationalen Strecken

Am 2. Februar 1984 blickte die JAL auf drei Jahrzehnte internationalen Flugverkehr zurück. Der über siebzig Jahre alte Präsident Yasumoto Takagi war auch am 2. Februar 1954 zugegen gewesen, als die viermotorige DC-6B auf dem Flughafen Haneda nach San Francisco abhob, das nach 31 Stunden erreicht wurde. Heute bewältigt die Boeing 747 die Strecke nonstop in knapp neun Stunden. Sie bietet 360 Passagieren Platz, während die Propellermaschine lediglich mit 36 Sitzen ausgestattet war. Damals bestand die Cockpit-Crew aus zwei Piloten, einem Navigator und einem Flugingenieur; in der Kabine hatten vier Flugbegleiter Dienst. Die Besatzung der Boeing 747 besteht bei Japan Air Lines aus 15 Stewards und Stewardessen, zwei Piloten und einem Flugingenieur.

Auf dem Jubiläumsflug wurde den Gästen der Ersten Klasse Bordeaux-Wein des Jahrgangs 1954 serviert. Alle Passagiere erhielten eine Reproduktion der Menükarte des ersten internationalen JAL-Fluges und weitere Geschenke, darunter auch eine Original-Stewardessenschürze. Die Flugbegleiterinnen trugen zur Feier des Tages alle Uniformmodelle, die während der dreißig Jahre 'en vogue' waren; die Rocklängen reichten von midi bis mini.

Einen Schildbürgerstreich leistete sich Japan Air Lines im Frühjahr 1983 mit der Einführung einer neuen, als Super Executive bezeichneten Klasse, die für die Reisebüros den Buchungscode 'J' erhielt. "Jetzt ist bald jeder Buchstabe im Alphabet dran", stöhnten die Leute in der Branche. "Fünf Klassen — das ist einfach zuviel, auch für die JAL", lauteten Kommentare. Da gab es also an Bord eines Flugzeugs die Erste Klasse und zusätzlich — gegen Aufschlag auf den ohnehin schon teuren Flugpreis für die First Class — einige Betten im Oberdeck, die Geschäftsreiseklasse, die Touristenklasse und dann obendrein noch die Super Executive Class, für die zudem noch ein Aufpreis auf den Normaltarif erhoben wurde. Auch die Passagiere waren von diesem Wirrwarr alles andere als begeistert, wenngleich Japan Air Lines tönte: "Wir haben pro Maschine 345 Sitzplätze, das heißt eigentlich 345 Klassen, denn Japan Air Lines möchte jedem Fluggast auf jedem Platz 'seine' Klasse bereiten. Das ist doch Klasse!" Doch dies meinten eben nur die Erfinder der Fünfteilung und der flotte Texter. Die 'J'-Klasse-Passagiere fanden den Sitzreihenabstand und manches andere nicht gerade 'Klasse'.

Also blieb der JAL nichts anderes übrig, als ihre Jumbo-Jets in der

Diese Boeing 747-146 mit dem Kennzeichen JA8101 fliegt schon fast eineinhalb Jahrzehnte im Dienst der JAL. Die Aufnahme stammt vom Flughafen Haneda.

Kabine wieder umzurüsten. Die Extra-Klasse wurde aufgegeben. Dafür wurde den Reisenden, die für Hin- und Rückflug fast so viel zu bezahlen hatten wie für einen Kleinwagen, Platz und Komfort geschaffen. Die Japan Air Lines besann sich, daß Service nicht herbeigeredet werden kann. Das beginnt mit den Flugvorbereitungen für eine Japan-Reise. Während in Europa Visitenkarten eher eine Sache der Höflichkeit sind, stellen sie in Japan eine Notwendigkeit dar, sind unabdingbarer Teil japanischer Geschäftsgepflogenheit. Also besorgt die Fluggesellschaft gegen geringes Entgelt Übersetzung und Druck in zwei Sprachen, nicht ohne darauf hinzuweisen, daß der Bedarf im Land der aufgehenden Sonne ungleich größer ist als in den Ländern der westlichen Hemisphäre.

Gemeinsam mit der Japanischen Industrie- und Handelskammer veranstaltet die JAL besondere Seminare für Geschäftsleute, die in Japan Fuß fassen wollen. Für die Vorlesungen und Diskussionen werden anerkannte Wirtschaftsleute gewonnen, die auch Insider-Information vermitteln können.

Der gute Ruf von Japan Air Lines erlitt allerdings im Sommer 1985 schweren Schaden, als eine 747SR auf einem Inlandsflug in Zentraljapan abstürzte und 520 Menschen ums Leben kamen. Durch ein hinteres undichtes Schott war es zum Druckabfall gekommen und die Maschine verlor Teile des Leitwerks. Dadurch ließ sich die Maschine nicht mehr unter Kontrolle halten. Zwar versuchten die Piloten, einen Notlandeplatz zu erreichen, doch prallte die 747 mit dem Kennzeichen JA8119 während ihres einstündigen Horrorfluges gegen einen Berg. Daraufhin gingen in der zweiten Hälfte 1985 auf den innerjapanischen Strecken die Passagierzahlen um rund 40 Prozent zurück. Umfangreiche Änderungen im Wartungsprogramm sollen das Vertrauen der Passagiere wieder zurückgewinnen.

KLM

Die Niederlande besitzen seit langem einen hervorragenden Ruf in der zivilen Luftfahrt. Dies ist vor allem ein Verdienst der Konstruktionen von Fokker, dem Amsterdamer Flughafen Schiphol und nicht zuletzt der Fluggesellschaft KLM.

KLM (Koninklijke Luchtvaart Maatschappij) wurde am 7. Oktober 1919 gegründet und ist damit die älteste noch bestehende Airline, die unter ihrem ursprünglichen Namen operiert. Da die Holländer schon immer mit Transport und Handel beschäftigt waren, ist es kein Wunder, daß in den Niederlanden nach dem Ersten Weltkrieg das Interesse am Flugzeug als Transportmittel erwachte.

Erste Flüge

Albert Plesman, ein junger Pilot der holländischen Armee, nutzte die 1. Luftfahrtausstellung in Amsterdam 1919, um seinen Plänen nach einer kommerziellen Fluggesellschaft Ausdruck zu verleihen. Nachdem er knapp 600.000 Gulden als Startkapital aufgebracht hatte und die Genehmigung von Königin Wilhelmina vorlag, erfolgte die Gründung der KLM Königlich Holländischen Luftfahrtgesellschaft.

Obwohl KLM als Privatunternehmen gegründet wurde, behielt die Regierung sich doch wichtige Kontrollfunktionen vor: Zum einen vergab sie die Flugrechte und zum anderen kontrollierte sie die Luftfahrtwege. (Heute besitzt die Regierung der Niederlande 74,9 Prozent des Eigenkapitals).

Die erste Flugverbindung überhaupt wurde am 17. Mai 1920 zwischen Amsterdam und London ins Leben gerufen. Der Pilot Jerry Shaw flog zwei Passagiere und einen Stoß Zeitungen von London nach Amsterdam in einer gepachteten de Havilland DH-16. Weitere Erstflüge im selben Jahr folgten: der erste Charterflug, Frachtflug und Tiertransport.

Für diese Flüge wurden hauptsächlich DH-9 verwendet. Am Ende des ersten Jahres hatten die vier KLM Maschinen 82.000 Kilometer zurückgelegt und dabei 345 Passagiere, 22.000 kg Fracht und 3.000 kg Post befördert.

Ein zweiter Holländer neben Plesman hatte sich unterdessen in der Luftfahrt einen Namen geschaffen: Anthony Fokker. Sein Konstruktionstalent und Plesmans organisatorische Fähigkeiten verhalfen KLM zu schnellem Erfolg. Das erste Passagier- und Frachtbüro wurde 1921 in Amsterdam eröffnet.

Im selben Jahr begann man mit der Luftphotographie, die heute von der Tochtergesellschaft KLM Aerocarto durchgeführt wird. Die Gesellschaft arbeitet weltweit und die Aufnahmen dienen unter anderem der Herstellung von Speziallandkarten, zur exakten Grenzbestimmung und zur Überprüfung des Gesundheitszustands von Bäumen.

Seit der Gründung war KLM daran interessiert, die Niederlande

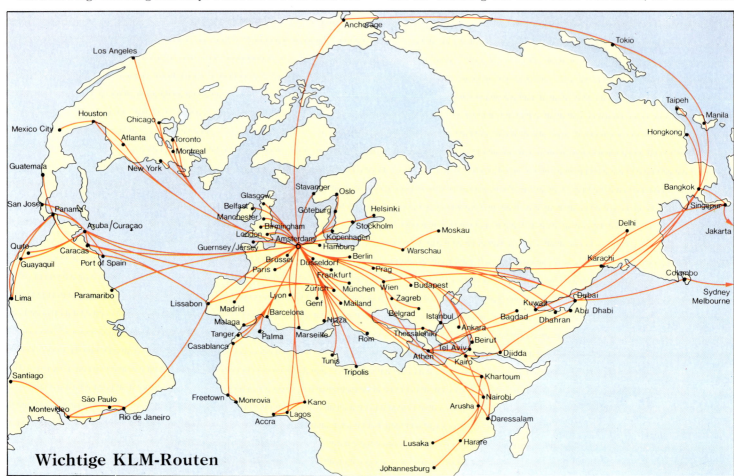

Wichtige KLM-Routen

Oben: Die Douglas DC-2 PH-AJU 'Uiver' bei der Ankunft auf dem Amsterdamer Flughafen im November 1934. Eine große Menschenmenge begrüßt die erfolgreiche Maschine und ihre Besatzung nach dem Sieg in der 'Handicap-Klasse' im Luftrennen zwischen England und Australien.

Links: Die beiden Garanten für den schnellen Erfolg der KLM: Anthony Fokker (links) und Albert Plesman (rechts), aufgenommen Mitte der zwanziger Jahre vor der einmotorigen Fokker F-VII, die 1924 den ersten Flug von Amsterdam nach Batavia durchführte.

mit ihren Kolonien im Fernen Osten und in der Karibik zu verbinden. Am 1. Oktober 1924 startete eine einmotorige Fokker F-VII nach Indonesien. Sie landete erst 55 Tage später in Batavia, dem heutigen Jakarta, da Maschinenschaden die Fokker in Bulgarien zur Landung zwang. Die reine Flugzeit betrug 127 Stunden für 15.373 Kilometer. Linienflüge wurden allerdings erst 1927 eingeführt.

Der berühmte Sieg

Als 1934 das Ganzmetallflugzeug in den USA entwickelt wurde, nahm KLM die Douglas DC-2 in den Dienst. PH-AJU 'Uiver' wurde wenig später weltbekannt durch den Sieg in der 'Handicap-Klasse' im Luftrennen England-Australien. Das Rennen startete in Mildenhall/Suffolk und führte nach Melbourne im australischen Bundesstaat Victoria, dessen Jubiläumsfeierlichkeiten Anlaß der Veranstaltung gewesen waren.

Der eigentliche Gewinner war eine zweimotorige de Havilland 'Comet', von denen drei speziell für dieses Rennen gebaut wurden. Die KLM DC-2 war eine Normalausführung und beförderte sogar einige Passagiere. Einmal mußte man sogar ein zweites Mal landen, weil beim Start ein Passagier zurückgeblieben war.

Die 'Comet' gewann das 18.000 Kilometer lange Rennen in zwei Tagen 23 Stunden, die DC-2 erreichte Melbourne in drei Tagen 18 Stunden und eine Boeing 247 wurde dritte.

Nach der Douglas DC-2 nahm KLM als erste europäische Fluggesellschaft die Douglas DC-3 Dakota in Betrieb. Bis zu Beginn des Zweiten Weltkriegs expandierte das Streckennetz erheblich und in der Karibik wurde sogar ein unabhängiges Streckennetz zwischen einigen Inseln errichtet. KLM baute die Karibik Routen während des Krieges noch aus, obwohl man ansonsten die Flugtätigkeit völlig einstellen mußte.

Passagierflugzeuge der KLM

29 Flugzeuge
Boeing 747

Triebwerk: 4 Pratt & Whitney JT9D-7
Spannweite: 59,60 m
Länge: 70,50 m
Höhe: 19,30 m
Reisegeschwindigkeit: 900 km/h
Reichweite: 7.900 km
Passagiere: 275–429
Besatzung: 3

10 Flugzeuge
MD-11

Triebwerk: 3 Pratt & Whitney PW 4460
Spannweite: 51,66 m
Länge: 61,21 m
Höhe: 17,60 m
Reisegeschwindigkeit: 890 km/h
Reichweite: 10.500 km
Passagiere: 399
Besatzung: 2

KLM hat Verbindungen in alle Kontinente. 150 Destinationen werden angeflogen.

4 Flugzeuge
DC-10

Triebwerk: 3 General Electric CF6-50C2
Spannweite: 50,42
Länge: 55,20 m
Höhe: 17,70 m
Reisegeschwindigkeit: 908 km/h
Reichweite: 9.950 km
Passagiere: 237
Besatzung: 3

10 Flugzeuge
Airbus A310

Triebwerk: 2 General Electric CF6-80A
Spannweite: 43,90 m
Länge: 46,66 m
Höhe: 15,81 m
Reisegeschwindigkeit: 860 km/h
Reichweite: 5.170 km
Passagiere: 265
Besatzung: 2

27 Flugzeuge
Boeing 737

Triebwerk: 2 Pratt & Whitney JT8D-154A
Spannweite: 28,35 m
Länge: 30,53 m
Höhe: 11,28 m
Reisegeschwindigkeit: 778 km/h
Reichweite: 4.100 km
Passagiere: 130
Besatzung: 2

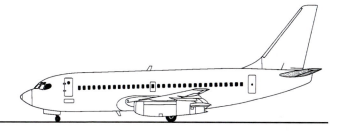

4 Flugzeuge
Fokker 28

Triebwerk: 2 Rolls-Royce Spey 555-15N/15P
Spannweite: 23,60 m
Länge: 27,40 m
Reisegeschwindigkeit: 670 km/h
Reichweite: 1.350 km
Passagiere: 65

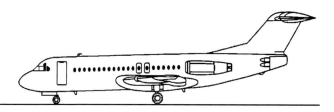

10 Flugzeuge
Fokker 50

Triebwerk: 2 Pratt & Whitney 125 B Turboprop
Spannweite: 29 m
Länge: 25,30 m
Reisegeschwindigkeit: 520 km/h
Reichweite: 1.400 km
Passagiere: 46

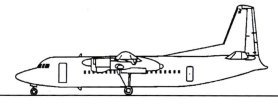

Oben: Eine Luftaufnahme des Amsterdamer Flughafens Schiphol, der Basis der KLM. 16 Millionen Passagiere können hier jährlich abgefertigt werden. Bis 1989 soll sich diese Zahl durch den Bau eines zweiten Terminals mehr als verdoppeln.
Rechts unten: Zwischen 1947 und 1964 unterhielt KLM mehrere Lockheed Electra II.

Am 10. Mai 1940 zerstörten deutsche Bomber in Amsterdam 18 KLM Maschinen und eroberten elf weitere. Die Flugzeuge, die dem deutschen Zugriff entgangen waren, wurden von BOAC gepachtet und während der weiteren Kriegsjahre auf der Route Bristol-Lissabon-Gibraltar eingesetzt.

Ein neuer Anfang

Nach Ende des Krieges wurde der Amsterdamer Flughafen Schiphol, der total zerstört war, wieder notdürftig hergerichtet, und Plesman flog nach Amerika, wo er 18 viermotorige DC-4 Skymaster und circa 30 Douglas DC-3 erwarb. Die Route nach Jakarta wurde am 28 November 1945 wiedereröffnet und langsam erweiterte sich das KLM Streckennetz zum Stand der Vorkriegszeit.

Am 21. Mai 1946 nahm man den Linienverkehr nach New York auf. Südafrika und Südamerika folgten 1947, und 1951 wurde der letzte noch fehlende Kontinent, Australien, in das bestehende Streckennetz aufgenommen.

Als der Gründer Albert Plesman zwei Jahre später im Alter von 64 Jahren starb, hinterließ er ein Unternehmen, das bereits wieder voll in der Luftfahrt etabliert war.

Als erste Gesellschaft außerhalb der USA bestellte KLM im Jahr 1955 die Douglas DC-8. Das Düsenzeitalter hatte begonnen.

Tochtergesellschaften

Die Jahre 1965/66 brachten zwei wichtige Erweiterungen für das Gesamtunternehmen:

Am 21. Oktober 1965 wurde die Tochtergesellschaft KLM Noordzee Helikopters BV gegründet. Ursprünglich war vorgesehen, nur im Nordseebereich zu operieren. Die Hubschrauber, vorwiegend Sikorsky S-61N und S-76A, wurden bald darauf allerdings weltweit eingesetzt. Zu ihren Aufgaben gehören Charter-Flüge und Spezialeinsätze, so zum Beispiel Flüge zu den Öl-Bohrinseln in der Nordsee, Such- und Rettungsflüge, Nachschub für Schiffe auf hoher See und den Transport von schweren Geräten.

Im Geschäftsjahr 1981/82 betrug der Umsatz von KLM Helikopters 17 Millionen Dollar, ein Zuwachs von 19 Prozent gegenüber dem Vorjahr. Dies schlug sich in einem respektablen Gewinn von 2,1 Millionen Dollar nieder.

Mit 7.200 Flugstunden für kommerzielle Zwecke konnte ein Anstieg von sechs Prozent gegenüber dem Geschäftsjahr 1980/81 vermeldet werden. Mitte 1982 bestand die Flotte aus sieben Sikorsky S-61N mit 25 Sitzplätzen, drei Sikorsky S-76 mit elf Sitzplätzen, sowie einer Bölkow 105, die vier Passagiere befördern kann. 154 Angestellte warnen zu dieser Zeit bei der Gesellschaft beschäftigt.

Eine andere Tochtergesellschaft der KLM wurde im August 1966 ins Leben gerufen, NLM City Hopper. Ursprünglich sollten lediglich wichtige Industrie- und Handelszentren innerhalb der Niederlande, wie zum Beispiel Groningen, Enschede, Eindhoven und Maastricht, mit günstigen Verbindungen von und nach Amsterdam Schiphol bedacht werden. Später begann man jedoch, den gesamten europäischen Raum mit Flügen zu wichtigen Geschäftszielen zu versorgen.

Die Gesellschaft operiert ausschließlich mit Fokker Flugzeugen — F 27 Friendship und F 28 Fellowship. Das Streckennetz unterscheidet sich von dem der KLM, und den Passagieren steht nur die 'Business-Class' zur Verfügung. Zur Zeit sind elf Maschinen im Einsatz, 250 Mitarbeiter werden beschäftigt und insgesamt 19 Städte in Europa angeflogen.

Der Umsatz der Gesellschaft zu Beginn der achtziger Jahre betrug fast 50 Millionen Dollar. Durch den Rückgang an Inlandpassagieren mußten einige Wochentagflüge abgesetzt werden, was wiederum zu einem Verlust von nahezu zehn Millionen Dollar im Geschäftsjahr 1981/82 führte.

Schiphol Airport und KSSU

Als im April 1967 der Amsterdamer Flughafen Schiphol neueröffnet und 1968 die vierte Landebahn auf ihre jetzige Länge von 3.300 Meter gebracht wurde, hatte KLM einen ultramodernen Flughafen zur Verfügung, der seither bei allen Umfragen unter den besten Flughäfen der Welt rangiert.

Schiphol wird heutzutage von mehr als 60 Fluggesellschaften angeflogen. Zehn Millionen Passagiere und 330.000 Tonnen Fracht werden jährlich abgefertigt. Das Central Terminal ist für eine Kapazität von 16 Milionen Passagieren pro Jahr ausgerichtet und ein zweites Terminal ist für 1989 geplant. Dadurch wird sich die Kapazität auf 35 Millionen Passagiere erhöhen.

Der Plan, 1977 eine fünfte Runway zu bauen, wurde zurückgestellt, da der erwartete Verkehrszuwachs nicht eintraf. Aus demselben Grund wurde die Errichtung eines zweiten internationalen Flughafens in den Niederlanden fallen gelassen.

Die Probleme einer rückläufigen Wirtschaftsentwicklung waren in den sechziger Jahren unbekannt. Um mit der großen Nachfrage Schritt halten zu können, bestellte KLM 1967 Boeing 747-200B, die 1971 in Dienst genommen wurden. Durch diese erheblichen Investitionen sah sich KLM gezwungen, kostengünstiger zu arbeiten.

Aus diesen Überlegungen heraus gründete KLM zusammen mit SAS und Swissair die KSS-Gruppe am 13. Januar 1969. Nach dem Beitritt der französischen Gesellschaft UTA wurde die Bezeichnung in KSSU geändert. Die Vereinbarungen über die Zusammenarbeit beziehen sich auf die einheitliche Ausrüstung der Boeing 747, gemeinsame Wartung von Maschinen, den Austausch von Flugzeugen und Besatzungen, Schulung von Personal nach den gleichen Richtlinien und den gemeinsamen Betrieb von Flugsimulatoren in Schiphol.

Im Jahr 1971 zog KLM von Den Haag in ein neues Bürogebäude nach Amstelveen um, wo auch ein ultramodernes Rechenzentrum untergebracht ist.

Die siebziger Jahre erwiesen sich als sehr erfolgreich für KLM. Ein Größenzuwachs von annähernd 100 Prozent konnte in diesem Zeitraum erzielt werden. Ein neuer Hangar in Schiphol wurde speziell für die Wartung der Boeing 747 und Douglas DC-10 gebaut und die Frachtkapazität wurde durch den Kauf von weiteren Großraumflugzeugen erweitert. So stieg das Frachtvolumen von 140.000 Tonnen im Jahr 1971 auf 250.000 Tonnen im Jahr 1981.

Das positive Image von KLM wurde schwer erschüttert, als am 27. März 1977 auf dem Flughafen Los Rodeos in Teneriffa ein Jumbo-Jet der Gesellschaft in die bislang größte Katastrophe in der Geschichte der Verkehrsluftfahrt verwickelt wurde.

Mit 248 Menschen an Bord raste die Maschine beim Start in eine Boeing 747 der PanAm, die ihr auf gleicher Bahn entgegenrollte. Bei-

Unten: **Einer der sieben Sikorsky S-61N der KLM Tochtergesellschaft Noordzee Helikopters BV. Diese Maschinen haben stabilisierende Schwimmer und eine wasserdichte Rumpfunterseite für Notwasserungen.**

de Flugzeuge gingen sofort in Flammen auf. Von den insgesamt 644 Passagieren und Besatzungsmitgliedern beider Maschinen überlebten nur 61 das Unglück.

583 Menschen mußten sterben, weil es zu Unklarheiten zwischen dem Tower und den Flugzeugführern gekommen war. Der Kapitän des startenden KLM Jumbo-Jet starb zusammen mit allen anderen an Bord seiner Maschine.

Die wirtschaftliche Lage

Zu Beginn der achtziger Jahre war die Zeit des großen Wachstums vorüber und die KLM mußte sich ebenfalls den neuen Gegebenheiten anpassen.

Der Zuwachs im Geschäftsjahr 1981/82 betrug nach eigenen Angaben im Frachtaufkommen lediglich zwei Prozent und im Passagieraufkommen nur sieben Prozent. Dies entsprach nach Abzug der Körperschaftssteuer einem Gewinn von elf Millionen Dollar. Im Geschäftsjahr 1982/83 wurde der Gewinn auf circa 14 Millionen Dollar beziffert. Das geringe Wachstum der KLM verläuft dabei parallel zur allgemeinen Situation in der zivilen Luftfahrt. In den meisten Fällen übersteigen die Betriebskosten die Einnahmen. Die Lage ist gekennzeichnet von hartem Wettbewerb; nicht zuletzt das Überangebot an Billigflügen bereitet den großen Gesellschaften einiges Kopfzerbrechen.

Negativ für KLM wirkte sich außerdem der ungünstige Dollar-Kurs aus, da dies die Betriebskosten im allgemeinen weitaus mehr beeinflußt als die Einnahmen.

Da der Flugverkehr einem ständigen Modernisierungszwang unterliegt um konkurrenzfähig zu bleiben, werden die Fluggesellschaften gezwungen, immer neue Investitionen vorzunehmen. In den letzten Jahren wendete KLM 560 Millionen Dollar auf zum Kauf einer Boeing 747-300 (Combi) und von zehn Airbus A310, eine weitere 747-300 folgte in den Jahren darauf. 13,4 Mio Dollar wurden für Forschungszwecke ausgegeben, wobei man versucht, durch Änderungen an den Motoren Benzineinsparungen zu erzielen.

Weitere Investitionen zeugen von der Absicht, durch mehr Automation die Wirtschaftlichkeit zu erhöhen. So errichtete man in Amsterdam im Dezember 1981 einen neuen Lagerraum für Maschinen und ein Bürogebäude für die Ingenieure und das Instandhaltungspersonal. Ein zweites Frachtgebäude wurde im Juni 1982 in Schiphol Center eröffnet, das effektivere Lagerung und Ladung ermöglicht. Im Januar 1982 nahm KLM den Hangar 10 in Betrieb, der zur Wartung des Airbus A-310 und anderer Maschinen für das europäische Streckennetz errichtet wurde.

Zusätzlich investierte KLM beträchtliche Summen in den Kauf eines Flugsimulators für den Airbus A-310, neue Computeranlagen, Verbesserungen der Automationssysteme und in den Bau neuer Frachträume auf dem John F. Kennedy Flughafen in New York.

KLM beschäftigt heute rund 20.000 Mitarbeiter und bildet Angestellte von mehr als 20 anderen Fluggesellschaften aus. Darunter befinden sich sechs afrikanische Airlines und drei aus dem Fernen Osten. Nach wie vor unterhält KLM ein ausgedehntes Streckennetz zu den früheren holländischen Kolonien. Manche Routen werden allerdings von ehemaligen Tochtergesellschaften beflogen, die inzwischen als unabhängige Unternehmen existieren.

KLM beförderte im Jahr 1981 mehr als 4 Millionen Passagiere und circa 250.000 Tonnen Frachtgut. Die Fluggesellschaft eines so kleinen Landes konnte diese Ausmaße erreichen, weil sie in frühen Jahren die weitverstreuten Kolonien mit den Niederlanden verband und weil sie von Männern gegründet und geleitet wurde, die schon früh den Nutzen der Luftfahrt erkannt hatten.

Rechts: KLM gehörte zu den wenigen europäischen Betreibern der Lockheed Electra, hier die erste Maschine der Gesellschaft.
Unten: Ein A310 auf dem Weg nach Lissabon über den Pyrenäen.

Lufthansa

Seit ihrer Neugründung im Jahr 1955 hat sich die Deutsche Lufthansa in die Spitzengruppe der internationalen Fluggesellschaften hochgearbeitet. Zum Erfolg verhalfen ungewöhnliche Ideen und die aktive Beteiligung bei der Entwicklung neuer Flugzeugtypen. Allerdings mußten auch die Flugzeuge mit dem Kranich am Heck in den letzten Jahren Einbußen im Geschäft hinnehmen, und mit rigorosen Sparmaßnahmen versucht man nun, wieder mehr Luft unter die Flügel zu bekommen.

Morgens in der riesigen Abflughalle A des Frankfurter Flughafens: Geschäftsleute, einheitlich in blau und grau gekleidet, den Aktenkoffer in der einen, das Wirtschaftsmagazin in der anderen Hand, beherrschen die Szene. In der Halle A ist die Lufthansa zu Hause. Nur ihre Abfertigungsschalter sind hier zu finden, für die innerdeutschen Verbindungen ebenso wie für die interkontinentalen. Von morgens 6.40 Uhr, wenn die erste Maschine mit dem Kranich am Heck startet (die erste der 18 täglichen Intervallverbindungen nach Hamburg) bis kurz nach zehn Uhr werden hier rund 50 Lufthansa-Maschinen abgefertigt, ein Zehntel aller täglichen Lufthansa-Flüge weltweit. Die Ziele der Frühflieger liegen noch nah: zur Hälfte in Deutschland, zur Hälfte — von einigen US-Flügen abgesehen — innerhalb Europas. Erst wenn die interkontinentalen Flüge am späten Vormittag aufgerufen werden, belebt sich das Bild der Fluggäste durch die bunten Farben der Ferntouristen.

Die Fernreisenden heitern in der Tat die Bilanz der Aktiengesellschaft auf, die zu 82 Prozent im Besitz der Bundesrepublik Deutschland ist, denn die innerdeutschen Strecken, trotz ihrer relativ hohen Auslastung von über 56 Prozent und trotz der vergleichsweise sehr hohen Flugpreise, sind kein lukratives Geschäft. Die verkauften Sitzplatzkilometer des innerdeutschen Verkehrs machen nur etwas über sieben Prozent des Gesamtangebots aus, mit rückläufiger Tendenz in den letzten Jahren. Die Gründe für das schlechte Abschneiden des Inlandsverkehrs liegen einmal in der geographischen Aufteilung des Landes: Viele Großstädte liegen zu dicht zusammen, so daß bei einer Entfernung von unter 400 km, wie eine Untersuchung zeigte, die Bahn dem Flugzeug an Schnelligkeit überlegen ist. Zum anderen lassen die hohen Treibstoffpreise, der höhere Treibstoffverbrauch durch die geringe Flughöhe auf den Kurzstrecken, die hohen Abfertigungsgebühren der Flughäfen und die teuren Flugsicherungsgebühren selbst bei Einsatz der sparsamen neuen Jetgeneration keinen Gewinn unter dem Strich.

Rückkehr zur Schiene

Bei Lufthansa geht man jetzt das Problem von zwei Seiten an. Auf innerdeutschen Strecken mit geringem Passagieraufkommen, wo selbst die kleinste Maschine der LH-Flotte, die Boeing 737, noch zu groß ist, übernimmt die DLT (Deutsche Luftverkehrsgesellschaft

Wichtige Lufthansa-Routen

mbH) mit ihren zweimotorigen Turbopropmaschinen vom Typ Hawker Siddeley HS 748 mit 44 Sitzplätzen die Verbindung. Die Flugpläne beider Gesellschaften wurden in den letzten Jahren weitgehend aufeinander abgestimmt, die rote Bemalung der HS 748 wich dem neuen Blau, Weiß und Grau und ähnelt somit der Lufthansa-Bemalung, und die Flüge im Auftrag der LH werden auch unter deren Flugnummer durchgeführt. Seit dem Jahr 1978 ist die Lufthansa mit 26 Prozent an der Regionalgesellschaft beteiligt.

Um das Problem des kostenintensiven und unrentablen Nahverkehrs in den Griff zu bekommen, ist die Konzernleitung in Köln auf eine für Fluggesellschaften recht ungewöhnliche Lösung gekommen: Rückkehr zur Schiene heißt die Devise. Viermal täglich verkehrt der 'Lufthansa Airport Express', eine schnittige Triebwageneinheit in Blau und Gelb, zwischen Düsseldorf, Köln, Bonn und Frankfurt. Reisende an Bord dieser erdgebundenen Verbindung mit vierstelliger LH-Flugnummer können während der Fahrt bereits für ihren anschließenden Langstreckenflug einchecken und somit auch ihr Gepäck abgeben. In den ersten drei Jahren beförderte der Airport Express über 300.000 Passagiere.

Flugzeuge nach Maß

Innovationsfreudig war man in der über fünfzigjährigen Geschichte der Gesellschaft schon immer, ob in der Vorkriegszeit mit dem Ausbau des Transatlantikverkehrs und den Pionierflügen nach Fernost oder in der Zeit der Düsenjets bei der Entwicklung neuer, den Bedürfnissen der Fluggesellschaft angepaßten Flugzeugtypen. Es begann 1965 mit der Boeing 737 City Jet, von der die Lufthansa 21 Maschinen als erste Gesellschaft der Welt bestellte, zu einem Zeitpunkt, als diese Maschine erst als Blaupause existierte. Bei der weiteren Entwicklung und Erprobung der Maschine arbeiteten Lufthansa-Techniker aktiv mit und konnten so ein Serienflugzeug nach Maß

Links: **Im Dezember 1973 stellte Lufthansa ihre erste DC 10-30 in Dienst. Als Nachfolgemodell ist das Projekt MD-11X von McDonnell Douglas und Ta11 von Airbus Industrie im Gespräch.**

erhalten. Es war wohl das erste Mal in der Geschichte des amerikanischen Flugzeugbaus, daß die ersten ab November 1966 aus dem Hangar rollenden neuen Serienmaschinen an eine ausländische Gesellschaft geliefert wurden und nicht traditionsgemäß an eine amerikanische Airline.

Heute ist die Boeing 737 mit über 1.500 Exemplaren eine der erfolgreichsten Kurzstreckenmaschinen, die in Produktion sind. Ebenfalls als Pionier betätigte sich Lufthansa 1972, als sie als erste Luftfahrtgesellschaft die Boeing 747 als Nur-Frachtversion in Dienst stellte. Ein Jahr später ermöglichte LH zusammen mit Air France als 'Launching Airline' mit ihren Bestellungen den Bau des europäischen Airbus A300, der 1976 in Dienst gestellt wurde. Auch beim Bau des kleineren Airbus A310 gab wieder Lufthansa, diesmal zusammen mit Swissair, durch ihren Auftrag über 25 Maschinen und einer Option über nochmals 25 A310 den Ausschlag zum Bau dieses wirtschaftlichen Kurz- und Mittelstreckenmodells. Bei der Planung und Entwicklung des A310, der im April 1983 in Dienst gestellt wurde, war auch diesmal wieder Lufthansa maßgebend beteiligt.

Flottenerneuerung

Während andere Gesellschaften ihre Flotten noch auf Großraumjets umstellten, begann Lufthansa bereits, ihre 'wide-body jets' gegen die zweite Generation mit treibstoffsparenden Triebwerken auszutauschen. Dabei konnte, dank sehr guter Wartung, aber auch durch die fortschreitende Inflation, beim Austausch der 747-Flotte teilweise ein höherer Preis für die Maschinen erzielt werden, als beim Kauf zehn Jahre zuvor bezahlt wurde.

Acht der fünfzehn Boeing 747 stammen aus den Jahren 1979 bis 1985. Ebenfalls ausgetauscht wurde die 727-100 Flotte, und die größere 727-200 wurde stattdessen angeschafft. Die gründlichste Umtauschaktion erfolgte 1981, als 36 Boeing 737 City Jet gegen neue Maschinen ausgetauscht wurden. In den Jahren von 1976 bis Mitte 1983 investierte Lufthansa 3,336 Milliarden Mark in die Flottenerneuerung, eingeschlossen darin sind Anzahlungen für Flugzeuge, die noch geliefert werden.

Passagierflugzeuge der Lufthansa

23 Flugzeuge
Boeing 747

Triebwerk: 4 Pratt & Whitney JT9D-7
Spannweite: 59,60 m
Länge: 70,50 m
Höhe: 19,30 m
Reisegeschwindigkeit: 900 km/h
Reichweite: 7900 km
Passagiere: 275-429
Besatzung: 3

112 Flugzeuge
Boeing 737

Triebwerk: 2 Pratt & Whitney JT8D-154A
Spannweite: 28,35 m
Länge: 30,53 m
Höhe: 11,28 m
Reisegeschwindigkeit: 778 km/h
Reichweite: 4.100 km
Passagiere: 130
Besatzung: 2

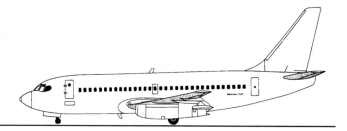

11 Flugzeuge
Airbus A300

Triebwerk: 2 General Electric CF6-50C2
Spannweite: 44,84 m
Länge: 53,75 m
Höhe: 16,53 m
Reisegeschwindigkeit: 854 km/h
Reichweite: 5.340 km
Passagiere: 253
Besatzung: 3

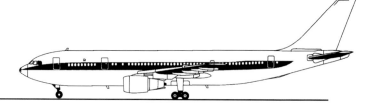

10 Flugzeuge
Airbus A310

Triebwerk: 2 General Electric CF6-80A
Spannweite: 43,90 m
Länge: 46,66 m
Höhe: 15,81 m
Reisegeschwindigkeit: 860 km/h
Reichweite: 5.170 km
Passagiere: 265
Besatzung: 2

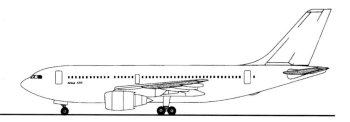

5 Flugzeuge
DC-10

Triebwerk: 3 General Electric CF6-50C2
Spannweite: 50,42
Länge: 55,20 m
Höhe: 17,70 m
Reisegeschwindigkeit: 908 km/h
Reichweite: 9.950 km
Passagiere: 237
Besatzung: 3

10 Flugzeuge
Airbus A340

Triebwerk: 4 CFM 56-5C3
Spannweite: 60,30 m
Länge: 59,39 m
Höhe: 16,84 m
Reichweite: 14.000 km
Passagiere: 262

32 Flugzeuge
Airbus A320

Triebwerke: 2 CFM 56-5
Spannweite: 34,10 m
Länge: 44,51 m
Höhe 11,80 m
Reisegeschwindigkeit: 850 km/h
Reichweite: 3.900 km
Passagiere: 187

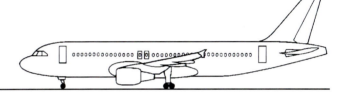

Eine Boeing 747-400 der Lufthansa auf Reiseflughöhe.

Heute zählen etliche der in der Lufthansa-Flotte vertretenen Maschinen schon zu den Veteranen im Flugzeugpark. So stammt die Mehrheit der DC-10 aus den Jahren 1974/75, ein Viertel der Boeing 727 sogar aus den Jahren 1971-74. Bis Ende 1984 hatte Lufthansa sogar noch zwei Boeing 707 aus den Jahren 1966/67 vornehmlich auf der Sibirienroute nach Fernost im Einsatz, da hier das gegenseitige Abkommen mit der UdSSR die Verwendung von Großraumgerät nicht erlaubte. Das Problem, mit dem sich nicht nur die Lufthansa konfrontiert sieht, ist, daß es für Fernstrecken mit nur geringem Verkehrsaufkommen keine vernünftigen Nachfolgemodelle für die Boeing 707 und die DC-10 gibt. Deshalb ist Lufthansa sehr an der Verwirklichung des TA-11 Programms von Airbus interessiert, einer viermotorigen Turbofan-Maschine für bis zu 230 Passagiere, aber auch die MD-11, die Weiterentwicklung der DC-10 von McDonnell Douglas könnte für Lufthansa das Beschaffungsproblem lösen.

Die Investitionen in die Flotte machen sich dank verbesserter Triebwerke durch wesentlich geringeren Treibstoffverbrauch und weniger Wartungsarbeiten langfristig bezahlt. Es gehört zur Unternehmensphilosophie, immer an der Spitze der technischen Entwicklung zu stehen, ohne jedoch besondere Risiken einzugehen. Pünktlichkeit und technische Zuverlässigkeit sind denn auch die Schwerpunkte der mitunter etwas selbstgefällig wirkenden Werbung, die auf dem weltweit bekannten guten Ruf des 'Made in Germany' aufbaut. Dennoch hat Lufthansa seit ihrer Neugründung 1955 vier schwere Unfälle mit Todesopfern zu beklagen. So stürzte am 11. Januar 1959 beim Landeanflug in Rio eine Super Constellation L-1049G (D-ALAK) ab; die 29 Passagiere und sieben der zehn Besatzungsmitglieder starben. Genau sieben Jahre später, am 28.1.66, stürzte aus ungeklärter Ursache eine Convair Metropolitan CV440 (D-ACAT) beim Landeanflug in Bremen ab; alle Insassen kamen ums Leben. Wegen ungenügendem Auftrieb zerschellte am 20. November 1974 kurz nach dem Abheben in Nairobi (Kenia) eine Boeing 747-130 (D-ABYB). 84 der 139 Passagiere und 13 der 17 Besatzungsmitglieder konnten sich aus den brennenden Trümmern retten. Ebenfalls beim Start stürzte ein Frachter vom Typ Boeing 707 am 26. Juli 1979 in Rio ab; Ursache des Unfalls, bei dem die Besatzungsmitglieder ums Leben kamen, soll ein Fehler der Flugsicherung gewesen sein.

Leichter Aufwärtstrend

So wie sich das Unternehmen Lufthansa heute darstellt, ist es ein Konzern, der in erster Linie Luftfahrt betreibt, aber nicht unbedingt seinen Gewinn aus diesem Dienstleistungsbereich erwirtschaftet. Gerade die für die internationale Luftfahrt schwierigen Zeiten Mitte der siebziger Jahre und zu Beginn der achtziger Jahre gingen nicht spurlos an der Gesellschaft vorbei. Dennoch konnte sie mit ihren Bilanzen in den schwarzen Zahlen bleiben, auch wenn der Bilanzgewinn von 45 Mio DM bei einem Gesamtumsatz von über acht Milliarden Mark 1982 noch recht bescheiden ausfiel. Bis 1984 konnte der Bilanzgewinn immerhin auf 63 Mio Mark gesteigert werden und auch für 1985 sahen die Ergebnisse sehr erfreulich aus. In den zehn Jahren von 1975 bis 1984 stieg die Zahl der beförderten Passagiere kontinuierlich von 10,1 Mio 1974 auf 15,3 Mio 1984. Im internationalen Vergleich rangierte Lufthansa auf Platz 8 (1984), hinter United, Eastern, American, TWA, British Airways, Pan Am und Japan Air Lines. Im Frachtsektor sieht die Stellung der Lufthansa sogar erheblich besser aus. Im internationalen Linienfrachtverkehr hat sich die Gesellschaft mit dem Kranich am Heck 1984 auf den zweiten Platz der Weltrangliste hocharbeiten können und folgt im kurzen Abstand dem Sieger Japan Air Lines. Im Gesamtfrachtverkehr, hier führt die Nur-Frachtgesellschaft Flying Tiger, nimmt Lufthansa immerhin einen guten vierten Platz nach JAL und Air France ein.

Auch das Streckennetz der deutschen Gesellschaft dehnt sich kontinuierlich aus. Im Sommer 1985 flog Lufthansa 136 Städte in 74 Ländern auf sechs Kontinenten an. Die Streckennetzlänge unterlag während der letzten zehn Jahre einem ständigen Wandel, die sich dem sehr sensibel reagierenden Weltmarkt anpaßte. So betrug sie 1975 noch 422.134 km, sank 1978 auf 390.954 km ab und erweiterte sich bis 1984 wieder auf 463.384 km. Im Personalbereich gehört Lufthansa zu den ganz wenigen Unternehmen in der Bundesrepublik, das trotz Wirtschaftskrise keine Entlassungen vornahm, sondern im Gegenteil weiter ausbaute, wenn auch in den kritischen Jahren 1981/82 in nur sehr geringem Ausmaß; der Konzern beschäftigte 1984 36.500

Unten: Als erste europäische Gesellschaft setzte Lufthansa 1970 die Boeing 747 ein. *Rechts:* Bei der Boeing 737 war sie sogar der erste Kunde weltweit, der den Typ bestellte.

Mitarbeiter. Davon stellte das Cockpitpersonal in jenem Jahr 2.213 Mann (Frauen sind an LH-Steuerknüppeln — im Gegensatz zu anderen Gesellschaften — noch nicht anzutreffen), zum Kabinenpersonal zählten 4.700 Mitarbeiter und zum Bodenpersonal 25.523 weltweit. Für die technische Instandhaltung ihrer Flugzeuge stehen der Lufthansa zwei Werften zur Verfügung, deren Aufgaben streng voneinander abgegrenzt sind. In Frankfurt, dem Heimatflughafen der LH, sind es drei riesige Hallen: Die größte, Halle V, mit 320 m Länge, 100 m Tiefe und 34 m Höhe faßt sechs Boeing 747 und vier Boeing 727 gleichzeitig. Etwas kleiner ist die im Juni 1982 in Betrieb genommene Halle VI, sie beherbergt 'nur' drei DC 10, Boeing 707 und 737 auf einmal und schließlich noch Halle III, die 'Schmetterlingshalle', die sechs kleinere Typen gleichzeitig aufnehmen kann.

In Frankfurt werden die Maschinen für die nächsten Umläufe vorbereitet, also gesäubert, gecheckt und repariert. Während des Tages werden vor allem die Langstreckenmaschinen gewartet, nachts die Kurz- und Mittelstreckenmaschinen, da sie dann wegen des fast überall in Europa herrschenden Nachtflugverbots am Boden bleiben müssen. Um im Lufthansa-Jargon zu bleiben, hier finden die 'Umlaufgesteuerten Instandhaltungsereignisse' statt, also der Service Check (zweimal pro Woche bei Kurzstrecke, drei- bis viermal bei Langstrecke). Hierbei werden vor allem Betriebsmittel nachgefüllt und kleinere Reparaturen ausgeführt. Zu den Instandhaltungsereignissen, die regelmäßig nach Flugstunden oder Monaten fällig werden, können in Frankfurt der A-Check (alle 120 bis 360 Flugstunden, je nach Flugzeugtyp), B-Check (450 bis 1.400 Std.) und C-Check (1.600 bis 4.800 Std. bzw. 13 Monate) erledigt werden. Bei all diesen Checks werden in genau festgelegten Arbeitsabläufen Struktur- und Funktionskontrollen an den Maschinen durchgeführt, und natürlich alle Beanstandungen, die während der Flüge auftreten, auf der Stelle behoben.

In der Hamburger Basis mit rund 5.200 Mitarbeitern im technischen Bereich, werden die großen Instandhaltungsarbeiten, die jeweils 5.000 bis 30.000 Arbeitsstunden erfordern, ausgeführt. Rund 100 Maschinen werden jährlich betreut und über 600 Triebwerke gewartet. Hier werden auch Überholungsarbeiten für die fünf in der

Sechs dieser Boeing 747 und weitere vier Boeing 727 können gleichzeitig in der riesigen Halle V der Frankfurter Basis zwischen den Flügen gewartet werden. Rund 1.800 Techniker sind in den drei Hallen der Wartungsbasis beschäftigt.

Atlas-Gruppe zusammengeschlossenen Fluggesellschaften (Air France, Alitalia, LH, Sabena und Iberia) ausgeführt (z.B. Triebwerke der B747, Geräte der DC-10, Zelle beim A300). Zur Aufgabe der Hamburger gehören der IL-Check (Intermediate Layover) und D-Check, der alle 18–30.000 Flugstunden stattfindet. Dabei werden alle nur beweglichen Teile der Flugzeugzelle freigelegt und einer Detailkontrolle unterzogen, Großbauteile ausgewechselt, modernere Systeme eingesetzt, die Kabineneinrichtung erneuert und frische Lackierung aufgetragen.

Trendverfolgung

Bei Lufthansa ist man allerdings davon abgegangen, bestimmte Teile, die besonderer Beanspruchung unterliegen, wie etwa die Turbinen, nach starren Zeitplänen auszutauschen. Vielmehr werden während des Fluges die Leistungsdaten jedes einzelnen Triebwerkes festgehalten ('condition monitoring'), diese von den angeflogenen Stationen an die Großrechenanlage in Frankfurt per Fernschreiben mitgeteilt und hier ausgewertet. So können leichte Unregelmäßigkeiten bereits Schäden vorankündigen, und entsprechende Einzelteile werden beim nächsten Check ausgetauscht. Durch diese 'Trendverfolgung' werden viele Teile also dann ausgetauscht oder repariert, wenn es ihr Zustand erfordert und nicht, wie früher, nach einer bestimmten Laufzeit. Dieses Konzept der Wartung auf Abruf spart nicht nur Geld, sondern verkürzt auch die Liegezeiten am Boden.

Besonders komplizierte und teure Teile wie Autopilot, Kompaß, Radar oder Hydraulik befinden sich in einem ständigen Umlauf zwischen Einsatz im Flugzeug, Werkstatt und Lager bis zum Neueinbau. In 200 verschiedenen EDV-Programmen werden alle Daten über den Lebenslauf dieser Teile bis zu 30 Tagen gespeichert und können jederzeit abgerufen werden. Dieses ROD-System (Reliability on Demand) oder Umlaufteilnachweis, hilft bei Störungen, die Schwachstelle im System oder mögliche Fehlerquelle aufzuspüren. Insgesamt sind im Computersystem 236.000 Materialpositionen gespeichert, die in der Hamburger Werft auf Lager gehalten werden. Wert: 670 Mio. DM, einschließlich 100 Reservetriebwerken. Rund 1.500 Spezialisten warten in Hamburg die Triebwerke, die, im Vergleich zu den früheren Kolbentriebwerken recht einfach konstruiert sind, aber dennoch aus rund 25.000 Einzelteilen bestehen.

Wenn die Triebwerke von allen Verkleidungen befreit sind und nur noch der reine Motor übrigbleibt, der sich aus Kompressor, Turbine, Brennkammern und Antriebswelle zusammensetzt, wird er zuerst gereinigt und danach die entsprechenden Teile ausgetauscht. Nach dem Baukastenprinzip besteht ein 747-Triebwerk aus zehn Modulen, die äußerst unterschiedlichen Belastungen ausgesetzt sind und so auch eine entsprechend unterschiedliche Lebensdauer haben. Die heiße Sektion, also Brennkammer und Turbine, gehört zu den am stärksten belasteten Baugruppen. Bei Startbeginn steigt die Umdrehung der Turbinenschaufeln von 6.300 U/min. auf das Doppelte, die Temperatur in der ersten Turbinenstufe von 415° auf 1.065°.

Selbst so widerstandsfähige (und entsprechend teure) Legierungen wie Nickel, Chrom, Molybdän, Kobalt, Aluminium, Titan und Tantal halten dies nur begrenzt aus, und die 4.596 Lauf- und Leitschaufeln eines einzigen Triebwerkes (zwischen 3 und 75 cm lang) müssen regelmäßigen Kontrollen unterzogen werden. Mit dem Farbeindringverfahren, durch Röntgen oder durch magnetische Prüfungen können auch feinste Haarrisse in den Schaufeln sichtbar gemacht werden. Zum Glück sind moderne Triebwerke ausgesprochen servicefreundlich, so daß sie nicht jedesmal auseinandergenommen werden müssen, wenn die Techniker einen Blick in ihr Innenleben werfen wollen. An allen erforderlichen Stellen sind Boroskop-Öffnungen vorhanden, in die — ähnlich wie in der Medizin mit dem Endoskop — biegsame Sonden eingeführt werden können und etwa die Brennkammer von innen betrachtet oder fotografiert werden kann.

Die Vielzahl von Werkstoffen, die im modernen Flugzeugbau Verwendung finden, erfordert auch die unterschiedlichsten Bearbeitungsmethoden. So gehören Klebeverfahren, Elektronenstrahlschweißen und Löten im Vakuum oder Galvanisieren zu den täglichen Routineaufgaben der Hamburger Werkstattbetriebe. Die Galvanik mit ihren rund 200 Wannen von 500 bis 8.000 Liter Fassungsvermögen gehört zu den größten Reparatur-Galvanisierungsbetrieben Europas. Jedes fünfte Flugzeugteil wird in der Galvanik bearbeitet: Zellen-, Fahrwerks- und Triebwerksteile, die vor allem Korrosion und Verschleiß ausgesetzt sind.

Bei den nicht gerade billigen Großflugzeugen (Airbus A 310: DM 111 Mio.; Boeing 747-230SL: 198 Mio.) entfallen 15 bis 20 Prozent des Neupreises auf die Elektronik. In den Hamburger ERI-Werkstätten (ERI = Elektronik, Radio, Instrumente) werden von der einfachsten Beleuchtung bis hin zum Bordcomputer alle Geräte und Instrumente geprüft, überholt und nochmals geprüft, rund 3.000 verschiedene Typen. Die Arbeitsbedingungen hier ähneln eher denen in einem Operationssaal denn einer Werkstatt: die staubfreien Räume können nur durch Luftschleusen betreten werden, Spezialkleidung ist erforderlich, und die Reinheit der Luft ist rund 100mal höher als die der nahen Nordseeluft.

Die umfangreichen Werft- und Werkstattbetriebe in Frankfurt und Hamburg machen sich für das Unternehmen bezahlt; durch den gleichbleibenden und überprüfbaren Qualitätsstandard sind Abflugverzögerungen wegen technischer Defekte stark reduziert worden und lagen 1982 bei 1,5 Verzögerungen (von mehr als 5 min.) pro hundert Starts, ein extrem niedriger Wert. Das schlägt sich nicht nur in der Verkaufsbilanz positiv nieder, es spart der Gesellschaft erhebliche Zusatzkosten.

Der hohe Standard der technischen Abteilung ermöglicht auch eine ständige Umrüstung und Modernisierung der Flotte. So wurden allein 1982 an den Maschinen 1.100 verschiedene Neuerungen, vor allem zur Kraftstoffeinsparung und Gewichtsreduzierung durchgeführt (Kostenpunkt: 75 Mio. DM). Um dies an einigen Beispielen zu zeigen: Bei drei Airbus A300B4 wurden Startgewicht und Triebwerksleistung erhöht und die Kabineneinrichtungen verändert. Somit können diese Maschinen im Langstreckeneinsatz in die Golfregion eingesetzt werden. Die Boeing 737-200 adv. der Condor erhielten 1982 neue Triebwerke (JT8D-17A), die weniger Treibstoff verbrauchen und trotzdem eine höhere Leistung erzielen und zwei Boeing 747-230B/S1 sowie eine 747-230F wurden im gleichen Jahr so umgebaut, daß ihr Startgewicht von 361 auf 376 Tonnen stieg. Zu den größeren technischen Änderungen des gleichen Jahres sind Umbauten an den Verdichtern der Triebwerke CF6-50 (B747, DC-10, A300) zu zählen, mit denen die Betriebszuverlässigkeit erhöht wurde. Es ist deshalb nicht verwunderlich, daß gebrauchte Lufthansa-Flugzeuge schnell Käufer finden und hohe Preise erzielen.

Regelmäßige Schulung

In Bremen gründete die Lufthansa 1956, ein Jahr nach Wiederaufnahme des regelmäßigen Flugbetriebs, eine eigene Verkehrsfliegerschule, in der seitdem rund 1.700 Flugzeugführer, 120 Navigatoren (ein Beruf, der im Düsenzeitalter nicht mehr benötigt wird) und 100 Flugdienstberater für den LH-Konzern ausgebildet wurden. Unter den 170 Beschäftigten sind 30 Fluglehrer zu finden, da aber neben der Theorie und den ersten Flughopsern der überwiegende Teil der praktischen Ausbildung in Phoenix/Arizona stattfindet, stellt dort South-West-Pacific weitere Fluglehrer. Außerdem bildet Lufthansa in ihrem 1973 gebauten Schulungszentrum in Seeheim (Bergstraße) jährlich 8.000 Mitarbeiter weiter, von denen rund die Hälfte aus den Bereichen Verkauf und Verkehr kommen. Das Schulungsheim mit seinen 457 Einzelzimmern gleicht einem Hotelbetrieb. Etwa 4.500 Mitarbeiter werden außerdem jährlich in den technischen Schulen Hamburg und Frankfurt auf den neuesten Stand der Technik getrimmt.

Zum LH-Konzern gehören neben den beiden Chartergesellschaften Condor (1985: 18 Maschinen) und German Cargo Services (1985: 5 DC-8-73) sowie die LSG-Lufthansa Service GmbH, die außer der LH und Condor in Deutschland auch rund 100 andere Fluggesellschaften mit Bordverpflegung versorgt, aber auch bei Veranstaltungen am Boden bis zu 5.000 Gäste gleichzeitig betreuen kann. Außerdem sind in hundertprozentigem LH-Besitz die Delvag-Luftfahrtversicherungs-Aktiengesellschaft, die älteste unter den LH-Töchtern, eine Versicherung, die im Luftfahrt- und Transportgeschäft aktiv ist, außerdem die

Oben: Das Hecktriebwerk einer McDonnell Douglas DC-10 wird in der Halle V der Frankfurter Basis ausgewechselt.

Unten: Ab 1977 bildeten vier currygelbe Boeing 707-230C die Flotte der German Cargo Services, die Ende 1984 gegen fünf wirtschaftlichere und leisere DC-8-73 umgetauscht wurden.

Früher fand die Überholung der Motoren nach festgelegten Abständen statt. Heute werden sie während des Fluges ständig überwacht, ihre Leistungen registriert und anschließend ausgewertet. Die Triebwerksüberholung richtet sich also nicht mehr nach dem Zeitpunkt, sondern nach dem aktuellen Zustand; Trendverfolgung heißt dieses Konzept.

c+d Luftfracht System GmbH (LFS), ein Haus-zu-Haus Luftfrachtdienst, die Lufthansa Commercial Holding GmbH (LCH), die neben Beteiligungen an verschiedenen Reisebürogruppen auch im Hotelgewerbe engagiert ist und Anteile an Penta-Hotels in Europa, Amerika und Nordafrika, an Inter-Continental und Kempinski sowie Ferienanlagen in Kenia besitzt, und schließlich ist noch Lufthansa Consulting zu erwähnen, die vor allem Ländern der Dritten Welt Beratung und Ausbildung im Luftfahrtbereich bietet.

Neuanfang

Als Lufthansa 1955 den Neuanfang wagte, war die Gesellschaft ebenfalls auf die Unterstützung Dritter, Briten und Amerikaner, angewiesen, nicht weil es an erfahrenen ehemaligen Lufthanseaten mangelte, doch durch die auferlegte Zwangspause in den Jahren von 1945 bis 1955 war die technische Entwicklung an Deutschland vorbeigegangen. Während der ersten Nachkriegsjahre war es den Deutschen verboten, selbst als Passagier ein Flugzeug zu betreten, geschweige denn im fliegerischen Bereich aktiv zu werden. Im Mai 1951 begann das 'Büro Bongers' in Köln mit vorbereitenden Studien zur Gründung einer neuen Gesellschaft. Hans M. Bongers, der Leiter des Büros und Berater der Bundesregierung, hatte bereits 1924 seine Karriere bei der alten Lufthansa begonnen und bis zum Ende des Kriegs den Posten des Verkehrsdirektors dieser Fluggesellschaft innegehabt.

Am 6. Januar 1953 wird mit einem Startkapital von 6 Mio. DM die Aktiengesellschaft für Luftverkehrsbedarf (Luftag) gegründet, die Mehrheit der Aktien sind im Besitz der Bundesregierung, der Rest wird vom Land Nordrhein-Westfalen, der Bundesbahn und zwei Privatpersonen gehalten. Im Juni bestellt die Luftag bei Lockheed vier Super Constellation, und im November beginnen fünf ehemalige LH-Piloten und fünf Funker/Flugingenieure mit der Ausbildung, zuerst die Theorie in Deutschland, die Praxis in England und USA. Nachdem das Kapital auf 25 Mio. DM noch im gleichen Jahr erhöht wurde, kauft Luftag mit finanzieller Hilfe des Hamburger Senats auf dem Hamburger Flughafen einen großen Hangar. Damit war der Grundstock für die heutige Werft gelegt.

Am 6. August 1954, nun mit einer Kapitaleinlage von 50 Mio. DM und bereits 600 Mitarbeitern, wurde die Gesellschaft in Deutsche Lufthansa AG umbenannt, doch es sollte noch bis zum 1. März 1955 dauern, bis die ersten vier Convair 340, die auf den Kurz- und Mittelstrecken der Gesellschaft eingesetzt werden sollten, für Trainingsflüge zur Verfügung standen. Auf dem linken Sitz saßen vorläufig noch britische Kapitäne, während die Deutschen mit dem Copilotensitz vorlieb nehmen mußten. Ähnlich war die Aufteilung auch an Bord der vier Lockheed L-1049G Super Constellation, deren erste Mitte April in Hamburg ankam. Das Kommando an Bord der Super-Conny führten TWA-Piloten. Am 1. April 1955 starteten in Hamburg und München je eine Convair zum ersten Linienflug in der Bundesrepublik Deutschland und eröffneten damit den planmäßigen Luftverkehr. Zur Flotte der jungen Lufthansa gehörten in den Jahren 1955 bis 1960 auch drei DC-3, die zu Preisen zwischen 60.000 und 100.000 Dollar erworben worden waren. Die Maschinen, in denen die 21 bis 26 Passagiere noch 'bergauf' klettern mußten, um zu ihren Sitzen zu gelangen, hatten luftgekühlte Kolbenmotoren Pratt & Whitney R 1830 mit je 1.200 PS und erreichten eine Geschwindigkeit von 345 km/h.

Ausgesprochen modern muteten die Convair 440 Metropolitan an, die ersten zwei Maschinen kamen 1957 zum Einsatz. Sie verfügten über Druckkabinen mit Klimaanlagen und konnten in wirtschaftlicheren und auch ruhigeren Höhen fliegen als die DC-3. Die letzten Exemplare der Metropolitan wurden 1968 von der Boeing 737 abgelöst.

Den Langstreckenverkehr über den Nord- und Südatlantik nahm im Juni 1955 die Super Constellation auf. Teilnehmer des Erstfluges war unter anderem der irische Colonel Fitzmaurice, der letzte Überlebende der 'Bremen'-Crew. Er hatte zusammen mit dem LH-Direktor für Nachtflüge, Herman Köhl und Freiherr von Hünfeld am 12.4.1928 mit einer Junkers W 33 die spektakuläre Ost-West-Überquerung des Atlantiks unternommen. Die L 1049G besaßen vier Curtiss-Wright-Motoren mit einer Startleistung von je 3.250 PS, sie erreichte eine Höchstgeschwindigkeit von 530 km/h, die Reisegeschwindigkeit lag bei 450 km/h, das maximale Startgewicht bei 67,4 t. In der eleganten Maschine mit dem dreiteiligen Heckleitwerk fanden 77 Passagiere Platz. Trotz der Zusatztanks an den Flügelspitzen reichte es bei der Super-Conny vor allem bei Gegenwind nicht für einen Nonstop-Flug von Frankfurt nach New York, und so mußte immer mit einem Zwischenstop in Gander auf Neufundland oder in Shannon in Irland gerechnet werden. Das Nachfolgemuster, die L 1649-A 'Super Star', die sieben Tonnen Kraftstoff mehr transportieren konnte und deren Reisegeschwindigkeit auf 530 km/h angestiegen war, konnte mit ihrer Reichweite von 9.300 km die Strecke an einem Stück bewältigen. Doch die Entwicklung dieses vollendeten Kolbenflugzeugs kam zu spät: Ende 1957 nahm Lufthansa die ersten beiden der vier neuen Maschinen in Dienst, Anfang 1960 aber wurde die erste Boeing 707 'Hamburg' in Dienst gestellt.

Am 12. Dezember 1955 wird die Deutsche Flugdienst GmbH, die Vorläufergesellschaft der späteren Condor, vom Norddeutschen Lloyd, der Hamburg-Amerika-Linie, der Bundesbahn und der Lufthansa gegründet. Ende März des folgendes Jahres findet der erste Touristen-Charterflug in der deutschen Nachkriegsgeschichte statt, eine Pilgerreise nach Israel. Die Flotte der neuen Chartergesellschaft (die seit 1961 den Namen Condor Flugdienst GmbH trägt) besteht vorerst aus drei britischen Vickers Viking, zweimotorige Kolbenmaschinen, deren Flügel und Heck auf dem Vickers Wellington Bomber basieren. Die beiden Bristol Hercules Motoren verliehen ihr eine Geschwindigkeit von rund 360 km/h bei einer Reichweite von 1.850 km.

Wesentlich fortschrittlichere Technik wiesen die Vickers Viscount auf, die die Lufthansa auf ihren Kurz- und Mittelstrecken ab 1958 einsetzte. Bis zu elf Maschinen vom Typ Viscount 814 D trugen die Lufthansa-Farben. Jede der vier Rolls Royce Dart-Propellerturbinen lieferte eine Leistung von 1.800 PS und verliehen ihr eine relativ hohe Reisegeschwindigkeit von 587 km/h. Die Reichweite der Maschine, die sich durch ihre großen ovalen Fenster, aber auch durch ihren hohen und schrillen Motorenlärm von anderen Flugzeugtypen unterschied, lag bei voller Nutzlast bei 1.315 km, mit zwei Zusatztanks und verringerter Nutzlast bei 3.485 km.

Die Ära der Großraumflugzeuge

Erst 1971 wurde die letzte Vickers Viscount außer Dienst gestellt; ab diesem Augenblick verfügte Lufthansa über eine reine Boeing-Jet-Flotte, die 1973 hundert Maschinen umfaßte. Im Dezember des gleichen Jahres traf allerdings auch die erste DC-10 in Hamburg ein und erweitert die Großraumflotte. Das Zeitalter der Großraumflugzeuge hatte 1970 begonnen, als Lufthansa als erste europäische Gesellschaft die Boeing 747-100 in Dienst stellte. Die Ära der zweistrahligen Großraumflugzeuge begann im September 1977, als der erste Airbus A300-B4 ausgeliefert wurde, und sechs Jahre später, im Sommer 1983, kamen die ersten sechs Airbus A310 zur Flotte, die auf stark frequentierten innereuropäischen Strecken eingesetzt werden.

Die modernisierten Boeing 747, 737 und 727 werden neben den beiden Airbus-Typen das Bild der Lufthansa-Flotte bis in die neunziger Jahre prägen. Hinzu kommt ab 1990 der neue, kleine Airbus A320, ein 150-Sitzer mit schmalem Rumpf, der auf den Kurz- und Mittelstrecken die bis dahin veralteten Boeing 727 ersetzen wird. Lufthansa gehörte zu den ersten Kunden des A320.

Pionierzeit der Luft Hansa

Mit umgebauten Militärflugzeugen richtete die 'Deutsche Luft-Reederei' am 5. Februar 1919 zwischen Berlin und Weimar die erste planmäßige Luftverkehrsverbindung in Deutschland ein. Ihre Erfolge förderten die Entstehung weiterer Fluggesellschaften, die jedoch so hart konkurrierten, daß Wirtschaftlichkeit nicht möglich war.

Deswegen schlossen sich 1923 rund 30 dieser kleinen Gesellschaften zur "Deutschen Aero Lloyd AG" zusammen, die nun nur noch im Junkers Luftverkehr einen ernstzunehmenden Rivalen hatte.

Durch Kürzung ihrer Subventionen erreichte die Reichsregierung den Zusammenschluß dieser beiden Gesellschaften: am 6. Januar 1926

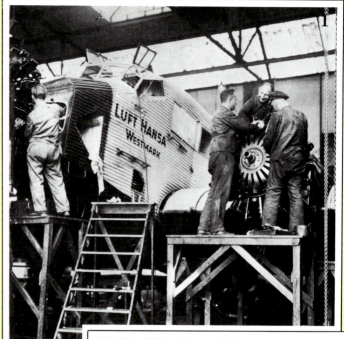

gründeten sie gemeinsam die 'Deutsche Luft Hansa AG' (diese Schreibweise war bis 1934 üblich). Als Grundkapital standen der Luft Hansa zunächst 50.000 Reichsmark zur Verfügung, bei der Hauptversammlung am 15. Juni wurde das Stammvermögen auf 25 Millionen Reichsmark erhöht.

Nach einer kurzen Phase der Rationalisierung und Vorbereitung nahm die Luft Hansa am 6. April 1926 den Luftverkehr auf. Beflogen wurden Routen in Deutschland und Europa, darunter die erste für die Passagierbeförderung eingerichtete Nachtflugstrecke von Berlin über Danzig nach Königsberg, die von dort nach Moskau weiterführte. In dem Bestreben, das Streckennetz über die europäischen Grenzen hinaus zu erweitern, begann die Luft Hansa bereits in ihrem ersten Betriebsjahr, den Großflugweg nach dem Fernen Osten zu erkunden. Zwei Flugzeuge vom Typ Junkers G 24 starteten am 23. Juli 1926 in Berlin und trafen am 30. August in Peking ein. Die Einrichtung einer transeurasischen Verbindung war in den Bereich des Möglichen gerückt, sie scheiterte jedoch an finanziellen Schwierigkeiten.

Auf Grund bilateraler Verträge baute die Luft Hansa gemeinsam mit ausländischen Luftverkehrsgesellschaften ihr Europa-Netz weiter aus. Außerdem war sie an der Deutsch-Russischen Luftverkehrsgesellschaft (Deruluft) und dem Condor Syndikat, das in Südamerika den Luftverkehr zwischen den lateinamerikanischen Ländern vorbereiten und beim transozeanischen

(1) Auf dem Flugplatz Berlin-Staaken unterhielt Luft Hansa eine Werft. Hier wird eine Junkers G 31 überholt.
(2) Vorbereitungen zum Start einer Junkers F 13, die auch auf der Strecke München-Garmisch eingesetzt wurde für die in den zwanziger Jahren beliebten Ski-Wochenendflüge (3).
(4) Vier Fluggästen bot die Albatros L-73 auf dem Nachtflug Berlin-Croydon/London Platz.

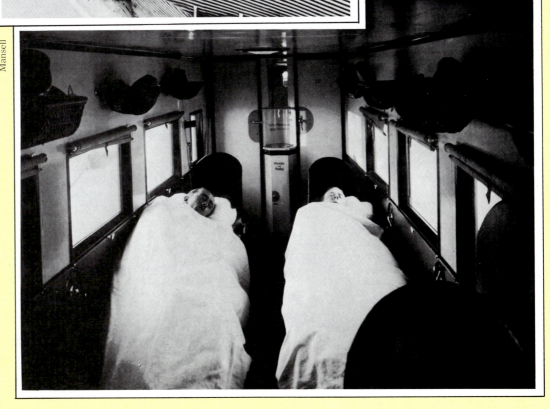

Luftverkehr als Brückenkopf dienen sollte, beteiligt. Die Überwindung der damals von einem Flugzeug nicht ohne Zwischenstop zu überfliegenden Wasserstrecke des Atlantiks war das größte Hindernis für die Aufnahme des Flugverkehrs zwischen Europa und den Ländern Nord- und Südamerikas. Mit Hilfe von Katapultstarts von Bord des zwischen Bremerhaven und New York verkehrenden Schnelldampfers 'Bremen' konnte die Luft Hansa 1929 erstmalig die Postbeförderung zwischen Deutschland und den USA beschleunigen.

Später wurde versuchsweise die gesamte Route mit Wasserflugzeugen beflogen, die bei zwei im Atlantik postierten Schiffen zwischenlandeten, auftankten und dann zum Weiterflug mit Katapult gestartet wurden. Die 1938 auf diese Weise möglich gewordene Luftpostverbindung zwischen Deutschland und Nordamerika scheiterte jedoch an der von der amerikanischen Regierung verweigerten Zustimmung.

Auf dem Südatlantik waren ebenfalls Anfang der dreißiger Jahre Versuche unternommen worden, mit Hilfe von zu Flugstützpunkten umgebauten Schiffen eine Flugverbindung zu schaffen. Nach Abschluß der Vorbereitungen konnte die Luft Hansa hier am 4. Februar 1934 als erste Luftverkehrsgesellschaft der Welt den planmäßigen Flugverkehr aufnehmen.

Für den Verkehr nach Fernost hatte die Luft Hansa bereits 1930 gemeinsam mit der chinesischen Regierung die 'Eurasia' gegründet, die innerhalb Chinas die Flugverbindungen herstellen sollte. Ein Anschluß des 'Eurasia'-Netzes an eine über Sibirien führende Route scheiterte aus politischen Gründen. Lufthansa-Flugzeuge vom Typ Junkers Ju 52 erkundeten daher 1936 und 1937 bei zwei Expeditionen den schwierigen Weg über Zentralasien, bei dem die Gebirgsmassive des Hindukusch und des Pamir zu überfliegen waren.

Parallel dazu hatte die Lufthansa ihre bereits bestehenden Verbindungen nach Nahost weiter ausgebaut und bis Kabul vorangetrieben. Über den 'asiatischen Hängebauch' richtete sie schließlich Mitte 1939 ihre Fernostverbindung von Berlin nach Bangkok ein, die später bis Tokio verlängert werden sollte. Entsprechende Versuchsflüge waren bereits erfolgreich abgeschlossen worden.

Der Ausbruch des Zweiten Weltkriegs machte diese Pläne zunichte und bedeutete für die Lufthansa praktisch das Ende einer an Pioniertaten reichen Entwicklung.

Eine Curtiss Commando C-46 flog 1964-1969 auf dem europäischen Netz, hier im August 1964 in Heathrow.

Von 1958 bis 1971 bestritt die Vickers Viscount 814 den Kurz- und Mittelstreckenverkehr der Lufthansa.

Die Lockheed Super Constellation 1049 G konnte trotz Zusatztanks den Nordatlantik nicht immer nonstop überqueren.

LTU

Die LTU ist die führende Ferienfluggesellschaft Deutschlands, denn über fünf Millionen Passagiere wurden in einem Jahr befördert. Das Unternehmen besteht seit fast dreißig Jahren und verfügt über eine moderne Flotte mit insgesamt 27 Düsenflugzeugen, von denen einige erst vor wenigen Jahren erworben wurden.

Das "Gesicht" einer TriStar, dem Rückgrat der LTU-Flotte. Diese Maschinen sind für ihre Zuverlässigkeit bekannt.

Hoch über den Wolken: LTU ist die größte deutsche Charterfluggesellschaft; weit über 5 Millionen Passagiere wurden in einem Jahr befördert. Die Gesellschaft bietet 7.575 Plätze in ihren Flugzeugen an.

Als im Jahr 1955 die noch wenigen Fluggäste ihre Reise in den sonnigen Süden antraten, fanden auch sie schon auf ihrem Flugzeug die drei Buchstaben LTU. Denn bereits in jenem Jahr begann die Fluggesellschaft mit einer Cessna 310 und einer Vickers Viking (beides Propellermaschinen) und flog Urlauber auf die spanische Insel Mallorca oder ins italienische Treviso; die in Düsseldorf beheimatete Gesellschaft fing also recht klein an. Die "Viking" konnte immerhin 36 Passagiere aufnehmen, hatte eine Reichweite von 1.750 Kilometern und erreichte eine Geschwindigkeit von 340 km/h. LTU verfügte bald über fünf von diesen Maschinen, die bis 1963 Dienst taten. Zwischendurch setzte die LTU auch eine de Havilland "Dove" und eine Bristol 170 ein, die aber beide nicht allzu lange zur ständigen Flotte gehörten.

Die Entwicklung derFlotte

Zwischenzeitlich verfügte die LTU auch über größeres Gerät: Zwei Douglas DC-4 wurden erworben, die pro Maschine 72 Reisenden Platz boten und mit einer Reichweite von 6.000 Kilometern auch entferntere Ziele ohne Zwischenstop erreichte. Dann folgte eine Phase der Konsolidierung: Man schränkte die inzwischen vorhandenen 260 Sitzplätze ein, und nutzte nur noch modernes Fluggerät, nämlich die damals brandneuen Fokker F27 "Friendship". Drei Maschinen dieses Typs flogen für die LTU. Mitte der sechziger Jahre brach auch bei LTU das Jet-Zeitalter an: Die Gesellschaft erwarb das französische Düsenflugzeug "Caravelle". Man flog drei Maschinen des Typs "III", die jeweils 86 Passagieren Platz boten und gut drei Jahre lang die Urlauber ans Ziel brachten. 1968 ersetzte man den Typ III durch die Bauserie "10 R", weil diese mit sparsameren und zugleich leistungsfähigeren Triebwerken ausgerüstet waren.

1973 wurde beschlossen, die ständig steigende Nachfrage nach Passagierflügen durch den Einsatz von Großraumflugzeugen zu befriedigen. LTU stellte die ersten Lockheed L1011 "TriStar" in Dienst; im Laufe der Jahre sind die Maschinen dieses Typs zum "Rückgrat" der LTU geworden. Heute sind in der großen Flotte neben den sieben TriStar-Modellen vier Boeing 767 und zwölf Boeing 757 zu finden; außerdem hat sich in den letzten Jahren das neueste Mc-Donnell-Douglas-Modell hinzugesellt; vier MD-11 fliegen ebenfalls mit dem LTU-Logo. Auch an die Zukunft ist gedacht: Ab 1995 sollen sechs Airbus A330-300 zur LTU-Flotte gehören.

Das Streckennetz

Das Streckennetz der LTU liest sich wie eine Weltkarte; alle wichtigen Urlaubsziele kann man mit den weißroten Ferienfliegern von Deutschland aus erreichen. Hier die Ziele des Sommerflugplans 1994: Agadir, Alicante, Almeria, Antalya, Arrecife, Athen, Bangkok, Barbados, Barcelona, Cancun, Catania, Colombo, Corfu, Dalaman, Djerba, Durban, Faro, Fort Myers, Fuerteventura, Funchal, Gerona, Havanna, Heraklion, Holguin, Ibiza, Isla Margarita, Istanbul, Izmir, Karpathos, Kavalla, Kilimanjaro/Tanzania, Larnaca, Las Palmas, Lesbos, Los Angeles, Luxor, Mahon, Malaga, Male, Malta, Miami, Mombasa, Monastir, Montego Bay, Neapel, New York, Orlando, Palma de Mallorca, Puerto Plata, Punta Cana, Rhodos, Samos, San Andres, San José, Santiago de Cuba, Santo Domingo, Santa Cruz de la Palma, Teneriffa, Thessaloniki, Varadero, Windhoek, Zakynthos. Eine recht beeindruckende Anzahl von Zielflughäfen, die in einer einzigen Saison vom größten deutschen Ferienflieger angesteuert werden.

Besondere Mitarbeiter

Mit den 7.575 Plätzen, die von der LTU angeboten werden, konnte man im Jahr 1993 gut 5,3 Millionen Pasagiere befördern. Das macht die LTU zum Spitzenreiter in Deutschland. Damit die Gesellschaft reibungslos funktioniert, sind rund 2.700 Mitarbeiter bei der Airline im Einsatz.

Unter den LTU-Mitarbeitern befindet sich auch jemand Besonderes: Eine professionelle Pilotin mit Lizenz für große Passagierflugzeuge. Die 36jährige Sabine Trube hatte es zunächst schwer, ihren Beruf als Flugkapitän(in) auszuüben - keine Airline wollte sie einstellen, bis sie

Passagierflugzeuge der LTU

12 Flugzeuge
Boeing 757-200

Triebwerk: 2 Rolls-Royce RB 211-535E4
Spannweite: 37,95 m
Länge: 47,32 m
Höhe: 13,56 m
Reisegeschwindigkeit: 870 km/h
Reichweite: 6300 km
Passagiere: 200
Besatzung: 2

4 Flugzeuge
Boeing 767-300

Triebwerk: 2 Pratt & Whitney PW 4060
Spannweite: 47,57 m
Länge: 54,94 m
Höhe: 15,85 m
Reisegeschwindigkeit: 860 km/h
Reichweite: 11100 km
Passagiere: 276
Besatzung: 2

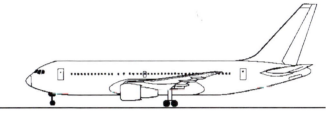

7 Flugzeuge
Lockheed TriStar
L-1011-1/L-1011-200/
L-1011-500

Triebwerk: 3 Rolls-Royce RB 211-22B/524
Spannweite: 47,34 m/50,09 m
Länge: 54,43 m/50,04 m
Höhe: 16,87 m
Reisegeschwindigkeit: 935 km/h
Reichweite: 5500 km/9900 km
Passagiere: 358/288
Besatzung: 3

Seit 1991 gehören auch vier MD-11 von Mc Donnell Douglas zur LTU-Flotte.

schließlich bei einem Regionalflug-Unternehmen in Deutschland unterkam. Nach einigen Jahren konnte Sabine Trube dann endlich auf einer Boeing 767 der LTU den Kapitänsstuhl einnehmen und versieht ihren Job bisher unter großem Beifall, auch und gerade von männlichen Fluggästen.

Eine Boeing 757 der LTU überquert die Alpen in Richtung Süden. Die Gesellschaft fliegt nahezu alle bekannten Ferienziele an, von Colombo bis Windhoek, von Miami bis Thessaloniki.

Der Service

Besonders stolz ist man bei der LTU auf den Service, den das Unternehmen bietet. Man braucht sich in der Tat vor der Konkurrenz und auch vor den Liniengesellschaften nicht zu verstecken. Bei LTU weiß man, daß die Liebe auch zu einer Fluggesellschaft eventuell durch den Magen geht und hat ein besonderes Augenmerk auf das Catering. Denn nicht immer kann am Zielort die gewünschte Qualität für den Rückflug eingekauft werden, so daß schon beim Hinflug an die Rückreise gedacht werden muß - was Konsequenzen hat, denn so kommt schon mal ein Gewicht von gut drei Tonnen(!) nur an Nahrungsmitteln zusammen.

Doch nicht nur Verpflegung und Unterhaltung an Bord müssen den heutigen Standards entsprechen. Der Boden-Service einer Fluglinie ist umfassend. Da sind Sicherheitsvorschriften zu beachten, der Abfertigungsablauf muß ständig mit der Flugzeug-Crew abgestimmt werden, Sondergepäck ist sachgerecht zu verstauen, die technischen Flugvorbereitungen sind zu überwachen und alle Vorgänge von der ersten Passagierabfertigung am Schalter bis zum Abrollen der Maschine müssen minutiös koordiniert werden.

Außerdem ist man auch schon im Vorfeld um die Fluggäste bemüht: LTU fliegt von den Flughäfen Berlin, Düsseldorf, Frankfurt, Hamburg, Hannover, Köln/Bonn, Leipzig, München Münster/Osnabrück und Stuttgart, und damit die Passagiere auch den Flughafen bequem erreichen, kann man die Anreise zu jedem dieser Flugplätze.per Bundesbahn buchen. Außerdem gibt es einen individuellen LTU-Zubringerservice zu den Flughäfen Düsseldorf und München, und zwischen den Flughäfen Frankfurt und Düsseldorf besteht eine tägliche Busverbindung mit dem LTU-Sky-Shuttle.

Fracht ist kein Problem

Nun befördert ein Charterunternehmen nicht nur auschließlich Menschen und ihr Reisegepäck; manchmal sind auch andere Gegenstände von einem Ort zum anderen zu bringen, also alles, was unter den Begriff "Luftfracht" fällt. Da waren schon mal Tausend Küken von Hamburg nach Budapest zu bringen, nach Teneriffa sollten Generatoren geflogen werden....alles das, was man im Frachtraum eines Flugzeugs unterbringen kann, ist schon bei LTU verladen worden. Alltäglich sind neben dem Reisegepäck heute schon Surfbretter, Fahrräder, Bootsmotoren, kleinere Segelboote und Motorräder.

Innerdeutsche Liniendienste

Die "LTU International Airways", wie der volle Firmenname lautet, ist im Laufe der letzten drei Jahrzehnte zu einer festen Größe im deutschen Flugverkehr geworden. Und mit dem Inkrafttreten der EG-Richtlinien, die mit der Monopolisierung im innerdeutschen Luftverkehr Schluß machten, kann auch die LTU einen Liniendienst im Inland anbieten. Es gibt regelmäßige Verbindungen zwischen den Flughäfen Düsseldorf, Frankfurt, Hamburg und München, die aufgrund der günstigen Preise recht schnell Freunde finden dürften. Die LTU ist so auf dem Weg, ihre Position unter den deutschen Fluggesellschaften weiter auszubauen.

Pan Am

Die Pan Am bezeichnete sich gern als "die erfahrenste Fluggesellschaft der Welt". Und tatsächlich hat dieses Unternehmen das Bild des modernen Flugverkehrs stark geprägt, denn seit den zwanziger Jahren erwies sich diese Airline immer wieder als wegweisend in der Streckenführung wie auch im Einsatz des aktuellsten Fluggeräts. Doch leider halfen weder Tradition noch Innovation: Pan Am ereilte das gleiche Schicksal wie den Konkurrenten Eastern Airlines - der Konkurs war letzten Endes nicht abzuwenden. Es gibt aber immerhin einige Geschäftsleute, die Pan Am als Chartergesellschaft wieder aufleben lassen wollen, ganz nach der alten Pan-Am-Devise "der Massenluftverkehr ist unsere Verpflichtung".

Pan Am, die bis 1972 als Pan American World Airways firmiert hatte, gehörte zu den größten Luftverkehrsgesellschaften der Welt. 1982 rangierte sie mit 12,8 Millionen Fluggästen auf dem 15. Platz, nahm jedoch mit ihrer Beförderungsleistung von 45.943 Millionen Passagierkilometern nach United und American Airlines die dritte Position ein. Mit ihrer Flotte von 137 Jets kam die Gesellschaft Ende 1982 auf den achten Rang und stand mit ihrer Transportleistung im Luftfrachtverkehr (1.467 Tonnenkilometer) an fünfter Stelle. Pan Am beschäftigte rund 27.600 Mitarbeiter in aller Welt. Damit war ihre Belegschaft kleiner als die der Lufthansa. Im Flugbetrieb vereinnahmte die amerikanische Luftverkehrsgesellschaft 1982 nahezu 3,5 Milliarden Dollar, was ihr in der Weltrangliste nach United, American, Eastern und Delta den fünften Platz sicherte. Da die Aufwendungen wesentlich höher waren, kam in der Bilanz ein Millionenverlust heraus.

Eine Boeing 747 - das Rückgrat der Pan Am - beim Flug über die Rocky Mountains. Zwischen 1970 und 1973 war die Pan-Am-Flotte bereits auf 30 dieser Großraumflugzeuge gewachsen.

"Massenluftverkehr ist unsere Verpflichtung"

Ihren Flugbetrieb nahm Pan Am am 28. Oktober 1927 auf, als eine Fokker Trimotor vom Typ F-7 in Key West/Florida mit Post nach Havanna startete. Zehn Wochen später wurde auf dieser Route der erste Passagier befördert. Nach und nach erweiterte die junge Fluggesellschaft ihr Streckennetz in der Karibik, nach Mittelamerika und entlang der Atlantikküste nach dem Süden des Kontinents. Von Anfang an war das Ziel der Luftverkehrsgesellschaft, einen Massenluftverkehr zu entwickeln und das zu Preisen, die der Durchschnittsbürger bezahlen kann. "Das ist unsere Chance und unsere Verpflichtung", erklärte Pan Am-Gründer Juan T. Trippe.

Entsprechend den Anforderungen der Pan Am baute die amerikanische Flugzeugindustrie Flugboote und Landflugzeuge, für die die Luftverkehrsgesellschaft Stützpunkte entlang ihrer Routen von Florida nach Süden baute. In Lateinamerika erprobte die Pan Am Verfahren zur Navigation über der See und Radioverbindungen von Bord zu Bodenstationen. So war die Pan Am bald gerüstet, den Pazifik für den Luftverkehr zu erobern. Mit einem Dampfer, der Baumaterial und Nachschub an Bord hatte, liefen Ingenieure aus, um in Midway, Wake und Guam Stützpunkte einzurichten. Am 23. November 1935 startete in der Bucht von San Francisco der berühmte 'China Clipper', ein Flugboot vom Typ Martin M-130, zur Eröffnung des Luftpostdienstes via Honolulu und die genannten Basen nach Manila. Ein Jahr später konnte auf der gleichen Route bereits der Passagierverkehr aufgenommen werden. Die Flugzeit betrug sechzig Stunden. In 27 Stunden erreichte im Mai 1939 das Flugboot Boeing 314 'Yankee Clipper' nach einer Zwischenlandung auf den Azoren mit Luftpost Lissabon, von wo der Flug nach Marseille fortgesetzt wurde. Wochen später wurden auf diese Weise die ersten Passagiere befördert. Ebenfalls im Sommer 1939 startete Pan Am einen Luftpostdienst via New Brunswick, Neufundland und Irland nach Southampton in England. Im Zweiten Weltkrieg flog Pan Am im Regierungsauftrag Passagiere und Fracht. Zugleich wurden Militärpiloten in den von der Luftverkehrsgesellschaft entwickelten Verfahren für Überseeflüge ausgebildet.

Bereits 1947 richtete Pan Am einen Flugdienst rund um die Welt ein. 'Clipper America', eine Lockheed Constellation, startete am 17. Juni in New York und traf dort am 30. Juni wieder ein, nachdem die viermotorige Maschine in Gander, Shannon, London, Istanbul, Dhahran, Karachi, Kalkutta, Bangkok, Manila, Schanghai, Tokio, Guam, Wake, Midway, Honolulu, San Francisco und Chicago jubelnd begrüßt worden war. Mit der Einführung der Economy-Klasse in Jahr 1948 kam die Pan Am dem Ziel des Massenluftverkehrs einen Schritt weiter. Zuvor waren die Maschinen nur mit Sitzen der Ersten Klasse ausgestattet gewesen. In den folgenden Jahren erfolgten immer wieder Preissenkungen, die durch die Indienststellung leistungsfähiger Flugzeugtypen ermöglicht wurden.

Von der Boeing 707 zum Jumbo-Jet

Auf der Strecke New York — Frankfurt stellte Pan Am im Mai 1952 die DC-6B in Dienst. Fünf Jahre später wurde die wichtige Route be-

Die ersten drei Jahrzehnte

Mit der Fokker F-7 wurde am 16. Januar 1928 der erste Linienflugverkehr von Key West/Florida nach Havanna aufgenommen. Das Flugzeug bot Platz für zehn Passagiere.

Pan Am's berühmtes Flugboot 'China Clipper' (Typ Martin M-130) kurz nach dem Start über der Bucht von San Francisco. Dieser historische erste Postflug nach Manila fand am 23. November 1935 statt und dauerte insgesamt sechs Tage, mit vier Zwischenstationen..

reits nonstop mit der DC-7 bedient, die zwölfeinhalb Stunden unterwegs war. Aber für die Propellerflugzeuge sollten auf den Langstrecken die Tage gezählt sein. 1955 hatte Pan Am den Boeing-Werken den ersten Auftrag zum Bau der Boeing 707 erteilt. Der erste Linienflug mit dem neuen vierstrahligen Jet fand am 26. Oktober 1958 vom New Yorker Flughafen Idlewild nach Le Bourget in Paris statt. Genau 25 Jahre später feierte die Fluggesellschaft dieses Ereignis mit einer Wiederholung dieses Fluges, an dem 84 Passagiere und zehn Besatzungsmitglieder teilnahmen, und einem Gala-Ball in Paris. Ab Oktober 1959 setzte die Pan Am auf ihren Rund-um-die-Welt-Flügen mit Zwischenlandung in Frankfurt die Boeing 707 ein. Ein paar Wochen später erzielten Pan-Am-Piloten mit 8 Stunden 17 Minuten Flugzeit von Frankfurt Rhein-Main nach New York einen neuen Rekord.

Mit der Boeing 707 war die Fluggesellschaft dem Ziel des Massenluftverkehrs ein großes Stück näher gekommen. Bis gegen Ende der sechziger Jahre waren gewaltige Zuwachsraten zu verzeichnen. Alle fünf Jahre verdoppelte sich die Zahl der Passagiere. Die Nachfrage nach Flugscheinen übertraf selbst die höchsten Erwartungen. Ende 1966 meldete Pan Am 150.000 Nordatlantikflüge, auf denen in einem Zeitraum von 27 Jahren 6,8 Millionen Reisende befördert worden waren. Neun Monate später fand der 10.000. Flug der Pan Am rund um die Welt statt. Ausbaumaßnahmen auf den großen Flughäfen hielten mit dem Verkehrswachstum nicht mehr Schritt. Der Überlastung der Start- und Landebahnen konnte, so die Geschäftspolitik der Pan Am, nur durch wesentlich größere Flugzeuge begegnet werden.

Wieder setzte die Pan Am ein Zeichen, als sie im April 1966 auf einen Schlag 25 Großraumflugzeuge des Typs Boeing 747 für 600 Millionen Dollar in Auftrag gab. Um sich auf dem Markt zu behaupten, mußten andere internationale Airlines wohl oder übel nachziehen. So leitete der amerikanische Carrier die Ära der Jumbo-Jets ein. Premiere für den metallenen Riesenvogel war am 22. Januar 1970 auf der Route New York — London. Ein Vierteljahr später landete die Pan Am auch in Frankfurt regelmäßig mit dem Super-Jet, der vom Publikum mit Begeisterung aufgenommen wurde. Ende September des gleichen Jahres verfügte die amerikanische Fluglinie bereits über 22 Boeing 747. An Bord der 'Jumbos' waren in wenigen Monaten schon eine Million Fluggäste befördert worden. Kurz nach der Eröffnung des Frankfurter 'Jumbo-Bahnhofs' auf dem Rhein-Main-Flughafen nahm die Pan Am im Juni 1972 auf dem John F. Kennedy Airport in

Die Douglas DC-6B war eine Weiterentwicklung der DC-4, mit verlängertem Rumpf und Druckkabine. Mit dieser Maschine führte Pan Am am 1. Mai 1952 die Touristenklasse für Transatlantik-Flüge ein.

American Overseas Airlines eröffnete 1946 einen wöchentlichen Flugdienst zwischen New York und Deutschland. Die Douglas DC-4 (eine für den zivilen Luftverkehr umgebaute C-54 Skymaster) bediente Berlin und Frankfurt über Amsterdam.

Die Douglas DC-7C ('Seven Seas') wurde am 1. Juni 1956 von Pan Am in Dienst gestellt. Sie bot Platz für 103 Passagiere und flog die Route New York — London nonstop.

Die Lockheed L1011-500 im Flug über der kalifornischen Küste. Die TriStar der Pan Am unterscheidet sich von anderen 500-Versionen durch größere Tragflächen, verbesserte Bordelektronik und durch stärkere Rolls Royce-Triebwerke.

Der Pan Am Terminal in New York ist der größte Terminal einer einzigen Fluggesellschaft "unter einem Dach". Er wurde 1958 speziell für die vierstrahligen 707 errichtet und 1969 für die Abfertigung der 747 durch zusätzliche Flugsteige erweitert.

New York ihr neues Terminal in Betrieb: "die größte Fluggast-Empfangsanlage, die von einer einzigen Fluggesellschaft betrieben wird". Noch 1981 verlautete aus der Hauptverwaltung des Unternehmens in New York, "Pan Am ist mehr als eine Fluggesellschaft". Kurz darauf folgte eine Hiobsbotschaft der anderen. Um überleben zu können, war die Fluggesellschaft gezwungen, ihren Wolkenkratzer am Ende von New Yorks Park Avenue zu verkaufen. Bald darauf blieb der Fluggesellschaft nichts anderes übrig, als sich von der gewinnbringenden International Hotels Corporation, die seinerzeit in 48 Ländern über 83 Hotels mit 29.000 Gästezimmern verfügte, zu trennen. In den Vereinigten Staaten und in anderen Ländern verzichteten die Mitarbeiter auf einen Teil ihres Lohns und Gehalts.

Alle Bemühungen, aus der Pan Am doch noch ein rentables Unternehmen zu machen, scheiterten schließlich, und 1991 ging die Gesellschaft in Konkurs; die wichtigsten Routen übernahm Delta Airlines. Allerdings wurde das Markenzeichen "Pan Am" an ein Consortium verkauft, das in den nächsten Jahren unter diesem Logo Charterflüge durchführen will.

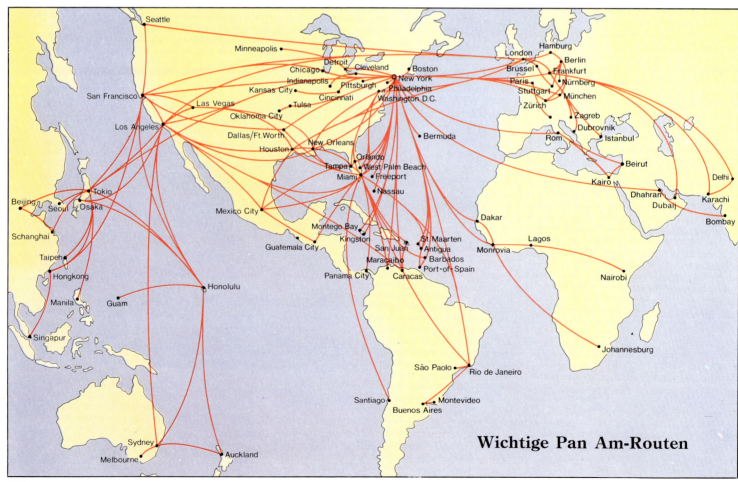

Wichtige Pan Am-Routen

Qantas

Qantas steht für 'Queensland und Northern Territories Aerial Services Limited'. Diese Gesellschaft wurde 1920 in Brisbane, Australien, gegründet und besitzt mit ihren Boeing 747 und 767 eine spezialisierte Langstreckenflotte.

Vor einigen Jahren stieß die nationale australische Luftfahrtgesellschaft Qantas auf ein zwar sehr ungewöhnliches, aber dennoch ernsthaftes Problem: viele Passagiere, die einen Flug buchen wollten, konnten den Namen der Gesellschaft nicht mit 'Qu' im Telefonbuch finden. Das Problem wurde durch den Eintrag des 'falsch buchstabierten' Namens Qantas in die Telefonbücher rund um die Welt gelöst.

Qantas ist die Luftfahrtgesellschaft mit der niedrigsten Unfallquote auf der Welt, aber Qantas wirbt nicht mit dieser Tatsache. Nicht ein einziger internationaler Passagier kam bei jahrzehntelangem Interkontinentalbetrieb bei einem Absturz ums Leben. In Bezug auf Tonnen-Kilometer liegt Qantas mittlerweile international an achter Stelle — ein bemerkenswerter Rekord, den man generell genauso wenig in die Werbung einbezieht. Obwohl andere Luftfahrtunternehmen in der Statistik in Bezug auf Sicherheit weniger gut abschneiden, vertritt Qantas die Auffassung, daß der Sicherheits-

Qantas war die letzte der großen Luftfahrtgesellschaften, die noch bis in die 70er Jahre reguläre Linienflüge — auf die Inseln Lord Howe und Norfolk — mit den Short Flugbooten der Klasse C durchführte.

aspekt nicht in die Werbung gehört — man würde sonst das Schicksal geradezu herausfordern, ebenso widerspricht es den IATA-Vorschriften.

Viele Jahre lang war Qantas nur eine unter vielen kleinen Luftfahrtgesellschaften Australiens, und unter dieser Vielzahl nicht gerade die wichtigste, da ihr Hauptsitz von den dicht bevölkerten Zentren um Sydney und Melbourne zu weit entfernt lag. Qantas' Service war auf die beiden Nordstaaten (Queensland und Northern Territory) begrenzt. Beim Aufbau der 'Imperial Route' (die später Känguruh-Route hieß) von England nach Australien bot sich Qantas von ihrer Lage her gesehen für den letzten Streckenabschnitt von Darwin nach Brisbane geradezu an. Qantas übernahm damals auch den vorletzten

Passagierflugzeuge der Quantas

4 Flugzeuge
Airbus A300

Triebwerk: 2 General Electric CF6-50C2
Spannweite: 44,84 m
Länge: 53,75 m
Höhe: 16,53 m
Reisegeschwindigkeit: 854 km/h
Reichweite: 5.340 km
Passagiere: 253
Besatzung: 3

31 Flugzeuge
Boeing 737

Triebwerk: 2 Pratt & Whitney JT8D-154A
Spannweite: 28,35 m
Länge: 30,53 m
Höhe: 11,28 m
Reisegeschwindigkeit: 778 km/h
Reichweite: 4.100 km
Passagiere: 130
Besatzung: 2

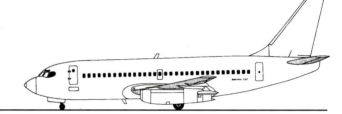

20 Flugzeuge
Boeing 767

Triebwerk: 2 Pratt & Whitney JT9D-7R4
Spannweite: 47,60
Länge: 48,50
Höhe: 15,90
Reisegeschwindigkeit: 850 km/h
Reichweite: 5.600 km
Passagiere: 201
Besatzung: 2

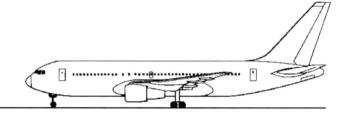

Streckenabschnitt von Singapur nach Darwin. Die günstige geographische Lage und die Tatsache, daß man als Endziel Brisbane und nicht das weiter südlich gelegene Sydney wählte, ermöglichten Qantas den Aufstieg zu der nationalen Luftfahrtgesellschaft Australiens.

Die australische Fernverkehrslinie gehört zu den ältesten der Welt: seit dem 16. November 1920 fliegt sie unter ihrem heutigen Namen. Erstaunlich viele Australier entscheiden sich für Qantas, wenn sie an das andere Ende der Welt oder nur 'kurz' über den Pazifik in die Vereinigten Staaten wollen. Die Passagiere von Qantas legen im Durchschnitt größere Strecken zurück als die anderer Flugunternehmen. Zur Zeit ihrer Gründung lag ihr Ziel jedoch in der Verbindung der winzigen Schafzuchtgemeinden, die nur circa 20 Meilen voneinander entfernt lagen. Nach dem Ersten Weltkrieg gab es im hintersten Queensland keine Asphaltstraßen, und während der Regenzeit waren die Wege derart morastig, daß sowohl Menschen als auch Pferde nur schwer vorwärts kamen; Flügel waren die ideale Lösung.

Frühe Geschichte

Wahrscheinlich hätte diese Entwicklung noch jahrelang auf sich warten lassen, wenn nicht zwei Männer aus dem Nahen Osten als erfahrene Offiziere des Australian Flying Corps (Australische Luftwaffe) mit der Absicht in die Heimat zurückgekehrt wären, im Fluggeschäft zu bleiben. Einer von ihnen war W.H. Fysh, später Sir Hudson Fysh, wohl der bekannteste und angesehenste Australier innerhalb der Luftfahrt. Sein Partner, P.J. 'Ginty' McGuinness half der Gesellschaft ganz zu Anfang über die schweren Jahre hinweg. Er trat schließlich zurück, als der Vorstand der Gesellschaft seinen Vorschlag ablehnte, daß Piloten im Dienst ab und zu die Erlaubnis zu einem Bierchen haben sollten — unter den heutigen Bedingungen wäre dies kaum denkbar.

Fysh und McGuinness kehrten 1919 zusammen mit vielen anderen ehemaligen AFC-Fliegern nach Australien zurück. Sie importierten eine Farnborough B.E.2e, und hatten 1920 bereits genug Geld zusammen, um eine fast neue Avro 504K zu kaufen, beides Doppeldecker aus dem 1. Weltkrieg. Der größte Teil ihrer Gelder kam von kleinen Farmern, insbesondere von Schafzüchtern im australischen 'Outback'. Diese Farmer glaubten fest daran, daß sie mit Hilfe von Flugzeugen selbst während der Regenzeit mit der Außenwelt in Kontakt bleiben konnten, und sie zeigten ihre Zuversicht in Form von Geldspenden. Die Mitarbeiterzahl war noch recht überschaubar, nämlich drei. Am 16. November 1920 wurde die Gesellschaft als Queensland and Northern Territories Aerial Services Limited ins Handelsregister eingetragen. Dieser Name war von Anfang an viel zu lang, und er paßte schon gar nicht auf den Hangar, der in Charleville errichtet wurde. Deshalb einigte man sich ganz einfach auf die Anfangsbuchstaben Q.A.N.T.A.S. Ltd., dann ließ man die Punkte weg und schrieb und sagte einfach 'Qantas'.

Kurz nach der Gründung begann der Flugverkehr mit der B.E.2e, die jeweils einen erwachsenen Passagier (oder zwei Kinder) befördern konnte. Flüge fanden statt, wenn es Kunden gab, vorausgesetzt, daß die Maschine betriebsfähig war. Erstaunlich viele Leute wollten einfach einmal fliegen — die meisten hatten natürlich auch ein Reiseziel. Preise hingen sowohl von der Entfernung ab als auch davon, ob auf dem Rückflug ein Passagier bzw. eine Ladung an Bord war. Die moderne Avro konnte zwei Passagiere auf einmal befördern. Dank besonnener Geschäftsführung hielt sich die Gesellschaft nicht nur über Wasser, sondern konnte sogar noch ein weiteres Flugzeug importieren: eine Armstrong Whitworth F.K.8 — ein umgebauter Bomber, der zwei Passagiere befördern konnte. Am 2. November 1922 flog die F.K.8 zum ersten Mal von Charleville nach Longreach, wobei die Ladung aus Luftpost bestand. Bereits am nächsten Tag folgte der erste Flug mit einem Passagier von Charleville zum 929 km entfernten Conclurry. Die Regionalregierung unterstützte diese Route mit Zwischenlandungen durch die Vergabe eines Luftpostvertrags an die Gesellschaft. Das war für Qantas der große Wendepunkt: von da an konnte man sie bereits zu den internationalen Luftfahrtunternehmen zählen.

Als australische Gesellschaft verfügt Qantas natürlich über genügend Langstrecken-Flugzeuge, um den Verkehr zwischen den Kontinenten sicherzustellen. Allein 31 Boeing 747 sind für die bekannte Airline in der Luft, darunter die neuesten "Long-Reach"-Modelle.

Expansion

1924 begann Qantas mit dem Aufbau eines bescheidenen Verkehrsnetzes und importierte ihr erstes richtiges Zivilflugzeug: de Havilland D.H.50A mit Siddeley Puma Motor. Qantas kaufte die Maschine im Mai 1924 direkt von de Havilland mit der ursprünglichen britischen Kennzeichnung G-EBIW. Dieser Doppeldecker hatte zwei Frachträume sowie eine bequeme, geschlossene Kabine mit vier Korbsitzen; der Pilot saß hinten, jedoch noch im Freien. Die D.H.50A leistete auf vielen Strecken gute Dienste, stürzte jedoch am 12. Dezember 1935 vor Coloundra ins Meer. Im Januar 1925 erwarb Qantas eine weitere D.H.50A und 1929 eine D.H.50J mit dem stärkeren und zuverlässigeren Bristol Jupiter Motor. Mit diesem Typ war Alan Cobham zu seinem Rekordflug von Croydon nach Kapstadt gestartet. Insgesamt baute Qantas in Lizenz vier D.H.50A und drei D.H.50J selbst.

Im Februar 1928 wurde ein noch besseres Flugzeug nach Australien verschifft — das erste D.H.61 Giant Moth Modell. Vom Entwurf her war die D.H.61 ähnlich der D.H.50, nur hatte die Kabine acht bis zehn Sitzplätze. Im Jahre 1930 erhielten alle Qantas-Flugzeuge die australische Registrierung (VH-), und im selben Jahr flog die mittlerweile etablierte Gesellschaft ihre millionste Meile. 1928 wurde der berühmte australische Flying Doctor Service, der amtliche Buschfliegerdienst, mit Qantas-Maschinen eingeführt. Ab 1931 arbeitete die Gesellschaft mit der britischen Imperial-Airways zusammen.

1933 hatte Qantas eine weitere Million Meilen zurückgelegt und begann mit dem langwierigen Aufbau eines internationalen Verkehrsnetzes. In den vorhergehenden zehn Jahren war die Luftpostverbindung des British Empire gewachsen, und Qantas beförderte die Post auf dem letzten Streckenabschnitt von Singapur nach Australien. Das war eine risikoreiche Strecke, denn im Meer von Timor wimmelte es von Haifischen, und Motorausfälle kamen nicht gerade selten vor. Sowohl Piloten als auch Passagiere hätten gerne vier Motoren gehabt, aber damals gab es kein modernes, mittelgroßes Flugzeug mit vier Motoren. Die australische Regierung schickte im Auftrag von Qantas eine Spezifizierung an de Havilland, und das Resultat war die D.H. 86, die mit vier der neuen Gipsy Six 200 PS Motoren betrieben wurde. Die erste D.H. 86 flog im Januar 1934 — sie war eine der ersten Maschinen, die den Anforderungen eines Exportkunden gerecht werden konnte. Die D.H. 86 konnte zehn Passagiere befördern und wurde schließlich so umgebaut, daß zwei Piloten nebeneinander sitzen konnten. Diese Maschinen bildeten die Stütze von Imperial Airways sowie Qantas Empire Airways u.a. auf der Route Singapur-Brisbane, die Qantas ab Januar 1924 offiziell flog. Leider stürzte die erste D.H. 86 bei ihrer Auslieferung in Longreach ab; sie wurde durch eine Imperial Maschine ersetzt.

1935 hatte man ein Schema ausgearbeitet, wie man große Mengen Luftpost relativ preiswert befördern konnte; 28 schnelle Short Empire-Flugboote wurden hierfür eingesetzt. Qantas schloß mit der australischen Regierung ein Abkommen, Luftpost zwei Mal wöchentlich in 10½ Tagen (später in sieben Tagen, da man auch nachts fliegen konnte) zu befördern. Damals plante Qantas Empire Airways eine Flugboot-Route von Singapur nach Darwin, Port Roper, Normanton, Townsville, Brisbane bis hinunter nach Sydney. Ende 1937 erhöhte man das Kapital von Qantas Empire Airways von £200 000 auf £1 Million, um für den Bau von Flugbootbasen sowie Funkeinrichtungen von Singapur nach Sydney Mittel bereitstellen zu können. Qantas nahm die ersten drei Short S.23 Flugboote im August 1937 entgegen, tauschte die Imperial Maschinen nach und nach gegen sie aus und erweiterte ihre Flotte auf neun Flugboote dieser Art. Anfang 1938 baute Qantas das Verkehrsnetz weiter aus, aber Japans Eroberungszug durch Südostasien brachte den Qantas Luftverkehr in dieser Gegend völlig zum Erliegen.

Die Kriegsjahre

Qantas entwickelte sich zu einer der fortschrittlichsten Linien. Einige Jahre zuvor hatte man sich auf den internen Verkehr beschränkt, nun aber lag der Schwerpunkt auf dem internationalen Verkehrsnetz von ganz Australien. Ab Anfang 1942 war das gesamte Australien quasi völlig vom Rest der Welt abgeschnitten. Möglich waren nur zwei Routen quer über den Südpazifik sowie über den Indischen Ozean; beide Routen gab es bis dahin noch nicht, beide waren von den Japanern bedroht, und die zurückzulegenden Strecken waren enorm. Ein Großteil der Qantas-Besatzungen und -Flugzeuge sowie Empire Flugboote standen während des Krieges der RAAF für militärische Zwecke zur Verfügung, aber es bestand die Möglichkeit, einen Non-Stop Service nach Ceylon zu eröffnen und somit Anschluß an Flüge nach Europa und Afrika zu bekommen, die sowohl von der zivilen BOAC als auch von der RAF (Royal Airforce) unternommen wurden.

Im Auftrag von BOAC arbeiteten Besatzungsmitglieder und Bodenpersonal von Qantas unermüdlich an zwei (bei Kriegsende fünf) Ex-RAF Catalina Flugbooten, um sie betriebsfähig zu machen. Am 10. Juli 1943 fand der erste kommerzielle Flug von Westaustralien (Swan River, Perth) nach Ceylon (Kogalla Lake) in 28 Stunden und 9 Minuten statt. Funkverkehr war strengstens untersagt. Die meisten Flüge auf dieser Route dauerten um die 30 Stunden, und die Passagiere wurden hinterher mit dem 'Rare and Secret Order of the Double Sunrise' ausgezeichnet. Auf der wohl gefährlichsten Route überhaupt, die später wegen ihrer Form als 'Hufeisen-Route' (vom südwestlich gelegenen Durban aus) bezeichnet wurde, flogen Maschinen mit normalerweise sechs Besatzungsmitgliedern, Geräten zur astronomischen Navigation sowie 3 Passagieren und etwa 500 Pfund Post. Beim Abflug überschritt das Gewicht der Maschinen — wegen ihrer hohen Kraftstoffkapazität — bei weitem die zulässige Grenze, und man mußte hohem Wellengang sowie turbulenter Luft unbedingt ausweichen. Trotz aller Risiken verlor Qantas bei 271 Flügen nicht ein einziges Flugboot. Ab November 1944 fanden nachts 2.240 Kilometer lange Anschlußflüge nach RAF Korangi Creek, Karachi, statt.

Weitere Entwicklung

Nach dem Krieg expandierte Qantas schnell. Die zuverlässigen 'Cats' (Catalinas) gehörten wegen Auslauf des Leasing-Abkommens der Vergangenheit an, aber die Empire Flugboote flogen viele Linien, einschließlich der während des Krieges eröffneten Route zu den Fidschi-Inseln. Der letzte Linienflug mit diesen hervorragenden Maschinen fand am 23. Dezember 1947 statt. Damals verfügte Qantas schon seit zwei Jahren über eine Flotte schneller, aber unrentabler Avro Lancaster Landflugzeuge für den Fernstreckenverkehr und hatte zudem moderne, mit Druckkabine ausgerüstete Lockheed Constellations aus den USA eingeführt. Im Juli 1947 kaufte die Regierung alle Qantas-Aktien auf und verstaatlichte so die Gesellschaft; trotzdem war Qantas auch weiterhin als privates Unternehmen in Queensland eingetragen.

Eines der wichtigsten Ereignisse war die Eröffnung einer direkten Schnellverbindung nach London im Dezember 1947. Eine Reise nach London dauerte mit einer neuen L749 Constellation, die zehn Mal so viel kostete wie frühere Flugzeuge, nur vier Tage und übertraf den langsamen BOAC Flugbootservice haushoch. BOAC kaufte gebrauchte L749 Maschinen, und 1949 flogen beide Linien drei bzw. vier Hin- und Rückflüge pro Woche zwischen London und Sydney; 1950 stieg die Zahl der Hin- und Rückflüge auf fünf. Mit Hilfe von neuen DC-4 Maschinen konnte Qantas das Verkehrsnetz über Indonesien, Neu Guinea und Malaysia bis nach Hongkong erweitern. Dieser Service war anfangs von der RAAF gechartert und versorgte die australischen Truppen in Japan. Im Jahre 1954 verlängerte man die Fidschi-Route über den Pazifik nach Honolulu, San Francisco und Vancouver durch die Übernahme von Commonwealth Pacific Airlines.

Qantas wuchs in den 50er Jahren weiter; die L-1049G Super Constellation flog auf den Haupttransportstrecken. Einen weiteren Höhepunkt erlebte Qantas, als sie sich für den Kauf der teuren, aber prestigeträchtigen Boeing 707 — erstes Düsenflugzeug für den Fernverkehr — entschied. Boeing lieferte auf Wunsch die spezialangefertigte 707-138 mit kurzem Rumpf, größerer Reichweite und der Fähigkeit, auf der ca. 2250 m langen Landebahn auf Fidschi starten bzw. landen zu können. Qantas war der einzige Kunde dieser Ausführung. Mit dem Erwerb weiterer Maschinen erweiterte Qantas 1958 gleichzeitig ihre transpazifische Route über einen Service rund um die Welt.

1959 setzte Qantas die 707-138 auf Fernverkehrsstrecken ein, und die Maschine versorgte bald den größten Teil des Luftverkehrs. Qantas eröffnete 1964 eine völlig neue Route über Tahiti, Acapulco, Mexico City, Nassau (Bahamas) und Bermuda nach London. Bald darauf flogen Jets auch auf der 1952 eröffneten Afrika-Route von Perth nach Mauritius und Johannesburg. Im Verkehrsnetz von Qantas waren alle australischen Gebiete sowie die pazifischen Inseln einbegriffen. Es gab nun kaum noch Propellerflugzeuge, und selbst die 707 machte bald der größeren 707-320 mit größerer Reichweite Platz, von denen Qantas 1968 21 besaß. Der Gründer und Vorsitzende der Gesellschaft, Sir Hudson Fysh, war inzwischen zurückgetreten (1966), und der Name Qantas Empire Airways war 1967 wieder auf lediglich Qantas gekürzt worden.

Im August 1971 erhielt Qantas die ersten Boeing 747B-Maschinen. Flugverbindungen zwischen Australien und Singapur wurden im September aufgenommen und Flüge von London aus begannen im November 1971. Die Sydney-San Francisco Route wurde ab 1972 beflogen. Eine Flugpreissenkung auf der Strecke London—Sydney machten die Erhöhung des Sitzplatzangebots in den 747B erforderlich.

Die ersten 747 Flugzeuge waren Maschinen vom Typ 747B mit JT9D Triebwerken, der weltweite Vorreiter der 747. Qantas war durch die Ölkrise 1973 wahrscheinlich von allen Linien wegen der Länge ihrer Routen am härtesten getroffen; außerdem mußte Australien das gesamte Erdöl einführen. Man bemühte sich, den Kraftstoffverbrauch zu reduzieren, und die Standardisierung auf das Rolls-Royce RB.211-524 Triebwerk trug entscheidend dazu bei. Heute ist die Qantas-747-Flotte teilweise mit diesen Motoren, die bis zu 24 000kp Schub erzeugen, ausgestattet. Im Vergleich zum JT9D Motor hat sich der Kraftstoffverbrauch beim 524B2 Triebwerk um sechs Prozent verringert. 1982 wurde der technisch völlig neue 524D4

Motor eingeführt, der den Kraftstoffverbrauch um weitere fünf Prozent verringert und das Startgewicht für die 747-200 um ca. 40 Tonnen anhebt.

Als nächstes führte Qantas die Boeing 747SP ein, die zwar weniger Passagiere aufnehmen kann, dafür aber größere Strecken nonstop bewältigt. Um ihr Angebot besser auf die Nachfrage einstellen zu können, erwarb Qantas schließlich auch die Boeing 747-300 mit gestrecktem Oberdeck und die zweistrahlige 767-200ER, die Langstreckenversion der 767. Diese Maschinen werden vor allem auf den kürzeren Strecken im südostasiatischen Raum eingesetzt.

Auf dem Kingsford Smith Airport von Sydney werden die Jets technisch gewartet; außerdem befindet sich dort das Catering-Zentrum von Qantas. Der Flughafen wurde nach Sir Charles Kingsford-Smith benannt, einem australischen Flugpionier, der unter anderem im Jahre 1928 den ersten Transatlantikflug durchführte. Und mit den Jahren hat sich auch die Skyline von Sydney durch den Bau des 190 m hohen Qantas-Zentrums mit seinen 47 Stockwerken auffällig verändert.

Eine der Boeing 747-200 auf dem Flughafen Tullamarine in Melbourne kurz vor dem Start zu ihrem täglichen Flug nach San Francisco über Sydney und Honolulu.

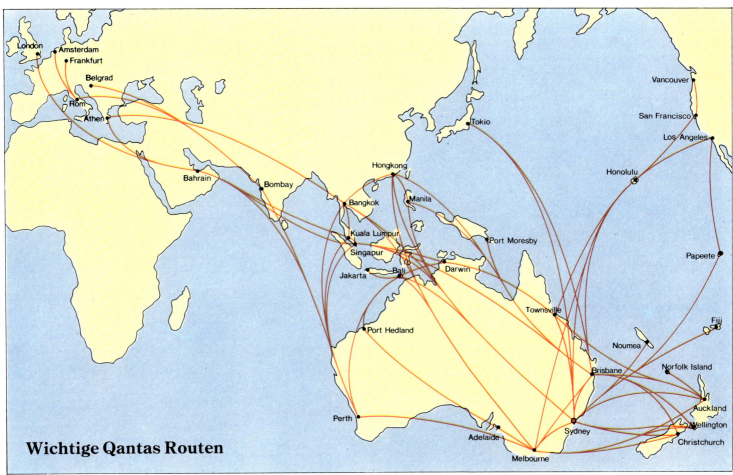

Wichtige Qantas Routen

Sabena

**Die belgische Fluglinie gehört zu den ältesten
Fluggesellschaften der Welt. Sie wurde im Jahr 1923 gegründet und
hat im Laufe der Jahrzehnte nahezu sechzig verschiedene
Flugzeugtypen eingesetzt. Die Sabena war eine der ersten Gesellschaften,
die ihre Großraum-Flugzeuge als Kombi-Versionen ausstatten ließen,
so daß je nach Bedarf die entsprechende Zahl Passagiersitze oder Fracht-
container auf dem Hauptdeck transportiert werden können.
Dadurch ist es möglich, besonders die traditionellen Routen nach
Zentralafrika wirtschaftlich zu bedienen.**

Trotz ihrer relativ kleinen Flotte braucht die belgische Fluglinie den internationalen Vergleich nicht zu scheuen. Unter den 125 Mitgliedsgesellschaften der IATA belegte sie 1983 im internationalen Linienverkehr mit ihrer Beförderungsleistung von 980 Millionen Tonnenkilometern den siebzehnten Rang. In der internationalen Frachtbeförderung kam die Sabena sogar auf den elften Platz. Während die IATA-Airlines die Transportkapazität ihrer Liniendienste durchschnittlich nur zu 58,5 Prozent auslasteten, verzeichnete die belgische Fluggesellschaft mit einem Ladefaktor von 69,9 Prozent einen außerordentlich hohen Wert. Eine geringfügig höhere Auslastung konnten innerhalb der IATA lediglich Indian Airlines, El Al und Flying Tigers melden. Das sind Ergebnisse, auf die man in Brüssel mit Recht stolz ist.

In ihrem Jubeljahr verfügte die Sabena über eine Flotte von 23 Strahlflugzeugen. Im Langstreckenverkehr setzte sie zwei Boeing 747-129 und fünf DC-10-30CF sowie gelegentlich noch eine Boeing 707-329C ein. Für den Kurz- und Mittelstreckenverkehr besitzt die belgische Fluggesellschaft elf Boeing 737-229, deren Kabine mit 109 Sitzen ausgestattet ist, und vier Boeing 737-229C. Von drei fest bestellten Großraumflugzeugen des Typs Airbus A 310 sind die ersten beiden im März und April 1984 ausgeliefert worden. Die Kabine hat die Sabena mit 203 Passagiersitzen einrichten lassen.

Die hervorragende Auslastung ihrer Transportkapazität verdankt die Sabena der konsequent verfolgten Politik, ihre Langstrecken-Großraumflugzeuge als Kombis einzusetzen, also auf dem Hauptdeck sowohl Passagiere als auch Luftfracht zu befördern. Die belgische Fluglinie war die erste Luftverkehrsgesellschaft, die 1973 ihre Boeing 747 durch den Einbau einer großen Frachttür sowie durch die Verstärkung der Bodenflächen im Hauptdeck in eine gemischte Version umbauen ließ. An Stelle von 361 bis 370 Fluggästen können auf dem Hauptdeck 258 Passagiersitze installiert und zusätzlich sechs Paletten mit Luftfracht befördert werden. Die dazu erforderlichen Umbau-

Die Boeing 747 gehört zu den Großraumflugzeugen, die die Sabena als wirtschaftliche Kombi- oder 'Convertible'-Version im Langstreckenverkehr einsetzt.

ten wurden im Boeing-Werk Everett bei Seattle vorgenommen. In einem zweiten Schritt zur optimalen Anpassung an die jeweilige Nachfrage gestaltete die Sabena den Jumbo-Jet in ihrer Werft zur Quick-Change-Version um. Der Ein- oder Ausbau im hinteren Abteil des Hauptdecks erfordert dadurch nur noch eine Stunde.

Die 116 Passagiersitze sind fest auf Paletten verankert. Sie werden in einem fahrbaren, auf einem Scherenhubwagen montierten riesigen Container von 14,30 m Länge, 3,30 m Breite und 5 m Höhe in zwei Ebenen aufbewahrt. Zur Umrüstung rollt dieser Koloß an die Boeing 747 heran. Der Scherenlift hebt die beiden Ladeflächen nacheinander auf das Niveau des Hauptdecks von 5,40 Meter an, und schon rollen die Sitzreihen an Bord. Sowohl das Spezialfahrzeug als auch der Fußboden im Heck des Jumbo-Jets sind mit Rollbahnen versehen. An Bord der Boeing 747 sind die Leitungen für die Frischluftzufuhr, die Sauerstoffmasken, die Leselampen und das Audiosystem so verlegt, daß die Anschlüsse beinahe im Handumdrehen hergestellt werden können. Mit den zusätzlichen Sitzen rollt übrigens eine weitere Bordküche aus dem Riesenlaster in die Kabine des Großraumflugzeugs.

Auch vier der fünf DC-10 der Sabena werden in der Regel als 'mixed version' eingesetzt. Sie sind so eingerichtet, daß sie im vorderen Teil des Hauptdecks vier Frachtpaletten aufnehmen können. In diesem Fall reduziert sich die Zahl der Passagiersitze von 258 auf 199. Einschließlich der Kapazität im Unterdeck befördert die DC-10-30CF pro Flug im Schnitt 22 Tonnen Frachtgüter, während es bei der Boeing 747 rund 30 Tonnen sind. Die Fluggesellschaft hat spezielle 10-Fuß-Container für das Hauptdeck der DC-10 entwickelt, die oben an einer Seite etwas abgeschrägt sind und ein Volumen von 14,49 Kubikmeter bieten. Diese Container werden auch an Bord der Jumbo-Jets versandt. Auf diese Weise befördert die Sabena größere Sendungen beispielsweise von Chicago über Brüssel nach Johannesburg, ohne daß der Container geöffnet werden muß, was ein Optimum an Sicherheit gewährleistet. Die Boeing 737-229 C der Luftverkehrsgesellschaft bieten im gemischten Einsatz 75 Passagieren und zwei Frachtpaletten auf dem Hauptdeck Platz. Wird dieser Typ als Vollfrachter eingesetzt, nimmt er sieben Paletten auf. Einschließlich der Laderäume für Stückgut im Unterdeck steht ein Volumen von 109 Kubikmetern für Fracht zur Verfügung. Das Gewicht der Zuladung ist natürlich von der Route abhängig, beträgt aber im Durchschnitt auf dem kleinen Twin-Jet rund 15 Tonnen.

Die drei Boeing 747 der Sabena sind pro Tag durchschnittlich dreizehneinhalb Stunden in der Luft. Die großen Tri-Jets vom Typ DC-10 brachten es auf eine durchschnittliche Nutzungsdauer von 13 Stunden und 10 Minuten. Das sind recht respektable Werte. Demgegenüber wurde die Boeing 707, die durch ihren hohen Treibstoffverbrauch unwirtschaftlich geworden ist, noch nicht einmal zwei Stun-

Die Sabena-Flotte besteht größtenteils aus Boeing-Maschinen, darunter elf Flugzeugen des Modells 737-229 Advanced, die die Fluggesellschaft auf der Route Brüssel — London einsetzt.

Ihre erste Caravelle stellte die Sabena im Jahre 1961 in Dienst (im Bild ist eine SE 210 Caravelle 6N auf dem Flughafen von Athen zu sehen). Die Caravelle war das erste Mittelstrecken-Turbojetverkehrsflugzeug der Welt.

den pro Tag eingesetzt; inzwischen fliegt die Maschine nicht mehr. Die Maschinen der Boeing 737-Flotte kamen auf etwas über sieben Flugstunden, wobei die Nutzung der Convertible-Versionen höher war.

Ihre ersten beiden Airbus A 310-200, die die Kennzeichen OO-SCA und OO-SCB erhielten, setzte die Sabena im Sommerflugplan 1984 nach Athen, zu sieben Zielen in Nord- und Westafrika sowie nach Tel Aviv und Lissabon ein. Ein drittes Großraumflugzeug dieses Typs wird 1986 in Dienst gestellt. Am Airbus-Bauprogramm ist ebenso wie die Bundesrepublik Deutschland, Frankreich, Großbritannien, die Niederlande und Spanien auch Belgien über das Konsortium Belairbus beteiligt. Im Heimatland der Sabena werden nicht nur die Flügelnasen hergestellt, sondern auch Teile der JT9-7R4-Triebwerke für Pratt & Whitney. Vor diesem Hintergrund versteht es sich, daß die Sabena für die A 310 Motoren dieses Unternehmens und nicht — wie etwa die Lufthansa — von General Electric wählte. Aufgrund eines Vertrages mit Pratt & Whitney übernahm die Sabena die Wartung dieser Triebwerke, mit denen auch die Boeing 767 ausgerüstet ist. Dadurch eröffnet sich der belgischen Luftverkehrsgesellschaft diesseits des Atlantiks ein großes Marktpotential, das sie vor allem im Mittleren Osten und in Afrika zu erschließen sucht.

In ihrem Jubiläumsjahr 1983 beförderte Sabena 1.956.886 Fluggäste. Das Fluggastaufkommen ging gegenüber dem Vorjahr (2.002.625 Passagiere) um 2,3 Prozent zurück, während sich die transportierte Frachtmenge um 0,9 Prozent auf 91.215 Tonnen erhöhte. Aus finanziellen Gründen war das Angebot an Flügen etwas reduziert worden. Knapp 11 Prozent der Beförderungsleistung entfielen auf den Verkehr innerhalb Europas. Das wichtigste Verkehrsgebiet ist der Nordatlantik mit einem Anteil von 36,5 Prozent, gefolgt von den Afrika-Routen, auf die 31 Prozent der Gesamtleistung entfielen. An dritter Stelle stehen Japan und Südostasien mit einem Anteil von einem Fünftel. Demgegenüber ist der Nahe Osten für die belgische Fluggesellschaft von geringer Bedeutung (2 Prozent).

Im Sommer 1984 flog die Sabena 70 Ziele in 46 Ländern an. Zu 41 Destinationen offerierte sie den Versendern von Luftfracht Palettendienste auf dem Hauptdeck. Die Länge des Streckennetzes beträgt rund 195.000 Kilometer. In Deutschland landen Boeing 737 der belgischen Gesellschaft regelmäßig in München und Stuttgart. Zwischen Brüssel und Düsseldorf wird werktags fünfmal eine Swearingen Metro eingesetzt. Seit Beginn des Winterflugplans 1982/83 zeigte die Sabena auf Frankfurt Rhein-Main nicht mehr Flagge, denn der Gemeinschaftsdienst 'LH/SN 100' wird mit Fluggerät der Lufthansa ausgeführt, wobei beide Fluggesellschaften eine Kosten- und Ertragsteilung vereinbart haben. Gleichzeitig stellte die Sabena die Morgenverbindungen zwischen Brüssel und Hamburg ein. Diese Übereinkunft zielte darauf ab, im Verkehr zwischen Deutschland und Belgien einen Ausgleich zwischen den von den einzelnen Carriern angebotenen Sitzkilometern herbeizuführen. In der Schweiz landen regelmäßig Sabena-Jets in Genf und Zürich. In Österreich wird Wien angeflogen.

Gewinn nach 25 Verlustjahren

Jahrzehntelang flog die Sabena Verluste ein. Das letzte Mal hatte die Fluggesellschaft 1957 einen Überschuß erwirtschaftet. In der Folge lag sie dem Steuerzahler auf der Tasche. Bald waren Milliardendefizite eine chronische Erscheinung. Die Bilanz für 1978 wies die stolze Summe von 2.316 Millionen Belgischen Franken Verlust aus. In den folgenden Jahren waren es 1.790 Millionen, dann 2.826 Millionen und schließlich 1981 sogar 3.695 Millionen Belgische Franken, also weit mehr als das Eigenkapital des Unternehmens (3 Milliarden Belgische Franken). Als der Hauptbuchhalter diese Summe festgestellt hatte, platzte dem Verkehrsminister in Brüssel der Kragen.

Die Fluggesellschaft hatte in der Gewißheit, der Staat werde schon für die Mißwirtschaft aufkommen, immer mehr Mitarbeiter eingestellt. Die Belegschaft hatte 1978 mit 10.112 Arbeitern und Angestellten den höchsten Stand erreicht, war aber trotz aller Beteuerungen bis Ende 1981 nur auf 9.601 Mitarbeiter reduziert worden. Die Regierung stellte die Geschäftsleitung der Luftverkehrsgesellschaft, die sich nahezu ausschließlich im Staatsbesitz befand, vor die Alternative, entweder schnellstens den Wasserkopf abzubauen und das Unternehmen wieder auf gesunde Beine zu stellen, oder den Flugbetrieb einzustellen. Erst unter dem Druck dieses Ultimatums begannen sich die Dinge zu ändern.

Der Personalvertretung blieb nichts anderes übrig, als vorzeitigen Pensionierungen und einer Gehaltskürzung um 17 Prozent zuzustimmen. Auch Arbeitskämpfe des fliegenden Personals konnten an diesem Sparkurs nichts ändern. Im Laufe des Jahres 1982 verringerte sich die Belegschaft um mehr als 800 Mitarbeiter. Doch unter dem Strich kam immer noch ein Defizit beachtlicher Höhe heraus; er belief sich auf 2.142 Millionen Belgische Franken. Dem Management blieb keine andere Wahl, als den Personalabbau fortzusetzen und verlustreiche Strecken sowie Stationen aufzugeben. Eingestellt wurden die Liniendienste nach Moskau, Warschau, Teheran und Bagdad, wenngleich Sabena nach wie vor über die Verkehrsrechte verfügte.

Um die hohe Verschuldung der Fluggesellschaft abzubauen, wurde in den ersten Monaten des Jahres 1983 das Stammkapital in zwei Schritten auf 9 Milliarden Belgische Franken verdreifacht. Die Regierung stellte zu dieser Aufstockung der Eigenmittel nur 2 Milliarden zur Verfügung, sorgte aber dafür, daß sich andere öffentliche oder halbstaatliche Anteilseigner fanden. Als neue Aktionäre kamen Sparkassen, Banken und Investmentgesellschaften, aber auch die Regionen Flandern und Wallonien hinzu. Mit der Kapitalaufstockung verringerte sich der unmittelbare staatliche Anteil an der Sabena auf rund 57 Prozent. Die Kapitalspritze versetzte die Gesellschaft in die Lage, ihre kurzfristigen Schulden zu tilgen und finanziell wieder etwas Atem zu holen.

Um wegen der höheren Erträge mehr Geschäftsreisende zu gewinnen, entschloß sich die Sabena, ihr Service-Angebot zu verbessern. Die 'Three Star Service' genannte Business-Class an Bord der Jumbo-Jets erhielt 1983 bessere Sitze, die den Reisenden mehr Komfort gewähren. Auf den Polflügen nach Tokio wurde zusätzlich zur Ersten Klasse die Business Class eingeführt. Im Nordatlantikverkehr verzichtete die Fluggesellschaft an Bord der DC-10 auf die Beförderung von Paletten im Hauptdeck, um mehr Passagen verkaufen zu können. Auf den Diensten innerhalb Europas, die vor allem von Geschäftsleuten frequentiert werden, wurde die Zahl der Sitze in der Kabine der Boeing 737 reduziert, der Bordservice umfangreicher gestaltet und die Möglichkeit eingeführt, bei der Buchung gleich die Platz-Reservierung vorzunehmen. Seit September 1984 gibt es hier anstelle der Ersten Klasse die Business Class, in der ein versetzbarer Vorhang

Vier der fünf DC-10 der Sabena sind ebenfalls für den Gebrauch als 'gemischte Version' eingerichtet. Die hierdurch erzielte Auslastung der Transportkapazität ist optimal.

Passagierflugzeuge der Sabena

3 Flugzeuge
Boeing 747

Triebwerk: 4 Pratt & Whitney JT9D-7
Spannweite: 59,60 m
Länge: 70,50 m
Höhe: 19,30 m
Reisegeschwindigkeit: 900 km/h
Reichweite: 7.900 km
Passagiere: 275-429
Besatzung: 3

15 Flugzeuge
Boeing 737

Triebwerk: 2 Pratt & Whitney JT8D-154A
Spannweite: 28,35 m
Länge: 30,53 m
Höhe: 11,28 m
Reisegeschwindigkeit: 778 km/h
Reichweite: 4.100 km
Passagiere: 130
Besatzung: 2

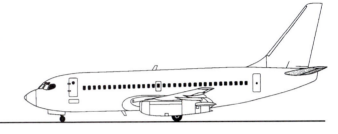

2 Flugzeuge
DC-10

Triebwerk: 3 General Electric CF6-50C2
Spannweite: 50,42
Länge: 55,20 m
Höhe: 17,70 m
Reisegeschwindigkeit: 908 km/h
Reichweite: 9.950 km
Passagiere: 237
Besatzung: 3

3 Flugzeuge
Airbus A310

Triebwerk: 2 General Electric CF6-80A
Spannweite: 43,90 m
Länge: 46,66 m
Höhe: 15,81 m
Reisegeschwindigkeit: 860 km/h
Reichweite: 5.170 km
Passagiere: 265
Besatzung: 2

Maschinen der Sabena auf dem Rollfeld.

eine dem jeweiligen Buchungsstand angepaßte Einteilung der Kabine erlaubt. Eine ähnliche Flexibilität plant Sabena für ihre DC-10 Langstreckendienste.

Im Verein mit der Roßkur, der Kapitalaufstockung und dem neuen Service-Konzept zahlte sich die neue Strategie der Sabena aus. Für das Geschäftsjahr 1983 konnte sie einen Gewinn von 452 Millionen Belgischen Franken ausweisen, was rund 22 Millionen Mark entspricht. An die Aktionäre wurden 430 Millionen Franken Dividende ausgeschüttet. Das Ergebnis wurde dadurch belastet, daß in Zaire bereits aus den Vorjahren 1.350 Millionen Belgische Franken aus dem Verkauf von Flugscheinen blockiert sind; die Devisenbestimmungen des afrikanischen Landes machen einen Transfer des Guthabens nach Belgien unmöglich. Nun soll das Problem in der Form gelöst werden, daß die Fluggesellschaft das Geld in Zaire investiert.

Die Personalkosten der Sabena waren 1983 mit 9.559 Millionen Belgischen Franken um fast 13 Prozent niedriger als im Vorjahr. Die

Die Sabena ist mit 71 Prozent an der Charterfluggesellschaft Sobelair, die auf Flugpauschalreisen nach Afrika spezialisiert ist, beteiligt. Diese Boeing 737 ist eine von drei Maschinen dieses Typs, über die die Sobelair verfügt.

Belegschaft belief sich zum Jahresende auf nur noch 8.260 Mitarbeiter, von denen zwei Drittel in Belgien beschäftigt sind, 15 Prozent dem fliegenden Personal angehören und 19 Prozent ihren Arbeitsplatz im Ausland haben.

Töchter und Beteiligungen

Die neuen Statuten gestatten es der Sabena, Unternehmensteile auszugliedern und als hundertprozentige Tochterunternehmen zu führen. Dies geschah Mitte 1983 mit der Umwandlung der Catering-Abteilung in die Sabena Catering Services S.A., die auch andere Fluggesellschaften mit allem versorgt, was zum Borddienst erforderlich ist, von Mahlzeiten und Getränken bis zu Decken und Kissen, Zeitungen und Zeitschriften. Diese Zuladung beträgt beispielsweise für eine DC-10, die nach Fernost startet, rund drei Tonnen. Für 2,4 Millionen Mahlzeiten verarbeitet das Unternehmen mit seinen 504 Mitarbeitern im Laufe eines Jahres 350 Tonnen Fleisch, Wild und Geflügel, 95 Tonnen Aufschnitt, 37 Tonnen Fisch und 260 Tonnen Gemüse, ferner 200 Tonnen Obst, 21 Tonnen Schalentiere und Muscheln, vier Millionen Brötchen, 20 Tonnen Brot, anderthalb Millionen Stück Feingebäck, 54 Tonnen Butter und rund 500 Kilogramm Kaviar. Hinzu kommen 100.000 Flaschen Champagner und ein Mehrfaches an Wein und Bier. Auf Vorbestellung erhalten Passagiere selbstverständlich auch Schon- und Diätkost sowie nach den Vorschriften verschiedener Religionen zubereitete Spezialmahlzeiten.

Mit einem Kapital von 2.750 Millionen Belgischen Franken, an dem die Sabena mit 27 Prozent beteiligt ist, wurde Ende 1983 die Aviafin S.A. gegründet. Ihre Aufgabe sind An- und Verkauf sowie die Vermietung von Flugzeugen. Die beiden Airbus A 310, die die belgische Fluggesellschaft einsetzt, wurden von Aviafin erworben und im Rahmen eines Leasing-Abkommens der Sabena zur Verfügung gestellt.

Mit 71 Prozent ist die Sabena an der Charterfluggesellschaft Sobelair beteiligt. Die Société Belge de Transport par Air verfügt für Charterflüge in alle Welt über zwei Boeing 707 und drei Boeing 737. Sie erzielte 1983 bei einem Umsatz von fast 1,6 Milliarden einen Gewinn von 52 Millionen Belgischen Franken. Das Unternehmen war 1946 von ehemaligen Sabena-Piloten gegründet worden, um eine Route aus dem Ostkongo den Nil entlang nach Belgien zu erschließen. Ein Jahr später nahm Sobelair den Flugbetrieb nach Äthiopien auf. Mit DC-3, später auch DC-4 und DC-6 wurde nur tagsüber geflogen; nachts wurden die Reisenden in Hotels untergebracht. Nach der Unabhängigkeitserklärung des Kongo 1960 konzentrierte sich das Unternehmen, das seit 1971 Jets einsetzt, auf Flugpauschalreisen, nach denen die Nachfrage in jüngster Zeit wieder deutlich gestiegen ist. Nicht nur im technischen Bereich arbeitet die Sobelair eng mit der Sabena zusammen.

Die Linienfluggesellschaft ist mit über 39 Prozent an dem Brüsseler Reiseveranstalter Transair beteiligt. Außerdem verfügt die Sabena über Töchter im Bereich der Hotellerie. Sodehotel beschäftigt sich mit der Planung und Verwaltung von Hotels, während die Compagnie des Grands Hotels Africains in Zaire tätig ist.

Es begann mit einer Studiengesellschaft

Sabena ist ein Akronym für Société Belge d'Exploitation de la Navigation Aérienne, die am 23. Mai 1923 ins Handelsregister eingetragen wurde. Doch Belgien hatte bereits drei Jahre zuvor sein Engagement im Luftverkehr begonnen. Den Anstoß dazu gab Georges Nélis, Leiter der technischen Dienste der belgischen Luftwaffe, Anfang 1919 mit einem schmalen Buch 'Belgische Expansion durch Luftfahrt', in dem er die Ziele der künftigen Verkehrsluftfahrt darlegte, "... die Beziehungen zwischen Menschen und Nationen, die durch Tausende von Kilometern voneinander getrennt sind, genau so eng und regelmäßig werden zu lassen wie bisher nur zu unmittelbaren Nachbarn". Die Kriegsjahre hatten den Autor gelehrt, daß in dem Flugzeug nicht nur eine Waffe steckte, sondern es als neues Transportmittel in Friedenszeiten große Möglichkeiten und Chancen bot.

Schon im Frühjahr 1917 hatte Nélis König Albert I. vorgetragen,

Dieser 'Terminal' gehört zu den ersten Gebäuden, die die Sabena in ihrem Gründungsjahr 1923 auf dem Flugplatz Haren errichtete. Noch zählten mehr Brieftauben als Passagiere zu den Fluggästen!

Belgien sollte beim Aufbau eines kommerziellen Luftverkehrssystems eine große Rolle spielen. Die Vision des Offiziers fand in Brüsseler Regierungs- und Finanzkreisen breite Unterstützung, nachdem die Waffen schwiegen. 1919 entstand mit der SNETA ein nationales Syndikat zum Studium des Luftverkehrs. Es hatte die Aufgabe, den Aufbau von Fluglinien sowohl in Europa als auch in der belgischen Kolonie Kongo vorzubereiten.

In einer zweimotorigen Militärmaschine unternahm Nélis mit zwei Passagieren einen Erkundungsflug von Brüssel nach London und Paris, auf dem die reine Flugzeit bis zur Rückkehr in die belgische Hauptstadt siebeneinhalb Stunden betrug. In Zusammenarbeit mit der französischen Gesellschaft Messageries Aériennes und Handley-Page in England organisierte die SNETA im Sommer 1920 Flugdienste von Brüssel nach Paris sowie nach London, die allerdings im Winter eingestellt wurden. Im folgenden Jahr wurden die umgebauten Militärmaschinen durch Verkehrsflugzeuge ersetzt, darunter die Farman Goliath. Im September 1921 fiel ein großer Teil der Flotte einem Hangarbrand zum Opfer. Die SNETA setzte noch für eine kurze Zeit ihre Dienste nach Paris und Amsterdam fort, betrachtete dann aber Mitte 1922 ihre Aufgabe als beendet und stellte den Flugbetrieb ein. Bei der Gründung der Sabena wurde die SNETA neben der belgischen Regierung einer der Hauptaktionäre.

Im ersten Jahr beschränkte sich die Sabena im wesentlichen darauf, englische Zeitungen über den Kanal nach Ostende und Brüssel sowie Post zu fliegen und Brieftauben zu befördern, ab und an auch einmal einen mutigen Passagier. Die Gesellschaft bestellte zwei- und dreimotorige Handley-Page-Doppeldecker, errichtete die ersten Gebäude auf dem neun Kilometer vor Brüssel gelegenen Flugplatz Haren und bemühte sich um Verkehrsrechte, die sie allerdings für die vorgeschlagene Strecke von London nach Köln nicht erhielt. Der erste Liniendienst führte 1924 von Rotterdam über Brüssel nach Straßburg und bald darauf bis nach Basel. Im kombinierten Verkehr erreichten Briefe, die um 8 Uhr in Rotterdam aufgegeben wurden, um 23 Uhr Mailand. Bald wurden Amsterdam und Antwerpen einbezogen. In den folgenden Jahren wurde das Netz auf London, Köln, Düsseldorf, Essen, Hamburg, Dortmund, Bremen und Berlin ausgedehnt. 1937 folgten als neue Ziele Frankfurt, München und Nürnberg. Im Jahr darauf wurde Wien sowie eine Reihe anderer europäischer Ziele angeflogen. Zu den verschiedenen Flugzeugtypen, mit denen die Sabena operierte, gehörten auch Fokker F-VII (insgesamt 30 Exemplare), Savoia-Marchetti S-73, Junkers Ju-52, Savoia-Marchetti SM-83 und ab 1938 Douglas DC-3. Von dem letztgenannten Typ beschaffte sich die Gesellschaft insgesamt 49 Maschinen, von denen die meisten erst nach dem Zweiten Weltkrieg eingesetzt wurden.

Flugrouten in Zentralafrika

Bereits die SNETA war in Afrika tätig gewesen. Sie hatte sich die Aufgabe gestellt, entlang dem Kongo eine Flugverbindung zwischen dem damals Leopoldville genannten Kinshasa und Stanleyville zu schaffen. Mit dreisitzigen Doppeldecker-Flugbooten des in Frankreich gebauten Typs Levy-Lepen HB-2 wurde am 1. Juli 1920 der 580 Kilometer lange Abschnitt von Kinshasa nach Ngombe eröffnet. Genau ein Jahr später wurde die gesamte 1.740 Kilometer lange Strecke von Kinshasa bis Stanleyville beflogen; die Reisezeit verkürzte sich von siebzehn auf drei Tage. Innerhalb von zwei Jahren legten die Flugboote mit dem hölzernen Rumpf und einem 270 PS starken Renault-Motor über 125.000 Kilometer zurück. Auf insgesamt achtzig Flügen wurden 95 Passagiere und 1.800 kg Fracht befördert. Da König Albert das Projekt förderte und unter seinen Schutz stellte, wurde das Unternehmen König Albert Fluglinie (LARA) genannt.

Die Sabena zeigte sehr viel Mut, als sie sich entschloß, nicht mehr dem Verlauf des Stromes zu folgen, sondern mit Landflugzeugen über den zentralafrikanischen Dschungel zu fliegen. Für eventuelle Notlandungen mußten alle fünfzig Kilometer entlang der Route Landeplätze angelegt werden. Die Vorbereitungen begannen Ende 1923. Für den Einsatz waren dreimotorige Doppeldecker von Handley-Page vorgesehen, die zerlegt verschifft weren sollten. Da setzte sich Edmond Thieffry, ein Rechtsanwalt und begeisterter Flieger, in den Kopf, eine der Maschinen auf dem Luftweg in den Kongo zu überführen. Mit dem 'Princesse Marie-José' getauften Flugzeug startete er

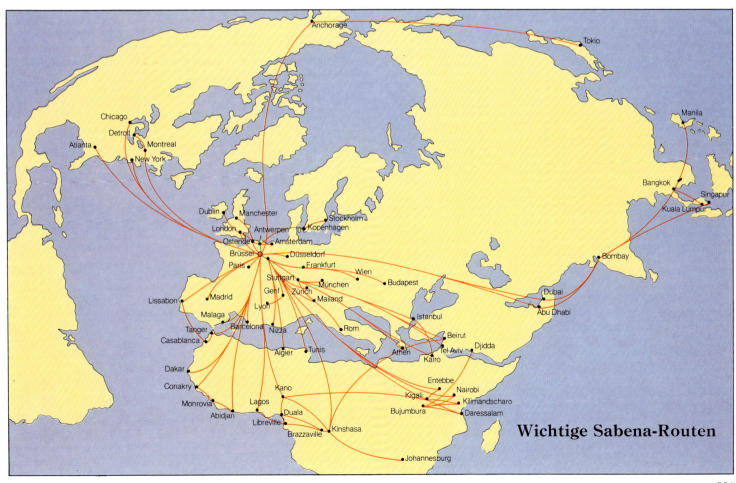

Wichtige Sabena-Routen

Am 12. Februar 1925 eröffnete der Belgier Edmond Thieffry mit einem Handley Page HP-26 Doppeldecker den Flugverkehr zwischen Belgien und Leopoldville im Belgisch-Kongo.
Rechte Seite: Boeing 747 und 737 der Sabena auf dem Flughafen der belgischen Hauptstadt Brüssel.

Sabena am Morgen des 12. Februar 1925 auf dem Flughafen Brüssel-Haren. Vor ihm lagen rund achttausend Kilometer, auf denen auch die Sahara zu überqueren war. Die Reisegeschwindigkeit der Handley-Page HP-26 betrug nur 120 km/h. Einundfünfzig Tage war Thieffry unterwegs, bis er nach einer reinen Flugzeit von 75 Stunden und 25 Minuten in Leopoldville landete, wo ihm und den beiden anderen Besatzungsmitgliedern ein begeisterter Empfang bereitet wurde. Unterwegs hatte der fliegende Rechtsanwalt einmal 18 Tage auf einen Ersatzpropeller warten müssen. Der Pionierflug zeigte, daß eine Flugverbindung zwischen Belgien und Zentralafrika letzten Endes doch realisiert werden konnte.

Aber es sollte noch ein Jahrzehnt verstreichen, bis der Linienverkehr von Brüssel nach Leopoldville aufgenommen werden konnte. Die auf den Namen 'Edmond Thieffry' getaufte Fokker F-VII verließ am 23. Februar 1935 Brüssel, erreichte nach fünfeinhalb Tagen Leopoldville und traf nach einer Gesamtflugzeit von 106 Stunden am 9. März wieder in Belgien ein. Nach einem weiteren Vesuchsflug wurde der Linienverkehr aufgenommen. 1936 startete wöchentlich in jeder Richtung eine Savoia-Marchetti S-73, der zwei Jahre später der Typ S-93 des italienischen Herstellers folgte. Innerhalb von drei Tagen erreichten nun die Sabena-Fluggäste den Kongo. Im Herbst 1938 verzeichnete die Fluggesellschaft bereits ihren hundertsten Linienflug zwischen Europa und Zentralafrika. Knapp ein Jahr später zwang der Zweite Weltkrieg zur Einstellung des Liniendienstes.

Während in Europa der Flugbetrieb zum Erliegen kam, ging er im Kongo weiter, ja wurde sogar erheblich ausgeweitet. Auf Wunsch der britischen Regierung flog die Sabena zweimal in der Woche von der Goldküste über Lagos, Bangui, Stanleyville und Khartum nach Kairo. Außerdem wurden Liniendienste zwischen Lagos und Leopoldville sowie von Leopoldville über Johannesburg nach Kapstadt und zurück eröffnet. In Afrika verfügte die Sabena 1944 über fünf Junkers Ju-52, je zwei Lockheed XIV und XVIII sowie fünf Lockheed Lodestar, die wegen der strategischen Bedeutung der Flugverbindungen mit Vorrang ausgeliefert worden waren.

Bereits 1944 konnte die Sabena ab London wieder direkte Flüge in den Kongo unternehmen. Am 18. Februar 1946 flog zum erstenmal eine Sabena-Crew über den Atlantik. 1947 eröffnete die Gesellschaft den Linienverkehr zwischen Brüssel und New York. Bald übertraf das europäische Sabena-Streckennetz den Vorkriegsstand.

Auch in der Nachkriegszeit zeigte die Sabena Pioniergeist. Sie war viele Jahre lang die einzige Luftverkehrsgesellschaft der Welt, die auf Auslandsstrecken regelmäßig Hubschrauber einsetzte. In Zusammenarbeit mit der belgischen Post beförderte die Sabena ab August 1950 mit drei Hubschraubern des Typs Bell 47 D-1 regelmäßig Post auf einem 370 Kilometer Rundkurs innerhalb ihres Heimatlandes. Die dabei gesammelten Erfahrungen ermöglichten es der Fluggesellschaft, im September 1953 den ersten internationalen Liniendienst mit Drehflüglern zu eröffnen. Mit siebensitzigen Hubschraubern des Typs Sikorsky S-55 wurden von Brüssel aus Antwerpen, Rotterdam, Lille, Lüttich, Maastricht, Köln und Bonn angeflogen. Wenige Jahre später waren in das Netz auch Eindhoven, Duisburg, Dortmund und Paris einbezogen. Im ersten vollen Betriebsjahr (1954) wurden bereits 18.958 Fluggäste mit diesen Diensten befördert. Später setzte die Sabena acht Sikorsky S-58, zwei Vertol V-44 und andere Typen ein. Das Fluggastaufkommen im Hubschrauberverkehr erreichte 1958, dem Jahr der Brüsseler Weltausstellung, seinen Höhepunkt mit 117.858 Passagieren. Von 1950 bis 1969 absolvierten Sabena-Hubschrauber 100.367 Flugstunden. Aus wirtschaftlichen Gründen mußte der Betrieb mit Drehflüglern eingestellt werden.

Die Sabena war 1960 die erste europäische Fluggesellschaft, die die Boeing 707 in Dienst stellte. Im folgenden Jahr erhielt sie die Caravelle VI, 1967 die Boeing 727 und 1971 ihren ersten Jumbo-Jet. Seit Mitte der fünfziger Jahre verbinden komfortable Triebwagen der Flughafenbahn den Flughafen Brüssel National in zwanzig Minuten mit der Innenstadt der belgischen Metropole. Diese Schienenverbindung, an deren Zustandekommen die Sabena wesentlichen Anteil hatte, war für viele andere Flughafenstädte Vorbild. Mitte 1979 ging die Flughafenbahn in die alleinige Regie der belgischen Eisenbahnen über. Mit 'Saphir' verfügt die Sabena seit 1973 über ein moderns Buchungs- und Reservierungssystem, an das auch die Stadtbüros und Flughafenschalter der Gesellschaft in Deutschland angeschlossen sind. In Zusammenarbeit mit einer Spedition entwickelte die Sabena einen Super-Lastzug, um auch aus dem Ausland Luftfracht-Container und -Paletten zu ihrem modernen Frachtzentrum zu transportieren.

In Brüssel National verfügt die Luftverkehrsgesellschaft über eine mit allen Hilfsmitteln ausgestattete Werft, in der auch Wartungs- und Instandhaltungsarbeiten für andere Airlines ausgeführt werden. Innerhalb der Atlas-Korporation, zu der sich Air France, Alitalia, Lufthansa, Iberia und Sabena zur Wartung von Großraumflugzeugen zusammengeschlossen haben, ist die belgische Gesellschaft unter anderem für eine Reihe von Instrumenten und Navigationseinrichtungen verantwortlich. Auf dem DC-10-Flugsimulator in Brüssel absolvieren auch Cockpit-Besatzungen der Lufthansa ihr Training.

SAS

Nach über 20 Jahren skandinavischer Luftfahrt schlossen sich am 1. August 1946 die Luftfahrtgesellschaften von Schweden, Dänemark und Norwegen zum Scandinavian Airlines System (SAS) zusammen. Die SAS gehörte zu den Pioniergesellschaften, die den Luftweg über den Nordpol erschlossen.

Passagiere, die heutzutage mit der SAS fliegen, sind sich wahrscheinlich gar nicht darüber im klaren, daß sich hinter dem Namen eine multinationale Organisation verbirgt. Betrachtet man den oberen Teil der europäischen Landkarte, so kommt man nicht umhin, über die Größe der nordischen Länder zu staunen. Aber so groß die Landflächen auch sind, die Bevölkerungsdichte liegt weit unter dem europäischen Durchschnitt. Man braucht wirklich kein Wirtschaftsexperte zu sein, um sich vorstellen zu können, daß das wirtschaftliche Potential der einzelnen Länder — also Schweden, Norwegen und Dänemark — zum Beispiel im Vergleich zur Bundesrepublik nur begrenzt ist. Was das im Bezug auf die Betreibung von Fluggesellschaften bedeutet, kann man sich um so besser ausmalen, wenn man weiß, daß nur wenige der europäischen Gesellschaften 'schwarze Zahlen' schreiben, also Gewinn einfliegen.

Frühe Geschichte

So kam es schon sehr früh zu einem Zusammenschluß der luftfahrerischen Aktivitäten der drei Länder. Der erste Flug, der von Scandinavian Airlines System gemeinsam unternommen wurde, ging von Skandinavien nach New York. Das Flugzeug war eine DC-4. Ein Jahr zuvor hatte ein schwedischer Vorläufer der SAS den ersten kommerziellen Nachkriegsflug von Europa in die USA unternommen. Die damalige Fluggesellschaft trug den Namen SILA und benutzte für den Flug umgebaute Boeing B-17, die als 'Flying Fortress' in die Geschichte eingegangen sind.

Von den ersten Nachkriegserfolgen der SAS müssen wir zurück in die späten zwanziger Jahre, um die Ursprünge des Firmenkonsortiums zu ergründen. Die 'Vereinten Nationen der Luft' setzen sich aus den Danish Airlines (DDL), den Norwegian Airlines (DNL) und den Swedish Airlines (ABA) zusammen. Ältester Sproß dieser Großfamilie ist die Dänische Luftfahrtgesellschaft, die im Jahr 1918 gegründet wurde. Die Luftflotte der DDL bestand aus vier de Havilland und einer Friedrichshafen — alle mit offenem Cockpit und je zwei Plätzen für die Fluggäste. Der Flugbetrieb erreichte einige wenige Städte im Norden Europas, bis durch die deutsche Besetzung der Flugbetrieb dann gestoppt wurde.

Das norwegische Unternehmen tauchte ebenfalls 1918 in den Annalen auf, löste sich jedoch bald wieder auf. Neun Jahre später fand die erste offizielle Registrierung der DNL statt, der Flugbetrieb mit drei Junker 52 und einer Junker W 34 wurde erst Mitte der dreißiger Jahre aufgenommen. Auch hier, wie in Dänemark, setzte die Okkupation Norwegens durch die Deutschen dem Flugverkehr ein vorläufiges Ende, denn die Maschinen wurden konfisziert.

Entstehung der SAS

Im neutralen Schweden wurde 1924 die Luftfahrtgesellschaft ABA gegründet. ABA beflog damals die Strecken zwischen Malmö, Kopenhagen, Hamburg und Amsterdam. Die Flotte bestand aus viersitzigen Junker F-13, achtsitzigen Junker G-23 und zehnsitzigen Junker G-24. 1948 wurde ABA mit der privaten internationalen schwedischen Luftfahrtgesellschaft (SILA) verbunden.

Bevor es zu dieser Vereinigung und dem ersten Transatlantikflug der SILA kam, hatten die Vertreter der drei beteiligten Nordländer schon zusammengefunden. Jedes der Länder, das stand fest, verfügte für sich allein betrachtet, nicht über die nötigen finanziellen Resourcen und über die nötige Klientel, um den internationalen Flugverkehr in ausreichender Weise zu nutzen. So kam man frühzeitig überein, in Bezug auf die Überseeluftfahrt, gemeinsame

Diese S-AAAC war die fünfte Junkers F.13 der schwedischen Fluglinie ABA. Sie steht im technischen Museum in Stockholm.

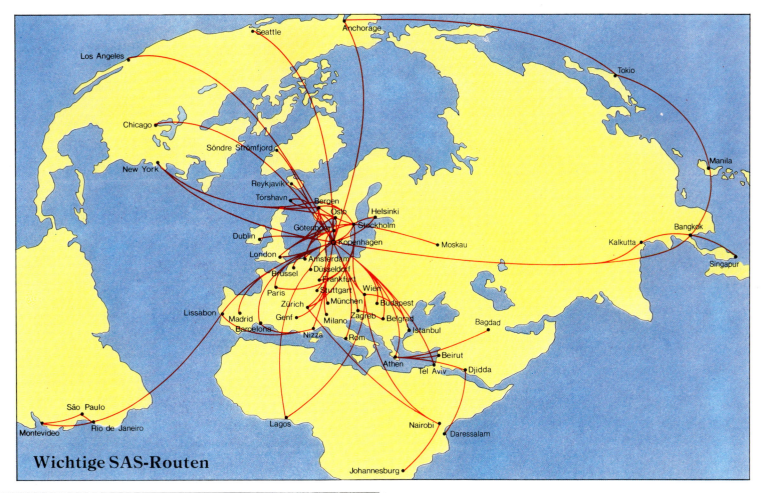

Wichtige SAS-Routen

Eine Douglas DC-4 Skymaster über New York auf dem Rückflug nach Skandinavien nach ihrem Jungfernflug am 17.9.1946.

geworden, die durch eine Verbindung nach Südamerika ergänzt und wesentlich erweitert wurden. SAS ergänzte seine Flotte mit der neuen DC-6, die erste Maschine mit Betten und Druckkabine. ABA und SILA wurden zusammengeschlossen und die ehemals separaten Organisationen für Übersee (OSAS) und Europa-Flüge (ESAS) verschmolzen zur heutigen SAS. Im Oktober 1950 wurde der endgültige Vertrag unterzeichnet und seine Gültigkeit bis auf das Jahr 1995 erweitert. Das Streckennetz vergrößerte sich ständig in Richtung Asien (Bangkok), Afrika (Nairobi) und Südamerika. Zu dieser Zeit umfaßte der Flugzeugpark zwölf DC-6, neun DC-4, 26 DC-3, sechs SAAB Scandias und vier Wasserflugzeuge.

Zum Nordpol und nach Tokio

Das Bedürfnis nach technisch aktualisierten Maschinen bescherte der SAS einen zweiten Sensationsflug — den ersten kommerziellen Flug über den Pol mit der neuen DC-6B. Dies war nicht nur eine enorme fliegerische Leistung, sondern auch das Ergebnis mehrjähriger Forschungsarbeiten. Um den drei großen Navigationsproblemen — magnetischer Pol, polares Zwielicht und Verlust der Richtung am Pol — zu begegnen, hatte die Firma Bendix Aviation zwei Systeme entwickelt. Erstens das 'Polar Path Gyro', das mit Hilfe des Autopiloten die Flugrichtung fixierte, und zweitens die 'Polar Grid Chart', die die Zuhilfenahme der Meridiane in der Polarregion eliminierte. Genau an dem Punkt, an dem es nur eine Himmelsrichtung, nämlich Süden, gibt, wurde mit dem Überfliegen des Nordpols ein fliegerischer Meilenstein erobert.

Parallel hierzu deutete die technische Entwicklung der Flugzeuge immer bessere und immer weitere Möglichkeiten an. Mit der DC-7C eröffnete die SAS eine Flugverbindung nach Tokio, die nur eine Zwischenlandung in Anchorage, Alaska, benötigte und somit die Gesamtflugzeit um zwanzig Stunden verkürzte. Das Zeitalter der Düsenklipper, wie beispielsweise der DC-8 und Caravelle, erbrachte

Wege zu beschreiten. Schon 1938 trafen sich Vertreter der drei betroffenen Nationen in Oslo, um die Details des internationalen Flugverkehrs zu regeln. Der geplante Termin — Sommer 1940 — konnte dann leider nicht realisiert werden, obschon alle technischen und formalen Bedingungen erfüllt waren. In Schweden, aufgrund seiner Neutralität noch handlungsfähig, wurden die Pläne weiter vorangetrieben, bis hin zur Gründung der privaten SILA. Bei der Firma Douglas Aircraft wurden sieben DC-4 in Auftrag gegeben, die mit Einstellung der Kriegsproduktion ausgeliefert werden sollten.

Die Geburtsstunde der SAS fiel auf den 1. August 1946. Kurze Zeit später übernahm das Konsortium den Überseeverkehr, den SILA mit seinem Erstflug eingeleitet hatte. Aus anfänglichen zwei Flügen pro Woche waren nach weniger als einem Jahr tägliche 'round-trips'

Passagierflugzeuge der SAS

12 Flugzeuge
Boeing 767

Triebwerk: 2 Pratt & Whitney JT9D-7R4
Spannweite: 47,60
Länge: 48,50
Höhe: 15,90
Reisegeschwindigkeit: 850 km/h
Reichweite: 5.600 km
Passagiere: 201
Besatzung: 2

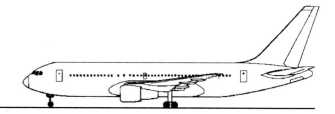

6 Flugzeuge
Boeing 737

Triebwerk: 2 Pratt & Whitney JT8D-154A
Spannweite: 28,35 m
Länge: 30,53 m
Höhe: 11,28 m
Reisegeschwindigkeit: 778 km/h
Reichweite: 4.100 km
Passagiere: 130
Besatzung: 2

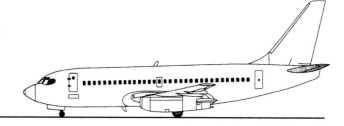

9 Flugzeuge
DC-9-21

Triebwerk: 2 Pratt & Whitney JT8D-7A
Spannweite: 28,50 m
Länge: 36,40 m
Höhe: 8,40 m
Reisegeschwindigkeit: 800 km/h
Reichweite: 2.800 km
Passagiere: 102
Besatzung: 2

26 Flugzeuge
DC-9-41

Triebwerk: 2 Pratt & Whitney JT8D-7A
Spannweite: 28,50 m
Länge: 36,40 m
Höhe: 8,40 m
Reisegeschwindigkeit: 815 km/h
Reichweite: 2.600 km
Passagiere: 122
Besatzung: 2

19 Flugzeuge
Fokker 28

Triebwerk: 2 Rolls-Royce Spey 555-15N/15P
Spannweite: 23,60 m
Länge: 27,40 m
Reisegeschwindigkeit: 670 km/h
Reichweite: 1.350 km
Passagiere: 65

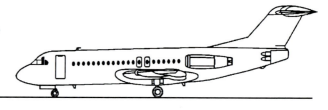

8 Flugzeuge
MD 82

Triebwerk: 2 Pratt & Whitney JT8D-217A
Spannweite: 32,80 m
Länge: 45,60 m
Höhe: 8,40 m
Reisegeschwindigkeit: 850 km/h
Reichweite: 3.445 km
Passagiere: 155

22 Flugzeuge
Fokker 50

Triebwerk: 2 Pratt & Whitney 125 B Turboprop
Spannweite: 29 m
Länge: 25,30 m
Reisegeschwindigkeit: 520 km/h
Reichweite: 1.400 km
Passagiere: 46

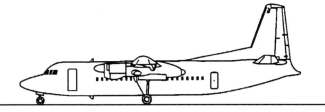

16 Flugzeuge
MD 87

Triebwerk: 2 Pratt & Whitney JT8D-217A
Spannweite: 32,80 m
Länge: 45,60 m
Höhe: 8,40 m
Reisegeschwindigkeit: 850 km/h
Reichweite: 3.445 km
Passagiere: 155

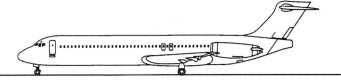

Eine Maschine der SAS steht startbereit auf der Rollbahn.

Eine Boeing 747 der SAS, aufgenommen bei der Abfertigung auf dem Flughafen Kastrup, Kopenhagen/Dänemark.

nicht nur Vorteile. Zunächst war die Umstellung für die Fluggesellschaften mit enormen Ausgaben für die neue Technik verbunden. Darüberhinaus wuchs das Angebot an Kapazitäten derartig an, daß sich die Nachfrage nur sehr allmählich dem nun viel größeren Sitzplatzangebot anpaßte.

Expansion in allen Bereichen

Zwei Jahre hatte das Management der SAS mit den Problemen zu kämpfen, bis sich, aufgrund einschneidender Maßnahmen, eine Besserung andeutete. Erstmals wieder im schwarzen Zahlenbereich, legte SAS auch für den Kurz- und Mittelstreckenbetrieb eine Flotte von Düsenmaschinen, bestehend aus DC-9-21 und DC-9-41, an. Hinzu kam noch die Erweiterung des internationalen Netzes um den sogenannten Trans-Asian-Express. Er führte von Europa über Taschkent in der UdSSR hin zu den südostasiatischen Zielen und wurde mit den Superlangstreckenmaschinen vom Typ DC-8-62 beflogen. Nord- und Südamerikarouten wurden ebenfalls auf DC-8 umgestellt, die letzten DC-7 ausrangiert, und an ihre Stelle im innereuropäischen Flugverkehr traten die neuen DC-9.

Im Jahr 1970 kamen SAS, die niederländische KLM, Swissair und die französische UTA zu einer weitgreifenden Einigung zusammen, die als KSSU-Gruppe bekannt wurde. Die einzelnen Fluggesellschaften vereinbarten eine größmögliche Standardisierung, die von der Pilotenausbildung über die Gestaltung der Cockpits bis hin zur Wartung der Maschinen und zur Konsultation bei Neueinkäufen nahezu alles umfaßte, was bei der neuen Generation der Großraumjets DC-10 und Boeing 747 notwendig und sinnvoll war. Zum 25. Jahrestag der SAS Gründung flog der erst 'Jumbo' gen Westen mit dem Ziel New York. Fünf Jahre später wurden die letzten Convair Metropolitan ausgemustert — SAS verfügte über eine Flugzeugflotte, die nur noch aus Düsenflugzeugen bestand und insgesmt 72 Maschinen umfaßte. Zusätzlich zu der etwas in Verruf gekommenen DC-10, die für SAS die Ziele in Fernost und Afrika anflog, wurde noch eine 747 'Combi' in Dienst gestellt, da sie durch ihr flexibles Raumangebot den saisonalen Schwankungen der Passagierzahlen angepaßt werden konnte.

Als neuestes Flugzeug has SAS den Airbus A300B in zweifacher Ausfertigung eingestellt und sich zehn weitere Exemplare durch Optionen gesichert. Dieser Großraumjet steht für die stark frequentierten Linien in den nordischen Ländern und für die westeuropäischen Linien zur Verfügung.

Komfort: der Schlüssel zum Erfolg

Sowohl im nationalen als auch im internationalen Flugverkehr hat sich SAS zur 'Businessman's Airline' entwickelt. Dazu ist sie durch besondere Serviceleistungen am Boden und in der Luft avanciert. Die 'EuroClass', oder wie sie im internationalen Verkehr genannt wird, die 'First Business Class', sind Dienstleistungen im Economy-Bereich, die durchaus nicht zu den üblichen zu rechnen sind. Dazu zählen Express Check-in, Sitzplatzreservierung bei der Buchung, größere Sitzabstände im Flugzeug, verbesserte Speisen und freie Getränke. Überdies hat sich SAS einen Namen als pünktlichste Airline in Europa gemacht.

In Zeiten wirschaftlicher Stagnation, verhaltener Investition und rückläufiger Konsumentenzahlen ist es für eine Fluggesellschaft sicherlich um einiges schwieriger, sich aus dem roten Bereich herauszuhalten, als dies für Firmen in anderen Wirtschaftsbereichen der Fall ist. Trotzdem hat SAS in den letzten Jahren immer Gewinne einfliegen können, so im Geschäftsjahr 1983/84 einen Rekordgewinn, der sich auf 343,5 Mio Mark belief.

Eine DC-9-21 auf dem norwegischen Flughafen Flesland bei Bergen, eine der zahlreichen Anflugstationen der SAS in Skandinavien.

Swissair

Bei den zahlreichen, internationalen Umfragen über die 'besten Luftfahrtgesellschaften' taucht jedes Jahr mit Sicherheit ein Name auf — Swissair. Im Zeitalter der Düsenflugzeuge haben lediglich KLM, Singapore Airlines und manchmal SAS Swissairs Position als erste Wahl der Kunden im Luftreiseverkehr herausgefordert.

Jahrelang hatte sich das Swissair-Management — das, wenn es um den Kauf neuer Flugzeugtypen geht, immer die Nase vorn hat — dem allgemeinen Trend widersetzt, eine dritte Klasse an Bord seiner Flugzeuge einzuführen. Als es sich im März 1984 dazu entschloß, tat es dies konsequent und bot auch auf den europäischen Strecken eine spezielle Klasse für Geschäftsleute an. Die Entscheidung erwies sich als richtig, der Sitzladefaktor in Europa stieg auf über 59 Prozent, weltweit sogar auf 66 Prozent.

Die Swissair-Geschäftsstrategie war ein Erfolg. Trotz einiger Handicaps hat Swissair, der nur halbstaatliche Carrier europäischer Flagge, angemessene Gewinne erzielt. Eines dieser Handicaps ist ganz einfach die Größe des Binnenmarktes. Die Schweiz kann sich weder auf eine Bevölkerungsbasis von über 50 Millionen wie British Airways, Air France, Alitalia oder Lufthansa stützen, noch verfügt sie über einen lukrativen Binnenverkehr, der ihren internationalen Verkehr unterstützen kann. Vergleicht man die Gesamtbevölkerung mit der Zahl der ausländischen Passagiere pro Jahr, ist Swissair wahrscheinlich die erfolgreichste unter den bedeutenden Luftfahrtgesellschaften der Welt: die Schweiz hat nur 6,8 Millionen Einwohner, und Swissair befördert international über fünf Millionen Passagiere.

Im Gegensatz zu Air France in Paris, Austrian in Wien oder KLM in Amsterdam konnte Swissair keine Kosten reduzieren, indem sie den Flugservice in nur eine Großstadt zentralisierte. Die Geographie der Schweiz, sowie das hervorragende Eisenbahnnetz erschweren den Flugverkehr, aber dennoch hat Swissair trotz dieser Nachteile immer wieder einen Weg zum Erfolg gefunden. Dadurch, daß Swissair über ein gutes innerschweizer Flugnetz verfügt, hat sie von der zentralen Lage der Schweiz in Europa Gebrauch gemacht und Verbindungsflüge, hauptsächlich über Zürich, eingesetzt. Darüber hinaus haben die Schweizer ein hervorragendes Verbindungsnetz zwischen den drei Hauptflughäfen — Zürich, Genf und Basel — aufgebaut, von denen die letzten beiden sich nicht vollständig auf Schweizer Boden befinden. Ein Teil des Genfer Flughafens liegt auf französischem Boden, und französische Staatsbürger können mit Linienflügen nach Paris reisen, ohne durch den Zoll gehen zu müssen. In Basel ist die Lage noch interessanter: der Flughafen liegt auf französischem Boden, und die Schweizer haben eine Zufahrtsstraße zum Terminal. Französische und Schweizer Passagiere gelangen über separate Abschnitte in eine wahrhaft internationale Abflughalle. Von Genf und Basel aus kann Swissair also ihren Service auf weit mehr Passagiere ausdehnen, während der Ausbau des Flughafens Kloten bei Zürich hauptsächlich für die gesamte Schweizer Bevölkerung gedacht ist. Von allen größeren Schweizer Städten aus gibt es stündlich Verbindungen zum neuen Bahnhof in Kloten, der direkt unterhalb des Hauptterminals liegt. Es gab schon immer eine enge Verbindung zwischen der Schweizer Eisenbahn und Swissair, und man kann inzwischen für alle Flüge (nicht nur Swissair) von Genf, Basel oder Zürich das Gepäck an fast allen Bahnhöfen in der Schweiz aufgeben. Der Passagier sieht sein Gepäck erst bei seiner Ankunft in Hamburg, wieder.

Dübendorf bei Zürich war der erste kommerzielle Flughafen der Schweiz. In den 30er Jahren war die 'Swissair' DC3 Flotte hier stationiert.

Als erste Fluggesellschaft hat Swissair die neuentwickelte Fokker F.100 bestellt, die ab 1987 in Einsatz geht.

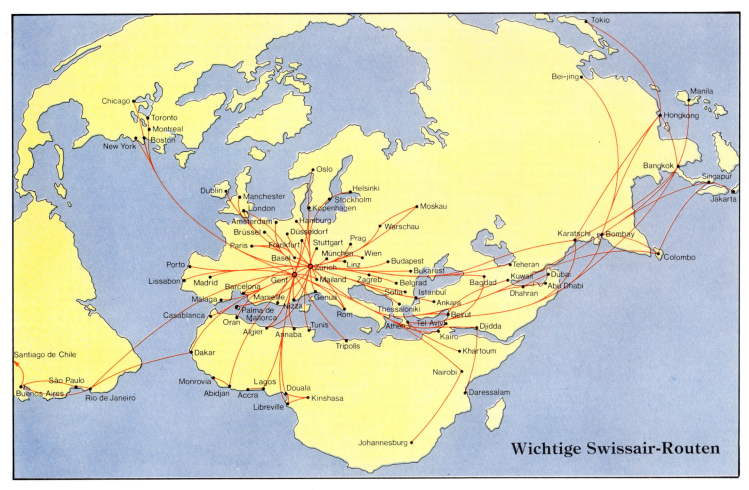

Wichtige Swissair-Routen

Neue Maßstäbe im Passagierverkehr setzte Swissair mit dem Einsatz der sechssitzigen Lockheed Orion, die allen anderen Maschinen technisch weit überlegen war.

Die Geschichte der Swissair

Die Schweizer Luftwaffe führte bereits im Juni 1919 Linienflüge zwischen Zürich, Bern, Lausanne und Genf ein. Nach sechs Monaten stellte sie diesen Flugverkehr wieder ein, weil er unrentabel war. Die im selben Jahr gegründete Firma Ad Astra Aero hatte aber mehr Erfolg und schloß sich am 26. März 1931 mit Balair zusammen und so entstand die *Schweizerische Luftverkehr AG*, schon damals Swissair genannt. Balair wurde 1925 in Basel gegründet und nach den beiden Kantonen der Stadt benannt. Den Namen Balair gibt es noch heute — Balair ist die Tochtergesellschaft von Swissair für Charter- und Frachtflüge, die dieselben Maschinen, mit jedoch voll ausgereizter Sitzkapazität, verwendet. Während der ersten fünf Jahre (1919-1924) setzte die Züricher Ad Astra Aero AG viele verschiedene Flugzeugtypen ein; sie verfügte meistens über nur jeweils ein Exemplar. Viele dieser Flugzeuge waren Flugboote sowie Amphibienflugzeuge, aber mit dem Kauf von sechs Junker F13-Maschinen zwischen 1920-23 erlebte der Linienverkehr einen entscheidenden Aufschwung. Diese Metall Eindecker galten seinerzeit als das modernste Transportmittel. Obgleich diese Viersitzer mit einer Geschwindigkeit

Die Schweiz verfügt über ein gut ausgebautes Kommunikationsnetz. Die Flughäfen Genf und Zürich dienen dem internationalen Flugverkehr, werden jedoch auch wie Basel für Kurzstreckenflüge benutzt.

von 120 km/h heute kaum noch Eindruck machen, waren sie bequem, zuverlässig, konnten die Alpen überfliegen und waren den härtesten Witterungsbedingungen gewachsen.

Während der 20er Jahre erwarb die Gesellschaft mehrere Dornier-Eindecker, und ab 1927 flog die große Fokker FVIIa, die über neun Sitze verfügte, bereits sieben europäische Hauptstädte an. Im Jahre 1932 setzte Swissair ihre erste von zwei Lockheed Orion ein. Die Orion war das erste Flugzeug mit einziehbarem Fahrgestell und erzielte damals dank des 550 PS Wasp Motors und eleganten Konturen die unglaubliche Geschwindigkeit von 260 km/h. Die erste, exportierte Orion kam auf den Routen Zürich-Paris und Basel-Zürich-Wien zum Einsatz und verkürzte die Flugzeiten auf die Hälfte. Die zweite Orion wurde auf der Route Zürich-Stuttgart-Leipzig-Berlin eingesetzt, und die große deutsche Luftfahrtgesellschaft, die Deutsche Lufthansa, war darüber so besorgt, daß sie Heinkel beauftragte, eine noch schnellere Maschine zu bauen. Das Resultat war die Heinkel He 70, die eine erheblich höhere Geschwindigkeit erzielte, aber nur vier Passagiere in weniger Komfort befördern konnte als die Orion mit ihren sechs Fluggästen.

Erste 'Douglas' und Kriegsausbruch

Die ersten (1936) Douglas Maschinen, die auf fast allen Routen eingesetzt wurden, waren drei DC2. Swissair bestellte die größere DC3 und war somit einer der ersten ausländischen Kunden dieses klassischen Modells. Die erste DC3 traf Mitte 1937 ein, und 1939 gab es bereits vier, zu der später eine fünfte kam. Die Zeit zwischen 1939-45 war von Schwierigkeiten gekennzeichnet. Obwohl die Schweiz neutral war, wurde die Schweizer Armee im August 1939 mobil gemacht und der zivile Luftverkehr eingestellt. Im März 1940 eröffnete Swissair versuchsweise eine Fluglinie von Locarno nach Rom, aber drei Mona-

Passagierflugzeuge der Swissair

5 Flugzeuge
Boeing 747

Triebwerk: 4 Pratt & Whitney JT9D-7
Spannweite: 59,60 m
Länge: 70,50 m
Höhe: 19,30 m
Reisegeschwindigkeit: 900 km/h
Reichweite: 7.900 km
Passagiere: 275-429
Besatzung: 3

25 Flugzeuge
MD-81

Triebwerk: 2 Pratt & Whitney JT8D-217A
Spannweite: 32,80 m
Länge: 45,60 m
Höhe: 8,40 m
Reisegeschwindigkeit: 850 km/h
Reichweite: 3.445 km
Passagiere: 155

10 Flugzeuge
Airbus A310

Triebwerk: 2 General Electric CF6-80A
Spannweite: 43,90 m
Länge: 46,66 m
Höhe: 15,81 m
Reisegeschwindigkeit: 860 km/h
Reichweite: 5.170 km
Passagiere: 265
Besatzung: 2

11 Flugzeuge
MD-11

Triebwerk: 3 Pratt & Whitney PW 4460
Spannweite: 51,66 m
Länge: 61,21 m
Höhe: 17,60 m
Reisegeschwindigkeit: 890 km/h
Reichweite: 10.500 km
Passagiere: 399
Besatzung: 2

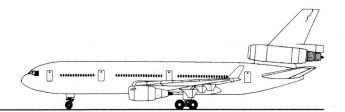

Die Swissair-Flotte wird ständig erneuert. Das Foto *links* **ist eine Montage und zeigt die neueste Bestellung, die Swissair abgab: Airbus A321, von denen 19 Stück geordert wurden, vom Typ A320 weitere 7 Maschinen.**
Unten: **Die Fokker 100, im Swissair-Einsatz seit 1988. Diese Flugzeuge werden von zwei Rolls-Royce Tay MK 620-15 angetrieben, haben eine Spannweite von 28,08 m und sind 35,53 m lang. Die Fokker 100 befördert 97 Passagiere bei einer Reisegeschwindigkeit von 780 km/h.**

Die von den Franzosen gebauten Caravelles waren die ersten Jets auf den Swissair Kurzstrecken in Europa, bis sie dann später von den DC-9s ersetzt wurden.

te später trat Italien in den Krieg ein, und die Route wurde eingestellt. Innerhalb der Schweiz gab es gelegentlich mit der Dragon Six und einer Douglas Flüge, und am 30. September 1940 wurde die Fernverkehrsroute Zürich-München mit DC3 Maschinen neu eröffnet. Die Flugzeuge trugen stolz das Symbol der Schweizer Flagge auf dem Heck, um schon von der Ferne ihre Identität zu zeigen. Die Neueröffnung der Route Zürich-Stuttgart-Berlin fand im November 1941 statt, wurde im Januar 1943 bis nach Stuttgart eingeschränkt und im August 1944 wegen der Zerstörung einer Douglas in Stuttgart während eines amerikanischen Bombenangriffs völlig eingestellt. Ein Beispiel dafür, wie hart die Zivil-Luftfahrt damals betroffen war: 1944 verzeichnete man 2.187 Passagiere bei einer insgesamt zurückgelegten Strecke von 75.558 km.

Nach dem Krieg wurde Swissair im Februar 1947 zur offiziellen Schweizer Luftfahrtgesellschaft: die Regierung kaufte 30% der Aktien, und drei Monate später, am 2. Mai 1947, startete eine DC4 den ersten Swissair-Testflug über den Atlantik von Genf nach New York. Das europäische Verkehrsnetz breitete sich schnell aus; zuerst kamen die Convair Metropolitan 440 zum Einsatz, die später von 8 neuen Caravelle-Maschinen ersetzt wurden. Der Ausbau des Fernverkehrs dauerte etwas länger.

Ausbau des internationalen Streckennetzes

1954 entstand die Verbindung nach Südamerika, und zwar nach Sao Paulo über Lissabon, Dakar, Recife und Rio. Später kamen Montevideo und Buenos Aires und schließlich Santiago de Chile (1962) hinzu. Vor 1960 gab es in der Swissair-Flotte keine Düsenflugzeuge für den Fernverkehr, aber dann erwarb Swissair für die Nordatlantik-Route drei DC8. Die Hauptstütze des internationalen Service war in den 60er Jahren die DC8 sowie acht Coronado 990A, die ab 1962 zur Flotte kamen. Die umstrittene Coronado, die schließlich General Dynamics aus dem Zivilflugverkehr drängte, war wegen ihrer Geräumigkeit (5 Sitze nebeneinander) bei den Passagieren sehr beliebt, aber sie war bei weitem nicht so wirtschaftlich wie die DC8 oder die 707, und Swissair war eine der wenigen Fluggesellschaften, die diese Maschine auf Linienflügen einsetzte.

Die neuen Düsenflugzeuge ersetzten die propellerbetriebenen DC6 Maschinen bald auf allen Fernverkehrsstrecken, zu denen seit 1957 auch der Ferne Osten zählte. Diese lange, beschwerliche Route verlief über Kairo, Karachi, Bombay und Bangkok nach Manila und Hongkong. Später kamen Singapur und Jakarta hinzu, und ab 1961 wurde Tokio angeflogen — die 15.520 km lange Flugstrecke nach Japan ist immer noch die längste im Verkehrsnetz von Swissair. Ein Jahr darauf entstand der Service nach Westafrika sowie nach Montreal und Chicago. Schließlich kam die Ferntransportroute Zürich-Genf-Nairobi-Daressalam-Johannesburg (alternativ über Douala oder Kinshasa) hinzu, die am 1. April 1968 zum ersten Mal geflogen wurde. Swissair beschloß, die Flotte für den Fernverkehr neu aufzubauen. Zwei neue Boeing 747 ('Genève' und 'Zürich') trafen 1971 für die Nordamerika-Route ein — sie fliegen von beiden Städten aus — und ein Jahr später erwarb Swissair die erste McDonnell Douglas DC-10.

Seither hat sie ihre Flotte von 13 DC-10-30 und DC-10-30ER (Langstreckenversion) auf den Fernrouten nach Südamerika, Afrika und Fernost im Einsatz. Swissair gehört inzwischen schon traditionell zu den ersten Käufern, wenn ein neuer Flugzeugtyp auf den Markt gebracht wird. Dies war bei der DC-10-30 der Fall als auch bei der DC-9-50. Beim großen MDD-Konkurrenten Boeing gehörte die Airline mit dem weißen Kreuz auf rotem Grund zu den 'launch customer' der Boeing 747-300 mit dem gestreckten Oberdeck. Aber auch in Europa ist Swissair ein gern gesehener Kunde. Zusammen mit der Lufthansa bestellte sie als erste den Airbus A310-200, wodurch das Bauprogramm überhaupt erst genehmigt wurde. Kurz danach entschied sich Swissair, als erste Gesellschaft den Airbus A310-300 zu bestellen, was ebenfalls erst zum Bau dieses Typs führte. Der Vorteil, zu den ersten Kunden zu gehören, liegt natürlich auf der Hand: Nicht nur kann man dem Passagier das neueste Flugzeugmodell bieten, sondern auch bei der Entwicklung des Typs ein erhebliches Wort mitsprechen und ihn so nach seinen Wünschen maßschneidern lassen. So ist der A310-300 nach den Vorstellungen von Swissair für deren Streckennetz nach Nordafrika und Nahost mit 172 Sitzen ausgelegt. Dadurch ist das Kabineninnere, ebenfalls in drei Klassen unterteilt, sehr geräumig und den gehobenen Ansprüchen des normalerweise in diese Region reisenden Kundenkreises angepaßt worden. Um die Reichweite des –300 bis auf maximal 8.120 km zu erhöhen, erhielt er zusätzliche Tanks im Leitwerk, die auch gleichzeitig als Trimmtanks dienen. Äußerlich ist er an seinen seinen Flügelspitzen-Endplatten gut zu erkennen. Swissair übernimmt vier Maschinen dieses Typs, eine fünfte geht an das Tochterunternehmen Balair, wo sie die treibstoffschluckende und laute DC-8-63 ersetzen.

Eine Flotte für die Zukunft

Ebenfalls als ausschlaggebender Erstbesteller betätigte sich Swissair bei dem holländischen Flugzeugbauer Fokker mit einer Order über acht Fokker F.100, die bis zum Sommer 1987 ausgeliefert werden. Bei der F.100 handelt es sich nicht bloß um eine gestreckte Version der bewährten F.28, sondern um eine weitgehende Neukonstruktion des zweimotorigen Jets für Kurz- und Mittelstrecken, auf dessen Entwurf Swissair auch starken Einfluß ausübte. So wurde die Höhenflossen-Spannweite vergrößert, um den Schwerpunktbereich zu erweitern, damit die Drei-Klassen-Einteilung flexibel gehalten werden kann. Bis 1987 ist die gesamte Flotte der Swissair für Schlechtwetter-Landungen nach Kategorie IIIA ausgerüstet, ein Vorhaben, das nicht schwer zu verwirklichen ist, denn das Durchschnittsalter der Maschinen lag 1985 bereits bei nur sechs Jahren und wird durch die anstehende Flottenerneuerung noch jünger werden. Für den Zeitraum von 1985 bis 1989 hat Swissair 2.400 Mio Schweizer Franken an Investitionen vorgesehen. Dabei wird die 84sitzige F.100 keineswegs der letzte Flugzeugtyp auf der Beschaffungsliste bleiben. Swissair-Manager liebäugeln mit der neuen Boeing 747-400, die über eine größere Reichweite und ein modernes Zwei-Mann-Cockpit verfügt, außerdem suchen sie nach Ersatz für die DC-10 Flotte, dies könnte die neue MD-11 oder der geplante Airbus TA11 werden, und ab 1997 schließlich sollen auch die MD-80 ersetzt werden, wozu sich der Airbus A320 oder die MD-89 anbieten.

Seit dem Zweiten Weltkrieg gilt Swissair als außerordentlich sicher, trotz des Verlustes einer Convair — ein sehr umstrittener Zwischenfall, bei dem der Maschine über dem Ärmelkanal der Brennstoff ausging. Der schlimmste Unfall ereignete sich in Aargau beim Absturz einer Caravelle HB-ICV: 80 Personen kamen ums Leben. 1980 gab es zwei Terroristenanschläge — in einer Coronado explodierte im Februar auf dem Flug von Zürich nach Tel Aviv kurz nach dem Start eine Bombe und tötete 47 Menschen; sieben Monate später explodierten eine DC8, eine TWA 707, eine BOAC VC10 und eine Pan Am 747 in Dawson Field, Jordanien. Hierbei gab es keine Todesopfer. 1979 überschoß eine DC8 in Athen das Landebahnende: 14 Menschen kamen ums Leben.

Heute gilt das schweizerische Unternehmen, das sich zu 78 Prozent in Privatbesitz befindet, 22 Prozent werden von öffentlichen Institutionen gehalten, zu den wirtschaftlich gesündesten der Branche. Das Rezept der Airline, die zu rund 100 Zielen in 67 Ländern fliegt, hat sich bewährt: keine Billigangebote, dafür Schweizer Spitzenqualität für den kleinen Kreis der Vollzahler.

United Airlines

Zwar gilt United Airlines als die größte Luftverkehrsgesellschaft der Welt, doch muß auch ein Riese in der heutigen Zeit Kooperations-Verträge abschließen. United Airlines einigte sich mit der Lufthansa im Jahr 1994 auf eine engere Zusammenarbeit im Luftverkehr Deutschland-USA. United Airlines, in Chicago beheimatet, verfügt derzeit über eine Flotte von 547 Jets.

Die stolze Flotte von 547 Jets ist für eine Gesellschaft wie United Airlines nur eine folgerichtige Entwicklung, denn schon in den Anfangsjahren wurde eine respektable Zahl an Flugzeugen aufgeboten. Bereits in den dreißiger Jahren besaßen United Airlines 69 DC-3, und damals begann die Zeit des Passagierverkehrs gerade erst. Fünfzig Jahre später setzte United die Fachwelt in Erstaunen, als die größte Flugzeugbestellung, die bis zu dem Zeitpunkt getätigt worden war, an Boeing ging: 110 Maschinen des Typs 737 und sechs 747 wurden auf einen Schlag geordert. Dieses ließ auf sehr erfolgreiche Geschäfte schließen, die United damals führte.

Durch den Erwerb der DC-3 Flotte machte die United das Handicap wett, das sie sich mit der Boeing 247 aufgebürdet hatte. Bei Kriegsbeginn verfügte United über 69 DC-3 von denen 36 Maschinen für Militärtransporte verwendet wurden.

Hinsichtlich der Zahl der beförderten Passagiere rangiert United auch dann, wenn man die Aeroflot mit ihren rund 110 Millionen Fluggästen ausklammert, international auf dem ersten Platz. 1984 beförderte United insgesamt 38 Millionen Passagiere, auf zweitem Platz folgte American mit 34,1 Mio, TWA mit 18,6 Mio. Auch wenn man die Beförderungsleistungen in Passagierkilometern vergleicht, bleibt die Spitzenposition von United unangefochten. Hier steht United mit 74,7 Milliarden Fluggastkilometern weit vor American mit 59 Mrd. und Pan Am.

Auch was die Zahl der Beschäftigten betrifft, rangiert United Airlines in der westlichen Welt mit einer Belegschaft von 45.000 Angestellten an der Spitze, gefolgt von Eastern Airlines und British Airways. Gleiches gilt auch für die Betriebseinnahmen, die sich bei United 1982 auf 4,614 Milliarden Dollar beliefen, gefolgt von American Airlines mit 3.978 Milliarden Dollar. In der Tabelle der 'Air Transport World' über den Betriebsgewinn der 25 Top-Airlines der Welt sucht man dagegen vergeblich nach dem Platz der United. Das Rätsel ist einfach gelöst: United hat 1982 einen Betriebsverlust von über 68 Millionen Dollar eingeflogen. Um diese Summe waren aufgrund der Preiskämpfe in den USA die Ausgaben bei United Airlines höher als die Einnahmen.

Erbitterte Konkurrenzkämpfe

Dabei flogen die Boeing 727, was das Zeug hergab. Die 153 Tri-Jets dieses Musters in den Farben der United kamen im Schnitt auf 8,7 Flugstunden am Tag. Für kurze Bodenzeiten im Flugbetrieb ist United bekannt. Insgesamt war der Sitzladefaktor mit gut 63 Prozent bei der gesamten Flotte auch nicht schlecht. Was nicht stimmte, das war der durchschnittliche Ertrag pro Passagier. Zu viele flogen zu Discountpreisen, die die Kosten nicht deckten. Dies ist das Ergebnis eines erbitterten Konkurrenzkampfes der Fluglinien in den USA, wo einige Gesellschaften buchstäblich um das Überleben kämpfen. Im ersten Halbjahr 1983 zahlte der Durchschnittspassagier der United pro 100 Flugkilometer nur noch 6,14 Dollar — 32 Cent weniger als im ersten Halbjahr 1982. Das Ergebnis war ein Verlust im Flugtrieb von rund 71 Millionen Dollar innerhalb von sechs Monaten.

Dabei unternimmt United alles Mögliche, um die Kosten zu senken. Ein Beispiel dafür ist die Umrüstung der bereits betagten, aber technisch noch fitten DC-8-61 Flotte in die Version DC-8-71, von der die Fluggesellschaft Ende 1985 30 Maschinen besaß. Durch den Einbau

Diese DC-8-61 diente der amerikanischen Armee als Truppentransporter bei Manövern innerhalb der USA. Hier beim Ausladen von Gepäck in San Juan im August 1979.

der Triebwerke vom Typ CFM 56-2 spart die 'Super 71', wie sich die durch Facelifting verwandelte DC-8 nennt, eine Menge Treibstoff. Verbrauchte die DC-8-61 auf der 4.385 Kilometer langen Strecke New York — San Francisco 38.240 Kilogramm Kerosin, so kommt die DC-8-71 mit 29.570 Kilogramm Sprit aus. Die Zahl der Sitze an Bord des vierstrahligen Jets ist mit 190 bei United gleich geblieben. Zum Vergleich: auf der gleichen Strecke verbraucht die brandneue Boeing 767 mit 197 Sitzen 26.130 Kilogramm Treibstoff.

Die beiden bedeutendsten Drehscheiben im Streckennetz der United Airlines sind Chicago O'Hare und der Stapleton International Airport in Denver. Allein in Chicago beschäftigt die Fluggesellschaft mehr als fünftausend Mitarbeiter. Ab Denver bietet United täglich mehr als 140 Nonstop-Flüge in nahezu alle Regionen der USA einschließlich Honolulu. Seit Frühjahr 1983 startet die Luftverkehrsgesellschaft täglich auch in den Fernen Osten: nach Tokio und Hongkong, das nonstop von Seattle aus in rund dreizehn Stunden mit einer DC-10-30 erreicht wird. Ansonsten umfaßt das internationale Streckennetz der United gerade vier Ziele in Kanada und zwei in Mexiko. Das könnte sich jedoch im Laufe der Jahre ändern. Beispielsweise zeigte sich United an Liniendiensten nach Australien interessiert.

Die Einrichtungen der United Airlines sind über den gesamten Kontinent verteilt. Die Hauptverwaltung befindet sich in Chicago, das Flugtrainingszentrum mit den Simulatoren in Denver und die Wartungs- sowie Überholungsbasis für die Flotte in San Francisco. Bevor die empfindlichen Personalkürzungen, denen beispielsweise die gesamte Presseabteilung zum Opfer fiel, begannen, arbeiteten in der Werft in San Francisco rund 9.000 Techniker und Mechaniker. Noch 1977 verfügte United über 5.400 Piloten und 7.400 Flugbegleiter. In den letzten Jahren waren keine exakten Zahlen zu erhalten.

Tollkühne Postflieger bereiteten den Weg

Die von abenteuerlichen Ereignissen geprägte Vorgeschichte der United Airlines ist mit den Namen mutiger, ja tollkühner Pioniere verknüpft, die ihr Leben riskierten und oft genug verloren. Die Verkehrsluftfahrt begann in den USA mit Postflügen, die sehr stark subventioniert wurden, während für Passagierdienste keine staatlichen Zuschüsse aufzutreiben waren — im Gegensatz zu den Gepflogenheiten in Europa, wo sich zuerst ein Netz von Flugrouten für die Beförderung von Fluggästen entwickelte.

Bereits 1910 hatte der amerikanische Kongreß ein Luftpost-Gesetz verabschiedet, um die Frage zu klären, ob planmäßige Postflüge überhaupt möglich sind. Am 15. Mai 1918 nahmen Piloten der Armee die Versuchsflüge zwischen Washington, Philadelphia und New York auf. Nach Ablauf einer Testperiode von drei Monaten wurde das Unternehmen als Erfolg bezeichnet. Zugleich wurde die Verantwortung für die Beförderung der Luftpost dem Postministerium übertragen, das Flugzeuge kaufte und Piloten anwarb. Ehrgeiziges Ziel der Post war ein transkontinentaler Dienst zwischen New York und San Francisco. Dies glückte nach anderthalb Jahren großer Anstrengungen.

Linke Seite: Als erste Gesellschaft bestellte United die Boeing 767, von der sie insgesamt 39 Exemplare erhalten wird. *Oben:* Als einer der wenigen Betreiber in den USA setzte United die Caravelle auf ihren Kurzstrecken ein.

Aber die Post verlor viele Flieger und Flugzeuge. Besonders gefährlich erwies sich das Überfliegen des Alleghenygebirges, des 'Friedhofs der Luftpost'. Doch die Postflüge von der Atlantik- zur Pazifikküste erwiesen sich als unzulänglich. Nach hundert Kilometern mußten die Flugzeuge oft zum Auftanken landen. Der Flugtrieb beschränkte sich auf die Zeit zwischen Morgengrauen und Dämmerung, denn noch nicht einmal die Pisten waren mit Leuchtfeuern ausgestattet. Während der Nachtstunden übernahmen Züge den Transport der Postsäcke, so daß im Endeffekt die Luftpost genau so lange unterwegs war wie Sendungen, die mit der Bahn befördert wurden.

Die Kongreßabgeordneten waren enttäuscht. Um sie davon zu überzeugen, daß die Luftpost eine Zukunft hatte, sollte ein Tag- und Nachtflugdienst eingerichtet werden. Die tapferen Postflieger nutzten ihre letzte Chance. Mit Eisenbahnkarten als Navigationsunterlagen starteten sie am 22. Februar 1921 in den pechschwarzen Nachthimmel. Ab und zu wiesen ihnen von Farmern entzündete Strohfeuer den Weg. In San Francisco waren zwei Postmaschinen gestartet, von denen eine durch einen Unfall in Nevada ausfiel. Die andere übernahm in Cheyenne Jack Knight für den Abschnitt bis North Platte, wo er vergeblich auf die Ablösung wartete. Kurz entschlossen setzte Jack Knight den Flug nach Omaha fort. Dort erfuhr er, daß eines der beiden zum Gegenkurs in New York gestarteten Flugzeuge in Pennsylvania ausgefallen und das andere in Chicago durch einen Schneesturm gestoppt worden war.

Das Schicksal des Luftpostdienstes hing an einem seidenen Faden. So kletterte Jack Knight wieder in seine fliegende Kiste. Den vor ihm liegenden Abschnitt nach Chicago hatte er noch nie beflogen — und schon gar nicht bei Nacht in eisigem Winterwetter. In Iowa City war die Bodenmannschaft nach Hause gegangen. Ein Nachtwächter, der das Flugzeug über dem Platz kreisen hörte, steckte eine Fackel an und signalisierte so dem Flieger, wo das Landefeld lag. Nach dem Auftanken schlug sich Jack Knight übermüdet durch Graupelschauer, Schneetreiben und Nebel nach Chicago durch, wo er als Held gefeiert wurde. Bescheiden antwortete der Postflieger, das hätte jeder seiner Kameraden gemacht. Schließlich hätten zu viele Piloten ihr Leben geopfert, um nun den Luftpostdienst einzustellen. Die Post ging weiter nach Cleveland und von dort nach New York, wo sie genau 33 Stunden und 20 Minuten nach dem Abflug an der Pazifikküste eintraf.

Über eine Million Dollar bewilligte daraufhin der Kongreß in Washington für die Befeuerung der Landebahnen und die Erweiterung der Flugdienste, um vier Jahre später festzustellen, die Post habe ihren Pionierauftrag erfüllt. Nun sollten kommerzielle Fluggesellschaften den Transport der Luftpost übernehmen. Der Flugbetrieb rund um die Uhr war Routine geworden, die Airway One quer über den Kontinent mit Feuern markiert. Damit war man in den USA den Europäern mehr als nur um eine Nasenlänge voraus.

Die Vorgängergesellschaften

Unter denen, die sich um die ausgeschriebenen Luftpoststrecken bewarben, war Walter T. Varney, ein Militärflieger aus dem Ersten Weltkrieg, der in Kalifornien eine Flugschule und ein Lufttaxiunternehmen betrieb. Der waghalsige Geschäftsmann war der einzige, der für die über Gebirge und Wüsten führende Route von Pasco/Washington bis Elko/Nevada ein Angebot abgab, so daß es kein Wunder war, daß Varney Air Lines den Vertrag von der Post erhielt. Mit Swallow-Flugzeugen nahm Varney am 6. April 1926 den Flugbetrieb auf. Der Eröffnungsflug verlief planmäßig. Doch auf dem Gegenkurs und an den nächsten beiden Tagen gab es nichts als Pannen, so daß die Regierung Varneys Antrag stattgab, den Flugbetrieb für sechzig Tage aussetzen zu dürfen, um leistungsfähigere Motoren in seine kleine Flotte einzubauen.

Von diesem Intermezzo leitet United Airlines, in der später Varney Air Lines neben drei anderen Fluglinien aufging, den Anspruch her, die älteste Luftverkehrsgesellschaft der Vereinigten Staaten zu sein. Über den Einspruch von Western Airlines, die am 15. April 1926 den Linienverkehr zwischen Los Angeles und Salt Lake City aufnahm und ohne Unterbrechung aufrecht erhielt, setzt man sich bei United noch heute hinweg. Die anderen Vorgängergesellschaften von United Airlines waren Pacific Air Transport, die am 15. September 1926 den

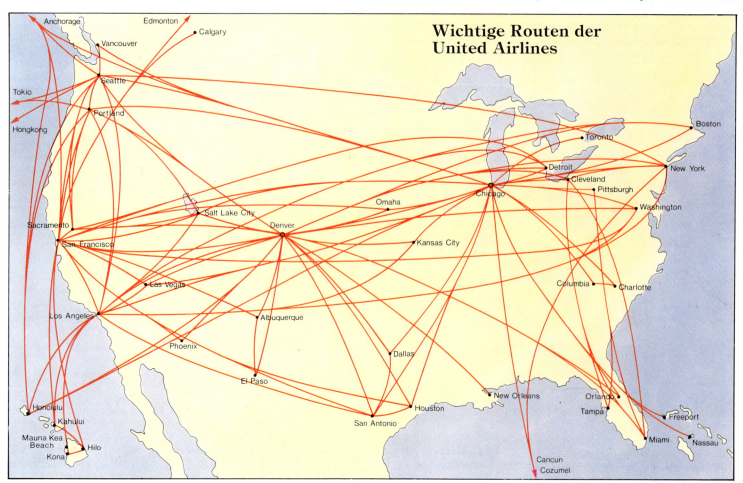

Wichtige Routen der United Airlines

248

Boeings Bestseller gehört auch zur Flotte der United Airlines. Die 727-200 Advanced unterscheidet sich durch eine größere Reichweite zur Basisversion 727-100.

Luftpostdienst zwischen Seattle und Los Angeles aufnahm, Boeing Air Transport (San Francisco—Chicago ab 1. Juli 1927) und National Air Transport, die mit dem Luftpostverkehr zwischen Chicago und New York am 1. September 1927 begann. National Air Transport hatte bereits am 12. Mai 1926 eine Luftpostverbindung auf der Route Chicago—Kansas City—Dallas eröffnet.

Vom Start weg war die Flugverbindung der Boeing Air Transport (BAT) und der National Air Transport (NAT) von Küste zu Küste sowohl flugbetriebstechnisch als auch finanziell ein Erfolg. Die Beförderung von Fluggästen war offensichtlich auf der Transkontinentalroute Nebensache und für die wenigen Passagiere ein Abenteuer. Die kleine Kabine der Boeing 40B der BAT bot gerade zwei Reisenden Platz. Sie hatten sich mit spartanischen Verhältnissen abzugeben, obwohl das Ticket von San Francisco nach Chicago 200 Dollar kostete. Für den Anschluß nach New York mußten die Fluggäste weitere 200 Dollar bezahlen und sich Wind und Wetter aussetzen, während sie in der offenen Kabine auf Postsäcken saßen. Die NAT stattete ihre Passagiere deswegen mit Fliegerkappen, Schutzbrillen und Fallschirm aus. In jener Zeit waren die Reisenden von Kalifornien nach New York rund 34 Stunden unterwegs.

In den ersten Jahren waren die Fluggesellschaften nicht sonderlich an der Beförderung von Passagieren interessiert, weil der Transport der Luftpost wesentlich höhere Erträge abwarf. Mit der Indienststellung der Trimotors (dreimotorige Flugzeuge) von Fokker und Ford begann sich dies zu ändern. 1928 registrierte man in den USA gerade 60.000 Fluggäste. Im folgenden Jahr waren es bereits 160.000 Passagiere. Damit hatten die amerikanischen Airlines im Personenverkehr nahezu das Niveau der Europäer erreicht.

Postminister Walter F. Brown entwickelte kühne Pläne zur Neuordnung des amerikanischen Luftverkehrs und setzte diese auch weitgehend durch, da er durch die Vergabe der Luftpostverträge entscheidenden Einfluß auf die Fluggesellschaften hatte. Die Vergütung für die Beförderung der Post erfolgte ab 1930 nicht mehr nach dem Gewicht der transportierten Sendungen, sondern nach dem Volumen, das an Bord für die Luftpost bereitgehalten wurde. Zugleich wurden Prämien für den Einsatz mehrmotoriger Maschinen eingeführt. In Konkurrenz zur Verbindung New York—San Francisco forderte und förderte Brown zwei weitere transkontinentale Routen, die jeweils durchgehend von einer Gesellschaft bedient werden sollten.

Durch Fusionen waren ohnehin bereits einige leistungsfähige große Fluggesellschaften entstanden. Die Firma Boeing, Flugzeughersteller und Luftverkehrsunternehmen unter einem Dach, hatte schon 1927 die Pacific Air Transport erworben, als sie 1929 in der United Aircraft and Transport Corporation aufging, die ein Imperium von Fluggesellschaften sowie mit der Luftfahrt verbundenen Industrieunternehmen aufbaute und dabei keineswegs zimperlich vorging. In dieser Zeit formierten sich auch drei andere große amerikanische Airlines: American, Eastern und TWA. United Air Lines bildete zunächst lediglich eine Holdinggesellschaft für ihre vier Fluggesellschaften, die vorläufig noch unter eigenem Namen tätig waren.

Der Reinfall mit der Boeing 247

United bestellte 1932 bei der Tochtergesellschaft Boeing eine Flotte von 59 Boeing 247. Dieser neue Flugzeugtyp konnte bei einer Reisegeschwindigkeit von knapp 260 km/h zehn Passagiere befördern. Bis der Auftrag für United abgewickelt war, erhielt keine andere Fluggesellschaft eine Boeing 247, das schnellste und modernste Flugzeugmuster dieser Zeit in den USA. Doch nur ein Jahr lang war United damit der Konkurrenz voraus. 1934 stellte die TWA die Douglas DC-2 für vierzehn Passagiere in Dienst, und im folgenden Jahr folgte American Airlines mit dem Einsatz der DC-3 (21 Sitze). Gleichsam über Nacht war die United-Flotte veraltet, denn im Vergleich zu den Douglas-Flugzeugen war die Boeing 247 viel zu klein, zu langsam, zu laut und zu unbequem. Dies war mehr als eine bittere Pille für United, deren Passagiere in Scharen zur Konkurrenz überwechselten.

Ein weiterer Schlag folgte. Nach einem Regierungswechsel in Washington wurde die Streckenaufteilung unter Postminister Brown so heftig attackiert, daß Präsident Franklin D. Roosevelt im Februar 1934 alle Luftpostverträge kündigte und mit der Beförderung der Post die Heeresflieger beauftragte. Das stürzte die Fluggesellschaften, die noch 1929 rund 95 Prozent ihrer Einnahmen aus dem Postgeschäft erzielt hatten, in eine böse Krise. United mit einer Belegschaft von gerade 1.400 Mitarbeitern verlor Tag für Tag rund 10.000 Dollar. Aber auch den Militärpiloten bekam die harte Entscheidung des Präsidenten nicht: in der ersten Woche der Postbeförderung verunglückten fünf tödlich und weitere sechs wurden lebensgefährlich verletzt. Daraufhin wurde Luftpost nur tagsüber geflogen, bis die Luftverkehrsgesellschaften im Mai wieder die Transporte übernehmen durften.

Voraussetzung war freilich die Entflechtung der großen Konzerne. Den Airlines, die Luftpost flogen, wurde aufgrund eines neuen Gesetzes die Beteiligung an Firmen, die Flugzeuge oder Flugzeugteile wie Triebwerke und Propeller herstellten, untersagt. United hatte sich damit von den Boeingwerken, dem Triebwerkhersteller Pratt & Whitney, Sikorsky und anderen Unternehmen, darunter auch Flughafengesellschaften, zu trennen. Das gab andererseits der United die Möglichkeit, Flugzeuge anderer Hersteller zu kaufen. Durch den Erwerb einer DC-3-Flotte machte die Fluggesellschaft das Handicap wett, das sie sich mit dem Boeing-Muster 247 aufgebürdet hatte. Später wurde United allerdings größter Kunde bei Boeing.

1934 wurde William A. Patterson, genannt 'Pat', Präsident der United Airlines. Seine Karriere ist ungewöhnlich. Als Angestellter einer kalifornischen Bank hatte er der Pacific Air Transport, die in chronischen Geldnöten steckte, 1926 einen dringend benötigten Kredit über 5.000 Dollar bewilligt und dafür von seinem Chef nicht gerade Anerkennung geerntet. Patterson hatte sich nun im Interesse der Bank um die Geschäfte der Fluggesellschaft zu kümmern, die er auf eine besse-

Passagierflugzeuge der United Airlines

75 Flugzeuge
Boeing 727

Triebwerk: 3 Pratt & Whitney JT8D-9A
Spannweite: 32,90 m
Länge: 46,70 m
Höhe: 10,40 m
Reisegeschwindigkeit: 880 km/h
Reichweite: 5.300 km
Passagiere: 150
Besatzung: 3

227 Flugzeuge
Boeing 737

Triebwerk: 2 Pratt & Whitney JT8D-154A
Spannweite: 28,35 m
Länge: 30,53 m
Höhe: 11,28 m
Reisegeschwindigkeit: 778 km/h
Reichweite: 4.100 km
Passagiere: 130
Besatzung: 2

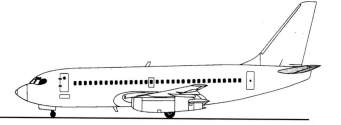

United Airlines arbeitet mit der Lufthansa zusammen.

56 Flugzeuge
Boeing 747

Triebwerk: 4 Pratt & Whitney JT9D-7
Spannweite: 59,60 m
Länge: 70,50 m
Höhe: 19,30 m
Reisegeschwindigkeit: 900 km/h
Reichweite: 7.900 km
Passagiere: 275-429
Besatzung: 3

88 Flugzeuge
Boeing 757

Triebwerk: 2 Rolls-Royce RB 211E535
Spannweite: 37,95
Länge: 47,32
Höhe: 13,56
Reisegeschwindigkeit: 870 km/h
Reichweite: 6.300 km
Passagiere: 188
Besatzung: 2

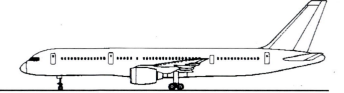

42 Flugzeuge
Boeing 767

Triebwerk: 2 Pratt & Whitney JT9D-7R4
Spannweite: 47,60
Länge: 48,50
Höhe: 15,90
Reisegeschwindigkeit: 850 km/h
Reichweite: 5.600 km
Passagiere: 201
Besatzung: 2

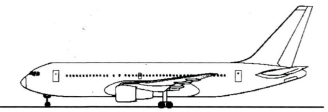

11 Flugzeuge
Airbus A320

Triebwerke: 2 CFM 56-5
Spannweite: 34,10 m
Länge: 44,51 m
Höhe: 11,80 m
Reisegeschwindigkeit: 850 km/h
Reichweite: 3.900 km
Passagiere: 187

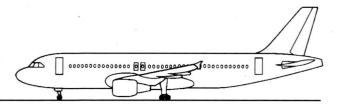

48 Flugzeuge
MD DC-10

Triebwerk: 3 General Electric CF6-50C2
Spannweite: 50,42
Länge: 55,20 m
Höhe: 17,70 m
Reisegeschwindigkeit: 908 km/h
Reichweite: 9.950 km
Passagiere: 237
Besatzung: 3

Im September 1981 hatte die 767 von Boeing ihren Jungfernflug. United hat 19 Boeing 767-200 im Einsatz, weitere 20 Maschinen werden noch bis 1988 ausgeliefert.

re Grundlage stellte, so daß sie im Laufe der Monate Gewinn einflog. So wurde der auf Hawaii geborene Sohn eines Plantagenleiters gleichsam zum ehrenamtlichen Finanzberater der Pacific Air Transport, der er eine vorteilhafte Fusion mit Boeing vorschlug. Patterson gab seinen Job auf und wurde Assistent von William E. Boeing.

Die ersten Stewardessen

United Airlines war eine der ersten Luftverkehrsgesellschaften der Welt, die Stewardessen beschäftigten. Anfang 1930 hatte sich beim Verkehrsleiter der Boeing Air Transport in San Francisco die Krankenschwester Ellen Church vorgestellt und ihm vorgeschlagen, die Besatzung durch eine Krankenschwester zu ergänzen, die an Bord für das Wohl der Passagiere sorgt, Getränke und einen Imbiß serviert, Watte für die Ohren verteilt und vor allem behilflich ist, wenn jemand luftkrank werden sollte. Bislang hatte der Copilot gelegentlich das Cockpit verlassen, um in der Kabine heißen Kaffee auszuschenken und Sandwiches zu verteilen. Der BAT-Verkehrsleiter war nicht zuletzt wegen der großen psychologischen Wirkung fliegender Krankenschwestern begeistert, holte sich jedoch bei seinem Vorgesetzten eine Abfuhr. 'Pat' Patterson jedoch gab das 'Okay', für den Flugdienst San Francisco—Chicago acht Krankenschwestern einzustellen und als Stewardessen auszubilden, darunter Ellen Church. Die Idee wurde eine riesiger Erfolg. Früher oder später folgten alle Airlines auf der ganzen Welt diesem Beispiel.

United-Chef Patterson war nach vielen Flügen Mitte der dreißiger Jahre das Brathähnchen leid, das man den Fluggästen an Bord servierte. Dies führte zu einer weiteren Neuerung in der Luftfahrt, der Einrichtung spezieller Küchenbetriebe für die Bordverpflegung. Andererseits gehörte United zu den letzten Airlines, die im Flug auch alkoholische Getränke anboten, auf langen Strecken Filme zeigten und auf den Flughäfen Lounges für VIPs einrichteten. Dafür setzte United schon früh mit dem Funksprechverkehr in beiden Richtungen, also auch vom Cockpit zum Boden, einen neuen Standard in der amerikanischen Verkehrsluftfahrt. Eine Boeing 247 war als fliegendes Testmodell zur Verfügung gestellt worden, um weitere Hilfsmittel für die Flugsicherheit zu entwickeln. Auch an einem primitiven Enteisungssystem wurde gebastelt, einem Gummiwulst, der wechselweise mit Luft vollgepumpt und entleert wurde, um so während des Fluges gefährlichen Eisansatz zu knacken. United-Ingenieure und -Mechaniker arbeiteten darüberhinaus aber auch an Vorläufern von Autopilot-Systemen.

In den dreißiger Jahren waren bei United Airlines Sicherheit, Passagierkomfort und Zuverlässigkeit die obersten Prinzipien. 1954 lautete die Grundregel: Sicherheit, Kundendienst, Zuverlässigkeit, Redlichkeit und Offenheit.

Als erste Inlandfluggesellschaft der USA bestellte United im Oktober 1955 Strahlverkehrsflugzeuge, und zwar auf einen Schlag dreißig DC-8. Zu ihnen gesellten sich in den folgenden Jahren noch weitere achtzig Jets dieses Typs. Von Boeing kaufte die Fluggesellschaft die 720, die kleinere Version der Boeing 707. Im Februar 1960 erhielt Sud Aviation aus Chicago den Auftrag zum Bau von zwanzig Caravelle. Monate später orderte United zunächst vierzig Boeing 727, später noch viel mehr, darunter auch QC-Versionen (Quick Convertible), die tagsüber Passagiere beförderten und nach einer schnellen Umrüstung nachts Fracht flogen. Mit der Anschaffung von 75 Boeing 737 handelte sich die Luftverkehrsgesellschaft wegen des Zwei-Mann-Cockpits großen Ärger mit den Cockpitbesatzungen ein, die durchsetzten, daß jahrelang ein Flugingenieur mitflog, obwohl es für ihn praktisch nichts zu tun gab.

Von 1962 bis 1969 hatten sich die Kosten um 9,6 Prozent erhöht. Dennoch verweigerte die amerikanische Luftfahrtbehörde CAB (Civil Aeronautics Board) den Airlines eine Anhebung der Tarife. Schließlich gestand das CAB 1969 eine Erhöhung der Flugpreise um 3,8 beziehungsweise 5,6 Prozent zu. Verehrende Auswirkungen hatte für United die Entscheidung der Behörde, fünf weiteren Airlines Verkehrsrechte nach Hawaii einzuräumen. Auf diesen Strecken verwandelte sich bei United der 1969 erzielte Gewinn von 19 Millionen Dollar in einen Verlust von 17 Millionen Dollar im folgenden Jahr. Die Bilanz 1970 schloß mit einem Defizit von 46 Millionen Dollar ab — und der Vorstandsvorsitzende durfte seinen Hut nehmen. In der Zwischenzeit war United Airlines in einer Holdinggesellschaft aufgegangen, der 'UAL, Inc.', und mit Western International Hotels verflochten.

Der Personalabbau begann. Im Sommer 1970 beschäftigte United Airlines 52.000 Mitarbeiter. Bis 1972 stieg die Zahl der Fluggäste um 25 Prozent, während sich die Belegschaft auf rund 49.000 reduzierte. Gewinn und Verlust lösten sich wie auf einer Fieberkurve ab. Um aus den roten Zahlen zu kommen, war den Managern nahezu jedes Mittel recht. 1978 heimste United einen Rekordgewinn von 284 Millionen Dollar ein, machte aber auch drei Tage vor Silvester mit einem Unglück Schlagzeilen. Im Anflug auf den Flughafen Portland zerschellte eine DC-8. Die Triebwerke standen still, weil sich in den Tanks kein Treibstoff mehr befand. Von den 185 Menschen an Bord kamen zehn ums Leben.

Nachdem Anfang der achtziger Jahre Pan Am in große finanzielle Schwierigkeiten geraten war, begann United 1985 um die Übernahme des Fernost-Netzes der Pan Am zu verhandeln. Damit wurde der Gigant aus dem Westen auch ein Riese im Osten.

Index

Abbildungen sind in *kursiven* Zahlen angegeben

AAS, *siehe* Austrian Air Services
ABA, *siehe* Swedish Airlines
Ad Astra Aero 241
Aeritalia 58
Aermediterranea 126, 130
Aeroflot 96-109, 187
Aeropostal *77*
Aérospatiale 12, 16
  Caravelle, *siehe* Sud-Aviation
Aérospatiale/British Aerospace
  Concorde 18-24, *18, 19, 20-1,* 114, 121, 123, 124, *124,* 148, *148,* 149, 150, 154
Aero Trasporti Italiani (ATI) 126, 130, *131*
Augusta Bell 47J Ranger 131
Airbus Industrie 9-17
  A300 9-15, 179, 180, *184,* 201, 219
  A300B2 13, 14, 119, 123, 203, 204
  A300B2-100 *10,* 13
  A300B2-200 *9, 12,* 13, *15,* 183
  A300B4 *9,* 119, 123, *124,* 129, 130, 167, 169, 203, 210, 217, 237, 238
  A300B4-100 *9, 10-11,* 13, *13, 14,* 183
  A300B4-200 13, *14, 15,* 127, *132,* 183
  A300C4 13, 14
  A300F4 13
  A310 12-13, 15-16, *16, 17,* 57, 124, 146, *170,* 198, 201, 210, 219, 203, 217, 226, 227, 229, 243, 244
  A310-200 13, 145, 168, 169
  A310-300 13, 15, 244
  A320 9, 124
Air Cal *72-3*
Air Canada *60,* 65, 94, 110-117
Air Charter International *38*
Air Farman 122
Air Florida *47*
Air France 24, 119-124, 132, 219, 232
Air Holdings 89
Air Orient 122
Air Siam *86*
Air Zaïre *46*
Ala Littoria 127
Alaska Airlines *35,* 77
Albatros L-73 *211*
Alia *89*
Alitalia *39, 64,* 65, *70,* 74, 77, 125-133, 232
All Nippon 40
Aloha Airlines *41*
American Air Lines 38, 41, 77, 79, 82, *83,* 85, 88, 89, 134-141, 247, 249
American Overseas Airlines (AOA) 139-40, 219
Ansett Airlines *34,* 38, 59
Antonow An-2 96, 99, 103, 105
  An-3 99
  An-10 100
  An-12 100, 105
  An-22 100, *101,* 105
  An-24 100
  An-30 100, *104*
  An-72 105
AOA, *siehe* American Overseas Airlines
Ariana Afghan Airlines *35*

Armstrong Whitworth F.K.8 222
Atasco *26*
ATI, *siehe* Aero Trasporti Italiani
Atlanta International Airport 176
Austrian Airlines (AUA) 142-146
Austrian Air Services (AAS) 146
Austrian Air Transport 146
Avco Aerostructures 57
Avia 14-32 99
Aviafin 230
Avianca *55*
Aviolinee Italiane 127
Avro 504 222
  683 Lancaster 224
  691 Lancastrian 111, 128, 153

BAC (British Aircraft Corporation)
  1-11 41, 71, 150, 151, 154
  198 19
  221 22
BEA, *siehe* British European Airways
Belairbus 16
Bell 47D-1 232
  212 153
Berlin 219-20
BOAC, *siehe* British Overseas Airways Corporation
Boeing B-17 Flying Fortress 234
  B-47 41
  C-135 30
  C-137 33
  E-3A Sentry 28, *28-9, 31,* 33, *33*
  E4 *50,* 56
  KC-97 25, 28
  KC-135 30
  VC-137 28, *29*
  40B 249
  247 249, 252
  314 214
  367-80 28, 30, 61, 64
  377 Stratocruiser 140, 154
  707 25-33, 34, 61, 64-5, 124, 154, *167, 208,* 210, 215, 227, 230, 232
  707-320 28, 31, *31,* 32-3, 40, 64, 65, 66, 160, 203, 216, 224, 226
  707-330 *30,* 204
  720 28, 31, 32, 34, 64, 65, 252
  727 34-40, 71, 114, 130, *135,* 166, 184, 187, 190, 204, 220, 232, 247, 252
  727-100 37, 38-40, *38,* 135, 181, 182, 188, 201, 216, 219, 250
  727-200 *36-7,* 37, 38-9, 40, 114, 119, 122, 126, 129, 132, 135, 137, 167, 168, 169, *170,* 182, 201, 217, 219, 245, *249,* 250, 252
  737 41-47, 76, 201, *205,* 210, 219, *230*
  737-100 42, 45
  737-200 42-3, *44-5,* 45, *47,* 119, 122, 151, 152, 168, *170,* 173, 202, 208, 217, 219, 220, 226, *227,* 229, 250
  737-300 45, 47, *47*
  737-400 45, 47
  747 9, 34, 49-56, 114, 121, 128, 129, 130, 135, 154, *157,* 158, *162,* 166, 175, 186, 187, 189, 190, *191,* 201, *213,* 215, 218, 219, *225,* 232, 238, *238,* 244
  747-100 54, 56, 115, 122, 210, 216, 219, 226, 229, 245, 251
  747-200 *52,* 54-5, 56, *118,* 123, 129, 161, *167,* 189, 194, 202,
  208, 216, 222, 236, 242
  747-200B Combi 56, 115, 197, 226-7, *226 233*
  747-200C Convertible 54, 56
  747-200F 54, 56
  747-300 56, *56,* 161, 162, 188, 190, 195, 198, 243, 244
  747SP *52, 54, 55,* 56, 68, 216, 218, 219, 222
  747SR 56, 138, 151, 189, 204
  757 57, 154, *177,* 180, 182
  757-200 57, *57,* 151, 176
  767 58-9, *117,* 135, 139, *176,* 190, 222, 245, 252
  767-100 58-9
  767-200 58-9, *59,* 114, 137, *139,* 173, 176, 191, 245, 251, *252*
  767-300 58-9, 191
Boeing Air Transport 249, 252
Boeing Vertol 234 153, *153*
Bölkow 105 196
Bongers, Hans M. 209
Borman, Frank 179, 180
Braniff Air Lines 24, 31, *52,* 68, 139
Breguet HBN-300 9
  763 Provence *121*
Bristol Britannia 154
  Typ 170 112
British Aerospace 12, 16
  Concorde, *siehe* Aérospatiale/British Aérospace
  1-11, *siehe* BAC
  121 Trident, *siehe* Hawker Siddeley
  748, *siehe* Hawker Siddeley
British Aircraft Corporation, *siehe* BAC
British Airtours 152
British Airways *18, 19, 20,* 24, 46, 57, *91,* 132, 148-155
British Airways Helicopters 148, 153
British European Airways (BEA) 9, 153, 154, 219
British Hillman Airways 153
British Overseas Airways Corporation (BOAC) 31, 153, 193
British South American Airways (BSAA) 153-4
British United Airways (BUA) 89

CAAC 77
Canadair DC-4M North Star 111-12, *111,* 113
  58 Argonaut 154
Canadian Colonial Airways 139
Canadian Pacific Airways 65, *69*
CANT Z506B 127
Cargolux Airlines International *49*
CASA 12, 16
Cathay Pacific *28,* 94, 156-163
Central Airlines 139
Chicago & Southern 174
China Airlines *55*
Civil Transport Development Corp. 58
Colonial Air Transport 139, 184
Compagnie Générale Transaérienne 122
Condor 164-70, 208
Consolidated PBY Catalina *158,* 159, 224
Convair CV-240 165, *166*
  CV-340/440 128, 174, 204, 209-10, 238, 244
  CV-880 34, 160, 175, 187
  CV-990 Coronado 244
Curtiss C46 Commando 131, *212*

Condor 139, *178,* 184
CX Cargo 158

Danish Airlines (DDL) 234
Dassault 22
  Galion 9
de Havilland 34
  D.H.9/D.H.16 192
  D.H.50 223
  D.H.61 Giant Moth 223
  D.H.86 152, 223, *223*
  D.H.106 Comet 18, 25, 61, 100, *152,* 154, 193
  D.H.121 Trident 34
Delta Airlines 41, *63,* 71, *71,* 74, 89, *94,* 171-8, 247
Deruluft *103,* 107-8, 211
Deutsche Airbus (MBB) 9, 16
Deutsche Flugdienst 165
Deutsche Luft-Reederei 210
DLT (Deutsche Luftverkehrgesellschaft) 200-1
DNL, *siehe* Norwegian Airlines
Dobrolet 105
Dornier Komet 106, *206*
  Merkur *103,* 107
Douglas DC-2 145, 184, 193, *193,* 241, 249
  DC-3 34, 111, 113, *135,* 139, 146, *158,* 159, 173, 184, 193, 196, 209, 230, 231, 235, 241, 244, *245,* 249
  DC-4 128, *158,* 174, 184, 186, 196, *215,* 219, 220, 230, 234, 235, *235,* 244
  DC-6 34, 128, 130, 139, 160, 174, 187, 191, 214, *215,* 220, 230, 235
  DC-7 139, 154, 174, 215, *215,* 235
  Siehe auch McDonnell Douglas

Eastern Airlines *9,* 14, 15, 34, 38, 42, 57, *57,* 74, 89, 92, *95,* 132, 179-84, 247
Ecuatoriana *26*
Edwards, George 20
Egyptair *15,* 153
Elivie 131
Ethiopian Airlines 59

Fairchild Republic 54, 57
Fairchild Swearingen Metro 146, 228
Farman F-60 Goliath *119,* 122, 231
Farnborough B.E.2e 222
Federal Express 40, *84*
Fiat G.12 *125,* 128
Flying Tigers 40
Fokker 12, 16
  F.3 107
  F.VII 193, *193,* 213, *214,* 231, 232, 241
  F.13 105
  F.27 Friendship 126, 130, 166, *166,* 1944, 197
  F.28 Fellowship 194, 197
  F.100 *240*
Fokker, Anthony 192, *193*
Ford Trimotor 184
Frankfurt 206, *207*
Fysh, Sir W. Hudson 222

Garuda Indoniesian Airways *9,* 14
German Cargo *65,* 208, *208*
Ghana Airways *75*

Gulf Air 94, 139

Hage, Bob 84
Handley Page Doppeldecker 231
 H.P.26 232
 H.P.81 Hermes 154
 H.P.115 22
Hannan, William M. 88
Hansa-Brandenburg CI 145
Haughton, Daniel J. 88, 89
Hawker-Siddeley 12
 HBN-300 9
 HS 748 146, 151, 152, *152,* 154, 201
 121 Trident 38, 40, 150, 154, *154*
Heinkel HE70 241
Hong Kong Airways 159, 160
Hongkong Kai Tak 158
Huff Daland Dusters 171, *171*
Hughes, Howard 175

IATA 112
Iberia 9, 14, *34, 38, 71,* 232
Iljuschin Il-12 99
 Il-14 99, 106, *108*
 Il-18 100, *104,* 107
 Il-62 96, 99, *101,* 102
 Il-76 100, *101,* 105
 Il-86 *96,* 99, 102
Imperial Airways 153
Israel Aircraft Industries *26*
Itavia 130

Jakowlew Jak-12 99, 105
 Jak-40 100, 106, *108*
 Jak-42 98, 102, *102*
Japan Air Lines 40, 85, 100, 132, 185-191
Japan Asia Airways 189, 190
John F. Kennedy Airport 219, *219*
Junkers F-13 145, *211,* 234, *234,* 241
 G.23 234
 G.24 145, 211, 234
 G.31 145, *211*
 Ju 25 108
 Ju 52 106, 145, 153, 212, 231, 232, 234
 W.34 234

Kalinin K-1/K-5 105
Kamow Ka-26 103, 105
KLM 74, *81,* 86, 89, 132, 192-199
Korean Air Lines 132
KSSU 197, 238, 244
Kuwait Airways 15

LAI, *siehe* Linee Aeree Italiane
Laker Airways *84*
Latécoère Laté 28 122
LATI, *siehe* Linee Aeree Transcontinentali Italiane
Let L-410 Turbolet 105, *106*
 L-610 105
Levy-Lepen HB-2 231
Libyan Arab Airlines *39*
Lindbergh, Charles 139
Linee Aeree Italiane (LAI) 128
Linee Aeree Transcontinentali Italiane (LATI) 127
Lisunow Li-2 99, *104*
Lockheed 70
 9 Orion 241, *241*
 10 Electra *34, 71,* 110, *110,* 153, *159,* 160, 172, 184, *197, 199*
 14 Super Electra 110, 232
 18 Lodestar 232
 C-130 Hercules 175
 L-749 Constellation 34, 112-13, 140, 154, 174, *179, 180,* 184, 214, 224
 L-1011 TriStar 9, 85, 88-95, *112,* 114, *116, 147, 162,* 175, *176,* 180, 184, 219
 L-1011-1 92, 93, *94*
 L-1011-100 93, 94, 115, 160
 L-1011-200 *89,* 93, 94, 149, 150, 172
 L-1011-385 161, 172, 183
 L-1011-500 *88, 89,* 90-1, 92-3, *94, 94,* 115, 173, 176, 217, *219*
 L-1049 Super Constellation 113, 184, 204, 209, 210, *212,* 224
 L-1640 Super Star 210
LSG-Lufthansa Service 208
LTU (Lufttransport-Unternehmen) *94*
Lufthansa 16, *17, 30,* 38, 40, *40,* 41, *41, 46, 86,* 122, 132, 200-212, 232, 241

McDonnell Douglas C-9 75, 76, *76*
 DC-8 61-69, *112,* 113, 114, *117,* 128, 166, 174, 175, 187, *187,* 190, 196, 244, 245, 252
 DC-8-51/-52 251
 DC-8 Super 61 63, 66, 172, *174,* 187, 188, 189, 245, 247, *247,* 251
 DC-8 Super 62, 63, 66, 68, *68,* 188, 237, 238, 242, 251
 DC-8 Super 63 63, 66, 68, 195, 236
 DC-8 Super 70 68
 DC-8 Super 71 63, *63,* 66-7, 68, 172, 245, 247, 251
 DC-8 Super 72 63, 68
 DC-8 Super 73 63, *65,* 68, 169
 DC-9 34, 41, 42, 46, 70-77, 113, 175, 180, 181, 184, 244
 DC-9-15 74, 75, 195
 DC-9-21 237, 238, *238*
 DC-9-32 *71,* 115, 126, 130, *131, 142,* 144, 146, 172, 194, 242
 DC-9-40 74, 75, *75*
 DC-9-41 237, 238
 DC-9-50 75, 76, 145
 DC-9-51 *75,* 77, 145, 181, 243
 DC-9-80/81/82, *siehe* MD-80/81/82
 DC-10 79-87, 89, 135, 139, 167, *170,* 175, 181, 190, 208, 210, 238, 244, 245
 DC-10-10 *82, 83,* 84, *84,* 85, 86, *134,* 138, 217, 251
 DC-10-30 *79,* 80-1, 84, 85, 86, *86, 87,* 89, 127, 129, 130, *130,* 135, 138, *164, 165,* 168, 169, 195, *200,* 203, 204, 226, 227, *228,* 229, 236, 242, 244, 247
 DC-10-40 84, 85, 188, 190, *190*
 KC-10A Extender 82-3, 84, *85,* 86
 MD-80 47, *72-3,* 74-5, 77, 130, 135-6, *140, 141,* 144, 146, 244
 MD-81 75, 144, 243
 MD-82 *70,* 74, 75, 77, 126, 138
 MD-83 75, 77
 MD-100 86, 191
 VC-9C *71,* 75
McGuinness, P.J. 'Ginty' 222
Martin M-130 214, *214*
 202 186
 404 *178,* 184

MBB 12
Mil Mi-2 103
 Mi-4 103, 105
 Mi-6 104
 Mi-8 104, *104*
 Mi-10K 104-5
Moskau Scheremjetowa II *102*

National Airlines 218
National Air Transport 249
Nélis, Georges 230
NLM City Hopper 196-7
Nord-Aviation HBN-300 9
Northeast Airlines 175
Northwest Orient 33, 40, 85
Norwegian Airlines (DNL) 234

Olympic Airways *13*
Österreichische Luftverkehr (ÖLAG) 145

Pacific Air Transport 248-9
Pacific Seaboard Airlines 174
PAL, *siehe* Philippine Airlines
PanAm *26, 30,* 31, 32, 40, *48,* 49, 50, 56, 61, *64, 88,* 132, 152, 153, 213-220
Patterson, William A. 249, 252
Philippine Airlines (PAL) 14, 61
Piaggio P166DL3 130
Pitcairn Aviation 183
Plesman, Albert 192, *193*
PSA 77
PZL-Melec M-15 103

Qantas *29,* 32, 153, 221-225

Rickenbacker, Edward V. 184
Robertson Aircraft Corporation 139
Rockwell International 57
Rohrbach Roland 107
Royal Air Maroc *40*
Royal Australian Air Force *29*
Royal Canadian Transatlantic Air Service 111
Royal New Zealand Air Force *38*
Russel, Archibald 20

SAAB Scandia 235
Sabena 40, *86,* 132, 226-234
Sakavia 106
SAM, *siehe* Società Aerea Mediterranea
SAS (Scandinavian Airline System) 14, *64, 71,* 74, *75, 86,* 89, 234-238
Satre, Pierre 20
Saudi Arabian Airlines 15, *89,* 94, 132
Savoia Marchetti S-73 231, 232
 S-93 232
 SM 55 125
 SM 64 127
 SM 83 127, 231
 siehe auch SIAI-Marchetti
Scanair *64*
Scandinavian Airlines System *siehe* SAS
Schiphol *196,* 197
Seaboard World Airlines 67
Servanty, Lucien 20
Short S.23 Empire Flugboote 221, 223

SIA, *siehe* Singapore Airlines
SIAI-Marchetti SF260E 130
 SM 95 128
 siehe auch Savoia-Marchetti
Sikorsky S-55/S-58 232
 S-61 152, *155,* 196, *197*
 S-76 153, 196
Singapore Airlines (SIA) *15, 23, 39,* 132, 153
SNETA 231
Sobelair 230
Società Aerea Mediterranea (SAM) 131
South African Airways 56, 132, 153
Southwest Air Lines *44*
Spartan Air Lines 153
STAC-Komitee 18-19
Stearman Doppeldecker 110
Stinson Typ A/Typ T 172
Strang, Dr. Bill 20
Sud-Aviation 12
 Galion 9
 S210 Caravelle 34, 70, 71, *121, 122,* 128, 146, 154, *227,* 232, *244, 244, 247,* 252
Sudan Airways *30*
Swearingen, *siehe* Fairchild Swearingen
Swedish Airlines (ABA) 234
Swissair 16, *56, 56,* 74, 76, 77, *87,* 89, 132, 153, 239-244

TAA, *siehe* Trans-Australia Airlines
TAP (Air Portugal) *37, 43*
TDA, *siehe* Toa Domestic Airlines
Texas Air Transport 139
Thai Airways International 15
Toa Domestic Airlines (TDA) *15,* 74, 76
Trans-Australia Airlines (TAA) *12,* 38
Trans-Canada Air Lines 110-113
Tupolew ANT-9 105, 107
 Tu-104 100, *109*
 Tu-114 100, *101,* 187
 Tu-124 100
 Tu-134 98, 100-1, *101,* 102
 Tu-135 102
 Tu-144 *97,* 102
 Tu-154 99, 101-2
TWA 38, *74,* 77, 89, 94, 132, 249

Ukrwosduchputj 105-6
United Airlines 31, 34, 38, 42, 46, 58, *59,* 64, *66,* 71, 85, 89, 245-252
United Airways 153
UTA *79, 86, 89, 118*

Varney Air Lines 248
Vertol V-44 232
Vickers 70
 Vanguard 13, 154
 Viking 165, *167,* 210
 Viscount *111,* 113, 128, 146, *146,* 154, 166, *167,* 210, *212*
Vought Corporation 57, 58

Western Air Lines 42, 248
Westland WG30 153